KB253173

기독교 대학과 교육

기독교 대학과 교육

초판 1쇄 찍은 날 · 2007년 11월 20일 | 초판 1쇄 펴낸 날 · 2007년 11월 25일

지은이 · 이숙종 | 펴낸이 · 김승태

편집 · 이덕희, 방현주 | 디자인 · 이훈혜, 박한나
영업 · 변미영, 장완철 | 물류 · 조용환, 엄인휘

등록번호 · 제2-1349호(1992. 3. 31.) | 펴낸 곳 · 예영커뮤니케이션
주소 · (110-616) 서울 광화문우체국 사서함 1661호 | 홈페이지 www.jeyoung.com
출판사업부 · T. (02)766-8931 F. (02)766-8934 e-mail: jeyoungedit@chol.com
출판유통사업부 · T. (02)766-7912 F. (02)766-8934 e-mail: jeyoung@chol.com
제작 예영 B&P · T. (02)2249-2506~7

copyright©2007, 이숙종

ISBN 978-89-8350-454-8 (03230)

값 13,000원

기독교 대학과 교육

이숙종 지음

예영커뮤니케이션

머리말

　인류 역사에서 최초의 대학은 열렬한 기독교 정신을 가진 사람들에 의
해 세워진 기독교 대학으로부터 시작되었다. 그들은 기독교 복음과 유산
을 후대에 전승하기 위하여 다양한 지성적 학문과 기독교 신앙을 체계화
하는 일차적 사명을 통해 유능한 사회 정치 지도자들을 배출하는 교육에
헌신하였다. 최초의 대학이 태동하여 10여 세기의 긴 역사를 통해 발전
해 오는 과정에서 기독교 대학은 인류의 정신세계와 문화의 창달에 지대
한 영향을 끼쳐왔다. 예를 들면, 15세기의 서구의 르네상스와 16세기의
종교 개혁, 17세기의 신과학 운동 및 경건주의 운동, 18세기의 산업혁명
및 영적 부흥 운동, 그리고 19세기의 대각성 운동 등은 인류 역사의 전환
기마다 새로운 시대(epoch)를 전개했던 기독교 대학의 놀라운 업적으로
평가되고 있다.

　서구 역사의 새로운 발전 과정에서 주도적 영향을 감당했던 기독교 대
학은 인간의 지성과 신앙의 두 줄기를 상호 보완 변증하는 지속적인 연구
의 과정을 통하여 주어진 시대마다 새로운 인류 문화를 태동시켰던 원천
이 되어 왔다. 신령하고 낙관적인 고급 문화의 산실이 되었던 기독교 대
학은 인류의 풍요로운 지성과 신앙의 탐구를 주도하기 위해 진정한 자유
의 향연이 숨 쉬며 진리의 샘물이 넘쳐흐르는 권리와 책임을 보장할 수
있었다. 왜냐하면, 참된 진리와 학문의 추구는 자유의 정신이 보장될 수

있는 곳에서만 생성될 수 있었기 때문이다. 이미 서구의 기독교 대학들은 이러한 대학의 생명이자 숨결인 학문의 자유와 진리의 탐구가 기독교 정신에서만 가능하다는 역사성을 철저하게 계승하려고 노력하여 왔으며 그 결과 현대의 자본주의 정신과 기계 기술의 진보를 이룩하게 된 것이다.

특히 17세기부터 등장하기 시작한 미국의 저명한 기독교 대학들은 기독교의 청교도 정신과 유산을 신대륙에 토착화하는 실제적이며 구체적인 신학 교육을 발전시켰다. 그들은 그 설립 초기부터 기독교 진리의 탐구와 세계 선교를 위해 신학 교육을 주도하여 왔던 신학대학원(Seminary, 혹은 Christian Divinity School)을 개설하여 유능한 목회 지도자들을 양성하는 일에 진력하여 왔다. 또한 19세기 후반에 이르기까지 미국의 대부분의 주립 대학에서도 의무적으로 채플을 개설하여 철저한 종교의식을 지켜왔으며 주일(主日)에는 교회 예배에 참석하는 것을 강력하게 요구하여 왔다. 이와 같이, 미국의 기독교 사립 대학들과 공립 대학들은 철저한 기독교 문화와 개혁 사상을 보존하며 계승하는 과업을 근간으로 금세기의 최첨단 과학 기계 기술의 개발과 발전에 주도적 역할을 감당하여 왔다.

이와 같은 구미(歐美)의 기독교 대학의 존재는 그 발생 초기에서 21세기에 이르기까지 인류의 정신 세계와 생활 문화를 주도하여 왔던 새 문화와 새 학문과 새 영성의 메카로서 그 가치와 정체성을 부단히 보존하여 왔다. 실제로, 세계의 주요 언론 매체에서 해마다 평가하고 있는 전 세계 100대 대학의 상위에는 항상 미국과 영국의 기독교 대학들이 점유하고 있다는 사실을 부인할 수 없다. 그것은 세계 상위의 고등 교육의 반열에 위치하고 있는 기독교 대학들이, 앞서 언급한 바와 같이, 건학 이념인 철저한 기독교 정신과 유산을 바탕으로 기초 인문학뿐만 아니라, 세계 최첨단의 과학 기계 기술을 자유롭게 연구할 수 있는 최상의 교육 제도와 학문적 분위기를 보장할 수 있었기 때문이다.

그렇다면, 한국의 기독교 대학의 현실은 어떠한가? 물론 본 연구에서 한국의 기독교 대학의 발생 과정을 심층적으로 논의하겠지만, 초창기 한국의 고등 교육을 선도하며 기독교 복음과 선교를 통해 민족 교육과 민주 자주 정신의 각성에 주도적 역할을 감당하여 온 것이 사실이다. 그러나 한국에서 기독교 대학의 발생 이후 120여년의 역사를 지나오는 과정에서 기독교 대학의 현재의 위상과 학문적 업적을 면밀하게 고찰해 볼 때, 그 건학 이념과 정체성을 어디에서 어떻게 발견해야 할지 의구심을 나타내지 않을 수 없게 되었다. 다시 말하면, 기독교 대학으로서의 독창성과 정체성은 그 기본에서부터 철저하게 위협을 받아 왔거나 상실된 위기를 맞고 있는 현실을 간과할 수 없게 되었다. 물론 현재 한국의 기독교 대학의 위기의 현상을 일차적으로 외부의 사회적 영향과 교육 정책 당국의 지나친 간섭과 세재에 날려 있다고 그 책임을 전가할 수도 있을 것이다.

그러나 현재 개신교 계통의 2년제 대학을 포함하여 60여 개의 기독교 대학들이 대내외적으로 도전해 오는 다양한 악조건에도 불구하고 그들의 역사성과 기독교 진리와 유산을 보존하며 계승하기 위해 얼마나, 그리고 어떻게 스스로 노력해 왔는지를 깊이 성찰해야 할 시점에 이르게 되었다. 더욱이, 기독교 대학이 한국의 지성계에, 나아가서 세계의 교육계에 어떠한 학문적 성취와 연구 업적을 제공하며 공헌해 왔는지를 철저하게 자성해야 할 때가 되었다. 한국의 기독교 대학은 지금까지 외국으로부터 일방적인 학문의 유입과 지식의 전수에서 탈피하여 독자적 학문의 개척과 지식의 토착화를 통해 세계화의 첨경에 앞장서야 할 때를 회피할 수 없게 되었다. 지금부터라도 한국의 기독교 대학은 학문적 후진성의 오명을 말끔히 씻어버리고 세계 속에서 당당하게 진정한 기독교 대학으로서의 사명과 역할을 감당하는 선진 학문의 토대를 창조해야 할 것이다.

본 저서는 한국의 기독교 대학이 안고 있는 이러한 문제의식을 통감하고 세계의 기독교 대학과 쌍벽을 이루면서 고유한 기독교 정신과 유산을 회복하여 최첨단의 지성적 학문과 고결한 기독교 신앙을 전승할 새로운 길과 방법을 제시하려고 한다. 다시 말하면, 예수 그리스도를 아는 것보다 이 세상을 더 많이 알고 있는 학생들을, 하나님을 아는 지혜와 신앙보다 세속 학문의 가면을 쓰고 있는 학자들을, 나아가서 참된 기독교적 문화와 환경을 거의 발견할 수 없는 기독교 대학의 현실에서 그 정체성을 다시 발견할 수 있는 방안을 함께 논의하려고 한다.

본 저서는 한국에서 기독교 대학의 역사와 그 정체성을 올바르게 이해하기 위하여 기독교 대학의 발생과 성격, 기독교 대학의 교육 내용, 그리고 기독교 대학의 교육적 과제를 중심 내용으로 3부 11장으로 구성된다. 제 1부는 기독교 대학의 이해를 위해 첫째로 기독교 대학의 발생과 역사, 둘째로 기독교 대학의 학원 선교와 정체성의 회복, 그리고 셋째로 기독교 대학과 문화 현상을 다루고 있다. 제 2부는 미래의 기독교 대학의 발전과 재학생들에게 제공하여야 할 교육 내용으로, 첫째로 신학 교육과 과제, 둘째로 실천 신학으로서 기독교 교육의 구조와 성격, 셋째로 기독교 사회 복지 교육의 중요성, 넷째로 인간성의 근간이 되는 영성 교육을 논의한다. 제 3부는 기독교 대학의 미래의 교육적 과제이자 목적으로 첫째로 지식과 학문의 종합, 둘째로 민주주의 사상의 형성, 셋째로 기독교와 민주주의 사상, 넷째로 민주주의 정신을 실현할 신앙 공동체와 복지 공동체의 이해와 교육을 다루고 있다.

본 연구는 이와 같은 내용의 구성을 통하여 다음과 같은 특징을 제시하고자 한다. 첫째로 한국에서 기독교 대학의 사명과 정체성을 성찰하여 고유한 기독교 진리와 유산을 계승해야 할 방향을 제시하고 있다. 둘째로 한국의 기독교 대학은 현대 사회가 당면하고 있는 새로운 사회 문제인 사회 복지와 그 과제를 신학적 맥락에서 고찰하여 모든 학생들에게 기독교 사회 복지의 중요성을 철저하게 교육해야 할 것이다. 동시에 미래 사회의 리더십을 겸비해야 할 젊은 세대들의 인간성 계발의 기초되는 영성 교육의 중요성을 강조하고 있다. 그리고 기독교 대학은 지금까지 대학의 강의실에서 각기 분리하여 논의하여 온 다양한 학문을 체계화해야 할 학제간의 연구(interdisciplinary sciences)를 위한 지식 종합의 원리와 필요성을 구체적으로 제시한다. 셋째로 기독교 대학이 미래 사회를 위해 교육해야 할 민주주의 사상적 기초와 그 정신을 형성하고 있는 기독교의 핵심적 이론을 제시하고, 나아가서 민주주의를 구체적으로 실현할 새로운 신앙 공동체와 복지 공동체의 특성과 교육을 심층적으로 연구하고 있다.

본 저서는 지금까지 중요한 학회 및 학술지에 발표한 내용을 수정 보완하여 체계적으로 연구의 연관성과 통일성을 유지하려고 노력하였다. 본 연구는 한국의 기독교 대학의 세계화를 위한 방향을 제시하고 미래의 한국 사회와 세계 인류를 위해 봉사해야 할 탁월한 학문성과 고결한 도덕성과 신령한 영성을 조화 있게 겸비해야 할 지도자들의 배출을 염원하고 있다. 그러나 저자의 짧은 지식과 식견의 한계로 본 연구의 의도와 달리 다소 미흡한 점이 발견된다 하더라도, 선배 동료 학자들의 고견을 진솔하게 부탁드린다. 끝으로, 본 저서의 출판을 흔쾌히 허락하신 예영커뮤니케이션 김승태 사장님과 체계적인 편집과 교정을 맡아주신 직원 여러분께 심심한 감사의 뜻을 표하고자 한다.

2007년 10월
시내산 연구실에서
저 자

차례

제2부 기독교 대학의 교육

제3부 기독교 대학의 교육적 과제

Christian University & Education

제1부 기독교 대학

제1장 기독교 대학의 발생

역사적으로 기독교 대학은 기독교 교회의 성장과 기독교 복음의 선교의 이중적 목적을 실현하기 위해 발생하여 지금까지 발전해 오고 왔다. 첫째, 기독교 교회의 성장을 위해서는 목회자 양성과 예배를 비롯한 다양한 의식을 집행할 성직자들의 교육을 위해 출발하였다. 둘째, 기독교 복음의 선교를 위해서는 선교 지역의 문화와 역사 및 전통을 연구하며 교수해야 할 다양한 학자들과 평신도 지도자들을 양성하는 일에 적극적인 관심을 두고 있었다. 그러나 현대 사회에서 기독교 대학은 이러한 이중적 목적만을 고수해야 할 대학의 본래적 사명에 심대한 도전을 받게 되었다. 그것은 현대 과학의 기계 기술 문명과 새로운 문화의 발생으로 기독교 대학의 문호를 개방하지 않으면 생존의 위기에 직면할 시대적 도전을 받고 있기 때문이다. 따라서 현대의 기독교 대학은 내면적으로 고유한 전통의 고수라는 문제의식과, 그리고 대외적으로 새 시대의 기계 기술과 문화를 적극적으로 수용하여 학문화해야 제 삼의 기로(岐路)에서 그 정체성의 위기에 직면하고 있는 것이다.

1. 기독교 대학의 특징

기독교 대학의 발생은 서구에서 일반 세속 대학의 역사와 밀접한 관계
가 있으므로, 전반적인 대학의 발달 과정을 통하여 기독교 대학의 성격
과 특성을 이해할 수 있을 것이다. 물론 역사적으로 서구 문화가 기독교
적 문화의 바탕 위에서 생성되어 발전되었기 때문에, 기독교 대학과 일
반 세속 대학과의 차별성을 구분하기에 매우 난해한 것도 사실이다. 그
러나 직접적인 기독교 대학의 발생과 그 특수성은 서구의 대학 제도를 기
준으로 발생한 미국 대학의 시작과 그 건학 이념을 통해 명백하게 드러나
게 된다. 이와 같은 미국 대학의 발생 과정을 통하여 지금까지 이해해 온
기독교 대학의 특징과, 특히 미국 선교사들에 의해 설립된 한국의 기독
교 대학을 분석할 수 있을 것이다.

1) 기독교 대학의 배경

미국의 신학자 라인홀드 니버(Reinhold Niebuhr)는 그의 논문 "서구 문
화의 두 기원"에서 서구 문화를 이루어 온 이중적 기원을 '히브리적' 인
것과 '희랍적' 인 것으로 해석하고 있다.[1] 히브리적인 특징은 하나님의
은혜와 자유 속에서 인간의 문제를 해결하려는 신앙의 차원으로, 그리고
희랍적인 것은 우주의 질서와 구조의 의미를 추구하는 이성의 차원으로
이해되고 있다. 역사적 경험에 따라서 신앙과 이성은 인간의 내면 세계
의 속성으로 통합되어 곧 서구 문화의 두 차원으로 구성되어 표출하고
있다. 이와 같이 서구 문화는 히브리적인 영적 유산과 그리고 희랍적인

---

1) Reinhold Niebuhr, "The Two Sources of Western Culture," *The Christian Idea of Education*,
ed., Edmund Fuller(Yale University Press, New Haven, 1957), 237-254

이성의 유산이라는 두 가지 조류에 의하여 그 찬란한 과거를 형성하여 왔으며, 두 문화의 줄기에서 12세기 초 새로운 교육의 산실인 대학(Universitas)[2] 이라는 학문 공동체를 탄생하게 된 결정적 요인이 되었다. 예루살렘에 의하여 상징되어 온 히브리적인 신앙적 종교 유산과 아테네에 의하여 상징되어 온 희랍적인 이성적 철학의 유산이 융합하여 새로운 서구 문화를 창조하였으며, 그 모체는 학문 공동체의 종합 예술인 대학에서 형성되었다. 인류 문화사에서 대학의 출현은 지금까지 분산되어 발전하여 온 다양한 학교 기관의 유형들을 하나의 도성으로 통합한 역사적 공헌이라고 할 수 있다. 여기에서 대학이 탄생하게 된 배경은 사회적 의미, 교육적 의미, 그리고 신학적 의미의 세 가지 차원으로 제시할 수 있다.[3]

첫째, 대학이 태동했던 사회적 상황과 배경은 11세기에서 이른바 ‘도시 사회 및 도시 세계’가 등장할 때부터 시작된다.[4] 중세의 도시 사회의 출현은 봉건 구조의 붕괴를 가져오면서 결과적으로 그 자체가 새로운 사회 문화를 창조하기 시작하였다. 이와 같은 사회적 배경은 대학이 교황과 군주의 통치로부터 자유가 보장되는 새로운 정치적, 사회적 영역으로 탈바꿈하기 시작했다는 것을 의미한다. 도시 사회의 출현과 함께 그 내부에는 새로운 중간층인 ‘코뮨’(Commune)이라는 새 공동체가 등장하게 되었다. 코뮨은 하나의 소합의 보습으로 나타나 곧 대학의 기초도 등상

2) 중세기에 University를 나타내는 universitas는 사람들의 공동체인 조합(guild)을 의미하며, 다른 명칭인 studium generale, studium 혹은 scholar도 universitas의 부류에 속했다(Edward J. Power, *Main Currents in the History of Education*, New York: MaGrow-Hill Book Co, 1962), 319.
3) 殷俊寬, 『基督敎敎育 現場論』(대한기독교서회,),
4) Christopher Dawson, *Religion and the Rise of Western Culture*(New York: Sheed & Ward, 1950), 193.
5) 같은 도시에 모였던 조합에는 기능공의 조합, 여행자의 조합, 상인, 배우, 예술인, 병사들, 교사 및 학생들의 조합이 있었다.

하였다.[5]

둘째, 최초의 대학은 그 당시 교육적 요인으로 출현하게 되었다. 대학 이전의 교육적 분위기는 희랍계보의 아카데미(Academy와 리키움(Lyceum), 그리고 히브리계보의 교리 문답 학교, 수도원 학교, 교구 학교, 본당 학교에서 발전한 다양한 학교들이 대학의 출현을 가능하게 하였다. 이러한 학교 유형은 고대로부터 중세에 이르기까지 희랍 문화와 히브리 문화의 영향으로 각각 독특하게 발전해 온 과정에서 마침내 대학의 등장을 가능하게 했던 학문 연구의 모체가 되었다.

셋째, 대학이 등장하게 된 세 번째 요인으로 히브리적인 것과 희랍적인 것의 만남을 시도하는 신학적 철학적 경향을 들 수 있다. 예를 들면, 요한복음 기자는 예수 그리스도의 복음을 희랍 철학의 로고스(logos) 개념으로 해석했으며, 사도 바울은 유대인의 '신앙'과 희랍의 '지혜'를 예수 그리스도의 십자가 사건으로 승화하여 '계시와 이성', '신앙과 사고'의 관계성으로 해석하려고 하였다.

위에 언급한 세 가지 요인과 배경에 의해서 세계 최초의 대학으로서 1119년이 이탈리아의 볼로냐(Bologna) 대학과 1200년에 프랑스의 파리(Paris)대학이 태동하였다. 그 당시 파리 대학은 가장 널리 알려진 대학으로 발전하여 다른 대학들의 조직과 운영에 중요한 모형이 되었고, 볼로냐 대학도 파리 대학과 또 다른 대학의 중요한 모형으로 계승되었다.[6] 두 대학은 자유로운 협의체의 관계와 형태로 출현하였으며, 국가로부터 독립된 지성의 왕국으로 고유한 영역을 보장받고 있었다. 그러나 파리 대학과 볼로냐 대학 사이에는 몇 가지 구조적 특징과 상이성을 나타내고 있었다. 전자는 가톨릭 교회와의 깊은 관계를 유지하면서 성직자 양성을 위한 신학 교육의 강조와 교수 중심의 행정 체제를 유지하였다. 반면에

---

6) Nathan Schachner, *The Medieval Universities*(Philadelphia: J. b. Lippincott Co.,), 56.

후자는 비교권적인 대학으로 법률을 중심으로 연구하는 평신도를 위한 지식 교육과 학생 중심의 행정 체제를 유지하고 있었다.

실제로, 중세기에서 이와 같은 두 가지 유형의 대학이 발전하여 왔다. 파리 대학은 교수들이 중심이 되어 학교를 운영하였으며 볼로냐 대학은 학생들이 학문적 정책에 책임을 지고 깊이 관여하였다. 또한 첫째 유형은 영국의 옥스포드, 케임브리지와 독일의 하이델베르크에서 그리고, 둘째 유형은 이탈리아, 스페인 남부 프랑스에서 발전하였다. 두 가지 유형은 대학이 학문의 강조점과 운영을 달리하여 중세 대학들의 발전에 지대한 영향을 주었음에도 불구하고, 양자 사이에는 더 많은 공통점을 가지고 있다. 이러한 중세 대학이 역사 속에서 최초의 대학의 모형으로 발전되어 현대 대학의 성격과 이념을 형성해 준 역사성을 간직하고 있었다.[7]

중세기에서 대학의 발생과 성장은 그 당시 모든 역사와 전통 그리고 문화와 필연적인 관계가 있었다. 그 당시 여러 지역에서 형성된 다양한 조합들이 연합하여 거대한 학문적 운동을 전개하였다. 예를 들면, 같은 도시에서 동일한 기능공의 조합들, 여행자의 조합들, 상인, 배우, 예술인, 병사들의 조합들, 그리고 심지어 종교인의 조합들이 있었다.[8] 중세 대학들은 스콜라 학풍의 영향을 받은 다양한 조합들의 형태에서 발전하였고, 특히 학문의 연구를 위해서 같은 장소에 모여 들었던 거주자들을 중심으로 구성되었다.[9] 학교의 조합들 중에는 교사들이 모였던 교사 조합과 학생들로 구성된 학생 조합이 있어서 동일한 정신과 목적, 관심과 책임성을 위해서 공동의 관심을 대변하고 그들에 부여된 권리와 특권을 인정받기 위하여 활동하였다.

---

7) 은준관, "基督敎 大學의 正體 危機와 未來" 『現代와 神學』제 10집(연세대학교 연합신학 대학원, 1985), 156.

8) Edward J. Power, 318.

9) Lewis J. Sherrill, *The Rise of Christian Education*(New York: The Macmillan Co., 1944), 259.

한편 11세기 초 로마 가톨릭 교회가 새로운 교육 정책을 발표하여, 그 당시 존속하여 왔던 수도원 학교, 성당 학교, 교구 학교들이 활기 있게 발전하면서 오늘날의 대학으로 등장하였다.[10] 이와 같은 학교들을 중심으로 라틴 기독교권에 있었던 전 지역에서 학생들이 전문적인 지식을 습득하기 위하여 학식이 많은 유능한 교사들에게 모여 들기 시작하였다. 그 당시 형편상 학생들은 한 교사, 혹은 한 학교에서 학문하는 일에 만족하지 않고, 보다 넓은 학문의 세계를 접하기 위하여 다른 학교로, 혹은 명성이 있었던 교사를 찾아 옮겨 다녔기 때문에, 보다 위대한 학자들이 등장하게 되었고 새로운 학생들이 전통이 있는 학교에 점점 모이기 시작하였다.

중세 대학에 모여들었던 학생들은 종교에 대한 관심뿐만 아니라, 세속적 학문에 대한 지대한 관심과 함께 교육 시설의 확충과 학문의 전문화에 깊은 관심을 나타내었다. 종전까지 성직자 양성이 중심이 되었던 모든 커리큘럼이 확대 개방되어 성직을 지망하는 학생들에게까지도 더욱 전문화된 세속적 학문이 소개되었다.[11] 그 당시 대학들은 철학 및 인문 과학, 법학, 의학, 신학의 네 개 학부 중 한 학부를 집중적으로 발전시켜 왔다. 그 이유는 대학이 명실 공히 전문 연구 기관으로 인정받기 위하여 인문 과학을 중심으로 하는 하급 학부 이외에 전문적인 상급 학부를 개설하기를 원하였기 때문이다. 이와 같이 유럽 전 지역에서 고등 교육을 받기 위해 모여들었던 학생들은 대학에서 전문화된 네 가지 학문 분야인 철학, 법학, 의학, 신학을 최고 학부에서 연구하게 되었다. 대학이 다루는 교과목들 중 신학은 영혼의 조화를, 철학은 지능의 조화를, 의학은 육체의 생명 기능의 조화를, 그리고 법학은 외면적인 문제들의 조화를 회복

---

10) Edward J. Power, 317.

11) Ibid., 318.

12) John Amos Comenius, *The Great Didactic*, trans., by M. w. Keatinge(New York: Russell & Russell, 1900), 257.

시켜 주고 있었다.[12]

　프랑스와 이탈리아에서 시작한 대학의 등장이 15세기 말에 이르러 유럽 전체에 50여개의 대학으로 증가하였고, 그 대학들은 학문의 우월성을 추구하는 교수와 학생의 공동체라는 한 가지 기본적 성격을 공유하고 있었다. 여러 나라에서 입학한 학생들은 기숙사를 중심으로 연구하며 생활하는 국제적 공동체를 이루고 있었다. 그 당시 대학의 긍정적인 면은 대학생의 공동생활을 통하여 철저한 ‘평등의식’이 강조되었으며, 그 사상이 그 당시 사회악으로 존재해 왔던 귀족과 서민의 계급적 구분을 타파하고 사회 계층의 차별화 의식이 불식되어, 결과적으로 봉건 사회를 변화시키는 직접적인 원인이 되었다.

　위에서 살펴본 최초의 대학들의 공헌을 다음과 같이 평가할 수 있다. 무엇보다, 중세에 대학의 등장은 그 당시 봉건적 군주 체제에서 민주주의 공동체를 심어 놓은 정치 변화에 지대한 공헌을 하였다. 또한 그 당시 국가를 대변하는 왕권과 교회를 대변하는 교황 사이에서 종종 발생하였던 긴장과 갈등 관계에서 대학은 양자의 견제 세력으로 등장하여 사회 변화에 주도적 역할을 감당하게 되었다. 더욱 중요한 것은 그 당시 대학은, R. 니버가 분석한 대로, 희랍 사상과 히브리 사상을 융합하는 독특한 형태로 등장하였다는 사실이다. 중세 대학은 인간의 내면 세계의 속성인 신앙과 이성의 양 차원을 수용하여 대학 교육을 처음부터 히브리적인 것과 희랍적인 것의 종합에 의한 새로운 학문을 발전시키는 일에 공헌하였다.

　최초로 발생했던 중세 대학은 신앙을 중요한 테마로 하고 있었던 신학과 이성의 문제를 다루고 있었던 철학을 중심으로 한 인문 과학을 중요한 연구 과제로 삼고 중세기의 기독교 문화의 창달에 크게 이바지하였다. 초기의 중세 대학에서 교육의 주요한 기능으로 첫째, 종교적 신앙을 전수하기 위한 것이었으며 둘째, 철학을 중심으로 자연 관찰을 통한 우주의 질서와 원리들의 탐구와 같은 이중적 기능을 수행해 왔다. 이와 같은 중세 대학은 '하나님의 사랑'(love of God)으로 표현되는 신앙과, 그리고 '학문의 사랑'(love of learning)을 가능하게 하는 이성 양자의 변증적 관계를 통하여 종교적 신앙과 학문을 보존하고 전수하여 왔던 교육 활동이 본질적 사명으로 계승하여 왔다.

2) 기독교 대학의 모형

중세기에 태동하였던 최초의 대학에는 다양한 사상 운동과 문화의 영향으로 새로운 형태로 변천해 온 역사적 발전 과정이 있었다. 특히 13세기의 토마스 아퀴나스(Thomas Aquinas)가 아리스토텔레스 사상과 기독교 신학을 연합한 토마스 사상, 16세기 종교 개혁자들에 의해 토마스 사상을 뿌리 채 흔들어 놓았던 개신교 운동, 같은 세기에 영국의 프란시스 베이컨(Francis Bacon)에 의한 새로운 과학 정신을 표방하였던 자연주의, 17세기 독일의 프랑케(A. Hermann Francke)에 의한 경건주의 운동, 18세기 영국의 존 로크(John Locke)에 의한 경험주의의 발전, 그리고 프랑스의 루소(J. J. Rousseau)에 의한 낭만주의 사상 등이[13] 대학의 발전에 지대한 영향을 주었다. 이와 같은 문화·사상적 배경 아래에서 유럽의 대학들은 중세풍의 대학의 모형과 틀에서 탈피하여 새로운 과학 지식과 학문을 발전시켰다. 그러나 새로운 과학 정신과 다양한 학문 분야의 추구와 탐구에 의해 발전되어 온 대학들은 대학의 본래적 기초가 되어 왔던 '신앙과 이성' 양자의 변증적 관계를 고수하며 유지해 왔던 것이 사실이다.

유럽에서 인본주의 사상과 개신교의 신앙 교육과 과학성을 존중하는

---

13) John S. Brubacher, *A History of the Problems of Education*(New York: McGrow-Hill Book Co., 1966), 109-122를 참조하시오.

사실주의(realism)의 영향이 미국으로 건너가 최초의 기독교 대학인 하버드 대학(Harvard College)을 설립하게 된 결정적 영향을 주었다. 1636년에 새로운 기독교 대학의 유형으로 설립된 하버드 대학은 유럽 사상의 두 줄기인 신앙과 이성, 혹은 경건과 지성의 종합을 계승하면서 전통적인 유럽 대학의 모형과 상이한 사상적 배경을 가지고 발전하였다.[14] 미 대륙의 최초의 대학인 하버드 대학은 영국의 옥스퍼드와 케임브리지 대학이 남긴 학문의 두 원류였던 '경건과 지성'(piety and intellect)의 성을 미국 신대륙에 쌓기 시작하였다.[15] 하버드는 '새 안식처, 예배의 집, 그리고 행정의 구조'라는 새로운 기치를 내걸고 백여 명의 케임브리지 출신들과 삼십여 명의 옥스포드 신사들에 의해 설립되었다. 물론 그 설립 목적과 이념은 매우 복합적인 것이었으나, 신대륙에 청교도 신앙과 정신을 재창조하려는 것이었다.

청교도들은 그늘의 중차대한 사명으로서 '하나님을 섬기며, 이웃들을 위한 봉사'를 열망하며 성결한 생활을 영위하는 일이었기 때문에, 그들은 이와 같은 미래의 책임성을 인식하고 있었다. 국가를 위해 유능한 통치자들을, 교회를 위해 학식이 있는 목회자들을, 그리고 사회에서 지성을 겸비한 지도자들과 교양인들을 필요로 한 것을 알게 되었다. 신대륙

---

14) 미국에서 하버드 대학과 함께 초창기에 세워진 대부분의 기독교 대학들은 거의 동일한 목적과 이념으로 1770년 이전에 세워졌다. 예를 들면, 1636년 Harvard College(Congregational Church),1693년 College of William and Mary(Anglican Church), 1701년 Yale College(Congregational Church), 1746년 College of New Jersey(Princeton, Presbyterian Church),King's College(Columbia, Nondenominational), 1755년 College of Philadelphia(Univ. of Pennsylvania, Nondenominational), 1766년 Rhode Island College(Brown Univ. Baptist),1766년 Queen's College(Rutgers, Dutch Reformed Church), 1769년 Dartmouth College (Congregational Church), S. Alexander Rippa, *Education in A Free Society*(New York: Longman, 1967), 84.

15) Frederick Rudolph, *The American College and University. A History*(New York: Vintage Books, 1962), 3

에 이주해 온 청교도들은 그들의 생화의 목적을 표현하였던 모든 것을 성서에서 찾고 있었기 때문에, 유능한 성서 해설자들과 목회자의 훈련을 강조하였다. 동시에 사회에서는 선조들의 유산인 지혜와 학문과 과학에 대한 강한 책임성을 통감하고 있었기 때문에, 전문성을 겸비한 교육 지도자들을 요구하고 있었다. 따라서 하버드 대학은 학교 교사 및 교육자들, 목회자들, 정치인들, 그리고 사회 지도자들을 양성하는 교육의 중심지가 되었다.

기독교 대학으로서 하버드 대학이 4세기의 긴 역사를 통해 발전해 오면서 그 자체의 독특한 전통을 계승하게 된 것은 그 대학만이 창출하였던 역사적 특성과 유산이 있었다. 그것은 신앙과 학문을 하나의 공동체 안에서 통합하는 새로운 시도를 통하여 그 당시 신대륙의 개척지 미국 사회가 요구하였던 인재를 양성하는 창조적 모형으로 발전하였다. 더욱이 하버드 대학은 영국의 옥스퍼드 대학과 케임브리지의 임마누엘 대학의 원형을 통하여 학생 훈련과 커리큘럼, 그리고 행정제도와 규범들을 미국적 풍토에 이식시키고 변형시키는 데 성공하였다. 이와 같은 대학의 구성을 통하여 하버드 대학의 교육목적은 처음부터 하나님을 알고, 영원한 생명을 얻고, 나아가서 미국 사회에 '거룩한 나라'(Holy Commonwealth)를 건설할 성직자 양성과 사회 각계각층의 평신도 지도자 양성에 주력하였다.[16] 하버드 대학의 구성과 제도는 기독교 대학의 최초의 모형으로 발전하였으며, 학생들의 대학 생활은 기숙사를 중심으로 공동체 생활을 영위하게 하여 교수와 학생과의 긴밀한 유대 관계를 강조하였다. 대학의 종교적 활동으로 모든 학생들의 '의무 채플', '정기적인 기도회', '교회 출석', '신학 훈련', '종교 클럽'과 '학원 부흥회'를 통한 철저한 종교적·도덕 교육과 훈련을 요구하였다. 이와 같은 하버드 대학의 교육은 리차드 니버

---

16) John S. Brubacher, *Higher Education in Transition*(New York: Harper & Brothers, 1958), 6.

(Richard Niebuhr)의 분석대로, 하버드가 '문화를 변혁하는 그리스도'[17]
의 구조를 그대로 실천했던 기독교 대학의 모형으로 발전하게 되었다.

2. 한국의 기독교 대학

한국에서 기독교 대학의 발생은 한국 땅에 최초로 기독교 복음을 전파하기 시작한 외국 선교사들에 의하여 시작되었다. 그들은 한국을 복음화하기 위하여, 무엇보다, 한국인의 교회 지도자들을 양성하고 그들로 하여금 한국 백성들을 교육시키며 새로운 그리스도인들을 배출하는 일이었다. 이와같이 그들은 한국 교회의 부흥을 위한 새로운 선교 전략과 국가와 사회에 이바지할 각 분야의 지도자들을 양성하기 위해 기독교 대학을 설립하는 일에 착수하였다. 특히 한국의 최초의 기독교 대학은 미국의 기독교 대학의 유형으로 발전하였기 때문에, 모든 교육 환경과 교육방법이 미국식 모형을 그대로 전수받지 않을 수 없었다. 물론 한국의 특수한 전통적 문화의 토양 위에 설립된 기독교 대학이 처음에는 한국적인 것과 상충되는 문제들이 없지 않았지만, 최초의 기독교 대학을 통하여새로운 서구 문화와 문물의 소개로 사회의 변혁과 민중의 계몽이라는 공동의 목적을 추구하고 있었기 때문에, 고동 교육의 토착화와 수용에 새로운 이정표를 제시하게 되었다.

1) 기독교 대학의 시작

한국에서 기독교 대학이 발생하여 1세기가 넘는 역사를 자랑해 오는

---

17) H. Richard Niebuhr, *Christ and Culture*(New York: Harper & Brothers, 1951), 190.

동안 한국의 근대화와 기독교 복음화라는 이중적 과업을 성실히 수행하여 왔다. 한국의 기독교 대학은 초창기에 사회를 위하여 선진 과학과 기술 및 신학문을 소개하여 국민 교육과 민족의 각성에 이바지해 온 한편, 이 땅에 기독교 교회를 세워 성장시키면서 사회 복음화에 지대한 공적을 남겼다. 고등 교육 기관으로서의 기독교 대학은 설립 초기부터 기독교 정신과 건학 이념에 의하여 기독교 신앙 교육을 강조하며 학원 선교와 기독교적 사회 지도자들의 양성에 앞장서 왔다.

한국에 전래된 기독교 대학은 중세 대학의 특성과 새로운 과학 정신, 그리고 다양한 학문의 영향으로 형성된 사상적 문화적 유산이 집대성한 하버드 대학에서 그 유형을 찾을 수 있다.[18] 한국의 기독교 대학은 오백년의 조선 왕조에서 개화기의 전환적 시점에 이르는 동안 외국 선교사들이 세운 일반 학교에서부터 시작되었다. 물론 한국의 기독교 대학은 처음부터 고등 교육의 필요성에 의하여 발생한 것이 아니라. 기독교 복음의 전승과 함께 국민 개조와 선교를 위한 일반 대중을 위한 보편 교육으로 출발하였다. 이와 같은 맥락에서, 한국의 기독교 대학은 외국 선교사들에 의해 대중과 서민들의 계몽을 위한 신교육과 혼재되어 발생되었다고 할 수 있다.

한국에서 최초의 기독교 학교는 외국 선교사들에 의해 시작되어 현대 교육의 효시가 되었다.[19] 선교사들은 한국에서의 선교 활동을 교육 사업

---

18) 은준관(1985), 160.

19) 참고로 한국에서 초창기에 설립된 기독교 학교는 다음과 같다. 광혜원(1885, 연세의대 전신), 배재학당(서울, 1885, 감리회), 이화학당(서울, 1886, 감리회), 경신학교(서울, 1886, 장로회), 광성학교(평양, 1894, 감리회), 숭덕학교(평양, 1894, 감리회), 정의여학교(평양, 1894, 감리회), 정신여학교(서울, 1895, 장로회), 일신여학교(동래, 1895, 장로회), 정진학교(평양, 1896, 감리회), 숭실학교(1897, 평양, 장로회)(기독교교육학회 편, 『기독교교육사』(도서출판: 교육목회, 1992), 508. 그 후에 동계에 의하면 장로교 계열의 학교만도 1907년에 405개교, 1908년에 561개교, 그리고 1909년에는 719개교로 해마다 150여 학교가 증설된 셈이 된다(문상희, "韓國敎會 百年의 回顧" 『神學論壇』제 17집, 연세대학교 신과대학, 1989, 107).

에서 시작하여야 한다는 생각을 가지고 있었다. 최초의 선교사가 1885년 4월 5일에 인천에 상륙하여 주한 미국 공사인 푸트(L. H. Foot)에게 보낸 서신에서 "우리는 교육 사업을 시작하고 어학을 연구하려고 왔습니다… 지금은 선교 사업이 아니라, 교육 사업을 시작함이 어떻겠습니까?"[20] 라고 언급한 것을 통해 알 수 있듯이, 선교사들은 한국에서 처음에 교육 사업을 시작하기를 희망하고 있었다. 실제로 의사인 알렌(H. N. Allen)이 1884년에 병원 학교의 교사로 입국하여 그 이듬해 2월부터 한국인 의사들의 양성을 위해 의술을 가르쳤다. 장로교 선교사였던 언더우드(Horace G. Underwood)도 이 병원에서 화학과 물리학을 가르쳤다.[21] 이 병원은 1886년 4월 10일에 의사 해론(John H. Heron)을 교사로 임명하여 한국 정부가 직영하는 광혜원으로 정식 개교하였다. 그러나 1893년 애비슨(O. R. Avison)이 내한하여 병원의 명칭을 제중원으로 바꾸고 선교회 직영으로 맡기었다. 이 병원이 곧 현재 세브란스 의대의 전신으로 보아도 크게 틀림이 없을 것이며,[22] 초기 선교사들과 의사들에 의해 기독교 정신으로 설립되었던 점을 중시할 수 있다.

1886년은 한국의 기독교 대학의 역사와 현대 교육사에 실로 기념할 만한 해가 된다. 이해에 한국에서 최초로 서양식 의학 교육이 시작되었을 뿐만 아니라, 미국에서 세 사람의 신학자와 목사[23] 를 초빙하여 최초의 국립학교였던 '육영공원'(育英公院)[24] 을 설립하였고, 공립학교로서 배재

---

20) 김양선, "韓國 敎會와 現代 敎育"『神學論壇』제 7집(연세대학교 신과대학, 1962), 35

21) G. W. Gilmore, Korea *From its Capital* (Philadelphia: The Presbyterian Board of Publication, 1892), p. 233.

22) 김양선, 37.

23) 그들은 평생을 한국의 위해 바친『士民必知』의 저자인 H. B. Hulbern 박사와 培材學堂의 제 2대 校長이던 D. A. Bunker 목사, 그리고 George W. Gilmore 선교사들이다(김양선, 39).

24) 1883년 美國 시찰 후 귀국한 閔泳穆은 국왕에게 現代 學校의 설립을 간청하며 그 允許

학당과 이화학당이 창설되었다. 감리교 선교사였던 아펜셀러(Henry G. Appenzella) 목사는 1885년 8월 3일 왕국으로부터 학교 설립에 대한 내락을 받고, 그의 집에서 영어를 공부하기 원하는 두 청년을 데리고 첫 수업을 시작하였다. 그 이듬해인 1886년 6월 8일에 감리교 선교부의 공인을 받아 정식 기독교 학교로 첫 출발을 하였다.

> 우리 宣敎學校는 1886년 6월 8일에 시작되어 7월 2일까지 수업을 계속했는데 학생은 6명이었다. 오래지 않아 한 학생이 "시골에 일이 있다."고 떠나 버리고, 또 하나는 6월은 外國語를 배우기에 부적당한 달이라는 이유로 떠나 버렸으며, 또 다른 학생은 가족에 喪事가 있다고 오지 않았다. 10월 6일 지금은 在學生이 20명이요, 실제 출석하고 있는 학생은 18명이다.[25]

그 이듬해인 1887년에는 이 학교가 크게 확장되어 학생 수가 75명에 달하였다.[26] 국왕은 이 학교에 친히 '배재학당' 이라는 교명을 지어서 아펜셀러 목사에게 하사하였다.[27] 한국 최초의 기독교 학교[28] 인 배재학당은 '欲爲大者 當爲人役' 을 기본적 교육 이념으로 그리스도의 희생 봉사

를 받고 곧 미국 정부에 3名의 교사 추천을 의뢰하였다. 미국 정부는 新學敎를 갓 졸업한 3名의 新學者를 선정하여 1884년에 入國시킬 예정이었다. 그러나 그 일은 甲申政變으로 지연되어 1886년 7월 4일에 서울에 도착하여 同年 9월에 첫 수업을 시작하였다. 그러나 결과 10년을 넘기지 못하고 培材學堂에 ?合되었다(김양선, Ibid., 39. cf. 吳天錫, 『韓國新交育史(上)』(서울: 光明出版社, 1975), 52..

25) Methodist Episcopal Church Report for 1886. George L. Paik, *The History of Protestant Mission in Korea 1882-1910*(Pyongyang: Union Christian College Press, 1929), 120-121에서 재인용

26) 김양선, p. 38. 그러나 吳天錫 박사는 같은 해 학생 수를 67명으로 기록하고 있다(吳天錫, 55).

27) Allen D. Clark, 94. George L. Paik, 120.

28) 김양선 교수는 그의 논문에서 기독교 학교 대신 "敎會 學校"라 부르고 있다(김양선, 30-50).

의 정신을 실천하고자 하였다.[29]

　1885년 6월에 한국에 온 감리교 여선교사였던 스크랜튼(Mary F. Scranton) 부인은 한국 여성을 위한 교육 기관을 세울 것을 결심하고 1년이 경과한 1886년 5월에 학생 1명을 상대로 여학교를 시작하여, 같은 해 11월에 새 교사를 완공하였다.[30] 그 다음해 국왕과 정부가 이 학교를 인정하였고, 특히, 외국인에 의하여 한국 여성 교육이 시작되었다는 생각을 한 명성황후는 '이화학당'이라는 교명을 지어 직접 하사하였다.[31] 그 당시 한국 여성이 처한 사회적 환경과 여건으로 보아 여성을 위한 교육 사업은 상상할 수조차 없었다. 그러나 여성 교육에 앞장섰던 선교사들은 한국의 여성들로 하여금 오랜 세월 동안 일상생활을 지배하여 온 문화와 전통적 편견을 전환하는 일에 노력하였다. 이러한 과제를 감안하여 선교사들의 이화학당의 교육 목표는 "한국 여성들을 그들의 생활을 영위하여야 한디는 조건 밑에서 모범적 여부(女婦)를 민드는 동시에 친구와 동료들 사이에서 십자가의 증거자가 되게 하는 데 있었다."[32]

　한편 장로교 선교사였던 언더우드 목사는 감리교 선교사 아펜셀러 목사보다 먼저 서울에 들어와[33] 교육 선교에 착수하여 고아원인 기숙 학교

---

29) 이것은 마태복음 20장 27절 "너희 중에 누구든지 으뜸이 되고자 하는 자는 너희 종이 되어야 하리라"는 말씀의 정신을 이어받아 "위대한 人物이 되려면 먼저 다른 사람을 섬겨야 한다"는 의미를 나타내고 있다(김양선, p. 41).

30) 吳天錫, op. cit., p. 52. 그러나 김양선 교수는 본교가 1885년 10월에 1명의 학생으로 시작하여 그 다음해 新校舍를 건축하였다고 언급하고 있다(김양선, p. 41).

31) 吳天錫, p. 54. Allen D. Clark, 93-94, George L. Paik,.,118-119. James E. Fisher, *Democracy and Education in Korea* (연세대학교 출판부, 1970), 4,. Horton H. Underwood, *Modern Education in Korea* (New York : International Press, 1926)

32) G. W. Gilmore, p. 300. 吳天錫, 54에서 재인용.

33) 언더우드와 아펜셀러가 미국선교회의 테일러(Taylor)와 스커더(Scudder) 목사와 함께 1884년 4월 제물포에 도착하였으나, 한국의 국내 사정이 불안정 상태에 있다고 생각하여 아펜셀러 부인의 입국이 보류되자 언더우드만 상륙하게 되었고 아펜셀러 목사는 다시 일본으로 돌아갔다. 그 후 같은 해 6월에 아펜셀러 부부와 스크랜튼 의사의 부인

를 시작하였다.[34] 그는 학생 전원을 기숙사에 수용하여 학교에서 숙식을 제공하게 하였다: "처음에 들어온 학생은 모두 남자 아이었고, 얼마 지나지 않아 어린이의 수효가 40명 이상이 되었다."[35] 그러나 이 학교도 장로교 선교부의 협조를 얻지 못하자 1897년에 휴교하게 되었다. 그러나 한국에서 기독교 교육과 현대 교육에 대한 일념을 버리지 않았던 언더우드 목사는 1902년에 다시 구세 학교로 재건하여 지금의 경신학교로 발전시켰다. 그 후 1914년에 동교 내 조선기독대학이 설립되어 현재의 연세대학교로 발전하였다.[36]

장로교 선교사들의 기독교 학교 교육에 대한 관심은 남학생들을 위한 교육에 국한하지 않았다. 광혜원의 간호부로 내한하였던 엘러스(Miss. Annie J. Eless)는 언더우드 목사가 설립하였던 고아원의 부속 사업으로 여성 교육에 착수하였다. 한편 엘러스가 일신상의 문제로 교육 사업을 계속하지 못하게 되자, 1890년에 토티(Miss. S. D. Dorty)의 관리 하에서 이 기관이 학교 모습을 갖추게 되었다. 이 학교가 오늘날 정신여학교의 전신으로서 그 당시 학생 수는 8세 가량 되는 9명의 여학생이 있었다. 동교의 교육 이념은 기독교 복음의 전파와 함께 여성들에게 민족 문화와 여성의 자긍심을 높이는 일이었다.

지금까지 한국에서 선교 초기의 기독교 학교와 대학의 발생 과정을 살펴보았듯이, 한국에서 대학 교육은 현대 기독교 신앙 교육과 함께 시작되었다. 초기 선교사들에 의해 설립된 기독교 대학이 주도하였던 기독교 신앙 교육은 이 땅에 기독교 복음과 현대의 과학적 기계기술을 소개하는 일

과 어머니 스크랜튼(Mrs. Mary F. Scranton), 그리고 헤론 의사 부부가 도착하였다(吳天錫, 50-51).

34) 김양선, 38에서 재인용.

35) G. W. Gilmore, 295. 吳天錫, 56.에서 재인용.

36) 김양선, 38. Allen D. Clark, 95. Geroge L. Paik, 121. H. H. Underwood, 131-141. James E. Fisher, 3.

에 앞장섰다. 한국에서 선교 활동과 함께 전통적인 문화를 이해하며 한국인들의 문맹 퇴치에 앞장섰던 기독교 신앙 교육은 한국인들 사이에서 쉽게 수용되어 각 지역마다 기독교 대학들이 설립될 기틀을 마련하였다.

2) 기독교 대학의 성격

한국에서 기독교 대학은 선교가 시작될 때부터 기독교 신앙 교육과 교회를 모체로 하여 발전하여 왔다. 외국 선교사들에 의해 시작된 기독교 대학은 한국의 복음화라는 선교의 목적을 가지고 교회의 성장과 부흥뿐 아니라, 한국의 현대 교육의 발달에 매우 중요한 역할을 감당하였다. 한국에서 기독교 대학은 그 기본적 이념을 기독교 복음을 통한 개인의 영적 구원과, 동시에 새로운 과학 기술과 지식을 통하여 문맹 퇴치 및 문명 사회 건설에 역점을 두고 있었던 사회 구원을 주창하였다. 이와 같이 한국인 개개인의 영적 신앙과 한국 사회의 복음화에 지대한 관심을 가지고 시작된 기독교 대학은 한국의 특수한 정치·사회적 환경과 조건에 따라서 몇 가지 독특한 성격을 나타내고 있었다.

첫째, 한국에서 초창기 기독교 대학은 성경 중심적 교육이었다. 교회와 기독교 대학은 청소년들에게 성경을 중점적으로 가르치기 위하여 성경과 그리고 관련된 모든 과목을 교과 과정에서 가장 중요하게 다루었다. 그것은 한국의 초대 교회에서 정책적으로 성경의 교훈을 통하여 복음화 사업을 가속화하기 위함이었다. 어떤 의미에서 "이러한 성경주의의 성격을 부식한 것은 유교적 경학(經學)의 전통이었다고 생각한다. 이러한 전통을 물려받은 것이 한국 기독교의 성경주의가 아닌가 한다."[37] 그리고

---

37) 柳東埴, "韓國 敎會의 土着化 類型과 神學"『神學論壇』제 14집 (연세대학교 신과대학, 1980), 26.

성경 중심의 기독교 신앙 교육은 청소년들로 하여금 한국의 복음화에 이바지할 수 있는 선교와 전도의 지도자들의 양성에 역점을 두고 있었다. 실제로 그 당시 기독교 복음을 믿지 않는 학생들이 새로운 학문과 지식을 익히기 위하여 기독교 대학에 모여들었지만, 결국에는 성경에 매우 호의적인 반응을 나타내며 기독교 진리를 수용하는 놀라운 회심 운동이 일어났다.

둘째, 한국의 기독교 대학은 성경 중심적 교육과 함께 교회의 지도자 및 교역자 양성을 강조하고 있었다. 한국의 복음화와 교회의 부흥은 소수 외국 선교사들에 의해서 만이 달성될 수 없었기 때문에, 많은 한국인 전도자가 요구되었다.[38] 이러한 한국 교회 지도자들의 필요성에 따라서 기독교 대학에서는 예수 그리스도의 희생 봉사의 정신을 본받고 미래의 한국 교회를 이끌어갈 인재들의 양성을 실질적인 교육 이념으로 삼고 있었다. 따라서 기독교 대학은 한국 교회의 목회자 양성과 평신도 교육의 지도자 및 국가와 민족을 위해 봉사할 수 있는 기독교적 인물을 양성하는 일에 전념하였다.

셋째, 한국 교회의 초기 선교 과정에서 교회가 세워지는 곳마다 기독교 학교와 대학이 있었다. "교회 지도자들은 교회가 서면 그 옆에 반드시 학교를 세웠다."[39] 이것은 고대 유대인들의 회당을 세울 때마다 그 옆에 딸린 학교를 세웠던 일과 유사한 성격을 나타내었다.[40] 다시 말하면, 예배와 말씀을 중심으로 하고 있는 교회와 교육을 중심으로 기독 학교와의 상관 관계성을 암시하는 일이었다. 실제로 한국의 교회 지도자들은 기독교 신앙 교육에 깊은 관심을 나타내어 교회 옆에 반드시 학교를 세워서

---

38) 김양선, 36.
39) 문상희, 112.
40) Lewis J. Sherrill, *The Rise of Christian Education* (New York : The Macmillan Company, 1944), 44-47.

교회 교육과 기독교 학교 교육과의 기본적인 공통점을 발견하고, 거기에서 실질적인 양자의 관계성을 모색하려고 하였다. 그 이유는 "종교 개혁자 존 칼뱅이 주장한 바와 같이 교육을 통하여 성경의 지식을 충분히 알 수 있으며, 신앙을 확고히 할 수 있기 때문이다."[41]

넷째, 한국의 초기 기독교 대학은 기독교 복음을 한국 문화와 관계를 짓는 토착화 교육 운동이었다. 그 당시 선교사들은 교회와 기독교 대학에서의 교육을 한국의 문화와, 그리고 처해있는 사회적 현실에 알맞게 시행하려고 노력하였다. 비록 서양 선교사들이 주축이 되어 한국 사람들을 가르치고 있었지만, 모든 교육 제도와 방침은 이 나라의 풍속과 문화 체계를 존중하는 한국 사람을 양성하는 일이었다. 이와 같은 한국 문화의 존중과 한국인을 위한 교육의 방향은 다음과 같은 언급에서 잘 묘사되어 있다: "실제로, 선교사들은 한국의 문화와 생활과 풍습에 깊은 이해를 가지고 학생들에게 한국의 풍속을 반대하거나 한국의 감정을 상하지 않는 방향으로 철저하게 한국의 토착화를 이해시키려고 하였다."[42] 이화학당의 창시자인 스크랜튼 부인 또한 교육을 통한 기독교 복음의 토착화 문제에 깊은 관심을 가지고 다음과 같이 언급하였다.

> 우리의 목표는 이 여아들을 우리 외국 사람의 생활, 의복 및 환경에 맞도록 변하게 하는 데 있지 않다. … 우리는 단지 한국인을 보다 나은 한국인으로 만듦으로써 만족한다. 우리는 한국인이 한국적인 것에 대하여 긍지를 가지게 되기를 희망한다. 나아가서는 그리스도와 그의 교훈을 통하여 완전무결한 한국인을 만들고자 희망하는 바다.[43]

---

41) 김양선, 38.
42) L. C. Rothweiler, "What Shall We Each in Our Girls?" *The Korean Repository* March 1892, 89-90, 吳天錫, 64에서 재인용.
43) M. F. Scranton, *The Gospel in All Lands*, George L. Paik, 119에서 재인용.

다섯째, 한국의 기독교 대학은 무지로부터 해방과 대 각성을 주도하였던 근대화 교육을 촉진하였다.[44] 초기 선교사들은 한국인을 무지와 문맹에서 해방시키는 일에 앞장섰다. 왜냐하면, "무지가 인간을 가장 비참하게 만들며 무가치하게 만들기"[45] 때문이다. 선교사들은 한국인에 대한 이러한 자각과 인식을 가지고 이 땅에 새로운 서구 문명과 학문을 소개하기 위하여 학교를 세웠던 것이다. 실제로 기독교 대학에서 현대의 과학 교육을 실시했으며 사회에서 남녀평등 사상과, 특별히 여성의 사회적 지위와 활동을 보장하는 문제를 계몽하였다. 그 당시 정치·사회·문화에 만연되었던 계급 사상을 타파하여, 자유민주주의 사상을 보급시켰으며 문맹 퇴치, 농사 개량, 기술 교육에 앞장섰다.[46] 따라서 한국에서 기독교 대학은 "지적인 인간 해방을 위한 교육 활동이었다. 무지가 자아내는 암흑 세계로부터의 인간 해방은 영적 해방에 못지않게 많은 구원의 의미를 지니고 있다."[47]

이와 같이, 한국의 기독교 대학은 근대화 교육과 함께 민족 교육을 선도하였다. 특히 한국 교회는 기독교 신앙 교육을 통하여 한민족을 탄압하기 위하여 자행된 일제의 형언할 수 없는 음모와 정책—3·1운동, 105인 사건, 신사 참배—에 항거하여 한국인들에게 신앙의 자유와 복음화뿐 아니라, 민족 해방과 국가 독립을 쟁취하기 위한 민족 정신을 고취하였다. 일제하에서 기독교 학교와 교회는 신사 참배의 첫 희생이 되었다. 그들은 '기독교 신앙을 버리고 신사 참배를 하느냐' 혹은 '신앙을 지키고 신사 참배하지 않느냐' 하는 중요한 기로에 놓여 있었다. 이러한 정치·

---

44) 김형태, "韓國의 現代 基督教 教育", 『現代와 神學』제 4집(연세대학교 연합신학대학원, 1967), 127.
45) 김양선, 30.
46) 孫仁洙, 『韓國教育思想史』(서울: 載東文化社, 1964), 233.
47) 柳東埴, 13.

사회적 상황 하에서도, 특히 기독교 대학은 교문을 닫는 한이 있더라도 신앙을 버리지 않고, 끝까지 기독교 신앙과 민족 의식을 버리지 않았다.[48] 실제로 기독교 신앙 교육을 통하여 기독교 신앙과 민족 정신을 배웠던 사람들은 일제의 어떠한 탄압과 박해 속에서도 희생 봉사의 기독교 정신과 애국애족의 민족 정신을 끝까지 유지하며 그 정신을 이 땅과 겨레에게 각성시키기 위해 지속적으로 노력하였다.

---

48) 김양선, 48.

제2장 기독교 대학의 이해

  본 장에서는 17세시의 대학과 대학 교육을 체계적으로 논의한 존 아모스 코메니우스(John Amos Comenius, 1592-1670)의 이론을 통하여 기독교 대학의 제도와 기능, 교수의 인격과 사명, 그리고 교육의 목적을 제시하려고 한다. 코메니우스는 신학자이자 철학자로서, 그리고 교육학자로서 현대의 대학 교육을 체계화하였을 뿐만 아니라, 교육의 제도와 방향을 구체적으로 정립하였다. 그는 그 당시 유럽에서 발생하였던 대학의 발전 과정을 관찰하면서 고등 교육 기관으로서 대학의 미래상을 예언적 안목으로 제시하였다. 인류 문화사에서 교육의 발전과 진보에 지대한 영향을 주었던 코메니우스를 이렇게 평가하고 있다. "교육사에서 코메니우스의 위치는 대단히 중요하다. 현대 교육과 그와의 관계는 현대 과학에서 코페르니쿠스와 뉴턴, 그리고 현대 철학에서 베이컨과 데카르트와 같은 동일한 위치를 점유하고 있다."[1] 이와 같이, 코메니우스는 중세기에서 현대 사회로 전환하는 시점에서 '새 교육' 을 정립하여 현대 대학 교육의 발전과 지식의 변천에 새로운 공헌을 하였기 때문에, 그의 사상으로부터 기독교 대학의 새로운 이해와 미래의 교육 방향을 발견할 수 있을 것이다.

---

1) Nicholas Murry Butler, *The Place of Comenius* (New York: Syracuse, C. W. Bardeen Publisher, 1892). 19.

1. 대학 제도와 교육

코메니우스가 지향하고 있었던 고등 교육의 목적과 연구중심으로서 대학의 성격과 역할을 면밀하게 고찰하여 현대 기독교 대학의 중요성과 전망을 발견할 수 있을 것이다. 현행 학교 제도와 조직, 교과 과정의 원리와 체계적인 단계 학습의 방법은 코메니우스로부터 발전하였다. 실제로 그는 1633년에 저술하여 1638년에 출판된 그의 『대교수학』[2] 에서 학교 제도의 기본적 원리를, 그리고 1642년에 시작하여 1647년에 완성한 『분석 교수학』[3] 에서 학교의 본래적 기능을 논리적으로 제시하였다.

1) 교육 제도의 원리

코메니우스는 학교의 교육활동의 기본적 제도와 조직을 인간의 신체와 심리적 발달과정을 기초로 체계화하였다. 일반적으로 학교는 인간의 신체적 · 심리적 발달 단계와 일치하여 학년 및 학급의 제도로 구성되어 교육 내용과 자료들, 그리고 교육 내용을 전달하는 교수 방법에 의하여 다양한 교육 활동을 수행하게 된다. 그는 학교의 교육 제도를 인간의 발달 단계에 근거하여 구성하는 한편 자연의 원리인 계절의 변화와 나아가서 나무의 성장 단계와 비교 유추하여 분류하였다. 이러한 원리들에 근거하여 인간의 최초의 학교는 사람이 태어나서 6세까지 교육을 받을 수

---

2) 본 저서의 체코어 본이 1628년-1632년 사이에 완성되었으며, 라틴어 본인 *Didactica magna*가 1636년에 완성되어 1657년의『교수총론』에 포함되어 있다. 본 저서는 1896년에 M. W. Keatinge에 의해 *The Great Didactis*로 영어로 번역되었고, 1987년에 정확실 교수에 의해 『大敎授學』으로 번역되었다.
3) 본 저서는 1642년-1647년 사이에 저술된 *Linguarum methodus novissima*의 제 10장을 1953년에 Vladimir Jelinek에 의해 *Analytical Didactic*으로 영역된 것을 1992년 李淑鍾에 의해 『分析敎授學』으로 번역되었다.

있는 '어머니 무릎 학교'[4]로 명명하고 그 특징을 봄에 피기 시작하는 다양한 꽃과 풀의 향기로 비교하였다. 두 번째 학교인 '모국어 학교'[5]는 알찬 이삭과 과일을 생산하는 여름과 비교할 수 있으며, 7세부터 12세까지 교육받을 수 있다. 세 번째 학교인 '라틴어 학교'[6]는 들과 밭에 무르익은 열매들로 가득한 가을, 그리고 '대학 혹은 여행'[7]은 모든 곡식과 과일들을 미래의 다양한 용도를 위해 저장하는 겨울에 해당된다.

'어머니 무릎 학교'의 유아들은 잘 심어져서 뿌리를 내리고 새싹이 돋기 시작하는 어린 나무와 같고, '모국어 학교'의 어린이들은 가지와 새싹으로 무성하게 덮인 나무와 같으나, 아직 어떻게 성장해야 할 것인지를 완전히 알 수 없는 상태에 머물러 있다. '라틴어 학교'의 소년들은 보기에 즐겁고 꽃이 만발하여 좋은 열매를 약속하는 나무와 같으며, '대학'의 청년들은 필요하면 따서 언제든지 사용할 수 있는 열매로 가득한 나무와 비교할 수 있다. 코메니우스가 이와 같이 자연의 원리와 방법에 따라 학교를 구분한 것은 자연의 모든 사물들의 발달 단계들은 각 단계에서 상호 연관되어 함께 성장하는 것과 같이, 인간의 성장을 위해서도 학문과 지식의 다양한 분야가 상호 연관되어 교육하여야 한다는 주요한 이유를 제시하고 있다.[8]

---

4) 코메니우스가 언급한 '어머니 무릎학교'(the School of Mother's Knee)는 1837년에 독일의 르뢰벨(Friedrich Wilhelm August Fröebel에 의하여 최초의 어린이 교육기관인 유치원(Kindergarten)으로 발전하였다.

5) '모국어 학교'(the Vernacular School)은 오늘날의 초등학교로서 모국어를 통하여 외국어를 잘 배울 수 있다(John Amos Comenius/ 鄭確實 역,『大教授學』(教育科學社, 1987,285-292를 참조하시오).

6) '라틴어 학교'(the Latin School 혹은 Gymnasium)는 오늘날의 중등학교로서 각 학년마다 역사 교육의 중요성을 강조한다(Ibid..292-300).

7) '대학과 여행'(the University and Travel)은 미래의 사회생활과 활동을 준비하는 전문 학자와 교수들을 배출하며 모든 사람에게 '우주적 빛'을 나타내는 것을 추구한다(Ibid.,301-306).

8) John Amos Comenius/ 李淑鍾 역,『分析教授學』(教育科學社, 1995), 112.

2) 대학의 교육적 기능

코메니우스가 유럽의 30년 전쟁(1618-1648)으로 그의 조국 체코를 떠나 1628년부터 시작된 망명 생활 중 영국 의회의 초청으로 1641년에 영국을 방문하였을 때, 1636년에 미국에 설립된 하버드 대학(Harvard College)의 총장직을 제의 받았다. 그가 총장직을 제의 받은 이유를 제임스 B. 코난트(James B. Conant) 총장은 1942년에 발행한 하버드 대학 기념논집에서 다음과 같이 언급하였다: "대학교의 특수성을 코메니우스로부터 영향을 받았으며, 그는 당시 유럽 교육에서 가장 중요한 권위자였다. 그는 그 당시 정치적 사회적 악순환에 대항하여 당대의 교육적 문제들을 새롭게 전망하였던 그의 정신이 모든 세대에서 실현되어야 한다"[9] 위의 글에서 볼 수 있듯이, 코메니우스는 그 당시 전 세계에 걸쳐서 일반 학교 교육뿐만 아니라, 대학 교육에서 새로운 교육 개혁을 시도하였다.

코메니우스는 학교 제도의 최종 단계인 대학을 '아카데미'(academy), 혹은 '여행'(travel)으로 명명하였으며, 여기에는 라틴어 학교를 졸업한 청소년들이 입학에 필수한 일정한 시험에 의하여 입학할 수 있었다. 전통적으로 대학은 '청년의 꽃'(the flower of youth)으로 일컬어지는 선택된 청소년들이 입학하여 그들의 적성에 맞는 선한 지혜를 배양하기 위하여 전문적으로 연구하며 교육을 받고 있었다. 따라서 대학은 근면하고 능력 있는 학생들이 다양한 학문과 지식을 터득할 수 있는 기회를 부여하였다. 실제로 코메니우스는 그의 저서 『대교수학』의 31장[10]과 『범교육』[11]

---

9) Daniel Murphy, *Comenius: A Critical Reassessment of His Life and Work* (Irish Academic Press, 1995), 224.

10) 『大教授學』제 31장은 "大學, 旅行하는 學生, 빛의 大學에 관하여"로 되어 있다(ibid, 301-306).

11) 코메니우스의 『범교육』은 1648(1650)년에 저술을 시작하여 1670년에 완성한 그의 불후의 명저인 『인간개선에 관한 일반담론』(*A General Consultation about the Improvement*

의 12장,『빛의 길』[12]에서 대학의 이와 같은 실제적 기능인 교육 내용과 방법 및 절차를 구체적으로 제시하였다.

일반적으로, 대학 교육은 상호 관계성이 있는 '교육'(teaching)과' 연구'(research)와 '전문 직업 훈련'(vocational or professional training)의 세 가지 개념을 포함하고 있다. 첫째, 대학의 교육의 기능은 모든 지식의 종합인 범지학(汎知學)[13]의 내용을 교육하는 일이 되어야 한다. 그는 일찍부터 각기 다양한 학문의 분야로 발전되어 온 지식의 종합을 제안하였다. 그는 학문의 다양한 분야에서 생성되는 단편적 지식은 인간을 위해 아무런 이익과 혜택을 주지 못할 뿐만 아니라, 오히려 사회와 국가의 분열과 갈등, 나아가서 분쟁과 전쟁의 직접적인 원인이 된다는 사실을 통감하고 있었다. 그는 이와 같은 사회적 문제점을 극복하며 해결하기 위하여 철저하고 일관성 있는 원리에 근거한 지식의 종합적 체계를 시도하였다.[14] 그것은 하나님의 말씀인 성경을 기반으로 다양한 분야의 지식의 종합인 범지학을 의미한다. "범지학은 학교 교육의 단편적 지식의 내용을 통합하고, 일반적으로 인간 지식의 결과를 종합하는 것을 도와 주는 것이어야 한다. 그가 제시하고 있는 범지학의 이론적 근거는 모든 피조물들은

---

of Human Affairs)의 7권 중 제 4권으로서 1996년 정일웅 교수에 의해 우리말로 번역되어 여수룬에서 출판되었다. 본 저서의 12장은 '청년기 학교' 로 되어 있다.

12) 코메니우스가 1641-1642에 영국을 방문하였을 때, 그 당시 프란시스 베이컨(Francis Bacon)의 사상을 구체적으로 실현하기 위해 철학자들, 과학자들 정치가들로 구성된 영국의 학사원(the Royal Society)의 태동에 결정적인 영향을 주었다. 그는 그의 저서 『빛의 길』(Via Lucis)를 1641년에 저술을 시작하여 1666년에 출판하였으며, 그 저서를 1668년에 설립된 학사원에 증정하였다(John Amos Comenius/ 李淑鍾 역, 『빛의 길』, 여수룬, 1999. 35-57를 참조하시오).

13) 대학의 주요한 교육적 기능인 지식의 종합, 혹은 범지학(汎知學)에 관하여 본 저서 제 9장에서 구체적으로 다룰 것이다.

14) 코메니우스의『범지학』, Pansophia은 그의 저서 『인간개선에 관한 일반담론』의 제 3권으로 헬라어의 πα(all)과 σοφα(wisdom)의 합성어로서 모든 '지식의 종합' 인 범지혜(universal wisdom) 혹은 범지식(universal knowledge)를 의미한다.

상호간 내면적으로 연합하여 관계를 맺고 있으며, 그리고 서로 각기 논리적이며 체계적으로 연결되어 있으므로, 사물들의 전 체계는 공통적인 지식으로 수용될 수 있다는 것이다. 따라서 범지학은 인간 지식을 종합하기 위해 고안된 '모든 지식의 종합'(encyclopaedia)일 뿐만 아니라, 하나의 보편적 지식을 모색하기 위한 보다 광범위하고 심원한 방법론적 기능, 즉, 이론적이며 실천적인, 물질적이며 영적인 모든 인간의 활동을 새롭게 통합하는 기능을 포함하고 있다."[15]

코메니우스는, 실제적으로, 그의『대교수학』에서 지식의 종합적 형태를 인간의 개인생활을 위한 지성적 학문(erditio)과, 다른 사람들과의 조화 있는 관계를 위한 덕성(virtus)과, 그리고 하나님과의 영적 관계를 위한 경건(dietus)의 세 가지 지식의 종합을 제시하였다.[16] 이 세 가지 지식은 한 개인의 전인성을 위하여 조화 있게 가르쳐야 하며, 뿐만 아니라 대학교육의 일차적 관심인 개인의 지성적, 도덕적, 영적 성숙을 위한 교육내용으로 강조되어야 한다. 그것은 인간을 중심으로 존재하고 있는 모든 사물들이 상호 질서 있게 연관성을 가지고 개인의 지성적 도덕적 영적인 세 속성을 배양할 수 있는 자원들이 될 수 있기 때문이다.[17] 대학은 이와 같이 모든 지식과 진리의 통합을 위한 추구, 즉 지식의 상호성과 통전성을 명시하는 '지혜의 공장'(a factory for wisdom)으로서 학생들에게 다양한 지식을 위한 가르침과 교육에 전념해야 하는 일차적 기능을 수행해야 하는 것이다.

둘째, 대학은 과학적 탐구와 개발과 함께 고전의 연구가 수행되어야

---

15) Dagma Capkova, "The Importance of Slovakia for the Preservation of the Comenian Tradition and for the Knowledge in his Work in the Czech National Renaissance" in *Homage to J. A. Comenius*(Turnovske tistarny, s. p. Turnov, 1991), 202.
16) 李淑鍾 저,『코메니우스의 敎育思想』(敎育科學社, 1996), '제 6장, 교육의 내용' (219-257)을 참조하시오.
17) Ibid., 47.

한다. 코메니우스는 17세기에 태동하기 시작하였던 과학의 연구에 깊은
관심을 가지고 그것을 대학의 주요한 기능이 되어야 할 것을 강조하였
다.[18] 그 당시에 뛰어난 과학자로 언급되었던 그는 모든 과학적 탐구를 창
조된 물질 세계의 분석과 하나님을 발견하는 궁극적인 길로 이해하려고
하였다. 그는 그의 종교적 신념과 신앙으로 인류의 번영과 발전을 위해
지식의 탐구만을 강요하는 것을 매우 위험한 일로 간주하면서, 그 시대
에 광범위하게 확인되었던 종교와 과학의 상관성을 구체적으로 제시하
려고 시도하였다: "현대 과학의 두 가지 뿌리가 되는 자연과 무역에 관한
연구, 즉 양자는 청교도들에게 널리 알려진 종교적 목적으로서 나타났
다. 첫째, 자연의 연구는 하나님의 섭리인 지혜와 영광을 나타내는 것이
며, 둘째, 무역의 거래는 절제와 신령한 근면성을 증진하기 때문이다."[19]
이와 같이 대학 교육에서 과학에 의한 자연 사물과 인간 생활의 탐구는
인간적이며 신령한, 자연적이며 초자연적인, 물질적이며 초월적인 모든
영역을 포괄하는 학문의 광범위한 계획 속에 포함되어야 한다.

대학에서 과학의 연구와 함께 고전작가들의 다양한 범지혜서
(pambiblia)[20]를 탐독해야 하는 고전의 연구가 강조되었다. 코메니우스는
대학의 모든 연구자들에게 고전(古典)을 탐독하며 연구해야 할 기간과 주
제들의 선정을 촉구하였으며, 특히 실천적 측면에서 처음에는 요약과 발
췌의 방법을 활용하여 독서를 신속하게 진행해야 하고, 그 이후에 선정
된 구절들을 세부적으로 탐독할 것을 제시하였다.[21] 그는 또한 연구자들

---

18) Daniel Murphy, 227.

19) J. D. Bernal, "The Social Relations of Science in the Seventeenth and Twentieth Centuries,"
in Daniel Murphy, 227에서 재인용.

20) 범지혜서(pambiblia)의 내용과 구상은 코메니우스의 저서 『범교육』제 6장에 구체적으
로 제시되어 있다.

21) John Amos Comenius/ 정일웅 역, 『범교육학』(서울: 여수룬, 1996), 153-188를 참조하시
오.

에게 모든 지식의 중요성과 의미가 종교적 신앙의 관점에서 추구되어야할 것을 강조하였다. 그 이유는 인간의 모든 저서들이 하나님의 책들에대한 주해서(註解書)가 되기 때문에, 가장 현명한 연구자들은 하나님의 책에서 양육되는 사람들이 되어야 한다.

셋째, 대학의 세 번째 기능으로 전문적 직업 훈련이 제시되어야 한다. 코메니우스는 대학의 전문 직업의 교육은 다양한 학문의 광범위한 범위 내에서 수행되는 것을 매우 중요하게 생각하였다. 그는 무엇보다 대학이 학생들에게 개인 및 사회생활과 밀접한 관계가 있었던 신학, 철학, 의학, 그리고 법학과 같은 영역에서 능률적이며 체계적인 훈련을 받아야 할 것을 언급하였다. 왜냐하면, 신학은 영혼의 조화를, 철학은 지성 혹은 이성의 조화를, 의학은 신체와 생명의 기능의 조화를, 그리고 법학은 외형적인 사회적 문제의 조화를 회복시켜 주기 때문이다.[22] 그는 아울러 그 당시 대학 교육에서 중요하게 강조되었던 네 학문을 체계적으로 연구할 전문가들의 양성을 적극적으로 권장하였다.

또한 대학은 학생들이 일상생활에 필요한 기계 기술의 전문적 훈련과 그것을 활용하는 방법을 구체적으로 가르쳐야 한다. 전문 기술의 훈련은 다음과 같은 세 가지 절차가 선행되어야 한다: 첫째, 학생이 검토하고 모방할 수 있는 새로운 형태의 모형 혹은 개념의 제시, 둘째, 새로운 형태로 표현할 수 있는 소재, 그리고 셋째, 그 일을 완성시키기 위해 도움이 되는 도구가 구비되어야 한다. 동시에 이러한 기술을 습득하기 위해 필요한 세 가지 조건으로, 첫째, 소재의 적합한 응용 방법, 둘째, 기술 지도, 그리고 셋째, 반복하는 연습[23]이 전제되어야 한다. 이와 같은 절차와 방법으로 교수들은 학생들을 지속적이며 직접적인 교육과 평가와 같은 종합적

---

22) 『大敎授學』, 276.
23) Ibid., 206.

과정을 통하여 훈련하고 시험하여야 한다. 대학의 직업 교육과 훈련은 모든 학생들에게 제공되어야 하는 한편, 직업 교육의 이유와 선택의 중요성을 확인하고, 그 선택은 학문의 특수성과 개인의 적성에 맞게 이루어져야 한다.

위에서 언급한 대학의 본질적 기능인 교육, 연구, 전문 직업의 교육과 훈련은 상호 관계성을 유지하면서 수행되어야 한다. 이러한 관점에서, 코메니우스는 그 당시 많은 나라들의 고등 교육에서 관찰하였던 교육과 연구와의 분리의 현상을 강하게 비판하였다. 그는 대학들이 바른 교육의 기초로서 세 가지 기능의 관계성을 고려하지 않았던 경향을 지적하면서, 세 가지 기능의 특별한 관계성을 강조하였다.[24] 이러한 맥락에서 코메니우스가 제시한 대학의 세 가지 기능은 현대의 대학 교육의 주요한 역할과 사명으로 그 전통을 계승하여 온 것으로 이해된다.

그리고 대학교육의 세 가지 중요한 기능에 의한 최고 학문의 성취는 여행(travel)으로 보충되어야 한다. 학창 시절에서 여행은 모든 학생들에게 그것이 체계적으로 효과 있게 계획된다면, 가장 풍부한 실제적 체험이 될 수 있다. 학생들에게 여행은 그 자체에 목적이 있는 것이 아니라, 지식과 지혜의 안목을 증진하는 일이 될 수 있기 때문에, 무엇보다, 먼저 자신의 나라를 방문하고, 그 후에 다른 나라들의 여행으로 확대되어야 한다. 대학생들에게 여행의 기회가 부여되어야 하는 또 다른 이유는, 플라톤의 언급과 같이, 청년기의 혈기(血氣)가 지난 후 신중하고 식견이 풍부한 안목을 겸비하게 될 때에 다양한 경험을 하는 것이 중요하기 때문이다.[25] 학생들의 여행을 통하여 학식이 풍부한 학자들과 함께 학문의 기초를 철저하게 정립하여 '지혜의 빛'을 인류에게 전달하며 인간의 생활을

---

24) Daniel Murphy, 236.
25) 『大教授學』, 305.

유익하게 하는 모든 과정들을 직접 목격하는 것이 절대적으로 필요한 일이었다. 그리고 여행을 통한 학문의 공동 연구는 다른 대학들과 협력하여 여러 세대 동안 계승하여 발전시킴으로써 인류 문화에 지대한 공헌을 남길 수 있게 된다. 왜냐하면, 대학은 "피와 생명과 힘을 모든 지체에게 보내는 생명의 공장과 같은 곳"[26]이기 때문이다.

3) 교육 절차와 방법

대학 교육은 그 본래의 목적을 당성하기 위하여 몇 가지 구체적인 방법과 절차를 개발하여 추구하여야 한다, 인간 지식의 모든 분야가 함께 연구되어야 하는 대학에서 학생들이 온전하고 바른 교육을 받기 위하여 교과 과정이 보편적이어야 하며, 교수 방법은 쉽고 철저하게 구성되어야 한다. 이것을 위하여 모든 지식의 교육과 연구와 직업 훈련의 영역에서 학식이 있고 유능한 교수들이 다양한 분야의 지식을 조화 있게 전달하여야 한다. 대학의 세 가지 본래적 교육적 기능을 원활하게 수행하기 위하여 교수들과 학생들이 학문의 연구에 전념할 수 있는 시간과 모든 시설들, 즉 도서실, 연구실, 실습실 등이 완벽하게 갖추어야 한다.

첫째, 무엇보다, 대학에서 다양한 학문의 지식을 습득하기 위하여 지성력을 겸비한 근면하고 도덕적인 성격의 학생들이 입학하여야 한다. 왜냐하면, 이러한 학생들이 그들의 적성에 적합한 학문의 분야를 전문적으로 전공할 수 있을 뿐만 아니라, 그것을 일상생활에서 실천할 수 있는 도덕성을 배양할 수 있기 때문이다. 만일 그렇지 않는 학생들이 입학한다면, 그들은 대학 생활에서 막대한 돈과 시간을 사치와 향락으로 낭비할 것이며, 심지어 다른 학생들에게까지 나쁜 영향을 미치게 될 것이다. 오

---

26) Ibid., 306.

늘날 대학가를 중심으로 성행하고 있는 최첨단의 유행과 상행위는 곧 이러한 문제점을 구체적으로 반영하는 실례가 될 수 있다.

둘째, 대학에서 모든 학문의 지식을 빠르고 철저하게 연구하기 위하여 각 분야의 전문 학자들의 저서를 요약하여 지도하는 것이 중요하다. 그것은 다양한 학문 분야의 저자들의 저서들을 전부 탐독할 수 있는 시간이 없을 때에도 빠른 시간 내에 전체적으로 이해하게 할 수 있을 뿐만 아니라, 학생들이 특별한 저서를 깊이 연구하기를 원할 때, 저자를 쉽고 정확하게 선택할 수 있는 최적의 방법이 될 수 있는 것이다. 예를 들어, 고전의 연구를 위하여 학생들이 독자적으로 연구할 수 있도록 고전들의 요약과 초록들(epitomes)을 활용할 것을 권장하여야 한다. 이와 같은 절차와 방법은 학생들에게 독서 안내의 역할과 함께 다양한 저서들을 신속하게 탐독하는 일에 큰 도움이 될 수 있다. 실제로, 고전의 요약은 학생들이 쉽게 학문에 접하는데 큰 도움이 될 것이다. 첫째, 어떤 저자의 작품을 전부 읽을 시간이 없을 때라도 그 저자에 관해 전체적으로 알 수 있게 한다. 둘째, 어떤 한 저자의 저서들을 깊이 있고 심층적으로 연구하기를 원할 때, 모든 저자들의 작품을 빠르게 조사할 수 있게 요약되어 있으므로, 그들 중에서 자신의 전공에 맞는 저자를 쉽고 정확하게 선택할 수 있게 해 줄 것이다. 셋째, 다양한 저자들의 작품 전체를 읽으려는 학생들에게 이런 요약이 독서 안내서의 역할을 함으로써 유익함을 더 크게 얻게 할 독서를 하게 해 준다. 끝으로, 이러한 초록은 학생들이 고전의 작품들을 반복하여 빨리 읽기를 원할 때, 그들에게 큰 도움이 될 것이다.[27]

셋째, 대학의 수업은 토론의 방법으로 진행되는 것이 가장 필수적이다. 교수가 오전 중에 토론의 주제를 제시한 후, 오후 시간에 학생전원이 토론에 참석하게 된다. 교수는 학생들에게 아침 시간에 논의할 주제들

---

27) 『大敎授學』, 303.

(topics)을 설명하고, 오후에는 몇 가지 문제들을 시험해야 할 것이다. 그 절차는 첫째, 모든 요점의 의미나 논쟁을 바르게 언급하고, 둘째, 증명을 통하여 활용하여야 할 논의들을 제시하고, 셋째, 학생 자신이 문제를 해결하는 방법을 알게 될 때까지 반대 질문을 계속해야 한다.[28] 이러한 토론의 과정은 모든 학생이 주제에 대한 찬반의 견해를 질문의 형식으로 제시하고, 그 후에 교수의 적절한 대답으로 진행함으로써 학문의 이론과 실제를 발전시키는 유일한 방법이 될 수 있는 것이다. 그리고 토론의 과정은 교수가 학생들의 능력을 객관적으로 평가하는 기회가 될 수 있기 때문에, 그들의 성실성과 근면성을 확인하고 학문적 업적을 나타내는 석사 혹은 박사 학위를 수여하는 공개적인 활동을 가능하게 할 것이다.[29]

2. 교수와 교육 목적

17세기 그 당시에 세계 도처에서 최초로 대학을 설립하는 계획과 방안이 수립되었을 때, 코메니우스는 대학 교육의 발전과 방향을 위해 고안하였던 계획들을 실천하며 완성할 전문가들인 교수들의 역할과 사명을 구체적으로 제시하였다. 대학을 설립하는 계획과 전문 교육을 수행해야 하는 교수들은 대학의 교육 내용과 전문 분야의 개념을 분명하게 연구하여 파악하며 대학의 전반적 구조와 기초를 세우는 일들에 종사하는 사람들이 되어야 했다. 실제로, 대학의 교수들은 대학 교육을 수행해야 할 전문가들로서 대학 내에서 교육과 연구뿐만 아니라, 세계의 도처에 산재하고 있는 다른 대학들과 상호 관계를 유지하는 세계화를 위하여 지식과 정

---

28) 『범교육학』, 153-188.
29) 『大敎授學』, 304.

보를 제공하고 지성의 불꽃을 밝히는 빛의 대리인이 되어야 했다. 실제로, 코메니우스는 그의 저서 『빛의 길』에서 세 종류의 빛을 언급하고 있다. 첫째, 인간의 일상적인 삶을 위해 공급되는 '태양의 빛' 둘째, 인간의 내면 세계에서 밝혀져야 할 '이성의 빛' 그리고 셋째, 인간의 지성과 신앙을 밝히는 예수 그리스도의 '지혜의 빛'을 제시하고 있다. 결국 '빛'이란 인간의 이성과 신앙의 길이자 마침내 하나님께 이르는 통합된 지혜의 길을 의미한다.[30]

1) 교수의 인격과 자격

코메니우스는 대학 교육의 본래적 사명과 과제를 수행할 적합한 교수들을 "전 세계에 걸쳐서 근면하고 열심히 있는 성격을 가진 경건성을 겸비하여 깊은 애정으로 사람들의 복지에 헌신하는 사람들, 공적 업무에 헌신적인 평신도들로부터 선택할 것"[31]을 제안하였다. 왜냐하면, "그들은 인류의 복지를 위해 전망하고 유익한 것을 추구하며, 발전할 가능성이 있는 모든 것을 발전시키며, 그리고 그들이 발전시켰던 것을 부패의 영향으로부터 보호하기 위한 전망대(watchtower)로 남아있어야 하기 때문이다."[32] 그는 이러한 대학 교수들의 사명을 전제로 그들의 인격과 역할을 구체적으로 제시하였다.

첫째, 대학 교수는 인류의 공동 번영에 전념해야 할 인격과 지켜야 할 법의 준수가 강조되어야 한다. 대학 교육에 종사하는 사람들은 하나님의

---

30) 『빛의 길』의 제7장 '우주적 빛의 목적' 101-106을 참조하시오.
31) 여기에서 '선택된'(chosen)사람들이란 신령한 충동에 의하여 이 과제에 감동되는 것을 느끼며, 하나님의 모든 은사들을 온 세상 전역에서 모든 사람들이 광범위하게 향유하는 일을 보장하는 일에 전심전력하는 사람들을 의미한다. 『빛의 길』, 213, 214.
32) ibid., 213.

인도에 의해 수행된다고 믿는 자신의 소명을 정당하게 평가하고 인류의 교사로 임명되어 하늘을 펴고 땅의 기초를 놓기 위해 보냄을 받았다는 것을 기뻐해야 한다.[33] 그들은 자신의 직책의 속성으로 보아 모든 사람들이 지식과 진리를 얻기를 원하시는 하나님께서 명하신 경건을 배양하기 위해 부르심을 받았다는 사실을 명심해야 한다. 그리고 그들은 모든 사람들이 그리스도 예수 안에서 완전하게 되기 위하여 모든 지혜로 가르쳤던 사도들의 사명과 열심을 본받도록 노력해야 한다.[34] 그들은 또한 주어진 사명을 통하여 하나님의 영광을 나타내며, 인류의 복지를 증진하기 위해 하나님께서 세운 지혜의 기반이 되는 자연, 성경, 인간의 공통 개념으로부터 이탈하지 말아야 한다. 또한 그들의 사명과 공동의 목적을 달성하기 위하여 교육의 내용들에 관한 완전한 지식을 소유하여야 할 뿐만 아니라 동료들을 서로 충고하며 공동의 협의에 의하여 교육의 내용을 바르게 발견하여 정립하는 일에 정진하여야 한다. 궁극적으로, 교수들은 어두움의 지배로부터 구원받아야 할 사람들이 있다는 사실을 인식하고 지혜의 빛을 학생들과 이웃에게 전달한다는 구체적 사명을 잊지 말아야 할 것이다.

둘째, 대학의 교수들은 모든 인류를 위하여 우주적 문제를 가르치며 연구하는 사명을 성실하게 수행해야 한다. 우주적 문제란 한 민족이나 한 교회를 위한 것이 아니라 세계와 인류를 위한 것이며, 또한 그 과제를 수행하는 것이 한 해, 혹은 한 시대가 아니라 모든 세대의 혜택과 이익을 위한 것이어야 한다. 따라서 교수들은 그들의 일치된 노력과 지속적인 수고로 인류가 존재하고 있는 동안 그들의 최선의 이익에 이바지할 사명을 감당한다는 사실을 명심해야 한다. 이와 같이 대학의 교수들은 보편

---

33) 이사야 51: 16을 참조하시오.
34) 골로새서 1: 28을 참조하시오.

적이며 우주적인 문제에 지대한 관심을 가지고 세계와 인류를 위한 공동 이익과 번영을 위해 교육과 연구와 전문적 훈련에 지대한 관심을 가져야 한다. 코메니우스는 그 당시 프란시스 베이컨(Francis Bacon)이 비판했던 대학과 교수들이 인류를 위한 보편적 학문의 연구에 전념하지 못했던 사실을 지적하면서, 특히 대학에서 예술과 과학의 중요성과 연구를 강조하였다. 그가 예술과 과학이 온 세계를 네트워크로 연결할 수 있는 보편적 학문으로서 강조한 이유는 첫째, 예술과 과학은 모든 인류를 서로 접촉할 수 있는 학문의 분야이며 둘째, 대학의 집단 사회의 질서와 조직을 향상시킬 수 있으며 셋째, 나아가서 인간의 정신 세계를 신령한 법과 연결시킬 수 있기 때문이었다.[35]

그리고 대학의 교수들이 지향해야 할 학문의 보편적 연구와 교육은 모든 사람들의 공동 이익을 위한 기반이 될 수 있으며, 세계를 하나로 연결할 수 있게 한다. 그렇지 않으면, 모든 국가들이 소유하고 있는 보다 훌륭한 문화적 유산들을 온 인류가 공유하지 못할 뿐만 아니라, 마침내 그것들을 상실하게 될 결과를 초래할 것이다. 따라서 "하나님의 모든 은사들과 인간의 모든 발견들이 모든 사람들의 공동의 활용을 위한 한 계획으로 확고하게 정립한다면, 세상은 더 이상 이러한 상실과 파탄으로 고통 받지 않을 것이다."[36] 여기에서 모든 인류는 보편적 선(善)을 위해서 가능한 모든 방법으로 하나가 될 수 있으며, 나아가서 공동의 선을 증진하기 위해 동일한 열망과 노력을 함께 경주해야 할 공동의 협력과 같은 가치 있는 대안을 함께 모색할 수 있을 것이다. 따라서 대학의 교수들은 가능한 한 능률적으로 모든 특수한 종파와 특정한 학문의 연구에 대처하며 예방하는 보편성을 정립해야 한다.

---

35) 『빛의 길』, 215.
36) Ibid., 216.

 기독교 대학과 교육

셋째, 대학의 교육과 경영의 책임을 지고 있는 총장은 대학 교육의 질서와 경영의 방향을 분명하게 이해하여 그 목표를 제시해야 한다: "대학의 책임자는 모든 사람들 중에서 한 사람일 것이고, 그 사람의 경영으로 보편적 업무가 설정한 목표와 그 목표가 지향하고 있는 방향으로 더욱 신속하게 제시하는 것이 중요하다."[37] 실제로, 그 당시 유럽에서 몇 개에 불과한 대학들이 여러 나라에 흩어져 있었기 때문에, 대학 총장의 대학 경영과 통제를 받는 것이 지역과 시간적으로 그렇게 용이한 일이 아니었다. 그러한 이유로 대학의 교수들은 일 년마다 최소한 총장에게 편지를 써서 그들의 관할 지역 대학에서 발생하고 있는 다양한 문제들과 사정들을 알려야 했다. 만약 여러 지역에 산재해 있었던 대학에서 계획된 모든 일들이 잘 진행된다면, 총장은 만족하며 위안을 받을 수 있었지만, 그렇지 않았을 때에는 대학의 경영을 쇄신하여 새롭게 추진할 기회를 가질 수 없게 된다. 이러한 경우에 대학의 총장은 일 년에 한 차례씩 여러 지역에서 종사하고 있었던 동료 교수들에게 편지를 써서 국내외에서 발생했던 문제들과 특별한 사례들을 설명하여 그의 대학의 경영 방향을 분명하게 제시하려고 노력하였다. 이와 같은 과정을 통하여 모든 인류의 복지와 번영을 위한 고등 교육에 종사하였던 대학의 교수들과 행정 책임자는 전반적으로 세상의 조건과 사정에 무지할 수 없기 때문에, 그들의 교육과 행정의 일차적 과제를 사회적 정황과 시대를 반영하는 것으로 인식하였다. 그리고 그들은 바르고 정의로운 하나님의 길에 서서 그들의 교육적 의무와 목적을 분열에서 통일로, 혼돈에서 질서로, 다양한 견해에서 진리로, 사람들의 주변 생활에서 중심으로, 그리고 인간 중심에서 하나님께 지향하여야 한다는 것을 확신하였다.

---

37) Ibid., 217.

2) 대학 교육의 목적

체코의 찰스 대학교(Charles University) 총장이었던 팔로우스(Radim
Palous)는 1992년 코메니우스 탄생 400주년의 기념사에서 현대 고등 교
육의 목적과 코메니우스의 사상을 다음과 같이 일치시키려고 하였다.
"코메니우스는 고귀한 방법과 강력한 영향력을 가지고 학문 세계에서는
첫째, 언어 교수 방법론의 창시자로 둘째, 보편 학문(학문의 종합)의 대가
로서 셋째, 교육 분야의 이론가로서 그 당시 모든 사물을 인식의 사물(res
cogitans)과 존재의 사물(res extens)로 구분했던 데카르트적 이분법을 반
대한 철학자로, 그리고 현재와 미래에서는 창조의 세계에 접근하는 철
학—신학적 통합 방식을 제시한 사상가로 등장하였다."[38] 위의 언급에서
코메니우스가 제시하고 있는 대학 교육의 이상과 목적이 무엇인가를 분
명히 이해할 수 있다.

첫째, 고등 교육 기관으로서 대학은 모든 지식과 진리의 통합과 함께
학생들에게 그것을 가르치는 과제를 대학 교육의 중요한 이상으로 존중
되어야 한다. 대학은 전통적으로 인간의 모든 잠재력을 완전하고 균형
있게 계발하는 일에 기초가 되는 인문학, 자연과학, 신학을 포함한 모든
지식을 자유 교육의 범위에서 가르치며 연구하여야 한다.[39] 대학에서 자
유스러운 학문의 교육과 연구는 학생들로 하여금 모든 학문이 궁극적으
로 도덕적이며 영적인 진리의 영역에 집중하도록 지도하여야 한다. 코메
니우스는 그의 저서 『빛의 길』에서 반복하여 대학에서 모든 학문의 탐구
와 연구는 도덕적으로, 그리고 영적으로 전달되어야 한다고 주장하고 있
다. 그는 첫째로 모든 사람에게 존재하는 진리의 탐구를 지향하는 본유

---

38) R. Palous, Introduction to Homage to J. A. Comenius, 11-12.

39) Daniel Murphy, 226.

적인 인간의 성향, 둘째로 선을 지향하는 궁극적 성향인 도덕적-영적 속성을 강조하였다.[40]

둘째, 모든 지식의 종합을 추구하여야 하는 대학 교육의 이상을 실현하기 위하여 능력 있는 교수들을 확보하여야 한다. 대학은 그 본질적 기능과 역할에 따라서 탐구하고 생산되는 새로운 지식을 수용할 뿐만 아니라, 그것을 주어진 문화의 전통 속에 충분히 적용하고 실천하는 목적을 가지고 있다. 이러한 이상과 목적을 실현하기 하기 위해서 설립된 대학은 그것을 효과적으로 실천할 자원과 교수들을 확보하여 학생들에게 모든 학문과 예술과 기술과 언어의 지식과 정보를 전수하며 교육할 능력을 준비해야 한다. 이러한 맥락에서 코메니우스는 그의 저서 『빛의 길』에서 대학의 모든 학자와 교수는 '우주적 빛'(universal light)[41]을 증진하기 위한 과업에 헌신해야 할 것을 강조하였다. 그것은 대학교육을 담당하는 모든 사람들이 그 시대의 위기와 문제들에 대처할 새로운 질서와 문제의식의 제시를 추구하는 영적 순례자가 되어야 하는 것을 의미한다. 각 시대에 따라 발생하는 지성적, 도덕적, 영적 위기에서 새로운 가치를 발견하고 혼란과 혼돈이 존재하는 곳에서 질서를 회복하는 것이 대학 교육의 중요한 목적이 되는 것이다.

셋째, 대학은 학생들로 하여금 세상을 개혁할 성숙한 학자들과 지도자들로 배양하여야 할 책임을 가지고 있다. 대학의 형성과 존재의 목적은 학생들을 "조화로운 광명과 전체에 대한 명석한 안목으로 첫째로 지식과 지혜, 둘째로 도덕, 셋째로 신앙의 충만으로 인도하여야 하는 것이다."[42]

---

40) Ibid., 231.
41) 코메니우스는 '우주적 빛'을 위해 네 가지 필수적인 요소로서 범교재(汎教材), 범학교(汎學校), 범대학(汎大學), 범언어(汎言語)를 제시하고 있다(『빛의 길』, 185-207을 참조하시오).
42) 『범교육』, 365.

세 가지 지식을 겸비한 학생들은 세상에서 항상 당면하는 인습적인 문제들에 대응하여 개혁과 변화의 길을 과감하게 제시할 수 있는 합리적 생활을 영위할 수 있어야 한다. 대학에서 교육받은 사람들은 합리적인 개인의 생활뿐만 아니라, 종교와 정치와 교육의 다양한 문제들을 개혁할 수 있는 새로운 지도자로서 소양과 능력을 갖추어야 한다. 따라서 대학은 세계 각처에서 이와 같은 유능한 사람들을 선택하여 다양한 분야에서 필요한 지도자들을 양육하는 목적을 수행해야 하는 것이다.

그 당시 코메니우스는 실제로 유능한 지도자들과 학자들을 양성하기 위한 교육기관인 세계적 집합체로서 '범대학'(Universal College)[43]의 설립을 추진하였다. 그 기관을 통하여 그들에게 인간적 가치와 이상들을 증진할 힘의 결집을 다음과 같이 강조하였다.

> 내가 사람에 관하여 언급할 때, 그것은 많은 수의 사람들이 필요하다는 것을 의미한다. 한 사람 혹은 몇 사람들로 이와 같은 큰 문제에서는 아무 것도 할 수 없다. 지혜 있는 사람들의 다수는 세상의 복지이다. 분명하게 이러한 우주적 문제를 가르치는 일을 수행하는 일은, 특히, 그러한 일이 한 민족이나 한 교파를 위해서가 아니라 세계를 위한 것이라면, 그리고 그 일을 통하여 한 해(年), 혹은 한 시대가 아니라, 모든 세대의 혜택과 이익을 위한 것이라면, 한 사람의 능력으로는 불가능하다. 따라서 우리들은 일치된 노력과 지속적인 수고로 인류가 존재하고 있는 동안 그들의 최선의 이익에 이바지할 것을 추구하는 많은 사람들의 연합을 요구한다.[44]

---

43) 『빛의 길』, 213-222를 참조하시오.
44) Ibid., 213-214.

3) 대학 교육의 새 전망

코메니우스가 제시한 대학 교육의 이상과 중요성을 논의하면서 현대의 대학 교육에서 성취되어야 할 중요한 안목과 통찰력을 발견할 수 있다. 첫째, 대학의 중요한 기능으로 제시된 범지학, 즉 지식의 종합적 교육의 강조는 현대의 대학 교육에서 매우 중요한 가치와 설득력을 나타내고 있다.[45] 그것은 18세기 '이성의 세대' 이후 오늘날에 이르기까지 철저하게 분화된 학문의 영역에서 '지식의 종합'을 촉진하는 새로운 흐름과 경향이 대두되고 있기 때문이다. 또한 인류가 일찍이 경험하지 못했던 불확실성의 시대에서 기존의 지식의 패러다임으로 사물과 사건의 본질에 접근할 수 없는 난제들에 직면하고 있다. 실제로, 한국의 대학에서 학문의 융합과 종합을 시도하기 위하여 생물학과 사회학, 언어학과 전기 공학이 만나고 무용학과 심리학이 접점을 찾고 있다. 이와 같은 학문 융합, 혹은 지식 종합의 경향은 세계적인 추세로서 미국과 일본의 대학에서는 이미 사회 전체를 조망하는 총체적 시야로 학제 간, 혹은 학문 간의 치열한 경쟁을 벌이면서 학생들에게 새로운 지적 자극을 주고 있다.

둘째, 대학 교육이 사회와 세계의 개혁을 위한 지도자들의 양성과 배양에 두어야 한다는 코메니우스의 독특한 예언자적 통찰에 주목해야 할 것이다. 그는 그 당시 개인의 생활 경험과 신앙적 확신에 근거하여 일관되게 세계의 개혁을 강조하여 왔다. 그는 그의 우주적 개혁의 실현을 위한 기초적 작업으로서 이미 언급한 '범대학'의 설립을 제안하였다. 범대

---

45) 1956년 인도의 뉴델리(New Delhi)에서 개최된 유네스코(UNESCO) 총회에서 이 기구의 설립과 태동에 최초로 영향을 주었던 것은 코메니우스의 정신이었다고 선언하였다 (Jaroslav Panek, *Joan Amos Comenius: 1592-1670* (Prague: Kosjce, Orbis, 1991), p. 74. Jaroslav Pelikan, *The Idea of the University: A Reexamination*(Yale University Press, 1992), 16-17.

학은 전 인류의 교육을 위한 보다 보편적이고 자유로운 교육 제도와 환경을 연구하고, 그리고 보다 참신하고 창조적인 교육적 과제의 접근 방법을 실현할 수 있는 중심적 연구 기관을 상징하고 있었다. 더욱이 그는 『범개혁』[46](Pannorthosia)에서 우주적 개혁의 방법으로 철학, 종교, 정치의 세 분야와 여기에 종사하고 있는 철학자 혹은 지성인, 종교가 혹은 신학자, 그리고 정치가들의 개혁을 촉구하였다. 그 이유는 철학은 학문하는 지성인들을 화해시키지 못하고, 종교는 인간의 양심이 하나님과의 조화를 유도하지 못하며, 그리고 정치는 사람들 가운데 평화를 보장하지 못하고 있기 때문이다. 또한 철학은 사람들을 정확한 지식과 이해로 인도하지 못하고 곡해된 신조를 신봉하도록 하고 있으며, 종교는 효과적으로 선행을 실천하는 일 대신에 환상과 열광주의에 빠지게 하며, 그리고 정치는 사회를 올바른 방향으로 인도하지 못하고 오히려 인간의 자유를 존중해야 하는 지성적 도덕적 자원이 결여되어 있다.[47]

셋째, 대학 교육에서 교수들과 경영자의 사명을 분명하게 제시하고 있는 것은 현대의 대학 교육에 새로운 경종(警鐘)을 울리고 있다. 이미 언급한 바와 같이, 대학은 다양한 학문 분야의 전문 학자들로 구성되어 그들 상호간의 종합적 연구 활동을 통하여 전 인류의 교육적 이익과 혜택을 중요한 과제로 삼고 있어야 한다. 그러므로, 미래의 대학 교수들은 전문적 연구와 탐구를 통하여 학문 활동의 종합적 결실로서 범지식, 혹은 학문 간의 관계를 중심으로 다양한 교재들과 연구 소재들을 계발하여야 할 것이다. 이러한 교수들의 교육과 학문의 활동을 원활하게 수행하기 위하여 필요한 자원이 되는 기부금의 확보가 선행되어야 할 것이다: "만약 대학

---

46) 『범개혁』, *Universal Reform*은 그의 『인간 개선에 관한 일반 담론』의 제6권에 해당하는 것으로 저자는 세계의 우주적 개혁을 위하여 새로운 철학, 새로운 종교, 새로운 정치의 개혁을 구체적으로 논하고 있다.
47) 李淑鍾(1996), 336.

이 그 자원에서 기부금을 확보한다면, 교수들과 연구자들은 수행하고 있는 일과 연구에 필요한 것을 지원 받을 수 있다. 그러나 이것은 명예와 이득을 위한 것이 아니라, 정성을 다하여 이룩한 친절과 봉사의 사업이 되는 것이다."[48] 이와 같이 코메니우스는 일찍이 대학의 본래적 기능과 교수들의 연구 활동을 원활히 수행하기 위해 기부금의 필요성을 제안하였다.

끝으로, 대학의 교수들과 학자들은 교육자로서 그들의 사명의식과 책임성을 분명하게 인식하여야 할 것이다. 코메니우스에 의하면, "대학에 종사하는 사람들은 그들의 소명을 정당하게 평가하고 인류의 교육자로 임명되어 하늘을 펴고 땅의 기초를 놓기 위해 보냄을 받았다는 것을 기뻐해야 한다. 그들은 자신의 직책의 속성으로 보아 하나님이 명하신 경건을 배양하기 위하여 부르심을 받았다고 생각하여야 한다."[49] 동시에 "그들은 우주만물과 삼라만상을 아름답게 비추게 하여 지구의 끝에 이르기까지 모든 나라들을 명쾌하고 청결하게 하며, 나아가서 널리 전파할 지혜의 빛에 주목해야 할 것이다. 왜냐하면, 하늘의 태양이 한 지역에 비추는 것이 아니라, 모든 사람들과 모든 사물들을 밝히는 것과 마찬가지로 태양과 같이 찬란하게 떠오르는 마음의 태양인 지혜는 한 사람 혹은 몇 사람에게만 속하여야 할 것이 아니라, 모든 인류에게 그 빛을 발산하여야 할"[50] 것이기 때문이다.

---

48) 『빛의 길』, 218.

49) Ibid., 219.

50) J. A. Comenius, *Panorthosia* in *J. A. Comenius, 1592-1670, Selections*. ed., by J. Piaget (Paris: UNESCO, 1957), 160-1. in Daniel Murphy, 239.

제3장 기독교 대학의 정체성

오늘날 대학은 전문 지식과 기술을 갖춘 인재를 양성하여 사회 진출을 가능하게 하는 것을 주요한 목적으로 발전하여 왔다. 전문 지식과 기술을 전수하는 오늘날의 대학은 하나의 독립된 왕국으로 군림하면서 독특한 대학 문화를 창조하여 왔으며 그 문화를 과학주의 혹은 지성주의로 명명되어 왔다. 전통적으로 대학은 세계 사회와 주변 환경의 도전에 부응하기 위한 사회의 필수적인 요소로 계속 진화해 왔다는 역사적 사실을 유념할 필요가 있다. 더욱이 기독교 대학은 일반 세속 대학이 지향하고 있는 과학주의와 지성주의 이외에 기독교 복음과 문화를 통해 새로운 기독교적 인재를 양성하는 일차적 목적을 가지고 있다. 이러한 기독교 대학으로서 목적과 정체성을 실현하기 위해 기독교 대학은 학원 선교를 위한 구체적인 전략과 프로그램을 개발하고 발전시켜야 할 독특한 과제와 책임을 안고 있는 것이다.

1. 기독교 대학의 문제

현대 사회에서 대학 활동의 조직과 구조가 새로운 도전에 의해 변화될 수 있지만, 대학에 활력을 불어넣고 연속성과 의미를 불어넣는 것은 대학의 학문적 원칙과 가치 및 전통인 것이다.[1] 현대 사회에서 이러한 대학의 사명은 기독교 대학도 예외가 아니다. 그러나 고도의 전문 지식과 학문 발전의 동인이 되어 왔던 과학주의와 지성주의는 기독교 대학으로부터 기독교 문화를 배격하거나 종교적 신앙을 제외시키려는 경향을 나타내었다. 이러한 경향이 기독교 복음 선교를 위해 세워진 기독교 대학에 심대한 영향을 주어 왔으며, 마침내 신앙 공동체로서의 기독교 대학의 정체성을 상실하게 되는 주요한 요인이 되고 있다. 결과적으로, 기독교 대학은 일반 세속 대학이 표방하지 못하는 기독교 복음과 그 정신을 실현할 이중적 속성과 구조를 가지고 있지만, 현재 한국 사회에서 기독교 대학은 이러한 두 가지 과제에 대해 심각한 도전을 받고 있다.

1) 기독교 대학의 위기

대학의 본래적 사명은 인간과 사회를 문화화(文化化)하는 과정과 매체로서 이해되어 왔다. 그러나 역사적 변천 과정을 통하여 발전하여 온 대학은 그 본래적 기능을 달리하여 문화적으로, 사회적으로, 그리고 경제적으로 인간과 사회를 통제하는 새로운 거인으로 등장하였다. 이와 같은 대학 교육의 역기능을 신랄하게 비판한 학자는 이반 일리히(Ivan Illich)로서, 그는 그의 저서 『딜학교화 사회』에서 대학을 비롯한 모든 학교를 '타락한 기관'으로 규정하고 나섰다. 그에 의하면, 현대의 학교교육은 '성공으로 가는 승강기'로 전락되었으며, 따라서 모든 교육이 질량화로 혼돈되어 사회생활 전체가 학교에 의존한 채 지식이라 부르는 무기를 공급받도록 점차 구조화되어 왔다.[2] 또한 대학은 그 구조의 비대화로 세계에서

---

1) James Johnson Duderstadt/이철우, 이규태 역, 『대학혁명』, A University for the 21st Century(성균관대학교 출판부, 2004), 13.

2) Ivan Illich, *Deschooling Society*(New York: Harper & Row, 1970), 1.

가장 빨리 성장하는 노동 시장이 되어 인간과 사회를 끊임없이 소비 지향적인 상태로 변질시키고 있을 뿐 아니라, 인간의 일상생활에서 학교 없이는 생존할 수 없도록 조직화되어 버렸다.

대학 교육이 극도로 구조화와 조직화의 양상으로 변질되어 가는 상황에서 기독교 대학도 예외일 수가 없다. 대학 교육의 비대화 과정에서 만연되어 있는 세속화의 현상이 기독교 대학의 위기를 초래하게 된 근본적 이유가 되었다. 해리 E. 스미드(Harry E. Smith)는 그의 저서 『세속화와 대학』에서 오늘날 기독교 대학의 중요한 변화를 역사적 과정에서 발생한 세속화에서 그 원인을 찾고 있다. 그에 의하면, 세속화란 ‘세계의 탈우상화’ 및 ‘세계의 세계화’를 의미하는 긍정적인 것으로서 새로운 세계관과 진리관의 변화를 가져 왔으며 역사의 방향을 열려진 미래에로 바꾸어 놓았다.[3] 따라서 세속화는 오늘날 기독교 대학을 해석하는 중요한 개념으로서 현대인들의 영적 운명이 성취되어가는 종교적–역사적 과정으로 이해하게 되었다. 기독교 대학은 교회의 교권주의적 통제에서 벗어나 종교적 독점 시대의 종말을 고하고 대학의 자율성을 존중하고, 교회로부터 점차 독립되는 역사적 현실을 경험하게 되었다. 세속화의 영향으로 기독교 대학은 자율성과 개방성을 표방하면서 학문적 우월성을 유지하는 한편 자신의 생존을 위하여 다양한 학문과 지식을 수용함으로써 점진적으로 탈교회적 탈종교적 현상을 나타내고 말았다.

이와 같은 세속화의 영향은 기독교 대학에게 새로운 학문의 소개와 연구의 자유를 허용하면서도 종전의 기독교 신앙 교육을 위한 종교 및 신학 과목들을 점차 커리큘럼의 중심 영역으로부터 밀려나게 만들었다. 기독교 대학의 중심적 커리큘럼이 되는 신앙 · 종교적 과목들이 점점 사라지게 되는 현상을 초래하였다. 역사의 세속화로 그 존재의 이유와 가치에

---

3) Harry E. Smith, *Secularization and University*(Richmond, John Konx Press, 1968), 65.

도전을 받아 왔던 기독교 대학은 점차 종교와 기독교가 서야 할 자리를 상실해 가는 위기에 직면하게 되었다. 기독교 대학은 그 나름대로 생존을 위한 몸부림과 모험을 하고 나섰지만, 역사의 흐름과 변천에 따라 그 설자리를 잃고 '변두리' 혹은 '주변 문화'로 밀려나는 딜레마에 빠지게 되었다. 기독교 대학은 신앙과 지성 사이의 변증법적 통합을 이루지 못한 채, 본래적 건학 이념의 상실로 인하여 실패를 거듭하는 정체성의 위기를 경험하고 있었다.

한국의 기독교 대학도 현재의 모습으로 변천해 오면서 대학의 대내외적인 다양한 문제들로 도전을 받아 왔기 때문에, 기독교 대학으로써의 본래적 사명과 목적에 커다란 논란과 의문을 제기하는 '정체성의 위기'에 직면하고 있다. 무엇보다 대내적으로는 급속한 대학의 비대화로 인하여 이에 적절한 기독교 신앙 교육을 수행하지 못하고 있을 뿐만 아니라, 대외적으로는 급변하는 세계의 정치 질서의 개편과 현대 사회의 다양한 이데올로기 및 문화적 갈등과 정부의 근시안적 교육 정책의 소용돌이 속에서 기독교 대학으로서의 그 존재 가치를 상실해 가고 있다. 또한 한국 사회의 급격한 선진화와 다양한 외래 문화의 혼재, 그리고 이로 인한 탈현대화의 소용돌이 속에서 대학 내외에 팽배해 있는 세속주의와 거대한 물신 사상[4]의 저항에 무기력해 질 수 밖에 없는 위기의 상황에 놓여 있다. 따라서 기독교 내학은 이와 같은 현대사회의 불확실성과 문화의 복잡성에 의하여 기독교 대학이 표방하고 있는 '신앙과 지성'이라는 본래적 정체성과 창조성에 심대한 도전을 받고 있다. 이러한 이유로 기독교 대학이 관심을 가지고 있는 인간의 가치, 인간의 삶의 양식, 인간의 자유와 같은 근본적인 제반 문제에 대응하지 못하고 있다.

---

4) 여기에서 언급한 物神思想은 단지 현대 사회에 만연되어 있는 물질문명의 요소들 뿐만 아니라, 기독교 대학의 교육이념과 목적에 동참하지 않고 저항하고 있는 대학내 외적인 다양한 요소들을 함께 의미한다.

여기에서 한국 기독교 대학의 위기를 다음과 같이 언급할 수 있다. 첫째, 한국에서 기독교 대학이 설립된 초창기에는 민족 복음화와 서구 과학 문명과 기술의 소개라는 대학본연의 소명을 적극적으로 수행해 왔다. 그러나 지난 수십 년 동안 한국 사회는 경제 성장과 현대화라는 과감한 국가 정책에 힘입어 과거의 것과 현재의 것, 한국 것과 외래의 것이 혼재되어 있는 사회적 다양성과 복잡성의 현상을 초래하게 되었다. 이러한 급격한 사회적 변화에서 기독교 대학은 사회의 모든 현상을 수용할 준비와 능력을 갖추지 못한 채 세속화[5]에 표류되어 그 존재 이유와 정체성을 상실해 가고 있었다. 여기에서 말하는 세속화란 기독교 대학의 본래적 사명과 목적이 사회의 제반 현상에 의해 통제되고 압도된 채 혼돈되어 있는 상태를 의미한다. 이와 같은 현실에서 기독교 대학은 학생들을 대상으로 하는 신앙 교육의 무의미성과 목회 지도자의 양성을 위한 신학 교육의 위기 등 기독교 대학의 본래적 정신을 상실하게 되었다.

둘째, 한국의 기독교 대학은 민주화 운동과 같은 정치 사회 문제에 깊이 참여하면서 기독교 대학으로서의 본연의 소명을 수행하지 못했던 경향이 있었다. 지난 40여 년 동안 한국의 정치는 군사 정권에 의한 지배로 민주주의가 유린당하였고, 한국의 경제는 집권자들이 표방하였던 경제 발전과 선진화의 과정에서 부의 편중화와 불균등한 분배로 부익부 빈익빈의 양극화 현상으로 골이 깊은 사회적 부정 부패를 초래하였다. 한국 사회가 이와 같은 정치·경제적 혼란에 처해 있었을 때, 기독교 대학은 서구 신학계에서 일기 시작하였던 사회 복음화 운동, 정치 신학, 해방 신학 등의 소개와 함께 실천적 접근 방법을 모색하면서 사회 정의 운동에 깊이 관여하기 시작하였다. 물론 기독교 대학의 사회 참여는 한국의 민

---

5) 은준관, "基督敎 大學의 正體 危機와 未來"『現代와 神學』제 10집(연세대학교 연합신학대학원, 1985),163.

주화 운동과 경제 정의 실현을 주도하면서 긍정적 평가를 받고 있었으나, 실제로 기독교 대학으로서의 내적 문제인 종교적 신앙 교육, 신학 교육 그리고 신학과 인접 학문과의 공동 연구를 위한 본래적인 교육적 사명과 그 정체성을 상실하고 말았다. 이러한 결과로, 기독교 대학은 사회 일각에서는 학생 운동의 발원지로서의 불신뿐만 아니라, 교회에서는 목회 현장에 도움이 될 바른 신학을 제시하지 못하고 있다는 비난을 받아 왔다.

셋째, 한국의 기독교 대학은 극심한 재정난에 처해 있다. 한국에서 기독교 대학의 설립 초기에는 외국 선교 단체의 원조와 교회의 재정적 도움으로 그 나름대로 운영할 수 있었으나, 지금은 학생들의 등록금에 의존할 수밖에 없는 어려운 현실에 처해 있다. 물론 이러한 재정적 문제가 한국의 사립 대학들이 직면하고 있는 공통적인 과제가 되고 있지만, 그러나 일부 사학들은 기업체와의 산학 협동 관계를 통하여 재정적 난간을 극복해 가고 있다. 그러나 기독교 대학은 일부분이나마 특정한 소속 교단의 지원을 받는 것을 제외하고 그 자체의 특수성 때문에 비기독교 관련 단체나 기업체를 통하여 일정한 재정적 지원을 받을 수 없는 실정에 놓여 있다. 따라서 기독교 대학은 열악한 교육 환경과 조건 아래에서 기독교 신앙과 전문성에 투철한 학생들의 유치에 어려움을 겪고 있다.

넷째, 한국의 기독교 대학은 외형적으로 거대한 다원 대학[6] (multiversity)으로 변모해 가는 반면에, 내적으로 기독교 신앙 교육의 퇴조 현상을 나타내고 있다. 일부 다원 대학의 현상은 치열한 대학 입시 경쟁의 해소책으로 대학 정원의 증가를 초래하여 대학의 재정난을 극복할 수 있는 한 방편이 되어 왔다. 그러나 기독교 대학은 이와 같은 현실 속에

---

6) Clark Kerr, *The Uses of the University*(Cambridge: Harvard University Press, 1963)을 참조하시오.

서 본연의 기독교적 사명을 위한 내실이 있는 교육과 인재 양성에 집중하는 일보다 시설 확충에 따른 설비 투자에 전 인적 물적 자원을 동원해야 할 처치에 놓여 있다. 이러한 환경에서, 각 대학마다 증가하고 있는 학생들에 대한 체계적인 신앙 지도와 교육을 할 수 없게 되었으며, 오히려 기독교 대학의 본래적 역할과 사명에 역행하는 혼돈을 경험하고 있다. 예를 들어, 기독교 대학에서 중요한 종교 활동인 채플의 존폐 문제와 종교 과목의 폐지론 등 학생들의 다양한 집단 욕구에 새롭게 대응할 수 없는 현실에 직면하고 있다. 결과적으로, 기독교 대학은 거대한 다원 대학으로 개편되고 있으나, 신앙과 지성의 공동체로서 그 사명을 수행하지 못하는 필연적 위기를 초래하고 있으며, "종교적인 과거와 공교육의 현재성 사이에 생겨나는 딜레마"[7]에 빠져 있다.

다섯째, 한국의 기독교 대학은 정부 행정부서의 지나친 통제와 관리에 의하여 그 자율성을 점점 상실해 가고 있다. 물론 한국의 모든 사립 대학이 현재까지 중앙 행정부처의 관리 감독 하에 운영되고 있는 실정이지만, 이와 같은 환경에서 기독교 대학은 그 본래적 사명인 '신앙과 지성'의 추구라는 이중적 과제를 자율적으로 수행할 수 없게 되었다. 특히 현 정부의 사립학교법의 시행으로 기독교 대학으로서의 건학 이념을 실현할 수 있는 최소한의 조건마저 정부의 통제와 간섭에 놓이게 되었다. 이러한 현실에서, 기독교 대학이건 비기독교 대학이건 간에 모든 사립 대학이 학생 선발과 학사 운영 등 교육 정책이 일률적으로 통제를 받고 있기 때문에, 학문의 특수성과 대학의 자율성을 발전시킬 수 없게 되어 있다. 대학의 그 본래적 교육적 사명은 전문적 기술과 지식을 사회에 제공하며 동시에 사회는 다양한 각 이익 집단의 욕구와 문제의 해결을 대학에

---

7) Charles S. McCoy, *The Responsible Campus*(Tenn, Nashville: The United Methodist Church, 1972), 19.

의뢰하는 상호 유기적 협동 관계에서 찾을 수 있다. 그럼에도 불구하고, 기독교 대학은 재학생들을 위하여 전문적인 학문과 지식의 분야를 체계화하여 집중적으로 교육할 수 없을 뿐만 아니라, 기독교 신앙 교육을 위하여 이와 관련된 다양한 영역의 인접 학문을 심층적으로 연구 교육할 수 있는 기회를 부여받지 못하고 있다.

2) 학원 선교의 과제

기독교 대학은 그 본래적인 정체성과 교육적 기능을 회복하여 인간 교육과 사회·문화의 변혁을 가능케 하는 일에 공헌할 수 있어야 한다. 물론 현대의 다원 문화적 사회 환경에서 기독교 대학의 미래의 전망이 그렇게 밝은 것만은 아니지만, 사회·문화적 요구와 영적인 성장을 위하여 감당해야 할 특수한 역할과 사명이 주어졌다는 사실에 주목해야 한다. 기독교 대학의 존재 이유와 그 기능의 극대화를 위한 교육적 접근은 인간성의 개발과 사회를 향한 개인의 도덕적·영적 요구에 응전할 수 있는 교육 공동체가 되도록 그 변화를 촉구해야 한다.

그러나 "무엇이 기독교 대학을 기독교 대학답게 만들 수 있는가?", "기독교 대학은 그 정체성의 회복을 위하여 학문적, 도덕적, 영적 차원의 종합을 그 교육 공동체 내에서 구체적으로 실현할 수 있는가?" 이러한 질문에 적극적으로 대응할 때 기독교 대학은 비로소 인간과 사회·문화 변화의 능력을 공유할 수 있으며, 나아가 일반 교육 기관이 감히 감당하지 못하는 정신적·영적 변화를 수행할 수 있게 된다. 이러한 측면에서, 기독교 대학이 일반 대학과 달리 그 정체성을 확립하는 방안이 있다면, 그것은 학원 선교를 위한 구체적이며 체계적인 학원 목회가 될 것이다.

엘톤 트루블러드(Elton Trueblood)는 기독교 대학의 역사적 실존이 종합적으로 창출해 내는 기독교적 교육 환경과 분위기, 그리고 신념에 의하여 드러나게 된다고 언급하였다.[8] 여기에서 '기독교적' 이란 말은 기독교 대학의 본래적 사명과 그 기능을 수행해 가도록 모든 구성원이 헌신 봉사하는 것을 의미한다. 기독교 대학이 본래적 사명과 기능인 학문적 우월성과 도덕적 책임성과 영적 비전을 종합하도록 하기 위해서는 학원 선교를 위한 학원 목회에 일차적 관심을 기울여야 할 것이다.

그러나 지난날 학원 선교는 두 가지 면에서 그 본래적 사명을 효과적으로 수행하지 못한 채 학원 복음화의 한계와 위기를 초래해 왔다. 그 첫째는 학원 선교를 전도의 목적, 즉 학원 전도로 이해왔기 때문에, 지금까지 교회와 성직자 중심으로 전도 지향성의 방법을 채택하여 왔다. 둘째로, 기독교 대학의 학원 선교는 의도적이든 혹은 비의도적이든 간에 대학의 전체 공동체성을 선교의 장으로부터 배제시켜 왔다는 사실을 들 수 있다. 이러한 상황에서, 학원 선교는 선교 프로그램의 부재보다 대학의 본래적 기능인 학문성과 인간 관계가 교차하는 학원 공동체 자체를 외면하는 결과를 초래하게 되었다. 이러한 학원 선교의 위기 의식은 학원 선교의 철학과 그 목적을 새롭게 정립하고 정의해야 하는 근본적인 과제를 새롭게 인식하게 하였다.

여기에서 학원 선교의 새로운 접근 방법은 위의 두 가지 문제들을 극복하는 제 삼의 방법으로 기독교 대학의 학문 공동체를 학원 선교의 장으로 제시하여야 한다. 이것은 학문 공동체를 새로운 변화와 창조의 틀로 삼고 공동체의 전 구성원의 학문적 우월성과 도덕적 책임성과 영적 비전을 하나의 통전적 에토스(ethos)로 집약시켜 나가는 구조적 접근을 의미한다. 학원 선교는 기독교 대학의 학문성과 도덕성과 영성이 함께 조화 있게 경험되는 일에 참여하는 기독교 대학의 핵심적 정책과 시도가 되어야 한다.

---

8) Elton Trueblood, *The Idea of a College*(New York: Harper & Brotherss Pub., 1959), 25.

기독교 대학의 선교의 장은 학문 공동체 그 자체라는 이해가 전제되어야 한다. 기독교 대학은 교수와 학생이 학문을 매개로 새로운 인간 관계를 형성해가는 학문 공동체로서 뿐만 아니라, 예수 그리스도께서 그의 구속적 사역을 이루어 가는 신앙 공동체로 이해되어야 한다. 따라서 기독교 대학은 학원 선교의 새로운 가능성을 위해 학원 목회의 기본적 철학과 접근 방법을 새롭게 수정해야 하는 시점에 이르게 되었다,

첫째, 학원 선교는 학원 봉사와 전도를 포괄하는 전 구성원의 신앙적 삶과 관계있는 구체적인 신앙 운동이 되어야 한다. 실제로, 전 구성원의 일상적인 생활의 끊임없는 변화를 추구하는 기독교적 문화의 정착이 선행되어야 한다. 왜냐하면, 학생들로 하여금 현재의 복음화를 통해 미래의 세계와 사회를 위해 봉사와 헌신할 수 있는 기독교적 지도자로 양육되어야 하기 때문이다. 학원 선교는 기독교 대학이라는 특수한 상황에서 형성되고 구조화된 기독교적 문화와 그 정신에 입각하여 기존의 사회 문화를 변혁해 가는 일에 일차적 관심을 가져야 한다, 여기에서 학원 선교는 기독교적 문화의 정착을 위한 적극적인 가치를 부여하는 거시적인 자세와 태도를 가지게 된다. 기독교적 문화의 긍정과 창달로서의 학원 선교는 기독교 대학을 학문의 우월성을 자랑하는 '지성의 도성'으로 극대화하는 일에 최대한의 지원을 아끼지 않아야 한다. 학원 선교는 지성의 도성을 지향하는 학문의 우월성이 곧 하나님의 창조의 한 영역이라는 신학적 의미를 과감히 부여하는 목적과 그 사명을 재인식해야 할 것이다.

둘째, 학원 선교는 새롭게 추진하고 실천할 학원 목회의 전문화에서 가능해질 수 있다. 학원 목회의 전문화는 교수와 행정 직원과 학생을 포함하는 기독교 대학의 전 구성원이 함께 맺어가는 새로운 관계성을 촉진하는 것을 의미한다. 이와 같은 학원 목회의 새로운 인식은 학원 선교의 폭과 장을 새로운 차원으로 승화시키는 책임을 요청한다. 학원 목회의 전문화를 추진하기 위해 '영성'(spirituality)과 '전문성'(professionalism)

의 변증법적 통합과 양차원의 상호 동시성을 겸비한 선교 지도가 요구된다.[9] 따라서 학원 목회를 담당해야 할 선교 지도자는 자신의 영성과 전문성을 극대화하여 기독교 대학을 신앙 공동체로 성장하게 하며, 동시에 모든 구성원을 지역 사회 공동체와 세계를 위해 봉사하게 할 '도덕적 책임성'과 '영적 비전'을 겸비하도록 해야 한다. 따라서 학원목회는 과거의 기독 학생 중심적이며 전도지향적인 제한적 사역으로부터 그 폭을 확대하여 교직원과 재학생을 포함하는 전 구성원이 참여하는 새로운 신앙 공동체를 창출하는 사역이 되어야 한다.

셋째, 학원 선교의 새로운 가능성은 신앙 공동체로서의 기독교 대학의 전 구성원의 참여와 헌신으로 성취될 수 있다. 실제로, 기독교 대학의 학원 선교의 파트너로서 교수와 행정 직원들이 학원 선교에 대한 깊은 이해와 소명으로 참여해야 한다. 그들은 영성과 전문성의 양 차원을 하나의 총체적인 예술로 종합해 가는 학원 선교의 프런티어로서 예수 그리스도의 사람들이다. 그들은 삶과 신앙으로 부름 받았다는 신앙적 소명을 가지고 있어야 한다. 그들은 가르치며 교육하는 전문 지식과 기술과 함께 도덕적 책임성과 영적 비전을 상호 연계함으로써 학원 선교를 위해 하나님으로부터 부름을 받았다는 철저한 소명의식을 가지고 있어야 한다.

실제로, 기독교 대학에서 교수하는 "기독교인 교수란 누구인가?"에 대한 질문에 철저하게 응답할 수 있어야 한다. 이미 전장(章)에서 논의한 바와같이, 기독교인 교수는 자신이 가르쳐야 할 전문 분야의 학문적 지식을 최대한 극대화하여 학문의 우월성을 모색해야 할 뿐만 아니라, 자신의 신앙적 관점에서 학문의 문제들을 보다 깊은 신앙적 차원에서 해석해 가는 사람이어야 한다. 따라서 기독교인 교수는 그가 소중하게 다루는

---

9) Henri Nouwen, *Creative Ministry*(New York: Doubleday and Co., Inc., Garden City, 1978), XVII

학문적 소양과 전문성에 대한 경건함과 투철한 역사 의식을 가지고 역사의 의미를 신앙의 행위로 해석하는 구속적 은사를 가지고 있어야 한다.

넷째, 기독교 대학에서 학원 선교의 장(場)이 분명하게 설정되어야 한다. 학원 선교의 파트너로서 기독교인 교수는 일차적으로 영성과 학문의 전문성을 통합하여 선교의 자리에 올바르게 서 있어야 한다. 기독교인 교수가 수행하는 일차적인 선교의 자리는 학생들과 직접 만나고 학문의 새로운 해석을 주고받는 '클래스'가 되어야 한다. 학문의 지식을 교수-학습하는 클래스는 교수와 학생 사이의 상호 작용과 의사소통을 공유하는 가장 중요한 학원 선교의 과정이자 공간이 될 수 있다. 클래스에서 학문의 우월성과 함께 그 과정에서 역사하시는 하나님을 향한 증언과 경험이 실현될 수 있는 구체적인 자리가 될 수 있다. 특히 학원 복음화의 대상이 되는 학생들을 만나는 클래스는 교수와 학생 상호작용의 과정에 역사하시는 하나님의 임재와 교훈을 식별하는 자리가 된다. 그리고 클래스는 기독교인 교수의 신앙적 삶과 경험이 노출되는 사랑과 용서, 신뢰와 소망의 사역을 수행하는 새로운 접촉과 관계성의 장이 될 수 있다. 따라서 구체적인 복음화의 장인 클래스는 교수와 학생 사이에서 경험하는 학문의 우월성과 도덕적 책임성과 영성이 함께 조화를 이루는 인간성 회복과 성숙한 인격이 형성되는 의미 있는 자리가 될 수 있다.

동시에 인간성이 회복되는 '숨은 커리큘럼'[10](hidden curriculum)으로서 클래스는 학생들이 교실 밖에서 수행되는 다양한 생활의 과정에 참여할 수 있는 준비와 능력을 제공할 수 있다. 기독교인 교수는 학생들에게 학문 공동체인 클래스를 통하여 그들의 성숙한 인간성을 형성하도록 도와주어야 할 뿐만 아니라, 그들이 사회생활에서 경험하게 되는 다양한

---

10) John Westerhoff III/정웅섭,『교회의 신앙교육』(대한기독교교육협회, 1989), 제 4장, '공동적인 삶' 141-178을 참조하시오.

삶의 문제들, 진로 문제, 경제적 문제, 인간관계의 문제에 대해 민감하게
응답할 수 있어야 한다. 클래스에서 신뢰와 사랑으로 만나는 교수와 학
생과의 인격적 관계성은 학생의 학업을 창조적으로 지도하는데 도움을
주며, 학생의 건전한 문화 활동과 문화 의식을 형성하는 결정적 영향을
줄 수 있다.

이와 같은 학원 선교의 구체적 방안들을 논의하면서 보다 활성화되고
창조적인 학원 목회를 위해서는 기독교 대학의 모든 구성원들의 영성과
전문성이 기반이 되어야 한다. 지금까지 기독교 대학에서 학원 선교를
위한 학원 목회를 교목실과 교목들에게만 의존해 온 것은 사실이다. 그
러나 이러한 학원 목회의 관행과 실천은 학원 선교의 제한성과 수없는 시
행착오를 경험하게 하였으며, 오히려 학원 선교의 무용론까지 대두하기
에 이르렀다. 이러한 학원 선교의 제약과 위기를 극복하기 위해서 기독
교 대학의 전 공동체가 학원 복음화의 투철한 사명감을 가지고 있어야 한
다. 그리고 기독교 대학의 전 공동체가 학생들을 만나는 장(場)이 되는 캠
퍼스의 어느 곳이든지를 막론하고 혼연일체가 되어 그들의 복음화를 위
해 최선을 다하는 환경과 분위기를 형성해 가도록 해야 한다.

2. 정체성의 회복

오늘날 한국의 기독교 대학은 현재 당면하고 있는 이와 같은 제반 문
제로 명목상 존재하고 있을 뿐 기독교 대학으로서의 신앙과 지성의 전통
을 지키기 위한 책임성을 상실해 가고 있다. 오히려, 기독교 대학은 기독
교 진리와 교육을 위한 학문 공동체로서의 자기 정체성의 애매 모호성을
드러내고 있다. 기독교 대학의 미래의 불확실성이 점점 심화되어 가는
역사적 현실 속에서 한국의 기독교 대학은 정체성을 회복하려는 구체적

인 운동과 활발한 연구 활동들은 물론 그 방향 설정에 있어서 중대한 결단을 해야 할 시점에 이르고 있다. 이와 같은 정황에서, 기독교 대학은 당면하고 있는 현실적 문제를 극복하며 급변하는 사회 정치 경제 문화의 질서 속에서 생존하기 위해 그 정체성의 회복에 새로운 관심과 모든 에너지를 집중해야 할 것이다. 그리고 기독교 대학은 한국적 상황에서 21세기에 대응하는 한국 사회와 교회를 성찰하면서 참 교육함의 의미에 대한 집중적인 탐구를 자극하여야 할 것이다.

1) 학문의 우월성

해리 E. 스미스는 기독교 대학이 기독교적 전통과 신앙적 유산을 회복하면서 동시에 기독교 신앙으로 학문적 수월성을 추구해 가는 방안을 제시하고 있다. 그는 기독교 대학이 성서적 비전과 신앙의 빛 아래서 학문의 수월성과 문화의 다양성을 보다 깊은 진리와의 만남으로 이끌어 가는 새로운 통합의 관계를 모색하고 있다. 그는 기독교 대학의 세속화를 긍정적으로 수용하면서 그 의미를 역사적 과정과 탈기독교 시대의 상징으로 규정하고 있다. 그는 이러한 전제로부터 세속화를 두 가지 의미로 해석하고 있다. 첫째로, 세속화란 세계를 향한 인간의 자세의 변화를 의미하고, 나아가서 신비화되고 신격화 되었던 자연과 우주를 새롭게 재해석하여 그 신비를 벗기는 과정을 의미한다. 여기에서 인간은 새롭게 모습을 드러내는 자연과 우주의 정체 앞에 관심과 책임을 가지게 되는 우주와의 상호 관계성을 가지게 된다. 둘째로, 세속화는 인간 실존의 역사성을 해석하는 역사의식의 생성으로 이해한다. 여기에서 인간은 하나님을 믿는 신앙과 그 신앙적 구조에 의해 인격적이며 역사적 존재로서의 자기 인식을 가지게 되어 자신의 잠재력의 개발과 창의성을 발휘하게 된다.

이러한 세속화의 현상이 직접 간접으로 오늘의 기독교 대학이 경험하는 새로운 역사 이해와 학문의 발달에 영향을 주어 왔다. 여기에서 기독교 대학은 기독교 신앙과 신학적 관점에서 세계와 자연과 우주를 새롭게 이해하며 다양한 지식을 추구하는 것을 학문적 과제로서 수용하여야 한다. 다시 말하면, 기독교 대학은 성경의 깊은 유산과 해석에 의하여 최첨단의 과학적 연구와 학문의 우월성을 추구하는 대학의 기본적 사명을 수행하여야 한다.

이와 같은 기독교 대학의 세속화를 성경의 창조와 역사 속에서 예수 그리스도의 성육화의 역사적 실현 과정으로 받아들이고, 이러한 해석으로부터 학문의 우월성이 성취되어야 할 기독교 대학의 사명을 배우게 된다. 기독교 대학은 현대 사회가 요구하는 과학성과 학문성의 강한 도전을 과감히 수용할 수 있어야 한다. 이것은 지금까지 교회의 통제와 교권주의의 영향 하에서 기독교 대학이 학문적 열등과 퇴보를 면치 못했던 과거의 통념을 전복시키는 과감한 역설이며 도전인 것이다. 따라서 기독교 대학은 인간의 지적인 자유와 창조성을 긍정하고 수용함으로써 학문의 우월성에 헌신하는 학문 공동체가 되어야 한다. 그리고 기독교 대학은 인간과 자연과 우주를 탐구하는 학문의 우월성에 적극적인 지원을 아끼지 말아야 한다.

2) 도덕적 책임성

그러나 기독교 대학은 학문적 우월성만으로 해결될 수 없는 다른 차원의 가능성들을 외면하게 되는 약점을 가지고 있다. 찰스 S. 맥코이(Charles S. McCoy)는 그의 저서 『책임적인 학원』에서 기독교 대학의 이러한 약점을 보완할 대안으로 미래의 개인과 사회에 대한 책임성을 기독교 대학의 다른 차원으로 제시하고 있다. 그에 의하면, 기독교 대학의 미래는 급격한 사회 변화에 대응하는 도덕적 책임성에 달려 있다고 해석한다. 실제로 오늘의 기독교 대학은 고유한 신앙적 유산과 현재의 공공성 사이에서 발생하는 딜레마로 그 정체성의 위기에 놓여 있다. 기독교 대학은 기독교적 유산과 해석으로 현재의 공공성을 비판하고 또한 변화시킬 수 있는가를 물어야 한다.[11] 기독교 대학이 오늘날과 같은 급격한 사회 변화와 혁명의 시대 속에서 물어야 할 질문은 "대학이 어떻게 성장하며, 어떻게 커리큘럼을 늘리는가?, 혹은 어떻게 학생 수를 증가시키는가?"가 아니라, "어떻게 자신에 대해서 그리고 사회에 대해 책임적일 수 있는가?"를 물어야 한다.

기독교 대학이 미래를 창조하는 새로운 비전과 전망을 가지기 위해서는 대학 구성원이 '도덕적 책임을 묻고 또 일깨우는' 힘과 역동성이 있어야 한다. 기독교 대학은 학문의 우월성과 함께 자신의 존재와 도덕적 책임을 끊임없이 물어가는 데서 새로운 정체성의 의미를 찾을 수 있어야 한다. 대학으로서 학문적 지식과 기술을 얼마나 많이 쌓았는가? 가 아니라, 그 지식과 기술을 어떻게 사회적으로 책임 있게 사용할 수 있는가?를 물어야 한다. 맥코이 교수는 기독교 대학의 이러한 학문의 우월성과 사회적 책임성을 '성육신의 신학'(a theology of incarnation)에서 발견하려고 하였다. 예수 그리스도의 현존에서 기독교 대학은 세계와의 공감과 사회 공동체의 요구를 찾아야 하며, 동시에 대학의 구성원은 각기 자기 위치와 자리의 극대화를 모색할 수 있어야 한다.

이러한 맥락에서, 기독교 대학의 교육적 책임성은 학생들로 하여금 '의미 있는 삶'과 '삶의 목적'에로 초청하는 일이며, 나아가서 사회의 다양한 문제들을 해결하여 가는 '사회 변화를 위한 교육'으로 집중되어야 한다. 결국 사회 변화를 위한 교육은 사회의 전 과정에서 발생하는 다양한 문제들을 재조정하며 책임질 수 있는 지도력과 헌신을 요구하는 교

---

11) Charles S. McCoy, 19.

수-학생과의 인격적 상호 관계에서 성취된다. 또한 사회 변화를 위한 교
육은 현실 사회에 대한 긍정적 비판과 함께 미래 사회의 비전과 통찰을
제시하는 세계관에서 구성하고 조직화되어야 한다. 여기에서 기독교 대
학은 사회 변화를 위한 교육과 책임을 수행하는 도덕적 책임성을 학문의
우월성과 병행하여 실천할 수 있는 지혜와 안목을 발견할 수 있는 것이
다.

3) 영적 비전

기독교 대학에서 한 가지 불행한 사실은 학문의 우월성과 도덕적 책임
성을 강조하고 있지만, 양자를 동기화할 수 있고 묶어 나갈 수 있는 영적
비전이 결핍되어 있다는 사실이다. 다시 말하면, 기독교 대학은 학문의
우월성과 학문의 사회 · 도덕적 책임성과 함께 이 모든 것을 통제할 수 있
는 영적 비전을 추구하는 신앙 공동체로 형성되어야 한다. 기독교 대학
이 추구하여야 하는 영적 비전은 그 공동체의 모든 구성원이 함께 성장할
수 있는 신앙적 분위기, 즉 '신앙의 문화화'[12]를 창조하는 일과, 그리고
상실된 인간성을 회복할 수 있는 신앙과 영성에서 발견하여야 한다. 따
라서 기독교 대학은 주변의 거대 대학이나 혹은 다원 대학의 모델을 모방
하는 것이 아니라 영적 지혜로부터 신앙 공동체를 창조하여야 하는 대학
안에서 인간성의 회복에 앞장서야 한다.

기독교 대학의 영적 비전은 일반 교육에서 흉내 낼 수 없는 초월적 차

---

12) 현대교육 신학자들은 '신앙의 문화화' 에 지대한 관심을 가지고 있다. 예를 들어, C.
Elis Nelson는 그의 *Where Faith Begins*(Westminster: John Knox Press)에서 John
Westerhoff III는 *Will Our Children Have Faith*(New York: The Seabury Press,1976)에서, 그
리고 Charles R. Foster는 *Teaching in the Community of Faith*(Nashville: Abingdon Press,
1982)에서 이 문제를 구체적으로 다루고 있다.

원으로서 이것을 올바르게 응용할 수만 있다면, 결과적으로 기독교 대학을 보다 역동적이며 창조적으로 변화시킬 수 있는 잠재력을 소유하게 된다. 이것을 위해 기독교 대학의 모든 구성원은 교육과 연구와 사회 봉사를 통해 그것들이 가지고 있는 궁극적 의미와 책임을 묻는 영적 우월성을 위해 헌신해야 한다. 기독교 대학은 구성원들 속에서 제기되는 질문, 즉 "무엇을 위한 학문과 인간 형성인가?"에 대하여 능동적으로 응답하며 인간 역사와 사회를 변화시켜 가는 영적·도덕적 공동체로 존재해야 한다. 다시 말하면, 기독교 대학은 개인을 위해서는 학문의 우월성을 강조하며 사회를 위해서는 책임 사회의 창조를 부단히 추구하는 책임 공동체로서, 그리고 양자를 적극적이며 능동적으로 추진해 갈 영적 비전을 축적하게 될 때 비로소 기독교 대학은 그 정체성의 회복이 가능하게 될 것이다.

　역사적으로 기독교 대학에서 학원 선교와 복음화 운동은 세계의 선교 역사에 지대한 영향을 주면서 인간 구원과 사회 변혁에 주도적 역할을 감당하여 왔다. 그 실례를 살펴보면 첫째, 영국의 옥스퍼드 대학의 성신 클럽(The Holy Club) 운동은 감리교 창시자인 존 웨슬리(John Wesley 1703-91)와 그의 동생 찰스 웨슬리(Charles Wesley)가 주축이 되어 시작되었다. 이 운동은 캠퍼스에서 매주 수요일과 금요일에 만나 성경 공부와 기도, 고전 연구와 사랑 실천에 힘쓰며 예수 그리스도의 고난에 동참하는 경건 생활을 실천하였다. 이 운동은 사람들의 영성을 살리고 사랑과 화해를 실천하는 종교적 엄격성을 강조함으로써 메소디스트(methodist)라는 별칭을 얻게 되었다. 그 후에 이 운동이 감리교를 창시하게 되어 영국의 영적 각성 운동의 기틀이 되었을 뿐만 아니라, 영국의 산업화에 지대한 영향을 주었다. 영국의 역사 비평가인 토마스 칼라일(Thomas Carlyle)은 프랑스 혁명은 피의 혁명이었지만, 웨슬리 등을 통한 각성 운동은 생명을 살리는 사랑과 화해의 운동이었으며 영국을 폭력 혁명에서 구출하였다고 평가하였다.

둘째, 영국의 캠브리지(Cambridge)대학의 7인 선교 운동은 찰스 시메온(Charles Simeon, 1759-1836)에 의해 시작되었다. 그는 1779년 4월 4일 부활절 아침에 예수 그리스도의 부활의 은혜를 체험한 후 캠브리지 대학 홀리트리니티 교회의 교구 목사가 되어 54년 동안 킹스 칼레지(King's College) 기숙사 학생들을 중심으로 캠퍼스 복음화 운동에 앞장서 왔다. 그의 영향을 받은 일곱 학생들이 1885년에 중국식 복장과 변발을 하고 중국 전역을 순회하는 복음 전도에 앞장서 왔다. '캠브리지 7인'으로 불렀던 그들은 영국의 학생 운동을 주도하였으며, 미국의 부흥 전도자 D. 무디(Moody)의 캠브리지 대학 전도 집회를 성사시키기까지 하였다. 그 후에 찰스 시메온의 제자들이 영국의 최대 선교단체인 CMS(Church Missionary Society)를 만들었고, 1877년에는 캠브리지기독연합(CICCU)과 기독학생회(IVF)를 결성하였다. 그들은 20세기 초 영국이 세계 선교사에 지대한 영향을 발휘하였으며, 곧 그 기초는 영국의 대학생들에 의해 마련되었다.[13]

셋째, 2005년 2월 미국 텍사스 주에 위치한 베일러 대학교(Baylor University)의 로버트 B. 슬로안(Robert B. Sloan) 총장이 사임하게 되었다. 그는 10년 동안 봉직하는 동안 철저한 기독교 전통에 입각하여 베일러 대학교를 최고의 연구대학교로 발전시켰다. 슬로안과 마찬가지로, 미국의 복음주의자들은 재정이 어려운 소규모의 대학들을 철저한 복음주의에 입각하여 하버드, 예일, 시카고, 버클리와 같은 명성을 가진 기독교 대학을 꿈꾸어 왔다. 현재 미국의 기독교 대학들의 새로운 르네상스를 맞이하고 있는 공통된 관심은 다음과 같은 것에 두고 있다. 첫째, 학자들과 학교들이 진정한 기독교적 고등 교육을 어떻게 형성하는가에 대하여 보다 진지하게 생각하고 있으며 둘째, 대학의 기독교적 특성의 힘은 궁극

---

13) 『국민일보』, 2004년 3월 8일 36면

적으로 어떤 다른 요인보다 교수진에 달려 있다는 것과 셋째, 최근에 신앙과 학문에 관한 다양한 저서들이 기독교 대학의 르네상스를 시작할 수 있었던[14] 기회를 제공하였다.

넷째, 최근에 미국의 하버드 대학 교과과정위원회(curriculum committee)에서 하버드 대학에 입학하는 모든 학생들에게 일반 교양 교육으로서 '이성과 신앙'의 영역에서 한 교과목을 필수적으로 선택해야 할 것을 추천했다. 교과과정위원회는 21세기 초 대학 졸업자들은 현재와 과거의 역사와 그리고 미래에 발생할 개인적, 문화적, 국가적, 혹은 국제적 사건들 속에 나타난 종교의 역할을 알아야 한다는 사실을 언급하고 있다. 위원회는 과거의 기독교적 종교가 학자들과 과학자들, 그리고 예술가들이 확고한 신앙에 의해 최고 수준의 추리력과 탐구와 창조성과 일치해 왔다는 사실에 의견을 같이했다. 그러나 오늘날 대학에 입학하고 있는 거의 모든 학생들이 '깊게 세속화'된 기독교 대학과 길등하고 있는 것을 쉽게 목격할 수 있다. 그 주요한 원인은 기독교 대학에서 신앙의 주장들이 축소되어 왔거나 심지어 학과(學科)와 대학의 교과 과정에서 신앙 교육이 배제되어 왔기 때문이다.

그렇다면 이러한 교과목들의 내용은 무엇이어야 하는가? 그것은 단순히 '이성과 신앙'과의 관계성의 문제가 아니라 종교와 국가적 국제적 문화 사회와의 상호 관계성을 검승하는 신앙에 대한 추리력, 종교와 종교 기관들의 역할, 그리고 세상에 대한 그 영향들을 주요한 내용으로 포함하여야 한다. 실제로 오늘날 대학생들은 이슬람 세계와의 상호 관계에서 몰이해와 갈등과 혼란, 진화론 교육에 대한 논쟁, 그리고 종교적 신념이 줄기 세포 연구와 임신 중절과 안락사(安樂死)와 동성 결혼과 같은 논쟁에 깊은 관심을 가져야 한다. 기독교 대학은 종교 기관들과 교회 공동체의

---

14) *Christianity Today*, June 2005, 30-35

사회적 응집력과, 시민 문화의 강화와, 그리고 다양한 공동체의 봉사들, 특히 가난한 자들에 대한 서비스를 제공하는 일과 개인적 혹은 공동체의 복지 향상을 위한 중요한 역할을 이해하여야 한다. 따라서 기독교 대학에서 기독교적 종교 교육은 대학생들이 졸업한 후에도 오랫동안 그들의 개인 생활에 강력한 힘으로 남게 될 것이기 때문에, 대학생들의 이성과 마음의 생명을 고무(鼓舞)하는 신앙의 역할을 회피하게 한다면, 또한 그들의 신앙을 탐구하고 있는 지식과 추리력과 통합하려는 노력을 준비하게 하지 않는다면, 기독교 대학으로서의 교육적 사명을 상실하는 결과를 초래하게 될 것이다.[15]

---

15) John I. Jekins &Thomas Burish, "Reason and Faith at Harvard" *The Korea Herald* (25th December, 2006)

제4장 기독교 대학과 문화

　21세기는 전통적인 문화의 형태와는 달리 상이한 문화의 상호 작용인 문화 간의 갈등이 최대 현안으로 떠오르는 '문화의 시대' 라고 할 수 있다. 문화의 시대에 살고 있는 현대인은 지역적 공간과 역사적 시간을 초월하여 항상 새로운 것을 추구하는 문화를 창조해 오고 있다. 더욱이, 현대의 새로운 문화는 대하생의 삶의 공간이자 지식과 학문 탐구의 신실인 대학을 통해 부단히 변화되고 새롭게 창조되고 있다. 따라서 대학은 젊은 세대들이 영향을 받고 성장해 온 기성세대의 전통적인 것을 그들만의 세계를 향유하고 있는 새로운 것으로 항상 변화시켜가는 문화 공동체이자 문화 생성 공장으로 그 사명을 공유하고 있다. 이러한 문화의 급격한 변화의 정황에서, 새로운 문화가 창조되는 문화적 공간으로서 기독교 대획은 그 문화의 특징과 색체를 면밀하게 성찰하며 수용해야 할 도전을 항상 받고 있는 것이다.

1. 신세대 문화

　현대 사회의 신세대들은 각자의 인생의 이야기를 만들어 내는 작업을 통해 자신에게 의미 있는 세계관을 구축할 권리를 주장하게 되었다. 지금까지 서구의 이데올로기와 문화의 주제가 되어 왔던 신, 합리성, 자연은 더 이상 신세대들에게 의미 있는 세계를 제공해 줄 수 없게 되었다. 실제로, 신세대들이 경험하며 새롭게 만들어 가는 문화는 대학 캠퍼스에서 형성되고 있다. 대학 캠퍼스는 동서고금을 막론하고 다양한 인종과 종교가 생성한 문화의 다원화를 경험할 수 있는 문화의 보고이자 산실인 것이다. 특히 기독교 대학은 인류가 만들어 놓은 다원 문화에 기독교 복음과 선교를 함께 포용하여 접목한 새로운 기독교적 문화를 만들어 가는 새 문화의 산실이라 할 수 있다. 따라서 기독교 대학에 재학하고 있는 신세대들은 새로운 기독교적 문화를 통하여, 그리고 그 문화 속에서 자신의 세계관을 발견하기 위해 부단히 노력해야 할 뿐만 아니라, 새 문화의 정체성을 확립하고 창조하는 일에 적극성을 나타내어야 할 것이다.[1]

1) 문화의 이해

여기에서 논의하려는 문화는 어떤 특수한 문화 현상을 말하는 것이 아니라, 일반적인 문화의 의미를 살펴보려고 한다. 우리는 문화를 인간 사회 조직의 어떤 특별한 면에만 관련시켜 정의하려는 좁은 태도에서 벗어나 사람들이 살아가는 모든 삶의 이야기를 통하여 이해하려고 해야 한다. 문화란 사람들의 물질 생활의 향상, 또는 정신적 도덕적 생활의 한 표현으로서 자연적으로 발생하는 모든 삶의 이야기를 의미한다. 다양한 사회적 관계와 교류, 기술, 예술, 문학, 과학, 교육, 종교 등이 문화의 내용이 된다. 이와 같은 삶의 이야기의 가장 유용한 전달 수단은 언어이며, 그리고 언어를 매개로 표현된 인간 정신의 문화적 형상은 예술에서 발견된다. 문화는 인간 정신의 모든 가치를 개발하여 삶의 도구로 활용되는 문

---

1) C. Elis Nelson/박원호, 『신앙교육의 터전』(한국장로교출판사, 1998), 14.

명을 포함하고 있다. 물론 문명을 문화와 구별하여 말한다면, 문명은 더욱 진보한 문화의 형태로서, 어떤 의미에서, 더 도시적이고 기술적이며, 세련된 사람들의 사회생활의 형식으로 나타난다.

구체적으로 언급한다면, 문화란 인간이 자연적인 것 위에 인위적인 노력으로 새롭게 만들어 낸 인공적인 제 이차 환경을 의미한다. 이것은 언어, 관습, 이념, 신념, 전통, 사회조직, 전래된 예술, 기술의 향상과 진보, 그리고 새로운 삶의 가치 등으로 구성된 것이다. 물론 우리가 '문화의 본질이란 무엇인가?' 를 정확하게 정의하기에는 매우 어려운 일일 수 있으나 문화의 중요한 특징들을 세분하여 다음과 같이 설명할 수 있다.[2]

첫째, 문화는 사회적 유산이다. 문화를 형성하고 있는 모든 요소들이 사회 안에서 사람들이 살아가는 일상생활과 필연적으로 연관되어 있기 때문에, 문화는 언제든지 사회적 성격을 가지고 있다. 인간이 살아가면서 경험하는 일들과 과하저으로 관찰한 결과에 의헤서 살펴볼 때, 문화의 본질적 요소들은 사람들이 집단을 형성하여 살아가는 삶의 형태와 모습에서 발견할 수 있다. 형성된 그룹이나 집단에서 각 개인은 각자의 방식대로 문화를 사용할 수도 있고, 문화의 요소를 변경할 수도 있다. 그러나 사람들이 문화의 요소들을 사용하든지 변경하는 것은 개인적으로가 아니라 사회적으로 이루어지며, 이와 같은 변증적 과정을 통하여 형성된 문화의 또 다른 요소들은 다음 세내로 물려주게 된다. 따라서 문화는 사람들이 이어 받고 또 물려주는 사회적 유산으로 계승되어 발전해 가는 것이다.

둘째, 문화는 인간의 성취이다. 사람들은 자연의 모든 소재들을 어떤

---

2) Richard Niebuhr, *Christ and Culture*(New York: Harper & Brothers, 1951), 32-39. 이숙종, 『현대 사회와 기독교 교육: 새 공동체를 지향하여』(대한기독교서회, 2001), 115-117에서 재인용 함

목적을 가지고 활용하며 이루어 왔던 모든 결과들을 본래적인 자연의 것들과 구별하고 있다. 예를 들면, 강은 자연 그대로의 것이지만, 사람들의 노력으로 강을 막아 항로로 사용하는 운하는 문화이다. 또한 고함을 지르는 사람의 소리는 자연적인 것이지만, 생각을 표현하는 언어는 문화적인 것이다. 이와 같이 문화는 인간의 마음과 손으로 만들어지는 인위적인 것을 의미한다. 또한 문화가 이렇게 과거에 살았던 사람들의 노력의 결정으로 주어진 것이라면, 이것을 유산으로 이어받는 현재의 사람들도 자신들의 노력과 성취 없이는 결코 문화를 소유할 수 없다는 것을 알 수 있다. 자연의 선물은 인간의 의도나 의식적 노력 없이는 수용되어 전달될 수 없는 것이다. 인간의 인위적인 노력으로 성취된 문화의 선물은 그것을 수용하는 사람들의 편에서 새롭게 다시 성취하여 소유될 수 있다. 따라서 사람들은 그들이 일정한 목적을 가지고 이미 이루어 놓은 것과, 현재 이룰 수 있는 것, 그리고 미래에 무엇을 이루어야 할 것을 위하여 의도적으로 부단히 노력하고 있는 것이다. 이와 같이 사람들이 의도하는 세계라면 그것이 곧 문화의 세계이며 성취된 문화의 결실을 의미한다.

셋째, 문화는 인간의 가치 세계의 산물이다. 앞서 언급한 것과 같이, 문화가 사람들의 노력의 결실이자 성취라고 할 때, 그것은 정해진 일정한 목적을 위하여 고안되고 창조되는 것이다. 사람들이 보다 좋은 환경이나 사회를 위하여 무엇을 만들었거나, 또는 만들어 가고 있는 것은 예외 없이 일정한 목적을 위한 것이다. 궁극적으로, 그것은 사람들마다 어떤 선한 것에 봉사하려는 의도와 가치를 나타내고 있다. 우리가 과학과 철학, 기술과 교육, 종교와 예술 등에 관하여 비판할 때, 그것이 과거의 것이든 혹 현재의 것이든 간에, 그것을 만든 사람이 의도한 가치와 우리가 느끼는 가치와는 밀접한 관련이 있다는 것을 알게 될 것이다. 그러므로 사람들이 이루어 놓은 문화적 산물과 성취를 의도된 본래적 가치 관계와 분리시켜 생각할 수는 없는 것이다.

인간의 성취와 관련되는 문화의 가치는 주로 인간을 위한 선의 가치인 것이다. 사람마다 문화에서 실현하려는 자기 활동의 목적을 규정짓는데 있어서 무엇보다 자기 자신을 최고의 가치로 간주하며 또한 그것을 다른 모든 가치들의 원천으로 생각하면서 새로운 일을 시작하게 된다. 이와 같은 문화적 가치는 사람들이 함께 살아가는 사회 공동체의 번영과 복리를 위한 것 뿐만 아니라 인간 존재를 초월하는 동기에 두고 있는 것도 사실이다. 따라서 문화란 넓은 의미에서 인간 본위적인 것과, 나아가서 초월적 존재와의 관계성에서 사람들의 고상한 생활과 정신을 추구해 가는 것이다. 한편 문화를 물질적인 것만을 위한 것으로 생각하게 될 때, 모든 문화 활동은 단지 사람들의 육체적 감성적 만족을 위한 노력으로 간주될 수 있기 때문에 그것은 대단히 위험한 문화의 이해가 될 것이다. 이러한 의미에서, 문화는 인간의 육체적 존재를 위한 의식주(衣食住) 문제 이상의 초월적 가치를 추구하는 일에 더욱 관심을 가지고 있는 것이다.

넷째, 모든 문화의 특징은 다원주의를 지향하고 있다. 언제 그리고 어디에서든지 사람들이 추구하고 있는 문화의 가치는 한 가지만이 아니다. 사람들이 함께 살아가는 사회는 다양한 가능성과 목적을 실현하려고 시도하기 때문에 한 사회를 형성하고 있는 사람들과 그들이 지향하고 있는 목적은 다양하다. 그리고 그들이 소속한 집단과 조직이 각기 다르기 때문에 여기에서 생성된 문화는 고도로 복잡하고 다양한 성격을 나타내고 있다. 다시 말하면, 문화란 사람들이 선하고 좋은 것을 성취하여 공유하려고 할 때, 사람들 중에는 남자와 여자, 아이와 어른, 다스리는 자와 다스림을 받는 자 등의 목적과 가치를 항상 고려해야 한다는 것이다. 그리고 한 집단에서 어떤 한 가지가 선하고 고상하게 여기는 것도 그것이 특별한 계층과 다른 집단의 목적과 전통 및 관습에 따라 달라질 수 있다는 것도 고려해야 한다.[3]

뿐만 아니라, 사람들마다 개인적인 특수한 개성에 따라 다양한 육체적 욕구와 주장, 자기 자신과 다른 사람들, 나아가서 자연 및 초자연적 존재에 대한 관심 등 복합적인 관심을 나타내고 있다. 일정한 문화 안에서 살고 있는 사람들의 경험으로 비추어 볼 때, 특별한 문화의 통일성을 인정할 수 없으며, 사회의 다양한 제도와 전통에서 추구하며 얻어지는 가치는 실제로 다양할 수밖에 없는 것이다. 여기에서 문화의 다양성 속에서 통일성을 이루기 위해서는 수 없이 선하고 좋은 것들을 성취하여 보존해 온 모든 것과 갈등과 충돌 없이 결속시키려는 노력이 더욱 요청되는 것이다. 그 이유는 문화는 언제나 평화와 번영, 정의와 질서, 자유와 공동 복리, 진리와 아름다움, 과학적 진리와 도덕적 선, 그리고 기술적 숙련과 실천적 지혜 등을 사람들의 일상생활과의 관계성 속에서 추구하고 있기 때문이다.

2) 신세대 문화의 특징

지난 20세기를 돌이켜 볼 때, 한 세기 동안 인류를 위해 남긴 문화적 유산과 그 결과는 지대한 것으로 평가되고 있다. 서구 사회를 지배하여 왔던 자본주의와 기계 기술 문명으로 등장한 현대 사회는 세계화의 문명을 창조하고 있는 새로운 도구들, 새로운 지식, 새로운 소재, 새로운 기술을 근간으로 발전하여 왔다. 현대 사회는 인간의 지성의 발달과 과학적 사고력의 진보로 다양한 학문의 지식과 복합 문화, 그리고 최첨단의 과학 기계 기술을 향유하고 있다. 이러한 과학 기계 기술은 현대인의 생활과 삶의 자리에 새로운 충격을 가져 왔으며, 모든 생활의 질과 형태에서 인간의 상상을 초월하는 급격한 변화를 경험하게 하였다. 청소년들이 만들어 가고 있는 신세대 문화의 양상을 다음 두 가지 측면에서 이해할 수

---

3) Ibid., 39.

있다.

첫째, 1960년대를 전후하여 서구 사회에서 태동하기 시작한 학생 운동의 영향으로 한국 청소년들의 의식 변화와 전통적 가치관에 새로운 충격을 주었다. 한국적 유교의 전통과 문화로 성장해 왔던 청소년들의 의식이 극단적 이기주의의 형태로 나타나기 시작했다. 그들은 기성 세대의 언어, 명칭들, 습관, 태도 등에 강력한 제약을 경험하는 한편, 급변하는 사회 속에서 그들만의 세계를 추구하는 상이한 정체성의 문제에 직면하게 되었다. 따라서 그들은 자신들의 독특한 언어, 상징, 태도, 의식(儀式)을 창조하여 기성 사회의 간섭과 통제로부터 해방을 시도하였다. 한국의 청소년들은 기성 세대의 문화와 도덕성과 대칭되는 새로운 문화를 모색하면서 전통 사회의 상징적 모체인 가정, 공동체, 학교와의 관계를 단절하려고 하였으며 그들만을 위한 '보다 좋은 사회' 의 실현을 희망하고 있었다. 그들이 추구하였던 새로운 사회는 기본적인 가치 패턴과 병행하는 조정 장치가 없이 전통적인 기성 사회의 구조 속에서 발생한 집단적 변화의 산물로서 현대 사회의 긴장과 갈등에 대한 반작용으로 해석되고 있다.[4]

둘째, 신세대 문화는 현대 기계 기술의 발달로 독특한 양상을 나타내고 있다. 신세대로 표현되는 현대 사회의 청소년들은 현대 기계 기술을 활용하여 그들의 독특한 삶의 이야기를 만들어 가고 있다. 그들은 기성 세대와 다르게 현대 기계 기술이 만들어 놓은 최첨단의 것들을 재빨리 수용하고 그것들을 그들의 삶에 알맞게 변형해 가는 독특한 조작 능력을 가지고 있다. 그들은 최첨단의 새로운 것에 예민하게 반응하여 그것을 즐기며 향유하는 독특한 기재를 소유하고 있다. 이러한 새로운 것들을 개인으로가 아니라 집단을 형성하여 함께 공유하며 만들어 가는 그들의 독

---

4) 이숙종, 122-123.

특한 삶이 곧 신세대 문화의 시초가 된다.

그렇다면, 신세대 문화를 이해하기 위하여 현대의 청소년들의 삶의 정황에 직접적인 영향을 주고 있는 다양한 기계 기술의 특징과 형태를 자세하게 관찰하는 것이 필요할 것이다. 현대 과학 기술의 총아인 초고속 통신망과 대중 매체는 현대인의 생활을 급격하게 변화시키고 있으며 정신 세계를 지배하고 있다. 그 영향은 곧 정치적, 사회적, 경제적 이념을 능가하고 있으며, 심지어 지역 문화와 종교적 영역을 초월하는 세계화의 현상을 초래하고 있다. 이러한 변화의 특징을 사회학자인 엘빈 토플러(Alvin Toffler)는 '제 3의 물결'[5]로, 그리고 미래학자인 다니엘 벨(Daniel Bell)은 '제3의 기술 혁명'[6]으로 표현하였다. 여기에서 현대 사회가 향유하고 있는 기계 기술의 양상과 특징을 '후기 정보화 사회'로 일컬을 수 있다.

지난 20세기에는 컴퓨터와 지식 정보 산업의 발달로 정보화 사회를 형성하여 왔다. 그러나 현대 사회에서 디지털 혁명과 문화가 급속히 확산되면서 삶의 공간이 지리적 공간에서 사이버 공간으로, 그리고 현실 세계에서 가상 세계로 확장되어 새로운 삶을 경험하게 되었다. 또한 디지털 산업의 발달로 컴퓨터와 종합 예술이 결합한 영화와 텔레비전이 등장하여 현대인의 일상생활을 편리하게 하며 지대한 영향을 주고 있다. 이와같이 20세기 말에서 21세기 초에 이르기까지 종전의 수직적이고 일방통행적인 미디어의 형태가 능동적이며 시공간을 초월하는 컴퓨터 문화

---

5) 토플러에 의하면 '제 1의 물결'은 농업, '제 2의 물결'은 공업, '제 3의 물결'은 정보화 사회에서 발생한다. 그는 1980년에 출판한 그의 저서 *The Third Wave*에서 미래사회에 대한 풍부한 예견을 제시하고 있다.

6) '제 삼의 기술혁명'은 컴퓨터의 원거리 통신(tele-communication)에 의해 대표되며, 다니엘 벨은 제 삼의 기술혁명 단계를 '후기 산업사회'라고 명명하였다. 후기 산업 '제 삼의 기술혁명'은 컴퓨터의 원거리 통신에 의해 나타났다. 다니엘 벨은 1973년에 후기 산업 사회를 다루고 있는 *The Coming of Post-Industrial Society*를 출판하였다.

와 그것이 창조하는 가상 세계에 그 자리를 양보하게 되었다. 그 결실로 한국에서는 컴퓨터 기술의 발전으로 지금까지 각기 다른 기능을 수행하여 왔던 전화와 텔레비전 영상, 그리고 메일과 팩스가 결합한 '디지털 멀티미디어 방송'(digital multimedia broadcasting)이 세계 최초로 등장하였다.

이것은 인간의 음성과 인간이 만든 영상 등 다양한 멀티미디어 신호를 디지털 방식으로 변조해 고정용이나 휴대용, 차량용 수신기에 제공하는 최신의 방송 서비스를 의미한다. 뿐만 아니라, 최근에 한국이 개발한 차세대 이동 통신 기술인 휴대 인터넷 '와이브로'(wireless broadland)를 발명하여 초고속 대용량 데이터를 전송하는 획기적인 기계 기술의 성과를 거두었다. 와이브로의 새 기술은 시속 100km 이상 고속으로 이동 중인 차량에서도 현재의 유선 인터넷 속도 이상으로 무선 인터넷 서비스를 즐길 수 있는 첨단 기술이다.[7] 이와 같은 현대의 통신과 방송의 복합적 산물로 등장한 기계 기술은 현대인은 과거의 삶의 공간과 시간의 제한성을 의식하지 않고 현재에서 스스로 원하고 있는 다양한 것을 경험할 수 있는 '탈기계화의 문화'[8]를 만들어 가고 있다.

이와 같이, 컴퓨터와 디지털에 의한 탈기계화의 문화적 환경에서 살아가는 현대인은 지구촌 구석구석을 관통하는 고화질의 네트워크(網)로 연결되면서 가상 세계와 현실 세계를 오가는 호기심과 상상의 세계를 마음껏 펼치는 시대를 살아가고 있다. 그러나 지난 세기의 문화의 특징인 아날로그 문화에서 현대 사회의 디지털 문화로 변천되어 오는 과정에서 현대인은 자신의 삶의 자리에서 인간으로서의 정체성을 점점 상실해 가는

---

7) 『중앙일보』, 2006년 8월 10일 字, "한국 독자 개발 '와이브로' 미국 수출"을 참조하시오.
8) 탈기계화의 문화는 현대인이 기계 기술의 영향을 받지 않고 살아가는 것을 의미하는 것이 아니라, 종전의 개체 기계의 기능에서 DMB와 같은 다양하고 복합적인 기능을 한 시점 한 공간에서 경험할 수 있는 것을 의미한다.

위기를 맞이하고 있다. 이러한 현대인의 삶의 위기를 극복하기 위해 과거의 복귀인 아날로그와 현재의 총아인 디지털을 결합하는 제3의 문화인 '디지로그(digilog)' 문화를 대안으로 하는 새로운 후기 정보화 문화를 경험하고 있는 것이다. 그 이유는 다음 글에서 알 수 있다.

> 확실한 것은 21세기로 들어오면서 디지털 혁명의 장밋빛이 조금씩 먹구름과 거품으로 변해가면서 우리가 풀어야 할 양극화의 난제들이 쏟아지기 시작했다는 것이다.…젊은 세대일수록 컴퓨터와 인터넷의 정보 환경에 익숙하고, 나이든 사람일수록 아날로그의 삶에 익숙하기 때문에 디지털 디바이드는 곧바로 세대 간의 격차와 신구 문명의 디지털과 아날로그, 두 공간의 충돌을 의미하게 된다.[9]

청소년들의 독특한 생활 경험에서 시작된 신세대 문화는 한 사회의 영역에 다양한 문화가 혼재하고 있는 현대 사회의 문화적 다원주의를 포함하고 있다. 그러나 신세대 문화에서는 전통적인 기성 문화에 정착하려는 과정에서 새로운 문화적 의식과 도덕성의 가치 체계를 제공해야 할 영역과 토양을 발견할 수 없게 되었다. 다시 말하면, 신세대 문화는 확고한 가치관과 일관성이 있는 세계관과 다른 사람들을 배려하며 도울 수 있는 분명한 도덕적 체계를 제공하지 못하고 있다. 여기에서 신세대 문화는 기성 사회의 질서와 조화를 해체하며 깨뜨릴 수 있는 실제적인 위험성을 내포하고 있다. 또한 신세대 문화는 청소년들의 지성적, 도덕적, 영적인 욕구 대신에, 자기-향상과 자기-관심과 자기-과시를 추구하는 경향을 나타내고 있다: "이러한 문화적 활동과 현상은 표면적으로 신령한 사명을 계속 추구하는 듯하지만, 모든 영적인 본질을 결여한 경향을 나타내고

---

9) 이어령 교수는 20세기 정보화 사회 이후의 사회를 후기 정보화 사회로, 그리고 그 특징을 디지털(digital)문화와 아날로그(analogue)문화가 혼재하고 있는 '디지로그 문화'로 명명하고 있다(이어령,『디지로그:Digilog 선언』(생각의 나무, 2006), 150-151.

있었다.[10] 신세대 문화에 몰입하여 그것을 수용하여 온 청소년들은 옛 문화와 전통과의 관계를 과감하게 단절하고 새로운 사회적 동력의 가능성을 전개하면서 그들만이 향유할 수 있는 사회적 공간을 만들어 가고 있다. 그들은 스스로 새로운 언어와 동작을 창조하여 그들 자신의 삶의 방식을 정립하고, 그들 자신의 담론과 대화의 척도를 만들어 가면서 전통적으로 금기시 해왔던 세대 간의 차이와 공간을 파기하는 새로운 변혁을 일으키고 있다.

그러나 청소년들이 표출하고 있는 신세대 문화의 순 기능적인 긍정적 실례도 간과할 수 없다. 그것은 곧 2002년 한일 월드컵과 2006년 독일 월드컵에서 나타난 'W 세대'를 중심으로 형성된 새로운 형태의 문화로 등장하고 있다. 신세대들의 주도로 형성된 '월드컵 문화'는 청소년들만의 속성인 열정적 집단의식과 그리고 현대 기계 기술의 총아인 디지털 문화와의 접목으로 공간과 시간, 계층과 세대 간의 차별성을 극복하는 최첨단의 '한국적 신세대 문화'를 창조하게 된 것이다. 여기에서 한국적 신세대 문화는 청소년들의 내면세계에 잠재해 있었던 애국심과 공동체적 질서 및 연대 의식이 함께 표출되어 세계인의 주목을 받고 있다. 한국적 신세대 문화의 주역인 청소년들은 기성 세대의 고정 관념과 현상 유지의 피동성으로부터 기성 세대의 새로운 의식 변화와 생활의 활력을 불러일으키는 한국 사회의 역동성을 창조하고 있다.

2. 대학 문화

현재 한국에서 형성된 대학 문화는 다양한 성격과 특징을 나타내고 있

---

10) 이숙종, 39.

다. 한국의 대학은 언급한 신세대 문화를 만들어 가고 있다. 물론 한국의 대학은 세계 다른 나라 대학들과 학생들이 경험하지 못했던 독특한 역사적 멍에를 경험했던 것이 사실이다. 무엇보다 6 · 25 전쟁을 전후로 물밀듯이 쇄도해 들어 왔던 서구 문화의 유입으로 준비되지 않은 급격한 서양 문화의 수용에 문화적 긴장과 포화의 현상을 경험하게 되었다. 뿐만 아니라 한국의 특수한 정치사회적 환경으로 부정 선거와 독재 정권에 항거했던 4 · 19 학생 의거와 5 · 16 군사 혁명에 이어 연장된 군부 통치에 의한 군사 문화가 거의 30여 년 동안 대학 사회를 지배하고 있었다. 이와 같이 한국의 대학은 한국적인 독특한 전통 문화에 국내외의 다원 문화의 형태가 함께 혼재되어 현재의 대학 문화의 형성에 직접적으로 혹은 간접적으로 지대한 영향을 주어 왔다.

1) 대학 문화의 문제

현대 사회에서 정치 사회적 안정과 번영을 증진하려는 기성 세대의 노력은 실제로 청소년들의 안목에서는 애매모호한 몽롱한 낭만적인 열정에 지나지 않았다. 그들에게 있어서, 기성 사회의 개인적 일상생활과 그 중요성은 그들에게 큰 관심을 주지 못했으며, 오히려 실망과 속박의 대상이 되어 왔다. 예를 들면, 청소년들의 자존심과 정체성은 또래 집단(peer group) 속에서 우정과 인기, 매혹적인 외모, 신체적 성숙, 유행하는 의상과 음악, 특별한 재능의 소유로 표현될 수 있었다. 이러한 현상은 심지어 기성 사회의 도덕성과 윤리적 교훈에 반하는 청소년들의 성적 무책임성, 이유 없는 반항, 자기 소외감과 같은 독특한 문화의 형태로 발전되었다. 이와 같이 기성 세대의 문화와 상이한 형태의 신세대 문화가 그들의 개인적 가치들과 관계성을 옹호하는 '대학 문화'의 형태로 나타난 것이다.

이미 언급한 바와 같이 1960년대 이후부터 청소년들의 생활과 가치들을 소재로 하는 많은 영화와 음악, 춤을 통하여 그들은 전통적 사회의 가치들을 거부하면서 자기 규정과 자기 정체성이라는 새로운 관계를 추구하고 있었다. 고도로 채색된 개성이 있는 언어와 행동으로 표현되는 그들의 이데올로기는 반항의 동기와 결과를 정당화하고 있었다. 이러한 영화와 음악을 비롯한 예술들은 현실 세계를 부정하는 청소년들의 도덕적 가치들을 형성하는 일에 큰 영향을 주었다. 청소년들은 실제 그들이 추구하며 희망하는 것이 무엇인지를 명백하게 알고 있었으며, 우아한 자기표현과 자존심에 깊은 관심을 나타내었다. 그들은 기성 세대의 모든 복합적 사회 제도로부터 탈출하려는 현실적 기대에 큰 관심을 가지고 있었으며, 이것을 성취하기 위한 반항 의식이 그들의 정신 세계를 지배하고 있었다. 기성세대에 대한 그들의 노골적인 갈등과 반항, 실망과 좌절감은 사회적으로 용납될 수 없는 변화된 다양한 행동과 행위로 표현되어 왔다.

산업화된 현대 사회에서 필연적인 산물로 등장한 신세대 문화는 가정 기능의 분산과 기성 사회의 불신으로 청소년들의 정서적 불안감과 연대 의식의 상실을 초래하였다. 청소년들은 동일한 연령의 또래 집단을 중심으로 상호간의 밀접한 관계성을 중요시하는 다른 형태의 사회를 형성하여 기성 사회와의 관계를 단절하려고 하였다. 이와 같은 사회적 현상으로 신세대 문화는 심리학적 전망에서, 신세대 문화는 청소년들의 '새 나르시즘'의 산물로 평가할 수 있으며,[11] 또한 현대 사회의 위기를 극단적으로 대변하는 것으로 이해할 수 있다. 실제로, 신세대 문화는 인간의 생로병사에 대한 공포, 변형된 시간의식, 명예에 대한 애착, 그리고 극심한 경쟁에 대한 공포와 같은 나르시즘적 특성과 깊은 관계가 있다. 신세대 문화는 그 자체의 깊은 자아의식에 사로 잡혀 공중 도덕성을 파괴하며,

---

11) Ibid., 120.

기성 사회가 요구하는 기대를 거부하고 있다. 신세대 문화는 '자아와 사회', '욕망과 의무'를 일치시켜 '자아'를 도덕적 성찰을 강요하는 절대적 억압으로부터 해방시키려고 시도하고 있다.

이러한 현상으로, 한국 사회의 전역에 신세대 문화의 영향과 뿌리가 깊이 확산되어 독특한 대학 문화를 형성하여 왔다고 할 때, 현재의 대학 문화의 성격과 특징을 다음과 같이 요약할 수 있다. 첫째, 한국의 대학은 사치와 유행과 같은 향락 문화의 영향이 점점 확산되어 가고 있다. 대학은 각기 다양한 문화적 배경과 형태에서 성장해 온 젊은 청소년들이 대학 캠퍼스에 함께 모여 사회화 현상을 경험하며 새로운 가치관과 인격을 형성하는 장으로 이해되어 왔다. 그러나 대학에서 캠퍼스 생활을 즐기는 대부분의 학생들은 일반 사회에서 유행하고 있는 향락과 사치 문화에 오염되고 있으며, 뿐만 아니라, 그러한 부정적 영향이 캠퍼스 안으로 유입되어 대학은 '먹고 마시고' '피우며 취하고' '입고 소비하는' 문화로 정착되어 가고 있다. 이와 같은 환경에서 대학생들은 겉치레와 허례허식과 같은 소비 성향에 길들어져 세속적인 것과 감각적인 것만을 추구하려는 새로운 형태의 집단 문화를 형성하게 되었다. 따라서 오늘날의 대학은 한편으로 학문을 추구하려는 지성적 풍토와, 그리고 다른 한편으로 극단적 소비와 사치가 혼재되어 있는 양극화된 문화 현상을 나타내고 있다.

둘째, 오늘날의 대학은 극도의 개인주의적 문화 형태를 형성하고 있다. 지금까지 대학은 그 자체가 지향하고 있는 교육을 통해서 바른 인간성의 교육과 인간관계와 공동체적 사회생활을 영위하기 위한 모든 것을 가르쳐 왔다. 그러나 급변하고 있는 사회적 영향으로 대학생들의 생활은 개인 중심적 이기주의 경향에 빠져들고 있다. 예를 들어, 1980년대까지 대학가의 세속 풍토를 자랑해 왔던 하숙집을 중심으로 삶의 자리를 이루고 있었던 대학 생활이 다세대 주택과 아파트, 오피스텔, 원룸 등에서 개인만의 생활공간을 점유하려는 현상으로 변화되고 있다. 또한 현대 기계 기술의 발달로 학업에 필요한 모든 자료들과 학습 기기(器機)들을 학생들마다 각자 소유할 수 있기 때문에, 다른 동료 학우들과 함께 공부하며 연구해야 할 이유를 상실하게 되었다. 이와 같은 캠퍼스 생활의 새로운 변화와 경향은 마침내 대학들의 공동체 생활의 와해를 초래하였을 뿐만 아니라, 대학 내에서 동아리 활동의 무관심, 선후배간 상호 관계의 무시, 심지어 동료 학우간의 무관심과 같은 독특한 자기 중심적 개인주의 문화를 형성하게 되었다.

셋째, 오늘날 대학은 사제지간(師弟之間)의 관계가 흔들리는 문화가 지배하고 있다. 대학은 전통적으로 학문과 지식을 사랑하며 탐구하려는 사람들이 함께 모여 공유하는 공동체로 발전해 왔다. 전통적으로 학문과 지식을 가르치며 전달하는 교수와, 그것을 배우는 학생들과의 사이에는 그들 자신의 교육과 연구를 더 소중히 여기는 '스승과 제자'라는 아름다운 인간 관계를 자랑해 온 것이 사실이다.[12] 그러나 대학에서 극단적인 이기주의적 영향으로 스승과 제자 사이의 상호 존중 관계가 실종되어 가고 있으며, 오히려 양자의 관계는 돈을 받고 가르치는 '공급자'와 등록금을 내고 그 대가를 받는 '수요자'와의 상업적 관계로 변질되어 가고 있다. 예를 들면, 캠퍼스 내에서 교수를 만나도 인사조차 하지 않는 행위가 예사로운 일로 여겨지고 있으며, 심지어 학점을 후하게 주는 사람이면 인기 있는 교수로 내하는 해괴한 일들이 자행되고 있다. 이와 같은 캠퍼스 내의 비정상적인 분위기 때문에 학문적으로 아무리 덕망이 높은 우수한 학자라 하더라도 제대로 존경을 받지 못하는 한낱 지식의 전달자로 인식되어 가고 있다.

넷째, 현재의 대학은 취업 준비를 위한 학원으로 전락하고 있다. 전통적으로 대학은 진리와 자유, 봉사와 지성을 위한 상아탑으로 존중되어

---

12) James J. Duderstadt/ 이철우, 이규태, 『대학혁명』(성균관대학교 출판부, 2004), 257.

왔다. 그리고 대학은 다양한 분야의 학문 연구와 교육을 통하여 국가와 세계를 위해 봉사할 유능한 인재와 지도자들을 양성하여 배출하는 일을 대학 교육의 중요한 목적으로 계승되어 왔다. 그러나 오늘날의 대부분의 대학생들은 자신의 전공 분야를 중점적으로 연구하며 발전시키는 일보다, 졸업 후 취업을 위한 준비 등을 대학 교육과 생활의 중요한 과제로 이해하고 있다. 이와 같은 현상으로, 그들은 전공 분야를 비롯한 다양한 학문을 경시하고 있을 뿐만 아니라, 지성인으로서의 전인적 성장에 전혀 관심을 두지 않고 있다. 대부분의 대학생들은 대학에서 지식의 보고(寶庫)이자, 학문 연구의 중심이 되는 대학 도서관을 취업 준비를 위한 자리로만 활용하고 있으므로, 급기야 대학은 취업 준비를 위한 학원으로, 그리고 대학생은 취업학교에 다니는 세칭 '고등학교 4학년생'으로 이해되고 있는 실정이다.

위에서 지적한 비정상적인 대학 문화의 현상은 현대 사회에서 대학이 서야 할 본래적 자리와 위상을 상실하게 하는 근본적 원인이 되고 있으며, 마침내는 본래적인 대학 문화가 점점 실종되어 가는 현실을 직시할 수 있다. 대학의 강의실에서는 열띤 학문 연구와 토론의 소리가 점점 사라져 가고 있으며, 대학 도서관에서는 전공 도서를 찾는 학생들이 점점 줄어들고, 그리고 대학 캠퍼스에서는 아름다운 인간 관계와 사회화 현상이 극도의 퇴폐와 무질서가 만연되어 있는 현장으로 변질되는 위기를 맞고 있다. 대학 캠퍼스에서 젊음의 지성과 낭만, 사색과 토론, 고상한 꿈과 소망, 그리고 아름다운 노래와 시(詩)가 점점 사라져 가는 자리에 이질적 문화와 그 요소들이 차지하게 된 것이다.

2) 대학 문화의 새 모형: 약속 지키기

실제로 대학에 입학하는 모든 학생들은 어릴 때부터 성장하는 과정에서 가정 교육과 가정 생활의 환경을 통하여 약속을 실천하며 약속이 곧 인간 생활의 가장 중요한 덕목으로 이해하고 있다. 그러나 대부분의 대학생들은 인생에서 가장 중요한 시기가 될 중·고등학교에서 대학 입시 위주의 교육에 젖어 오는 동안 인간 문화의 기초인 약속의 실천을 소홀히 해 왔던 것이 사실이다. 기독교 대학은 모든 재학생들이 그들의 사회 진출을 준비해야 할 대학 캠퍼스에서 '약속 지키기 문화 운동'을 통하여 원만한 사회 생활을 영위할 성숙한 시민으로 성장하게 해야 할 것이다.

벨기에 출신으로서 노벨상 수상자인 프리고기네(Prigogine)가 흰개미의 생활을 통하여 물리 화학적 방산 구조(dissipative structure)를 설명하였는데, 이러한 흰개미의 생활에서 약속의 의미를 이해할 수 있다. 흰개미들은 지면을 제멋대로 기어 다니는 동안, 여기저기 멈춰 서서 끈적거리는 아교 같은 액을 조금씩 남기며 다닌다. 이 물질은 우연하게 분포되지만, 그 속에는 화하적 유인 물질이 포함되어 있기 때문에, 방향을 잃어버린 다른 흰개미들을 끌어들이는 힘이 된다. 이러한 과정을 통하여 흰개미들은 함께 모이면서 점차로 기둥이나 벽 같은 것을 쌓아 올리게 된다. 흰개미들은 이러한 축조물을 토대로 복잡한 개미집을 짓는다.[13] 우리는 이와 같은 흰개미의 자연적 생활에서 인간 생활을 영위해 가는 약속의 의미를 이해할 수 있을 것이다.

이와 같이 약속은 인간이 최초로 세상에 태어나서 다른 사람들과 자연 생명체들과의 밀접한 관계성에 의해 생존하게 되는 사회성을 의미한다. 한 사람이 다른 피조물이나 객체들과의 긴밀하고 바른 관계성을 통하여 개인의 생존과 사회 공동체의 존속을 유지해 오고 있다. 인간이 이러한 타자들과의 관계성 속에서 가정과 친척 및 마을 공동체를 형성하여 왔으며, 이러한 기초 공동체를 기반으로 보다 광범위한 사회 공동체와 국가

---

13) 엘빈 토플러/李揆行 編譯, 『제 3 물결』(한국경제신문사, 2000), 377-379.

를 발전시켜 오고 있다. 그리고 인간은 삶의 터전인 자연 환경과 사회 공
동체와의 밀접한 관계성 속에서 개인의 삶의 복지와, 나아가서 사회 공
동체의 향상과 발전을 위한 새로운 문화를 창조하며 역사를 계승하고 있
는 것이다.

　따라서 약속은 인간이 원시 공동체에서 현대 사회에 이르기까지 독특
한 관계성에 의하여 생존하여 온 과정에서 그 관계성의 기초가 되어왔거
나 관계성을 유지하여 왔던 동력인 암묵적 힘과 에너지라는 것을 부인할
수 없을 것이다. 인간은 약속이라는 매개를 통하여 자신과의 관계, 다른
사람들과의 관계, 그리고 자연 생명체, 혹은 신(神)과의 관계를 유지하여
왔다. 약속은 인간의 삶의 경험을 통하여 다양한 변화와 변천을 거듭하
는 과정에서 항상 새로운 것, 즉 새 공동체와 사회, 새 문화와 삶의 질, 새
로운 미래 사회를 지향하는 원동력이 되어 왔다. 그러므로 인간은 지금
까지 '약속의 망' promise network)을 형성하면서 그 속에서, 그리고 그것
을 통하여 진화하며 존속해 온 것이다.

　더욱이, 이러한 '약속의 망' 이 현대 과학 기술의 총아(寵兒)로 등장하게
된 초고속 통신망으로 연결되는 '인터넷' 의 새로운 형태로 변형되고 있
다는 것을 간과할 수 없다. 종전의 인간과 인간 사이에서 언어 및 문서와
기록으로 전달되어 왔던 약속의 내용과 형태가 키보드나 가상공간
(virtual reality)에 의해 신속하고 편리하게 시간과 공간을 초월하여 전달
되고 있다. 미국의 미래 학자인 폴 케네디(Paul Kennedy)는 후기 산업 사
회인 현대 사회를 응집하는 힘과 동력은 곧 인터넷의 발달과 그 문화로
나타나게 되었다고 언급했다. 따라서 고도로 발달한 정보화 기술에 의하
여 현대 사회의 모든 사람들의 삶의 형태를 하나의 네트워크으로 연결하
고 있는 인터넷 문화가 새로운 '약속의 망' 으로 대체하여 현대인의 정신
세계를 지배하고 있는 것이다.

　그러나, 역사적으로 인간이 자신과의 관계성에서, 다른 사람들 및 자

연 생명체들과의 관계성에서, 그리고 신과의 관계성에서 그 기반이 되는 약속이 상실되었거나 준수되지 않았을 때, 심각한 결과를 초래되었던 사실들을 목격할 수 있다. 예를 들면, 개인과의 약속이 준수되지 않았을 때 도래하는 심각한 심리적 갈등과 자기 후회, 다른 사람들과 자연 생명체와의 약속이 와해되거나 파기되었을 때 나타난 다양한 범죄와 분쟁, 심지어 전쟁과 생태계의 오염과 파괴, 그리고 신과의 관계성이 단절되었을 때 나타나는 영적 고통과 죄책감, 이로 인한 자아의 상실은 이루 형언할 수 없는 결과를 초래하여 왔다.

더욱이, 현대 사회에서 약속을 매개하는 새로운 형태로 등장한 인터넷은 그 자체가 생명체가 아니기 때문에, 그것을 조작하는 사람의 성향에 따라서 순기능(順機能), 혹은 역기능(逆機能)의 상태로 나타나 현대인의 생활에 직접, 혹은 간접적으로 엄청난 영향을 주고 있다. 다시 말하면, 본래적으로 약속을 잘 지키는 도덕성을 겸비한 사람이 인터넷을 조작했을 때, 그 결과는 의도하려고 하는 약속의 순기능을 발휘할 수 있겠지만, 반면에 비도덕적이며 타락한 인간성을 가진 사람이 조작하는 경우에는 그 결과는 개인뿐만 아니라, 사회 공동체에 심대한 정신적 육체적 폐해를 초래하고 있는 것을 수 없이 경험할 수 있는 것이다.

약속을 영어로 'promise'로 표현하고 있으며, 그 어원은 라틴어 'promissum'에서 파생된 것으로서, 그것은 "확실한 것으로 보장하는 선언", 혹은 "참된 것으로 보장하는 예견"을 의미한다. 그러니까 약속은 미래에 관한 소망과 기대를 의미하는 미래지향적인 것으로서 개인이 자기 자신과, 사회집단, 그리고 자연사물과 신과의 쌍방 간에서 지켜야 할 계약을 나타낸다. 여기에서 약속의 의미를 통하여 한 개인이 준수하여야 할 약속의 대상을 다음 세 가지 차원으로 이해할 수 있다.

첫째, 약속은 자기 자신과의 관계를 나타내는 '즉자적(卽自的) 약속'을 의미한다. 일반적으로 사람들은 약속의 대상을 제 삼자인 다른 사람이나 사회 집단과의 관계로 생각하고 있다. 그러나 약속은 일차적으로 자기 자신과의 관계에서 설정되는 것이 원칙인 것이다. 사람은 세상에 태어나서 성장하는 과정에서 자신의 생을 형성해 가는 방향과 목표를 설정하게 마련이다. 물론 이러한 것을 약속이라기보다 미래를 지향하는 자신의 '꿈'이나 '비전'으로 이해할 수 있으나, 약속은 보다 구체적인 자신과의 관계를 설정하는 매개가 된다.

또한 한 개인이 주체가 되어 시작하는 하루의 생활은 이미 그 이전에 정해진 계획과 일정으로 꾸며지게 된다. 예를 들면, 자신의 건강 지키기, 자신의 욕망과 탐욕을 억제하는 일, 하고자 하는 일을 자제하며 자신을 단련하는 일, 가족과의 관계와 사회 공동체와의 관계에서 자신이 수행해야 할 일 등을 착오나 실수가 없이 그대로 실천하는 일과 노력은 자신과의 약속의 관계에서 성취되는 것이다. 물론 자신과의 약속은 제 삼자가 아닌 자기 자신을 상대로 하는 것이기 때문에, 문서화되지 않은 불문율(不文律)을 특징으로 하고 있다. 이러한 범주의 약속을 지키는 것은 다른 사람들과 관계없이 자신의 도덕적 의식, 혹은 도덕 지수를 측정할 수 있는 양심의 기준이 될 수 있는 것이다.

둘째, 약속은 다른 사람과의 관계에서 준수해야 할 '대자적(對自的) 약속'을 들 수 있다. 사람들이 살아가는 사회 공동체에서 지켜야 할 대부분의 약속은 다른 사람들과의 관계에서 맺어진 것들이다. 예를 들면, 가정에서 형제들과 부모와의 관계에서 지켜야 할 약속, 학교에서 친구들과 스승과의 약속, 직장 사회에서 준수해야 할 동료들과 상사(上士)와의 약속, 그리고 사회와 국가를 상대로 지켜야 할 의무나 책임성과 같은 약속들이 이 범주에 속한다. 특히 다른 사람들을 상대로 직장과 일터에서 수행되는 약속을 '대자적 약속'으로서 그것은 일반적으로 성문화(成文化)된 계약 관계로 표현된다. 또한 '대자적 약속'은 사회 공동체와 국가에서 준수해야 할 의무나 책임성에 관한 법률이나 관계 법규로 규정되어 실천하게 된다. 물론 다른 사람들과의 약속에서 반드시 성문화로 규정되어 있지 않은 경우도 있다. 그것은 개인이 관계를 맺고 있는 상대에 대한 신뢰나 신용의 관계로 이루어질 수 있다. 예를 들어, 성직자와의 고해 성사(告解聖事)의 내용과 부모나 스승과 같은 존경하는 대상과의 관계에서 지켜야 할 습관, 예절, 존경, 순종 등은 불문율로 정해 실천된다.

셋째, 약속은 인간이 자연생명체와의 관계를 중시하는 '대물적(對物的) 약속'을 빼놓을 수 없다. 오늘날 현대인들의 생활을 둘러싸고 있는 다양한 사물들은, 혹 그것이 생물, 혹은 무생물이든 간에, 인간의 생명과 직접적인 관계를 맺고 있다. 예를 들면, 사람들이 매일같이 호흡하는 공기와 마시는 물, 흐르는 냇물과 산 속의 숲, 그리고 바다의 다양한 고기들과 해초류들도 인간생활에 직접적인 영향을 주고 있다. 이러한 자연 생명체들의 존재는 인간의 생존과 생활에 직접적인 관계가 있기 때문에, 그 대상들과의 원만한 관계 설정이 최우선 과제로 대두되고 있다.

그렇다면, 그 대상들과의 원만한 관계를 유지하며, 존재 가치를 인정해 주는 유일한 방법은 그것들을 남용하거나 살생(殺生)과 같은 파괴가 없이 인간과 동일한 생명체로 인정하고 동등한 조화의 관계를 유지하는 일뿐이다. 어떤 의미에서, 자연 생명체들과의 약속은 개인의 도덕성을 고양하는 척도가 될 수 있으며, 그것들과의 상생(相生)의 관계를 유지할 수 있는 유일한 방법이 될 수 있다. 왜냐하면, 현대 사회에서 자연 생태계의 훼손과 남용은 곧 인간의 종말을, 그리고 공기의 오염과 산수(山水)의 훼손은 인간의 수명을 단축하게 되는 재앙을 초래하게 될 것이기 때문이다. 따라서 현대인이 필수적으로 준수해야 할 필연적인 약속은 자연생태계의 보존과 생활환경의 오남용을 막는 대물적 약속이 될 것이다.

위에서 논의한 약속의 범주를 통하여 대학에서 가르쳐야 할 '약속 지키기'의 구체적 방안은 무엇인가? 약속은, 이미 언급한 바와 같이, 인간이 존재하여 삶을 영위하고 있는 장소와 시간에 따라서 필수적인 암묵적 계약을 의미하며, 그것은 인간 존재의 형태를 결정짓는 가장 기본적인 삶의 가치가 된다. 인간이 존재하여 인간다운 생활을 영위하기 위하여 맺은 약속을 지키려는 자신의 노력과 인내, 희생과 봉사, 사랑과 헌신을 절대적으로 필요로 하기 때문에, 약속을 지키며 준수해야 할 의무와 필요성을 몇 가지 단계로 생각할 수 있다.

첫째, 약속을 지키는 것은 개인의 양심을 지키는 일이다. 모든 약속은 그것의 상대가 누구이든 간에 개인의 양심을 기초로 정해진 것이기 때문이다. 약속이 상대와 대상의 관계성에서 그것이 덕목의 형태로, 혹은 규범이나 율법의 형태로 표현되던 간에, 일단 양자의 관계에서 맺은 약속은 개인의 양심을 기초로 하고 있다는 것을 부인할 수 없다. 따라서 다른 사람과 맺은 약속을 준수하지 않는다는 것은 일차적으로 자신의 내면 세계의 기본이자 경종인 양심을 소멸하는 일이다. 약속은 자신과 상대와의 신뢰의 관계를 나타내는 척도가 될 수 있기 때문에, 이러한 신뢰의 관계가 무너지거나 훼손된다면, 양자는 공히 치명적인 타격을 입게 될 것이며, 타인과의 관계에서 신용을 잃게 되는 결과를 초래할 것이다.

둘째, 약속을 지키는 것은 다른 사람들과 자연을 포함한 모든 '생명'을 살리는 일이다. 여기에서 생명을 살린다는 것은 약속의 대상이 되는 상대의 인격을 존중하며 존재 자체를 가치 있게 인정하는 최대의 선행이자 봉사를 의미한다. 다시 말하면, 약속을 이행하지 못할 어떠한 치명적인 정황에 있다하더라도, 그것을 인내를 가지고 준수한다는 것은 상대의 생명을 존중하며 그 생명을 위해 자신을 희생하는 일이 된다. 따라서 약속을 지킨다는 일은 약속의 대상이 되는 자신과, 다른 사람들과, 그리고 다른 생명체를 존중하며 살리는 일이 될 것이다.

셋째, 약속을 지키는 것은 한 개인이 속한 사회 공동체를 살리는 동력이 된다. 다양한 사람들로 구성되어 있는 공동체의 질서가 유지되고 존속되는 것은 공동체의 기반이 되는 구성원들 간의 관계를 맺는 암묵적 약속인 것이다. 약속은 한 공동체의 역사와 구성원들의 경험에 의하여 공동체의 유지와 존속을 위한 인프라로 깔려 있는 가장 최선의 장치(mechanism)가 된다. 여기에서 만약 공동체의 구성원들의 합의에 의해 맺어진 약속을 파기하거나 준수하지 않는다면, 그 정도에 비례하여 공동체의 존속을 위태롭게 할 치명적인 결과를 초래할 수 있다. 따라서 상대가 합의하여 정한 약속의 준수는 개인뿐만 아니라, 사회 공동체를 살리는 최선의 방법이 될 수 있다.

오늘날 사이버, 혹은 디지털 문화의 영향을 받고 있는 대학생들은 새로운 문화에 적합한 형태로 삶을 영위하고 있다. 사이버 문화는 그들의 생활에 직접적인 영향을 주고 있기 때문에, 그로 인한 문화의 역기능을 수없이 경험하게 된다. 이러한 현대 문화의 영향을 받고 살아가는 젊은 대학생들은 모든 일들을 쉽고 편하게 다루면서 살아가려는 성향으로 그들의 삶 자체의 존엄성과 사회적 책임의식을 상실하거나 경시하려는 경우를 수없이 반복하고 있다. 더욱이, 복잡하고 기계화된 현대인의 생활 구조와 사회 환경의 조건들로 하여금 오히려 개인이 지켜야 할 약속을 이행할 수 없게 만들고 있다.

기독교 대학은 학생들로 하여금 현대 문화의 역기능을 극복하기 위하여 신세대 문화의 콘텐츠를 '약속'으로 정하고 그것을 반복하여 준수하려는 운동을 전개하는 것이 매우 중요하리라 생각한다. 그것은 신세대 문화의 위기와 역기능에 함몰되어 있는 대학생들을 과감하게 해방시켜 실제로 가치 있는 삶을 영위하게 하는 기독교 대학의 당면한 과제가 되어야 하기 때문이다. 따라서 기독교대학에서 약속을 지키려는 교육과 운동을 위한 노력에 따라서 첫째로 대학생들의 개인 생활의 새 창조, 둘째로 사회 공동체의 새 창조, 셋째로 자연 생명체의 회복을 초래할 수 있다. 다시 말하면, 신세대 문화의 혈관 속에서 건전한 약속이라는 피가 흐르게 된다면, 개인과 사회 공동체와 자연의 모든 생명체는 새로운 창조를 경험하게 될 것이다.

3) 기독교 문화 운동

기독교 대학에서 지향하고 있는 교육은 대학생들로 하여금 하나님 형상의 회복과 기독교 복음화, 그리고 인간화를 통하여 '사람을 사람 되게 하는 신-인적 활동' 이라고 할 때, 그것을 달성하기 위한 기독교 문화 운동이 구체적으로 전개되어야 할 것이다. 한 개인의 전인격은 자기 자신과, 이웃과, 하나님과 밀접한 관계를 통하여 형성된다. 즉 사람이 자기 자신을 위하여 지식을 쌓아야 하며, 이웃과 다른 사람들과의 관계를 위하여 덕성, 혹은 도덕성을 배양해야 하고, 하나님을 위하여 경건, 즉 신앙을 겸비하여야 한다. 사람마다 자기 자신과 이웃과 하나님과의 정상적인 관계를 맺어야 할 때, 자신의 개인적 생활을 위하여 지식을, 이웃과의 원만한 관계를 위하여 덕성을, 그리고 하나님을 위하여 경건을 소유하는 것이 중요하다. 기독교 대학이 모든 학생들에게 이와 같은 문화 교육을 일깨워 주는 일에 관심을 가지고 전념하게 될 때, 새로운 기독교 문화를 창조하는 과제에 크게 이바지하게 될 것이다.

첫째, 기독교 대학은 '지성의 문화'를 다시 회복하여 정립하여야 한다. 앞서 논의한 바와 같이, 대학의 본래적 사명은 다양한 지식과 학문의 연구를 통하여 인간의 지성을 계발하고 배양하는 일이다. 현재의 대학에서 점점 사라져 가는 다양한 지식과 학문에 대한 진지한 연구의 분위기를 회복하여 대학의 본래적 사명을 점진적으로 수행해야 할 것이다. 급변하고 있는 현대 사회가 점차적으로 세계화와 정보화의 추세에 따라 공간성과 시간성을 초월하여 상호 교류하고 있는 실제적 상황에서 기독교 대학이 그 중심적 기능을 감당하여야 할 것이다. 현재의 기독교 대학이 세계화와 정보화의 책무를 그 중심적 역할로 수행하기 위해서는 범람하고 있는 세계의 다양한 지식과 정보를 학생들에게 신속 정확하게 소개하여 탐구하게 하는 일일 것이다. 이와 같은 기독교 대학의 책임성과 역할의 수행은 대학의 전반적인 환경과 분위기를 새로운 지식과 정보를 부단하게 연구하며 소개하는 '지성의 문화'를 정립하는 일에 주도적 역할을 감당하게 될 것이다.

둘째, 기독교 대학은 '대화와 토론의 문화'를 다시 정립해야 한다. 이미 제1장 대학의 발생에서 살펴본 바와 같이, 대학은 덕망이 있고 우수한 학자들을 중심으로 관심 있는 학생들이 함께 모여 중요한 학문적 주제를 논의하며 토론하는 과정에서 발전되어 왔다. 그러나 실제로 현재의 기독교 대학에서 조차 교수와 학생들과의 대화와 토론의 관계가 상실된 채 일방적인 지식의 전달에 의한 수평적 관계로 일관되어 온 것이 사실이다. 양자의 수평적 관계에서는 비록 학문과 지식의 전달은 어느 정도 수월하겠지만 참다운 인격적 인간관계의 형성은 기대할 수 없게 되었다. 그리고 양자의 비인격적 관계를 초래할 일방적이며 지시적 관계에서는 대학생들이 일상적으로 경험되는 실제적 삶의 문제와 위기들을 해결할 수 있는 기회를 얻지 못할 뿐만 아니라 치유할 수 없는 위험한 상태에 까지 이르게 될 것이다. 현대 사회에서 대부분의 대학생들이 수없이 도전받고 있는 실존적 문제들의 해결은 교수와 학생들 사이에서 상호 인격적 대화와 토론에 의하여 가능하며 이와 같은 대화와 토론의 모형이 대학생들 사이에 까지 수평적 상호관계로 확산되어 그들만의 문제들을 상호공유하게 할 것이다. 그러므로 기독교 대학의 중요한 기능은 캠퍼스에서 교수와 학생들, 학생과 학생들이 만나는 곳곳마다 대화와 토론에 의하여 진지하게 인성과 학문을 논하는 상호 인격적 관계로 확대되어야 할 것이다.

셋째, 기독교 대학은 학생들의 젊음과 낭만을 마음껏 향유할 수 있는 문화를 정착하는데 적극적인 관심을 두어야 할 것이다. 오래전부터 한국의 대학에서는 대학생들만의 특권인 젊은 패기와 꿈을 꽃피울 고상한 분위기와 환경 대신에 '침묵의 문화' [14](the culture of silence)가 정착되었다. 이러한 근본적 원인은 5·16 군사 혁명으로 신성불가침의 학문의 전당이었던 캠퍼스에 군사 문화가 짓밟고 지나갔으며, 그 이후 계속되는 학생들의 시위와 데모의 틈 사이에서 '밀고 당기는' 악순환으로 대학생들의 창의력과 상상력을 잉태할 수 없게 되었다. 이와 같은 대학의 악순환과 역기능이 젊은 대학생들의 정신세계를 지배하여 왔기 때문에 대학 캠퍼스는 치열한 갈등과 경쟁으로 젊음과 꿈, 그리고 낭만을 상실한 자리로 변하게 되었다. 그 결과로 젊음의 꿈과 낭만의 자리에 신세대가 추구하고 있는 감각적 유행 문화가 유입되어 대학 캠퍼스는 무질서와 혼돈, 저항과 파괴의 문화가 확산되어 있다. 뿐만 아니라, 몇 년 전부터 특정 단체와 집단의 이익을 관철하기 위한 농성의 광장 혹은 노동자의 파업의 장소로 사용되어 왔다. 이와 같은 감각적 유행과 나아가서 힘과 농성으로 얼룩진 기독교 대학에서 이미 고착되어 있는 감각적 퇴폐문화 대신에 노래와 시가 있는, 음악과 문학이 스며드는, 춤과 이야기가 퍼지는, 그리고 그림의 색채가 조화를 이루는 문화로 정착되어야 할 것이다.

넷째, 기독교 대학은 사람을 존중하는 문화가 다시 형성되어야 할 것이다. 지금까지 대학에 입학하는 대부분의 학생들은 치열한 입시 경쟁으로 학교와 가정생활에서 사람답게 대접받지 못한 채 꿈 많은 십대를 보내 왔다 해도 과언이 아닐 것이다. 그들은 마치 생산 공장의 '생산 라인'에서 다량 생산되는 제품의 형태와 같이 대학에 진학하기 위한 훈련만을 받아 왔을 뿐만 아니라, 대학에 들어 와서도 취업을 위한 치열한 경쟁 속에서 대학 생활을 보내고 있다. 한국의 대학생들만이 경험하고 있는 이러한 특수한 캠퍼스 환경에서 그들은 사람을 존중하고 존귀하게 여기는 이치와 방법을 터득할 기회를 전혀 가질 수 없으며, 실제로 인간 사랑을 실

---

14) Paulo Freire, *Cultural Action for Freedom*(Massachusets: Harvard University Press, 1970), 33.

천할 최소한의 여유와 가치를 인식하지 못한 채 살아가고 있다. 이러한 정황에서 기독교 대학은 현재 대학생들이 경험하고 있는 극심한 경쟁과 다툼의 현실을 직시하면서 보다 '사람을 사랑하며 인격의 존엄성을 일깨워 알게 하는 인간 존중의 문화'를 정립해 가야 할 것이다. 곧 하나님의 사랑과 인간 사랑이라는 경천애인의 진리를 실천할 수 있는 기독교 대학만이 젊은 대학생들에게 그들의 생애에서 최초로 인간존중 사상을 가르치며 실천하게 할 수 있는 유일한 잠재력을 가지게 되는 것이다.

다섯째, 기독교 대학은 '생명 경외의 문화'의 정립에 주도적 역할을 해야 한다. 현대의 기계 기술 문화가 인간의 이성에 의하여 그 절정을 이루면서 인간 생명을 비롯한 자연의 모든 생명체를 경시하는 풍조가 사회 전반에 확산시켜 왔다. 각종 매스컴과 영화, 비디오 산업을 통하여 전쟁과 폭력으로 인명을 살상하는 테마가 안방을 점유하고 있으며, 정부의 경제 주도형의 산업화 정책으로 무분별한 자연 자원의 남용이 자연 생태계를 고갈시켜 왔던 현실을 목격할 수 있다. 사람들의 모든 생활에 직접적인 자원과 소재를 제공해 주는 자연 생명이 죽어 갈 때에, 인간의 생존에 직접적인 위협이 된다는 사실을 망각하고 있는 현재의 상황에서 기독 대학은 미래의 환경 문화의 중요성과 생명 경외 사상을 철저하게 교육하는 일에 집중해야 할 것이다.[15] 사람들의 삶의 터전이 되는 '땅'을 존중하고, 자연 사물들의 '생기'를 절제하며, 하늘의 '공기'를 사랑으로 품어 주는 인간과 자연의 공생 관계를 의식하는 생명 문화의 정립에 주도적 역할을 해야 할 것이다.

역사적으로, 대학은 새로운 인류 문화의 창달에 앞장서 왔으며, 대학의 본래적 기능이 곧 '새 문화'의 정립을 위해 지성적, 도덕적, 영적인 모든 자료들을 제공하는 일이었다. 지금까지 대학은 급변하는 일반 사회

---

15) 이숙종(2001), op. cit., 331.

문화를 흡수하거나, 혹은 동화하여 가는 변증적 관계를 유지하면서 '선의 문화'를 보존하여 계승하는 일에, 그리고 '퇴폐 문화'를 정화하며 개혁하는 일에 일차적 목적을 두어 왔다. 그러나 실제적으로 선의 문화와 퇴폐 문화가 혼합되어 문화의 정체성 혹은 본질이 상실되거나 전도(顚倒)되는 현대 사회에서 대부분의 대학은 그 목소리를 잃어 가는 기형적인 형태로 변화하고 있는 실정이다. 다시 말하면, 사이버 섹스(cyber-sex), 사이버 테크(cyber-tech), 사이버 바이오(cyber-bio)과 같은 새로운 기술에 오염되고 있는 다양한 세속 문화가 점점 대학에 침투하여 그 이(齒牙)를 뽑아 버렸기 때문에, 세속 문화의 개혁과 변화를 위한 고유한 목소리를 잃고 병들어 가고 있다.

이러한 문화적 위기의 상황에서 특히 기독교 대학은 더 이상 그 본연의 사명과 존재 이유를 망각하거나 방치해서는 아니 될 시점에 놓여 있다. 기독교 대학은 현재 범람하고 있는 다양한 세속 문화의 도전에 당당하게 응전하고 개혁하면서 기독교적 '새 문화'의 창달에 진력해야 할 것이다. 현재의 기독교 대학에서 새 문화의 가능성은 한편으로는 급속하게 변화되는 현대 사회의 다양한 기술 정보와 지식들을 긍정적으로 수용하고, 다른 한편으로는 전인적 인간성을 배양하는 기독교 신앙 교육을 대학 교육의 일차적 목표로 설정하는 것에 달려있다. 기독교 대학은 학생들에게 기독교 복음과 신앙 교육을 통하여 인간의 지성뿐만 아니라 고유한 영성을 조화 있게 계발하여 개인의 생활을 가치 있게 영위해 가며, 공동체 생활을 위한 보편적이며 우주적인 기독교적 새 문화를 창조하는 일을 주도해 나가야 할 것이다.

Christian University & Education

제2부 기독교 대학의 교육

제5장 신학 교육

기독교 대학의 신학 교육이 한국의 전통적 문화와 역사적 상황에서 독특하게 발전해 왔다해도 그것은 과언이 아닐 것이다. 물론 역사적으로 한국의 복잡하고 다양한 종교 문화적 토양과 상황에서 기독교 신학이 수용되어 발전되기 까지는 양자의 융화와 대립, 조화와 일탈, 일치와 모순이라는 이분법적인 과정을 통하여 오늘날에 이르게 되었다.[1] 한국의 신학은 특히, 초창기에 한국 교회를 자주 자립적이며 독립적인 민족 교회를 형성하는데 이바지하였고 그 발전 과정에서는 한국의 전통적인 토착문화를 수용하여 그 본질을 개혁하고 변혁하는 일에 주도적인 역할을 담당하여[2] 오늘날의 한국 교회를 형성하는데 크게 이바지하였다. 그러나 기독교 대학에서 한국의 복음 선교와 목회자 양성의 이중적 책무를 담당해 온 신학 교육은 대내외적으로 다양한 문제를 야기해 오고 있다. 물론 신학교육 자체에 헤아릴 수 없는 수많은 시행착오와 문제를 안고 있어 왔지만, 한국 교회의 고질적인 교권 중심주의와 사회와의 폐쇄적인 관계로 순수 학문으로서의 신학을 발전시키는데 중대한 위기에 직면해 오고 있다. .

---

1) 이숙종, '초기 한국 교회의 토착화 과정과 기독교 교육의 발생' 한국기독교학회 편 『복음과 문화: 信仰과 神學』제8집(대한기독교서회, 1991), 239.

2) 김용복, '한국문화와 기독교'『韓國 기독교 文化와 土着化』(江南大學, 韓國基督敎文化研究所, 1989), 42.

1. 신학 교육의 성찰

초기의 한국의 기독교 대학은 서구의 신학문과 새로운 과학 기술 및 의료 기술의 소개를 통하여 기독교 복음 선교와 국민 계몽에 앞장서왔다. 그러나 기독교 복음 선교의 영향으로 교회가 점점 증가함에 따라, 각 지방과 지역마다 외국에서 파송된 선교 기관과 단체들을 중심으로 기독교 교단이 형성되기 시작하였다. 전국 각지에서 새롭게 탄생된 교회들을 중심으로 형성된 다양한 교단과 교파들은 그들의 선교 정신과 전략을 계승하며, 무엇보다. 새로운 교회 목회자들의 교육과 양성을 위해 각 교단마다 신학교가 태동하기 시작하였다.

한국의 기독교 대학에서 신학 교육은 현재의 한국 교회가 형성되고, 발전된 오늘날의 한국 교회를 존재하게 한 중요한 원동력이 되었다.[3] 이것은 한국 교회의 형성과 신학 교육이 직접적으로 밀접한 관계가 있음을 의미한다. 한국 교회의 형성과 발전은 기독교 복음의 수용력에 의하여 학문으로서의 신학과 교회가 요구하고 있는 목회자 교육을 촉진시켜 왔다. 기독교 대학의 신학 교육은 유능한 목회자의 양성과 서구 신학 사상의 소개, 광범위한 신학의 학문적 연구와 새로운 프로그램 개발, 그리고 현대 사회에서 교회의 바람직한 목회에 부응할 수 있었던 학문의 개발 등으로 괄목할만 한 발전을 거듭하여 왔다.

1) 신학 교육의 문제

그렇다면 현재 기독교 대학에서 신학 교육이 안고 있는 문제가 무엇인

---

3) 강근환, '한국의 신학교육의 어제와 오늘' (제29차 전국신학대학협의회, KAATS 제29차 정기총회 연구협의회에서 발표된 미간행 논문, 1994. 2. 16), 1.

지를 파악하여 새로운 대안을 제시할 과제가 절실하게 요청되고 있다.

첫째, 한국의 신학 교육은 지금까지의 목회자의 양성을 그 일차적 목표로 삼고 있었다. 이러한 현상은 특정한 교단에 의해 설립되어 직접적인 지원을 받고 있는 교단 중심의 기독교 대학의 전통적 신학 교육에 의하여 정착되어 온 관행이 되었다.[4] 초창기에 한국에 들어온 외국 선교사들은 한국의 선교와 복음화를 신학 교육을 중점적인 과제로 삼고 있었기 때문에 한국의 '영적인 교역자'를 양성하는 일에 전념하여 왔다: "한국 교회를 위한 한국인 목사라는 것을 신학 교육의 표어로 정하고, 자기의 힘에 의하여 자존심을 가지는 목회자를 양성하는 일에 전력하였다."[5] 이와 같이 한국의 신학 교육이 각 교단의 교역자 양성을 그 주된 목적으로 삼고 있었기 때문에, 교단과 교회에 충실한 목회자의 양성과 함께 교회의 양적인 비대화 현상에 크게 이바지하여 온 것이 사실이다. 그러나 교역지 중심적 신학 교육은 한국 내에서 교단 상호간의 불신과 상호 교류의 장벽만을 높게 하였을 뿐, 한국 교회의 교회 연합 운동을 활성화하지 못하고 저해하는 가장 큰 요인이 되었다. 이 결과로 한국 교회 전체가 공동적인 선교의 구심점을 구축하지 못한 채 사분오열의 극심한 교회의 분열과 대립 현상을 초래하여 교회의 사회 참여와 사회 복음화의 책임성을 충실하게 수행하지 못하게 된 직접적인 원인이 되었다.

둘째, 복회자 양성에 치중하였던 한국의 신학 교육은 신학이 감당하여야 할 교회 자체의 비판 능력을 상실하였다. 신학이 본래적으로 그 학문의 독특한 영역으로 발전해 오면서 교회 자체의 내면적 문제를 분석하고 비판하며, 그 문제의 대안을 제시하는 '감시자'로서의 독특한 기능을 상

---

4) 강근환, 2.

5) L. George Paik, *The History of Protestant Mission in Korea 1882-1910*(Union Christian College, 1929), 24. 李章植, 韓國神學敎育의 過去와 現在 "『현대와 신학』제 2집(연세대학교 연합신학대학원, 1966), 37에서 재인용함.

실하게 되었다: "교회 내에서 비판적인 과제를 제쳐 놓고 소홀히 하는 신학은 교회 생활을 감시하는 감시자로서의 활동을 중단하게 되며, 나아가서 교회를 혼돈과 비신앙의 위기를 변호할 수 없는 신학이 된다."[6] 신학이 교회의 감시자로서의 기능을 상실함으로서 한국 교회는 교회 내부로 침투해 오고 있는 사이비 종교의 해악성과 신흥 유사 종교 집단들의 극단적인 신비주의와 열광주의, 그리고 기복 신앙과 사이비 교리와 같은 다양한 문제들에 적절하게 대응하지 못해왔다. 이와 같은 비기독교적인 혹은 비신학적 문제들이 한국 교회를 위협하고 있지만, 교인들의 올바른 신앙생활의 보호를 위한 신학적 교훈과 처방을 구체적으로 제시하지 못한 것이 사실이다.

셋째, 한국의 신학 교육은 교회에 대한 비판 기능과 함께 사회를 향한 비판 기능을 상실해 왔다. 신학 교육은 그 특성상 신학의 내용이 항상 한 시대의 사회와 밀접한 관계성에서 연구되어야 한다. 신학은 교회가 선포하는 복음을 그 시대와 사회에 올바르게 전달하게 하고, 역사에서 제기되는 다양한 문제들을 신학적 문제로 삼아 해석하며 해결하는 기능을 하여야 한다.[7] 그러나 한국의 신학 교육은 사회의 변화와 개혁을 위한 신학의 비판적 책임성과 기능을 감당하지 못한 채, 신학 교육을 받은 사람들로 하여금 침묵의 문화를 유일한 덕목으로 강조해 왔다. 다시 말하면, 지금까지 신학 교육은 사회적 현상에 대한 비판적 인식과 그것을 극복하기 위한 노력들을 지원했다기보다 오히려 비판적 의식을 마비시키거나 현실을 하나님의 이름으로 정당화함으로써 현 상태의 유지에 기여해 왔다. 결국 '기독교인' 이란 현실 문제의 문맹자들, 미성숙자들, 즉, 현실에 대

---

6) James D. Smart, *The Teaching Ministry of The Church*(Philadelphia: The Westminster Press, 1954), 35.

7) Thomas H. Groome, *Christian Religious Education: Sharing Our Story and Vision*(San Francisco: Harper & Row Publishing, 1980), 227.

한 비판적 인식 능력과 역사의식을 상실한 무비판적 추종자들을 양성하는 대명사가 되어 버렸다. 이와 같은 상태에서 한국의 신학은 사람들이 살아가는 삶의 이야기와 인간회복과 사회정의, 평화의 실현 같은 사회 문제에 직접 관여하지 못하는 무비판적 학문으로 전락하여 왔다.

넷째, 한국의 신학 교육은 서구 신학의 소개와 연구를 최상의 작업으로 간주하여 왔다.[8] 한국의 신학 교육이 지금까지 서구 신학을 무비판적으로 수용하여 전달하는 교육에 치중하였기 때문에, 한국적 신학으로서 주체적이며 독자적인 신학적 견해와 안목의 지평을 넓혀 오지 못했다. 지금까지 전해진 "서구 신학은 대부분 그 신학을 형성하였던 사회적 경향과 그 사회적 기능에 대한 비판적 숙고가 없이 수용되었기"[9] 때문에 한국의 문화 전통 속에 깊이 뿌리를 내리지 못하고 이질적인 갈등 현상으로 신학의 식민주의적 결과를 초래하였다. 이와 같은 상태에서 한국의 신학은 오늘날 한국 사회와 교회의 실질적인 변혁에 참여할 수 있는 기회를 찾지 못하게 되어 한국적 상황의 '실존적 탐색'[10] 을 불가능하게 만들고 있다. 그러므로 한국의 신학 교육은 한국적 상황에서 '신학함의 의미'에 대한 집중적인 탐구를 자극하고 격려하는 교육의 부재를 초래하게 되었다. 실제로, 한국의 신학 교육은 다른 신학을 무비판적으로 습득하는 일에 급급한 나머지 주체적 신학-나의 신학-을 형성할 수 있도록 돕는 교육[11]을 실전하시 못해왔나.

---

8) 영국 Oxford 대학교의 Alister MaGrath 학장은 신학의 이러한 현상을 '상아탑 신학'으로 부르고 있다(Alister MaGrath /박규태 역,『기독교의 미래』, *The Future of Christianity*, 좋은 씨앗, 2005,180-181).

9) 윤웅진, '정의. 평화, 창조질서의 보전과 신학교육' 전국신학대학협의회 엮음,『한국신학과 신학교육』(대한기독교서회, 1994), 49, 51.

10) Ibid., 60.

11) 권진관, '신학교육에 있어서 신앙적 실천에 관한 연구' 전국신학대학협의회 엮음,『한국신학과 신학교육』(대한기독교서회, 1994), 179.

다섯째, 한국의 신학 교육은 '신학'이라는 학문의 제한성 속에서 체계적으로 '지성과 신앙'을 겸비한 지도자들을 양육하지 못하고 있다. 한국의 대부분의 기독교 대학들은 전통적인 학과목의 분류에 따라 신학 과목들을 개설하고 있기 때문에, 신학 전반의 구체성과 일관성이 결여되어 있으며, 이론과 실천과의 통일성 부재의 현상을 드러내고 있었다. 신학이 독특한 학문으로서 발전하기 위해서는 역사성과 시대성을 대변하는 인접 학문과의 긴밀한 관계에서만이 연구되어야 한다. 그리고 신학의 학문적 효용성은 현실이라는 시대적 상황에서 만이 그 가치를 발견할 수 있다고 할 때, 신학 교육은 현대 사회에서 독특한 인간의 문제와 사회의 문제를 다루고 있는 다양한 분야-정치학, 사회학, 경제학, 인류학, 심리학, 철학, 교육학, 생물학, 유전공학 등-의 이해와 관계성에서 출발해야 할 것이다. 더욱 중요한 것은 이와 같은 인접 학문의 기초가 되는 고전 학문들- 고전 문학, 철학, 신화, 언어 및 언어학 등-이 필수적으로 함께 연구되어야 할 것이다. 실제로, 신학의 인접 학문과 고전 학문과의 관계를 경시하여 왔던 한국의 신학 교육은 대체로 목회 지도자들을 교리 중심적 보수 성향으로 길들여 왔다. 이러한 목회자들의 신학적 지식의 무지와 제한성으로 그들은 평신도들을 지성적으로 계몽시키거나 깨우칠 수 있는 준비와 능력이 결여되어 있기 때문에, 그들에게 도전하고 있는 다양한 문제들에 대해 합리적이고 적합한 대답을 제시하지 못하는 문맹자들을 양산하여 왔다.[12]

여섯째, 한국의 기독교 대학은 본래적인 신학 교육과 교회와의 갈등적 관계로 심각한 위기에 직면해 있다. 최근의 신학의 많은 부분이 교회 생활, 예배와 선교와 철저하게 관련이 없이 보이는 주제들에 초점을 마주고 있는 경향을 나타내고 있기 때문에,[13] 교회로부터 완전히 신뢰를 잃어

---

12) 李章植, 41.

버리고 있다. 이와 같이, 한국의 신학 교육이 교회와의 관계에서 양립적 보완 관계를 유지하지 못하고 있는 일차적 원인은 무엇보다 신학 교육이 교회에 뿌리를 두고 교회를 위한 교육으로 수행되고 있는 것이 아니라 신학 자체만을 위해 존재하고 있기 때문이다. 한국의 기독교 대학은 신학 교육을 통하여 현대의 다원 사회에서 교회가 처해 있는 실존적 상황에 응전할 수 있는 신학의 프락시스(praxis of theology)와 교회가 미래 사회의 준비를 위해 모든 것을 공개하며 새로운 지평을 여는 미래지향적 신학을 제시하지 못하고 있다. 오히려 오늘의 신학 교육은 한편으로는 사변적이며 관념적인 서구 신학을 소개하는 작업에서 탈피하지 못하고 있으며, 다른 한편으로는 시대적 상황에 편승하여 대안이 없는 저항적인 사회 정치 운동에 몰두하는 양극단의 신학적 경향을 경험하고 있을 따름이다. 그 까닭이 무엇이든 간에, 오늘날 한국의 기독교 대학은 신학 교육과 교회와의 관계성에서 교회를 위한 신학의 현장화와 그리고 신학을 위한 교회의 신학화라는 이중적 과업[14]을 상실하고 말았다. 따라서 기독교 대학은 신학 교육과 교회와의 관계에서 이 땅에 '하나님 나라'[15]의 실현이라는 지상 과제를 실천하지 못한 체 상호 귀를 기울이지 않는 상호 협력과 통합의 단절을 초래하고 말았다.

끝으로, 한국의 신학 교육은 한국적 신학을 교회 속에 접목시키지 못하고 있다. 물론 그 동안 한국의 유수한 신학자들은 그들이 몸소 체험하고 있었던 사회 정치의 현실적 문제들을 자발적으로 신학화 하려는 노력에 성공을 거두어 토착화 신학과 상황 신학을 추구하기 시작하였다.[16] 이

---

13) Alister MaGrath, 184.

14) 殷俊寬, "神學敎育과 牧會現場의 相關關係에 대한 小考"『神學論壇』제 17집(연세대학교 신과대학, 1987),233-261를 참조하시오.

15) Thomas H. Groome, "Education for the Kingdom of God" in *Christian Religious Education*(San Francisco: Harper Row, 1980), 35-48을 참조하시오.

16) 강근환,10.

와 같은 한국적 신학은 서구 신학의 직접적인 영향과 한국의 문화와 전통, 시대적 아픔과 민중들의 고통과의 만남에서 창조된 제 3신학의 결실로 등장하게 되었다.[17] 그러나 한국의 대부분의 교회들은 한국적 신학에 귀를 기울여 수용하려는 자세를 보이지 않고 있다. 그 이유는 한편으로 한국 교회 자체가 신학 문제에 있어서 지극히 배타적이며 폐쇄적인 정통주의 수호에만 사로잡혀 있었으며,[18] 다른 한편으로는 새로운 신학 자체의 문제로서 한국 교회와 교인들의 정서와 부합하지 못해 왔기 때문이다. 이러한 문제를 극복하기 위해서는 한국의 신학 교육이 한국 교회와 한국적 신학과의 제반 갈등적 요인을 분석하고 양자의 대립적 관계에서 상호보완적 관계를 모색하는 노력을 최우선적으로 추진해야 할 것이다. 무엇보다, 신학 교육이 한국 교회의 역사와 전통 속에서 접목하여 뿌리를 내리고 학문으로서의 신학의 정통성과 순수성을 나타내면서 교회가 선포하는 복음을 사회에 전달하는 비판 기능에 투철하도록 하는 것이 한국의 신학교육이 안고 있는 중요한 과제가 될 것이다

2) 신학 교육의 내용

앞서 지적한 한국의 기독교 대학에서 신학 교육의 문제들을 해결하기 위하여, 무엇보다, 중요한 것은 현행 시행되고 있는 신학 교육의 커리큘럼과 그 내용의 재검토 및 재구성의 문제가 선결되어야 한다. 현재 기독교 대학에서 시행하고 있는 신학 교육의 커리큘럼은 일률적으로 성서 신학, 역사 신학, 실천 신학 및 기독교 교육의 분야로 세분되어 있으나, 각

---

17) 실제로 1970년 초 군사 정권에 대항하여 '민중 신학'을 한국적 신학으로 정립하고자 하는 노력들이 한국의 진보적 신학자들에 의해 활발하게 전개되었다.
18) 金正俊, "神學敎育의 理想的 考察"『현대와 신학』제2집(연세대학교 연합신학대학원, 1966),10.

대학이 지향하고 있는 신학 교육의 목표와 처해 있는 상황. 그리고 현재 가르칠 수 있는 교수 요원의 확보에 따라 가변적으로 운영되어야 한다. 현재 한국의 신학 교육의 일차적 문제는 신학의 다양한 분야의 전문성과 통일성의 결여, 현 시대적 상황에 대처할 수 있는 광범위한 지식의 부족, 그리고 무엇보다 실천적 학문으로서 신학이 능력 있고 전문적인 목회 지도자의 교육과 양성에 그 책임을 다하지 못하고 있다는 사실이다. 이러한 신학 교육의 실제적 문제들을 극복하기 위하여 기독교 대학은 신학 교육의 전통으로 답습하고 있는 신학의 규격화와 편중화를 지양하는 과감한 시도가 선행되어야 한다. 이러한 맥락에서, 한국의 신학 교육은 현대 사회의 목회 현장에서 요구하는 신학적 내용과 미래의 한국 교회와 역사에 새로운 신학적 지혜와 소재를 제공해야 할 새로운 커리큘럼으로 재구성하여야 할 것이다.

(1) 복음과 상황

지금까지 신학 교육의 주요한 내용은 성서 중심적인 내용으로 구성하여 전달이 되어왔다. 물론 기독교의 경전인 성서가 하나님께서 인간을 위해 주신 말씀으로, 그리고 인간이 하나님을 향해 요구하고 있는 다양한 언설(言說)로 하나님과 인간과의 근본적 관계를 제시하고 있기 때문에, 신학교육의 기본적인 내용이 되어야 한다는 것에 이론을 제기할 수는 없다. 그러나 하나님과 인간 양자의 관계가 생명력이 있는 관계로 발전되고 성서의 복음이 활력 있는 메시지로 전달되기 위해서는 현재의 상황, 특히, 현대인이 처한 상황과 문제들을 최우선적으로 고려해야 한다. "현대인은 누구인가?", "현대인이 당면하고 있는 개인적 정황은 어떠한가?", "현대인의 욕구와 관심은 무엇인가?", 그리고 "현대인이 어떻게 하나님을 믿고 봉사하도록 도울 수 있는가?" 등의 실제적 문제들을 이해하고 성서의 내용들을 포괄적으로 연구하여 재구성하는 것이 신학 교육의 일차적 과제가 되어야 할 것이다.

전통적으로 신학 교육은 커리큘럼에 배열된 성서의 교과목과 내용을 학생들의 관심과 문제의식을 고려하자 않은 채 주입하여 교화하는 내용 중심적 교육이었다. 그 이유로 학생들은 성서 연구를 위하여 성서 신학과 관련된 이론적 지식을 체계적으로 터득하는 일에 전념하여 왔다. 그러나 그들은 성서가 그들이 살고 있는 세계와 처해 있는 실존적 상황에서 하나님의 계시로서 복음의 메시지가 된다는 사실을 주목하지 못하고 있다. 왜냐하면, 신학 교육은 성서가 그들이 처한 상황에서 이해되어야 한다는 사실을 강조하지 못해왔기 때문이다. 성서는 학생들의 삶과 사회적 정황을 일차적으로 고려하고 거기에서 복음의 메시지로 이해될 수 있다는 상황 중심적 교과로 개편되어야 한다.

실제로, 지금까지 신학 교육에서 간과해 왔던 '복음과 상황' 양자의 문제에서 전자는 성서에 국한되어 왔으며, 후자는 신앙과 무관한 비성서적이라는 인식에서 벗어나야 한다. 성서는 복음(text)과 상황(context) 양자를 함께 결정하고, 그리고 함께 포함하고 있다는 사실에 주목해야 한다. 성서는 현대인이 살고 있는 상황과의 관계에서만이 복음적 메시지가 될 수 있다. 여기에서 현대인의 삶의 정황과 분리하여 성서의 복음을 이해할 수 있다고 가정(假定)하는 신학 교육은 참다운 성서의 내용을 효과적으로 전달할 수 없다. 만약 신학 교육에서 성서의 내용만을 강조하게 된다면, 학생은 그가 맺고 있는 하나님과의 관계는 이해할 수 있으나, 인간으로서의 자신이 누가인가를 깨달을 수 없게 될 것이다. 반면에 현대인이 처한 상황만을 강조하게 된다면, 그 자신에 관해서는 이해할 수 있으나, 하나님과의 기본적인 인격적 관계를 경험하지 못하게 될 것이다. 따라서 신학교육은 인간의 존재와 성서적 복음과의 관계를 이해하며 고찰할 수 있는 상황중심적인 것과 내용 중심적인 커리큘럼을 동시에 제공하여야 할 것이다.

(2) 전문성과 성숙성

신학 교육에서 목회자로서 혹은 평신도로서의 전문적인 교육과, 그리고 그리스도인으로서의 인격의 성숙성은 분리될 수 없는 불가분의 관계가 있다. 그 이유는 신학 교육이 신학의 특수한 분야의 전문성을 갖춘 유능한 인재와 기독교적 사고와 행위에 의하여 긍정적인 삶을 영위할 수 있는 성숙한 그리스도인의 배양에 강조점을 두어야 하기 때문이다. 일차적으로, 신학 교육은 전문적인 목회의 의무와 책임을 감당할 수 있도록 신학의 다양한 전문적 지식을 제시하여야 한다. 유능한 설교자, 교회 행정가, 목회 상담자, 신앙 교육자, 성서 주석가, 교회 음악가 그리고 복음 전도자 및 선교사와 같은 전문적인 목회지도자를 양성하기 위한 다양한 커리큘럼이 포함되어야 한다.

그러나 목회 현장에서 이와 같은 전문성은 인간적인 자질과 소양이 없이는 효과적으로 수행될 수 없는 것이다.[19] 전문적인 목회는 참된 인간성에서 출발하여야만 조화 있게 실현될 수 있다. 따라서 신학 교육은 학생들로 하여금 기독교 신앙에 바탕을 두고, 생명력이 있는 복음의 지식을 갖추고, 나아가서 교회의 참된 목적을 이해하는 성숙한 '하나님의 사람들' 로 양육하여야 한다. 신학 교육이 성숙한 전인격의 배양에 있다고 할 때, 여기에서 강조하는 성숙성이란 모든 것을 갖춘 이미 성숙된 그리스도인이 아니라, 성숙하게 성장되어 가는 것, 즉 그리스도의 정신이 그의 정신으로 표현되고 그의 마음속에 그리스도의 마음이 내재되어 있는 것을 의미한다. 기독교적 성숙성은 신학의 모든 분야에 정통한 지성적인 성숙성과, 그리고 실천적 행위에 의하여 조화 있는 삶을 영위하는 '신학적 덕목' (theological virtues)인 믿음, 소망, 사랑 안에서 성장하는 것이다.

신학 교육은 이와 같은 기독교적 성숙성과 전문성을 겸비하는 전인 교

---

19) 권진관, 160.

육을 강조하는 교육 프로그램을 제시하여야 한다. 신학 교육은 일정한 커리큘럼과 방법에 의하여 목회의 기능을 원활하게 수행하는 일뿐만 아니라, 성숙한 그리스도인으로서의 성장을 매우 중요시하여야 한다. 예를 들어, 설교학을 배운 설교자가 자신의 인격적 성숙성에 근거하여 내용을 표현하지 않는다면 개인뿐만 아니라, 듣는 모든 사람에게 신뢰와 확신을 불러일으킬 수 없게 된다. 따라서 설교는 전인성을 포함하고 있기 때문에, 설교자는 영적인 능력과 성숙성을 갖춘 기독교적 인격자가 되어야 한다. 이와 같은 맥락에서 찰스 R. 필딩(Charles R. Fielding)은 목회자의 전문성과 성숙성은 신학의 다양한 지식과 전문적 능력, 목회적 기술, 인간성, 그리고 기독교적 인격 형성의 네 가지 요소에 의하여 나타난다고 강조하고 있다.[20]

(3) 전통과 경험

신학 교육의 커리큘럼은 기독교 전통과 경험의 문제, 다시 말하여, 교회의 과거와 현재와의 관계를 중요한 내용으로 다루어야 한다. 지금까지 신학 교육은 기독교 전통과 역사에 대한 관심을 강조하지 못했기 때문에, 전통주의와 현재의 경험주의와의 분리의 현상을 보여 주고 있다. 물론 신학 교육이 지금까지 과거의 기독교 전승과 역사의 문제를 중점적으로 다루어왔다 하더라도, 그것을 현재의 실제적 경험과 어떻게 연관시켜 왔는가에 대해 의문을 제기하지 아니할 수 없다. 반대로 오늘날 대부분의 신학 교육은 현재의 경험주의에만 치중하였던 결과로, 과거의 전통주의에 대한 무관심으로 나타나 전통의 가치와 중요성을 실질적으로 탐구하려는 경향이 사라져 가고 있다. 결과적으로, 현재의 경험이 과거의 전

---

20) Charles R. Feilding, *Theological Education* Vol. III NO. 1 (Ohio: Education for Ministry, 1966), 149-175.

통에 의해 영향을 받거나 혹은 해석되지 못하기 때문에, 경험주의의 빈곤을, 그리고 과거의 전통이 현재의 경험이나 혹은 사회적 정황에 의해서 재생되지 못하기 때문에, 전통주의의 빈곤의 현상을 초래하였다.[21]

신학 교육이 이와 같은 과거의 전통주의와 현재의 경험주의의 단절과 괴리를 극복하기 위하여 20세기 초 미국의 대학에서 도입하였던 '대저서'[22](the great books)의 연구와 활동을 커리큘럼의 중요한 내용으로 삼아야 한다. 신학 교육이 '대저서'를 커리큘럼의 중요한 내용으로 삼는다면, 학생들의 광범위한 지성적 안목을 넓혀 줄 뿐만 아니라, 신학 연구의 기초적 지식과 학문들로서 과거의 기독교적 전통과 유산의 배경을 이해하는데 크게 이바지할 수 있을 것이다. 신학 교육은 신학의 특수성을 통하여 기독교 신앙의 역사적 속성과 그 신앙을 위한 성서의 중요성을 이해하며, 동시에 그 과제들을 역사 문화적 혹은 문화 예술적인 관점에서 보다 심층적으로 탐구하기 위해서 다양한 고전적 양서들의 남독을 상려하여야 할 것이다. 또한 이 운동은 위에서 언급한 현재의 경험주의 경향에서 기독교 전통과 문화의 연구를 위한 적극적인 접근 방법으로 함께 전개되어야 할 것이다.

이와 같은 고전적 지식을 통하여 신학 교육은 인간과 문화, 사회와 역사 안에서 현재의 생활이 과거와 미래로 충족되고, 그리고 과거의 재발견이 현재의 순간에서 자기 지식의 놀라운 경험이 된다는 사실을 발견해야 할 것이다. 또한 신학 교육은 과거와 현재와의 상호 관계성에 깊은 관심을 가지고 과거를 재생하고 현재에서 그 의미를 제시하여, 현재를 과

---

21) H. Reinhold Niebuhr, "The Main Issues in Theological Education" *Theology Today*, 522.

22) 大著書운동은 제1차 세계 대전 이후에 Chicago 대학의 Robert M. Hutchins 총장의 주창으로 100여 권의 고전을 선택하여 교과 과정으로 삼고 학생들의 지성의 발달과 예지의 축적을 강조하였다(John Brubacher, *Higher Education in Transition*, New York: Harper & McGrow-Hill Book Co., 1966, 455).

거와 미래와 연관시키는 것을 중요한 과제로 받아들여야 할 것이다.[23] 그리고 신학 교육은 고대와 현대, 혹은 과거와 현재의 '기독교적 정신'(a christian mind)을 이해하기 위하여 과거의 것과 현재의 것과의 상호 대화의 관계를 제공해야 할 것이다.

(4) 신령적인 것과 세속적인 것

오늘날 신학 교육이 당면하고 있는 또 다른 문제는 현대인들에게 어떻게 복음의 언어를 효과적으로 전달할 수 있느냐의 문제이다. 실제로, 교회에서 선포되는 설교는 현대 사회에서 일상적으로 경험하고 있는 난해한 문제들과 그 정황을 이해하고 적절한 해답을 제시하지 못하고 있는 경향을 발견할 수 있다.[24] 이러한 문제는 비단 오늘날의 문제만이 아니라, 복음이 선포되었던 고대 사회에서와 이교도 사회에서 동일한 현상을 찾아 볼 수 있다. 예를 들면, 사도 바울은 그가 예루살렘에서 받은 복음을 희랍 이방 세계에 전달하는 일에 깊은 관심을 가지고 있었다. 그는 그 당시 복음의 의미를 희랍 사회를 지배하고 있었던 사상과 철학의 도움으로 그 사회가 직접 경험할 수 있는 언어로 해석하도록 시도하였다. 이와 같이 사도 바울은 성서에 제시되어 있는 모든 문제들을 시대에 따라서, 혹은 사회 문화적 배경과 정황에 따라서 현대적 사상과 경험으로 전환시킬 수 있는 기재에 의하여 복음의 의미로 이해할 수 있다는 것을 제시하였다. 복음은 사회에 관한, 인간에 관한, 세계에 관한, 그리고 자연에 관한 '세속적인' 사상의 도움과 그 활용으로 바르게 전달되거나 이해될 수 있다.

신학 교육은 또한 이와 같은 실질적인 문제의 중요성을 인식하고 현대인에게 가치 있고, 도움이 되는 복음의 전달을 위해 신학과 관련된 인접 학문의 연구를 주요한 교과 내용으로 재구성해야 한다. 왜냐하면 "신학

---

23) Thomas H. Groome, "Education in Time" 5-19를 참조하시오.
24) Alister McGrath, 90-91.

은 구체적인 인간 존재를 향한 예언이므로 사회 과학과 인간과, 그리고 인간과 관련된 다른 학문들이 규범들을 찾기 위하여 노력하는 신령한 활동을 도울 수 있기[25] 때문이다. 신학 교육은 다양한 세속 학문들의 지식과 지혜를 '신학적 종합'에 의하여 교회가 위임받은 복음의 영적 언어를 전달하는 과제를 수행하는 데 활용할 수 있도록 체계화하여야 한다. 신학 교육의 현장에서 신학과 세속 학문들과의 관계 정립에 어려운 문제들이 많이 남아 있다. 세속 학문들은 세속적인 문제들과 지식에 전념하고 있는 반면에, 신학 교육은 신학 자체가 목회자의 영적 교육의 근본적 내용과 목표로 삼고 있다. 그러나 신학 교육은 변화하는 사회에 대한 폭넓은 사회과학의 경험적 지식을 신앙과 결합시키려는 노력을 강조하여야 할 것이다. 사회 과학적 지식과 신학의 결합이 요청되는 이유는 "신앙과 사랑이 없는 세계는 파멸 될 수 있으며, 또한 지식이 없는 신앙과 사랑으로도 세계가 파멸 되 수 있기"[26] 때문이다.

실제로, 신학은 세계의 문제, 자연의 문제, 생명의 문제, 그리고 인간의 문제에 관한 포괄적인 문제의식과 비판적 기능을 수행하여야 하기 때문에, 관련된 다양한 학문의 분야와 밀접한 관계성을 가지고 책임 있게 상호 공유하는 내용으로 구성되어야 한다. 한편 신학을 지망하는 학생들은 신학과 관련된 인접 학문들을 익혀서 확신하고 있는 신앙 혹은 신학적 사상과 개념들을 세속적인 언어로 번안하여 전달하는 방법을 터득하여야 한다. 현대인의 영적 위기는 만연 되어 있는 사회적 불안과 정치 경제 질서의 혼돈 및 불확실성과 밀접하게 관계되어 있기 때문에, 신학 교육은 학생들로 하여금 현재의 실존적 상황을 직시하고 치유할 수 있는 영적 언어와 그 전달을 책임 있게 수행할 수 있는 모든 세속적인 것과 신령한 학문의 종합적 지식[27]을 제공하여야 한다.

---

25) 윤응진, 39.

26) Ibid., 38.

(5) 실천과 이론

신학 교육이 다양한 인접 학문을 포함하여 확대되어야 한다는 것은 사회와 역사 속에서 제기되는 인간의 생활과 관계된 직접적이고 본질적인 문제들에 민감하게 반응하기 위한 것이다. "신학이 신앙적 실천에 대한 성찰"[28]이라 할 때, 그것은 인간의 개인적 삶의 영역과 정신적 문화와 사회적 정황에 이르기까지 다양한 것을 포함하는 포괄적인 것이다: "인간의 구원의 완성인 하나님 나라가 신학에 있어서 실천의 영역인 삶 전체에 관련하는 전영역인 것이다."[29]

신학 교육에 있어서 지금까지 실천적 지식이 이론적 영역과 분리되어 왔음을 지적하지 않을 수 없다. 지금까지 신학 교육을 위해 제공된 모든 신학적 지식은 학생들이 일상생활을 통하여 경험하고 있는 다양한 문제들에 실천적으로 적용될 수 없었던 내용들이라 해도 과언이 아니다: "신학 교육은 살아서 역사하고 계시는 하나님을 알고 고백하도록 돕는 것이 아니라, 과거의 신(神), 즉 전통적 하나님을 가르치고 있는 것에 치우쳐 왔다.[30] 그러나 현대 신학에서 신학적 이론과 신학의 실천적 과제를 동시에 요구하는 경향을 배제할 수 없게 되었다. 신학의 이론적 지식은 실천을 위한 정보를 제시하고 방향을 설정해 주는 한편, 실천은 그 대신에 이론의 비판적 평가와 실용화를 도와준다. 그리고 이론은 학생들의 개별적인 경험을 평가하는 방법을 배우게 하는 한편, 실천은 구체적인 세계와 대면하게 하여 신학의 구체적인 이해와 전문적 능력을 검증하게 한다. 이와 같은 이론과 실천과의 과계를 '임상적'(clinical)이라 할 때, 그것은 학생이 직접적으로 사회와 인간의 요구에 대면하여 그 상황에서 작용하

---

27) '학문과 지식의 종합'에 관하여 본 저서 9장에서 구체적으로 연구될 것이다.

28) 권진관, 191.

29) Ibid., 189.

30) Ibid., 191.

는 것을 의미한다.[31] 이와 같은 상황에서 신학 교육은 신학의 이론적 것과 정보의 제공에만 국한되어 생명력이 없고 무능한 실천의 문맹자들을 배출하는 과오를 수없이 반복해 왔다. 신학 교육은 이러한 과오를 성찰하면서 그것이 지향하고 있는 현실적이며 바람직한 교육의 목적을 달성하기 위해서는 이론과 실천 양자의 유기적이며 변증적인 관계성[32]에서 수행되어야 할 것이다.

신학의 이론적 지식은 실제적이며 구체적인 세상과의 만남에서 그 가치와 역동성을 나타낼 수 있다. 신학이 내용으로 담고 있는 신앙은 강의실이나 도서실의 이론적 탐구를 통해서라기보다 삶의 현장에서 실험하고 실천하는 체험적 활동을 통해서 구체화 된다. 그리고 신학의 실천은 현장에서 실험하고 체험적 활동을 통해서 구체화 된다. 신학의 실천적 활동으로서 현장 교육[33](field work)은 개념화한 신앙의 이론과 그 타당성을 직접 검증하며 확인히고, 동시에 그 문제점을 재발견하게 한다. 신학 교육의 현장은 그 자체가 하나의 기독교 공동체가 되기 때문에, 신학과 현장은 언제든지 계속적인 대화를 가짐으로써 긴밀한 관계가 유지되어야 한다.[34] 신학 교육은 특수하고 구체적인 상황 속에서 성서의 진리를 재현하는데 필요한 이해와 판단의 능력을 함양하는 것을 목적으로 하고 있기 때문에,[35] 그 학문적 이론과 실천이 결코 분리되어질 수 없는 것이다.

지금까지 살펴본 바와 같이, 신학 교육의 내용과 커리큘럼은 '오늘의 신학적 실존'에 대한 문제의식으로부터 출발하여 새로운 신학적 사고를 배양하도록 배려되어야 할 것이다. 그리고 신학은 일반 세속 학문과의

---

31) Charles R. Feiding, 11.
32) 이 문제를 위하여 Thomas H. Groome의 'Shared Christian Praxis' 184-206을 참조하시오.
33) Ibid., 218-243을 참조하시오.
34) 洪顯卨, '韓國神學敎育의 새 방향 『현대와 신학』 제 2집(연세대학교 연합신학대학원, 1966), 34.
35) 권진관, 178.

종합적 체계를 구축하여, 물론 신학이 교과 과정의 중심이 되어야 하지만, 교회의 복음의 언어를 사회에 선포하고, 동시에 사회의 세속적 언어를 교회의 신령한 복음의 소재로 만드는 변증적 관계로 조직화되어야 할 것이다. 이와 같은 신학의 종합적 지식의 내용과 구조에 의하여 신학 교육은 교회에 대해서는 능력 있는 기독교 복음을 선포할 수 있으며, 사회에 대해서는 역사 의식과 사회 비판력을 겸비한 신학적 사고를 형성할 수 있을 것이다.

2. 신학 교육의 과제

신학은 인간이 역사와 관계하시는 하나님을 믿는 신앙으로부터 출발하여, 이 역사 속에서 실천하는 신앙을 연구 성찰하는 학문이다. 신학은 기독교 신앙을 발견하며 그것이 직접 인간의 생활 속에 깊이 스며들어 영향을 주게 하는 역동적인 학문이다. 신학은 모든 사람들-그리스도인이건 혹은 비 그리스도인이건 간에-의 삶의 근본 문제들을 숙고하게 하는 실천적 방법을 제시한다. 신학은 또한 기독교 복음의 이해를 추구하는 학문으로서 개인과, 교회와, 그리고 사회로 하여금 복음에 충실히 전념하고 있는가를 확인하며 그것들이 역할과 책임을 감당하도록 부단히 평가하며 증진하는 기능을 한다.

신학 교육은 신학이라는 학문의 내용을 통하여 인간이 창조주이신 하나님과 관계를 맺고 있다는 사실이 가장 고유한 사건이라는 것을 일깨워 준다. 인간은 신학 교육을 통하여 하나님과의 관계에서 자신의 존엄성과 존재 가치를 발견하며, 공동적이며 개인적인 모든 일에 숭고한 책임성을 가지게 된다.[36] 신학 교육은 사람들에게 시대마다의 역사적 세계적 상황 속에서 올바른 실천적 신앙을 소유하도록 자신들의 신앙생활을 성찰하는 기회와 방법을 제시해 준다. 따라서 신학 교육이 강조되어야 하는 것은 사람들로 하여금 지적 도덕적으로 혼란하고 격변하는 사회 속에서 역사적 신앙의 근원과 의미를 재발견하도록 새로운 소재와 방향을 제시하고 암시하는 노력이어야 한다. 이와 같은 신학 교육의 당면 과제를 다음과 같은 세 가지 측면에서 좀 더 구체적으로 논의할 수 있을 것이다.

1) 개인을 위하여

한국의 신학 교육의 첫 번째 과제는 과거부터 수행해 왔던 교육의 제도와 관행을 성찰하면서 신학에 관심을 두고 있는 인간 혹은 개인의 문제에 관심을 두어야 한다. 지금까지 신학 교육은 신학에 입문하고 있는 개인의 인격적 특성인 인간성과 소양을 고려하지 않은 체 다만 교회와의 관계에서 교회의 '목사' 혹은 '목회 지도지'의 양성이라는 과제에만 전념해 왔다. 이러한 이유로 실제로 목회 현장에서 요구되는 진정한 인격성과 전문성을 겸비한 능력 있는 지도자들을 얼마나 찾을 수 있는지 의문이 아닐 수 없다. 이와 같은 문제를 고려해 볼 때, 신학 교육은 무엇보다 진정한 그리스도인으로서의 개인적 양육과 성숙에 깊은 관심을 나타내야 한다. 신학 교육은 개인의 인격과 인간의 본성의 문제를 고려하여 개인을 인격적 실체로 이해하고, 나아가서 기독교적 인격자만이 현대 사회를 해석하며 새로운 적응 능력을 제시할 수 있다는 사실을 인식해야 한다. 독일 신학자 본 회퍼(D. Bonhoeffer)가 강조한 대로, 한 개인이 "그리스도인이 된다는 것은 참된 인간이 된다는 것과 같은 말이다"[37]의 의미를 이러한 맥락에서 깊이 이해하여야 할 것이다. 신학 교육은 보다 근본적으로 '참 그리스도인'을 양육하는 데 중점을 두어야 한다. 신학에 입문한

---

36) Ibid., 175.

37) 洪顯尙, 28.

학생들이 신학 교육을 통하여 부단하게 예수 그리스도의 인격을 본받고[38] 고상한 인격과 인간성을 겸비한 '책임 있는 시민으로서', 혹은 '능력 있는 기독교 지도자'가 되어야 한다. 신학 교육은 배우는 사람들로 하여금 일정한 인격을 형성하도록 하여 급변하는 시대적 상황에서 복음에 기초하여 지속적으로 올바른 판단을 내리고 그것을 실천을 할 수 있도록 돕는 것이라 할 수 있다.[39]

동시에, 신학 교육은 개인을 위하여 각자가 터득한 신학적 지식이 일상생활 속에서 신앙적 확신으로 전환될 수 있는 소명 받은 목회 지도자를 배양하는 일이다. 개인이 목회 지도자가 된다는 것은 '신앙의 구체화'의 결실로서 자신의 신앙적 확신과 기독교적 삶과의 실천적 상호의존성의 산물이라 할 수 있다. 목회 지도자는 신학 교육에 의하여 목회 현장에서 요구되는 전문적인 신학 지식과 기술뿐만 아니라, 남다른 도덕성과 경건 그리고 영성의 전인적 인격자가 되어야 한다. 목회자의 성품은 경건이라는 특수한 형태와 오직 전인적 인격, 즉 훌륭한 사람됨을 의미한다.[40] 목회 지망생들은 보다 높은 영적 경험의 소유자로서 '신령한 사람'이 되도록 노력해야 하며, 또한 고귀한 인격자로서 실천적 봉사를 자발적으로 수행할 수 있는 지도자로 양육되어야 한다. 그들은 신학 교육을 통하여 자신들의 소명의식을 분명히 인식하고 사명감을 재확인하여 도움을 기다리는 인간들의 요구에 대하여 진정한 목자가 되도록 깊이 있는 체험을 가지는 일이 더욱 중요하다.[41]

오늘날 신학 교육의 중요한 문제는, 특히 교단을 배경으로 하고 있는 기독교 대학에서 철저하게 교단 목사의 배출에만 전념하고 있을 뿐, 심오한 지성력과 조화 있는 덕성과 거룩한 영성을 겸비한 목회 지도자의 양

---

38) Thomas A Kempis/ 김정준 역,『그리스도를 본받아』(대한기독교서회, 1989)를 참조하시오.
39) 권진관, 179.
40) 李章植, 39.
41) Thomas C. Oden/이기춘 역,『목회신학』(한국신학연구소, 1989), 43-54를 참조하시오.

성에 크게 공헌하지 못했던 것이 사실이다. 이와 같은 현실에서 신학 교육은 그 관심을 지역 교회 혹은 교단의 지도력에 국한하는 것보다 지역 공동체와 세계와 자연을 위한 활력 있는 전인적 지도력에 깊은 관심을 가져야 한다. 마틴 루터(M. Luther)가 "'기도와 명상과 실천'이 신학자 혹은 목회자를 만드는 것이다."[42]라고 언급한 것과 같이, 미래의 신학 교육은 전인적 목회 지도자를 위한 교육목표와 이념을 개발하고 이에 적합한 교육 내용을 부단히 제공하는 일에 중점을 두어야 한다. 신학 교육은 목회 지도자의 양성과 함께 개인의 전문성을 중시하는 모든 분야의 '기독교적 일꾼'[43]들을 길러야 한다. 다시 말하면, 사회의 각 영역에서 전문성을 겸비한 평신도 지도자인 교사, 기계공, 예술인, 과학자, 의사, 변호사, 정치가 및 실업인 등을 위한 교육을 강조하여야 한다. 여기에서 말하는 전문성이란 전문적인 '교회 목회'를 담당할 인재들을 양성하는 것을 의미하는 것보다, 현대 사회에서 '하나'님의 선교'[44](Missio Dei)를 대행할 기독교 지도자가 갖추어야 할 지식과 소양을 의미한다. 이러한 의미로, 오늘날 신학 교육은 종교 개혁 시대의 신학 교육과 같이 가장 기본적인 시민 교육으로 강조되어야 한다.[45]

2) 교회를 위하여

신학은 교회 형성의 기반이 되어야 하고, 나아가서 교회로 하여금 항상 참된 교회가 되게 하며, 역사 속에서 교회가 감당해야 할 사명과 기능

---

42) John Amos Comenius, *The Great Didactic* trans, M. W. Keatinge (New York: Russell & Russell, 1910), 219.

43) 洪顯禹, 27.

44) Missio Dei라는 용어는 1952년 5월 빌링엔(Willingen)에서 개최되었던 국제선교위원회의 국제대회에서 공식적으로 사용되기 시작하였다(Norman Goodall, ed., *Missions under the Cross*, London, 1953).

45) 金正俊, 8.

을 제시해 주는 나침판인 것이다. 그러나 한국의 신학 교육은 교단을 중심으로 발전하여 교단의 신학과 교리의 독자성 및 예배의 전통과 의식에만 머물러 있었기 때문에, 신학 교육은 진정한 의미로 '신학적'일 수 없었다. 교단 중심적 신학 교육은 교세 확장과 개 교회간의 성장과 부흥만을 강조하여 교회와 교회, 그리고 교단과 교단간의 갈등과 경쟁의식만을 심화시켜 왔다. 이와 같은 교단 상호간의 갈등과 경쟁의식으로 한국 교회에서 교단 간의 상호 교류와 연합 운동은 말할 것도 없이 사회의 관심과 주목을 받지 못한 채 이 시대의 선교적 사명을 충실히 수행하지 못하고 있는 실정이다. 한국 교회의 각 교단 사이에 이와 같은 다양한 신학적 이해들이 첨예하게 전제되어 있다는 사실은 '신앙과 지식' 사이의 상호 관계성에 바탕을 두어야 할 신학적 이론화 작업과 방향에서 통합이 결여되어 있음을 보여 주고 있다. 그리고 교파나 교단의 왜곡된 신앙과 진리를 대변하고 있는 교단 중심적 신학 교육이 전체적인 기독교 신앙과 진리인 것처럼 강조되고 있으며, 여기에서 기독교가 표현하는 특정한 신학 형태-근본주의, 자유주의, 복음주의 등-만이 우주적이며 완전한 것으로 오도되고 있다. 이러한 결과로, 한국 교회는 단편적인 신학적 지식과 편협한 기독교 진리를 수호하는 일에 급급한 나머지 타교파와의 신학적 대화는 무의미한 것으로서 무신학적 신학 교육의 위험성을 초래하였다.[46]

이와 같은 상황에서, 한국의 신학 교육은 한국 교회를 형식적인 교단 중심적 교회에서 창조적이고 생동하는 열린 교회로 점진적으로 수정해 가는 과제를 수행해야 할 것이다. 한국 교회는 변화하고 있는 역사적 상황에서 지역 사회 공동체뿐만 아니라, 국가와 민족적 차원에서, 그리고 아시아와 세계적 차원에서 선교적 과제를 새롭게 정립해야 할 필요성을 절감해야 할 것이다. 한국 교회가 변화되어 가는 역사적 상황들, 문화적

---

46) 李章植, 43.

콘텍스트, 혹은 정신적 도전들과 관련된 새로운 신학적 통찰과 응답을 받아들인다는 것은 시대를 관통하는 복음의 선포 역사에서 절대적으로 요구되는 합법적인 과정인 것이다.[47]

한국의 신학 교육을 수정하고 개혁하기 위한 바람직한 한 가지 시도는 교단 간의 상호 교과 과정을 개설하여 타 기독교 대학의 학점을 인정하고 교환하는 제도가 도입되어야 한다. 이 제도를 발전시키기 위하여 각 대학의 교수 요원들이 함께 참여하는 공동 연구와 한국의 기독교 문화에 적합한 신학 교재의 공동 편찬, 각 교단 대학에 재학 중인 학생들의 상호 학점 이수 및 인증제, 그리고 공동 심포지엄 및 도서관 시설의 공동 개방 등 다양한 프로그램들의 도입이 가능할 것이다.[48] 실제로, 신학 교육의 상호 교환 프로그램과 계획은 각 교단 신학의 특수성을 서로가 인정하면서 동시에 한국 교회의 신학적 연대 의식과 신학 교육의 통일성과 나아가서 한국 교회 일치 운동이 활발하게 전개될 수 있는 기틀을 준비할 수 있을 것이다. 이와 같은 제도를 통하여, 특정한 교단의 신학과 특수성에 대한 관심이 점차 증대할 것이며, 각 교단이 내재하고 있는 복잡한 문제들을 해결하는데 공동 보조로 대처할 수 있으며, 또한 교파와 교리의 높은 장벽을 허물 수 있는 신학적인 공동 대화가 모색될 수 있을 것이다. 그리고 모든 교파와 교단이 함께 한국의 모 교회(the great church)가 지향하는 교회 일치 연합 정신에 적극 동참하여 민족 복음화와 세계 선교를 위한 하나님의 선교에 크게 공헌할 수 있을 것이다.

---

47) 윤응진, 45.

48) 실제로 이러한 신학 교육의 개선과 개혁을 위해 한국의 7개 주요 교단 신학교 및 신학 대학 총장들을 중심으로 2004년 4월 29일 가칭 '신학교육개선공동연구협의회'를 구성하여 2004년 12월 14일 소위 『신학교육개선공동백서연구』를 발표하였다. 그러나 그 실용 가치와 실천이 한국 신학 교육의 발전에 얼마나 지대한 영향을 주게 될지 자못 큰 기대를 가져 본다.

3) 하나님의 선교를 위하여

한국 신학 교육의 세 번째 과제는 한국 교회로 하여금 급진적으로 변화되고 있는 현대 사회와 세계 속에서 진정한 만남을 촉진할 수 있는 하나님의 선교에 관심을 집중해야 한다. 하나님의 선교는 교회 일치 정신을 계승하여 인간의 삶의 상황 속에서 현실적 다양한 문제들을 토대로 기독교 복음을 새롭게 재해석하는 과제를 포함하고 있다. 그 이유는 기독교 복음은 사회의 문화적, 정신적, 그리고 기타의 상황적인 현실 안에서 이해되어야 하고, 나아가서 지역 공동체의 특수한 문제들과 가능성을 파악하고 그것을 세계적 전망에서 해석되어야 하기 때문이다.[49] 실제로, 복음은 인류 역사 속에서 변화의 능력으로 역사(役事)해 왔기 때문에 신학 교육은 복음의 구체적 실현으로써 하나님 나라의 성취를 위한 선교에 매진해야 한다.

하나님의 선교는 주체가 삼위일체이신 하나님이라는 확신으로부터 출발하며, 인류를 구원하기 위한 하나님의 활동으로 이해된다.[50] 하나님의 선교는 개인의 영혼 구원만이 아니라, 세계와 인류 전체의 구원과 함께 동시에 세계 인류의 변혁을 주요한 목표로 삼고 있다.[51] 따라서 하나님의 선교는 세상에 기독교 복음과 세력의 확장을 위한 식민주의적 사고에 근거하는 것이 아니며, 또한 복잡하고 고통스러운 세계로부터 개인의 영혼을 도피시키려는 것이 아니라, 예수 그리스도의 지배를 확장하여 적극적으로 참여하게 하는 일이다.

---

49) Ibid., 42.

50) F. Vicedom은 '하나님의 선교' 의 발전으로 인한 선교 개념은 인간적 중심의 선교 개념에서 하나님 중심적 선교 개념으로의 대전환으로 이해한다 (윤응진,12).

51) 이것을 위하여 Thomas H. Groome, "Sin and Salvation Revised" in *Christian Religious Education*, 92-94를 참조하시오.

하나님의 선교는 기독교의 복음이 전파되기 시작하였던 초대 교회에서부터 형성되기 시작하였으며, 예수 그리스도를 통하여 인류를 구원하시기 위한 하나님의 계시와 활동에 관한 이론적 토대를 정립하였던 신학과 함께 이해되기 시작하였다. 이러한 의미에서, '선교와 신학'은 초기 기독교 역사에서부터 불가분의 상관관계를 가지고 있다.[52] 역사적으로 선교와 신학이 불가분의 관계를 맺고 양자의 활동을 가능하게 하였던 접촉점은 교회였으며, 그리고 교회가 선교와 신학의 만남의 장이 되었다. 따라서 신학 교육은 교회의 선교를 위한 신학을 탐구하고 가르치며, 또한 교회가 에큐메니칼 정신에 입각하여 하나님의 선교를 실현할 수 있는 모든 선교 신학적 소재와 방법을 제시하여야 하는 것이다.

한국의 신학 교육이 안고 있는 중요한 과제는 한국 교회의 모든 대립적인 갈등 요인과 교파 분쟁의 원인들을 분석하고 극복함으로써 하나님의 선교에 동참할 수 있도록 한국 교회의 선교적 합의점을 도출해 내는 일이다. 신학 교육은 기독교의 본질적인 진리가 오늘날의 한국인의 삶속에 새로운 변화를 주며, 여기에서 한국 교회가 사회에서 존경받는 봉사자로서 변신하는 일에 주도적 역할을 감당해야 한다. 그리고 일치된 한국 교회는 비도덕적인 세속 질서와 혼돈 속에 오염되어 있는 한국 사회에 하나님의 공의와 사랑의 화신으로 동참하여 고통당하며 억압받고 있는 민중의 삶속에 평화와 정의를 전달하게 하는 시대적 사명에 철저해야 한다. 신학 교육은 또한 오늘날 한국 교회로 하여금 현대 사회의 급격한 변화의 와중에서 더 이상 차단되고 고립화하는 위험성에 머물지 않도록 해야 한다. 그것은 한국 교회가 그 자체의 다양한 문제를 극복하면서 새로운 하나님의 선교 전략을 개발하도록 상호 협력하는 일에 달려있다.

이러한 미래의 과제를 위하여 신학 교육은 첫째, "한국의 역사적 현실

---

52) 金正俊, 13.

과 그 문화적 전통이 하나님의 선교에 소재가 되고 이 토착적인 토양과 소재에 기독교의 복음을 접목하는"[53] 주도적 역할을 수행해야 할 것이다. 둘째, 미래의 과제를 위하여 신학 교육은 '신학과 영성'과의 사이에 긴장을 해소하고 '경건과 지성'의 통합으로 특징되는 새로운 방향을 지향해야 한다. 미래의 신학은 영성을 끌어안고 영성에 관하여 말하며 영성을 뒷받침하여 신학과 영성과의 패러다임을 새롭게 이해해야 한다.[54]

지금까지 논의한 대로, 한국의 기독교 대학이 당면하고 있는 모든 문제는 미래의 발전과 도약을 위한 도전이라 할 수 있다. 기독교 대학은 한편으로, 세속적 학문의 전문 교육 기관으로서, 그리고 다른 한편으로, 기독교 신앙과 복음을 탐구하는 영적 교육기관으로서 학문의 고귀성과, 인간 공동체의 도덕성과, 기독교 공동체의 신앙의 새로운 비전을 제시할 이중적 책임성을 가지고 있다. 기독교 대학은 학문과 도덕성과 신앙의 세 가지 축(軸)의 역동성을 보존하고 계승하는 특별한 사명을 가지고 있다. 기독교 대학이 이와 같이 특별한 사명과 지향하는 목적을 몸소 실천하지 못한다면, 혹은 실천하려는 적극적인 의지와 자원을 활용하지 않는다면, 기독교 대학으로서의 정체성을 상실한 채 다만 세속 대학으로 변질될 가능성을 내포하고 있다.

몰론 기독교 대학으로서의 특수성은 신학 교육의 본래적 사명에서 찾을 수 있다. 기독교 대학은 신학 교육의 유산과 전통을 계승하여 보존하는 한편, 현재의 기독교 대학의 문제점을 검토하고, 미래를 준비하는 거시적인 신학 교육의 전망에서 앞으로의 사명을 발견할 수 있다. 그 이유는 신학 교육이 인간의 생존과 실존을 위해서 학문의 사랑인 '지성'과, 그리고 하나님과의 관계에서 하나님의 사랑인 '신앙'을 제시해 주기 때

---

53) Ibid., 24.
54) Alister McGrath, op.cit. 187-190를 참조하시오.

문이다. 여기에서 기독교 대학은 사회와 교회와 대학 그 자체가 함께 상실해 가는 새로운 인간성과 영성을 깊이 심어줄 수 있을 것이다. 또한 신학 교육을 통하여 세속화 과정에서 세계성의 긍정과 기독교 복음의 생명력을 회복하여 새로운 세계 문화의 창조에 참여할 수 있을 것이다.

이러한 관점에서, 한국의 기독교 대학은 신학 교육의 새로운 전환점을 모색할 기회를 재 회복하여야 할 것이다. 급변하는 현대 사회의 제반 문제들에 응답하고 오늘에 생존하는 모든 사람들의 마음을 치유하며, 교회를 통하여 그들의 삶을 재해석할 수 있는 '신학 구조'를 재정립해야 할 것이다. 여기에서 하나의 새롭고 통일된 신학 세계를 구성하는 것이 다양한 신학적 견해를 가진 신학자들의 공동 작업을 통하여 "생동감 있고 응집력을 가진 신학"[55]을 발전시키는 일이다. 신학 교육이 현대 사회의 불확실성을 고려하지 않고 과거의 것만을 반복하는 일과 인간과 하나님의 관계에서 실천적 삶의 모형을 제시하지 못한다면, 그 생명력을 상실하게 될 뿐만 아니라, 교회의 갱신과 사회의 변화를 이끌어 갈 비전과 창조적인 미래의 지도자를 양육할 수 없게 될 것이다. 이러한 의미에서, "우리는 상투적이며 무비판적인 신학 교육을 거부한다. 우리는 그 특성과 그 기능에 의하여 교회를 치유하고 현대의 인간을 구속할 수 있는 신학 교육을 개발하고 발전시키기를 원한다."[56]

---

55) Bericht aus Vancouver 83. hrsg V. *Walter Muller-Rombeld,* Frankfurt a. M. 1983. S. 259. 윤응진 op. cit., 44에서 재인용.
56) Chrales R. Feilding, op. cit., 1.

제6장 기독교 교육

지난 1세기 동안 한국의 기독교 교육은 미국을 비롯한 서구 신학의 유입과 영향으로 괄목하게 발전하여 왔다. 그러나 실제로 한국 기독교 대학의 교육 현장에서 기독교 교육이 학문으로서 그 내용이 무엇인가를 질문할 때, 정확한 해답을 제시할 수 없는 것이 현실적 문제로 대두되고 있다. 현재 기독교 교육에 대한 심각한 문제의식은 현행 한국 기독교 대학에서 가르치고 있는 기독교 교육이 각기 다양한 서구 신학의 경향과 이론, 그리고 교단 중심적 신학에 근거하여 정립되었다는 사실에서 발견할 수 있다. 특히 한국의 기독교 교육이 20세기를 전후로 소개된 미국 신학의 발전 과정과 신학적 교리와 주장에 근거하여 기독교 교육의 이론을 정립한 교육 신학자들의 소개로 일관해 왔던 것이 한국 기독교 교육이 안고 있는 심대한 문제가 되고 있다. 왜냐하면, 서구 신학에서 지속적인 새로운 신학의 소개와 발굴이 없이는 더 이상 기독교 교육의 발전을 기대할 수 없으며, 서구 신학의 몰락이 곧 기독교 교육의 몰락을 의미하기 때문이다.

1. 기독교 교육의 성격

이러한 단편적이며 부분적인 미국 중심의 신학에 근거하여 발전된 한국의 기독교 교육은 무엇보다 내적으로 그 학문적 정체성에 대한 수 없는 도전을 받아 왔다. 더욱 심각한 문제는 이러한 단편적 신학과 교단 중심적 신학의 편협한 내용으로 교육받고 있는 미래 세대의 기독교 교육 지도자들의 능력과 자질에 대한 심각한 우려가 제기될 수 있다고 생각된다. 또한 현재 공교육을 통해 최첨단의 교육 환경과 기계 기술의 내용으로 교육받고 있는 현재의 청소년들을 지도할 능력 있는 '기독교 교육 지도자들을 어떻게 배출할 수 있는가'가 중요한 과제가 되고 있다. 이와 같은 한국의 기독교 교육이 당면하고 있는 문제들을 해결하고, 나아가 21세기에 적합한 새로운 기독교 교육적 대안을 모색하여 제시하는 것이 기독교 교육의 당면 과제가 된다.

1) 기독교 교육의 정체성

기독교 교육이 일반학계에 한 학문(a science)으로 등장한 것은 거의 2세기에 접어들고 있다. 그 동안 기독교 교육이 학문으로서의 성격 규정에 관한 다양한 논의가 있어 왔으며, 특히 20세기 중엽에 이르기까지 다양한 신학의 등장과 함께 기독교 교육의 발전 과정을 활발하게 연구되어 온 것이 사실이다. 반면에 전통적으로 일반 신학계에서는 기독교 교육을 신학 교육의 한 분야로 인정하느냐 혹은 그렇지 않느냐의 학문적 정체성에 관한 논의도 수없이 재기하여 왔다. 심지어 일반 신학계에서는 기독교 교육학의 정체성을 인정하지 않으려는 경향으로 신학 교육의 커리큘럼에서 주변 학문으로 밀려나게 된 위기의 상황을 맞이하기도 했다. 뿐만 아니라, 교회의 목회 현장에서도 미래 교회 성장의 잠재적 자산이자,

원천이 되는 기독교 신앙 교육에 관한 관심이 거의 전무한 채 방치되어 왔다. 이러한 상황에서, 기독교 교회조차도 미래의 청소년들의 성숙한 성장과 대사회를 향한 예언자적 발언과 영향력이 기독교 교육학에 달려 있다는 사실을 인정하려 들지 않는 자가 당착에 빠져 있었다.

　신학 교육에서 기독교 교육학의 자리와 위상은 무관심의 대상으로 주변 학문 그 자체를 경험하여 왔다. 그 실례로 성서 신학은 모든 신학의 기초가 된다는 성서 연구에 대한 자부심으로 그 위치를 점유하여 왔으며, 이론 신학은 신학의 틀과 구성 및 발전 과정을 형성해 왔다는 오만에 심취해 있으며, 그리고 실천 신학은 교회의 목회 현장에서 필수 불가결한 규범으로 그 성채를 지켜오고 있었다. 그 결과 현대 사회에서 기독교 신학과 교회는 주어진 사회문화적 상황에 뿌리를 내리며 토착화하지 못하고 있으며, 실제 생활에 아무런 영향을 주지 못하고 있는 복음의 소리와 교리에만 길들여진 무기력한 그리스도인만을 양산하여 왔다. 다시 말하면, 지금까지 신학 교육은 실천적 생활이 없는 이론만을 강조해 온 치명적인 과오를 자행해 온 것이다.

　더욱이 지금까지 신학 교육은 하나님의 구원의 역사에서 가장 핵심이자 기본적인 모체가 되는 '인간 문제', 즉 인간성의 회복과 인격 변화의 실제적 문제들을 간과해 온 것을 부인할 수 없을 것이다. 오늘날 신학 교육은 인간 구원의 문제를 집중적으로 논의하여야 한다는 사실을 일관되게 강조하고 있지만, 인간성 회복을 위한 인간 교육의 본질을 간과한 채, 문자와 언어중심적인 신학 그 자체에 편향되어 왔다. 결과적으로, 신학 교육이 당면하고 있는 실질적 위기는 사회와 세계를 이끌어 갈 능력 있는 지도자들을 배출하지 못해 왔으며, 인간과 사회의 변화를 능동적으로 선포할 내적 잠재력과 힘의 상실에 기인되어 왔다. 따라서 현대 사회에서 인간 문제의 중요성을 논의하지 못하고 있는 신학 교육은 사회와 교회를 향한 능동적이며 적극적 발언을 하지 못한 채, 침체의 늪에서 그 자체의 정체성을 잃어가고 있다. 그것은 곧 신학 교육과 교회가 기독교 교육의 중심적 사명과 기능이 되는 인간성 회복과 인간 교육의 절대적 가치를 인정하려 하지 않았기 때문이다.

그러나 지금까지 신학 교육에서 주변 학문으로 방치되어 온 기독교 교육의 새로운 위상과 사명을 다시 성찰해야 할 시점에 이르게 된 것은 매우 다행한 일이다. 왜냐하면, 현대 사회에서 기독교 교육이 다른 신학의 분야가 오래 동안 망각해 왔던 인간 구원의 핵심이 되는 인간성의 회복과 인격 변화의 문제를 구체적이며 체계적으로 다루어야 할 시대적 책임성과 사명을 인식하고 있기 때문이다. 또한 기독교 교육의 주요한 관심은 신학이 논의할 수 없는 인간 문제를 한편으로, 신앙적으로, 그리고 다른 한편으로, 과학적으로 접근할 수 있는 학제간의 독특한 학문성에 있다는 사실이다.

2) 기독교 교육의 중요성

현재 우리는 21세기의 새로운 환경과 역사 속에서 기독교 교육학의 새로운 성격과 주제들을 논의하여 재정립할 시점에 이르렀다. 지난 수 세기 동안 인류의 역사는 새로운 도전을 극복하며 미래의 지평을 넓혀가기 위해 인간에게 주어신 모든 능력과 가능싱을 제시하여 힝상 새로운 것을 창조하며 발전시켜 온 것이 사실이다. 동시에 그 찬란한 인간의 업적과 성취를 영구히 활용하며 보존하기 위해 과거의 전통과 문화와의 지속적인 조화의 관계를 유지해 온 반면에, 다른 한편으로, 양자의 끊임없는 마찰과 갈등의 과정에서 헤아릴 수 없는 시행착오와 퇴행의 역사를 반복하여 왔다. 그러나 인간의 역사는 이와 같이 과거의 것과 현재의 것과의 반복적인 조화와 충돌의 과정에서 새로운 미래의 것을 창조해 가는 역동적인 관계성을 전개해 가고 있는 것이다.

이와 같은 인간 역사의 아이러니 속에서 기독교 교육학이 긍정적으로 수용할 수 있는 한 가지 길이 있다면, 그것은 역사에서 인간이 해야 할 책임과 사명의 회복을 위한 인간 의식의 변화와 인간성의 개조일 것이다. 물질보다 사람을 더욱 사랑하고, 과학적 기계 기술보다 자연을 더욱 사랑하고, 그리고 순간적이며 가시적인 것보다 영원하고 초월적인 하나님을 더욱 사랑하는 인간 내면의 영성을 살리는 길이 기독교 교육학의 당면한 과제일 것이다. 또한 기독교 교육학은 현대 사회에서 살고 있는 모든 인간이 그 자신과, 자연과, 그리고 하나님과의 관계성과 위상을 다시 회복하여 제자리에 놓이게 하는 또 다른 역사적 과제를 안고 왔다. 현대 사회에서 인간과 자연과 하나님이 다시 소생할 수 있는 구원의 길이 있다면, 그것은 하나님께서 주관하시는 인간 의식의 변화와 인간성의 개조를 위한 '참교육' 일 것이다.

실제로, 현대 사회에 살고 있는 현대인의 일상생활과 의식 세계를 지배하고 있는 컴퓨터의 조작 능력과 기계 기술만을 만지고 있는 일손을 모으고, 새로운 각성으로 인간 의식의 변화를 위한 교육다운 참교육을 함께 실천해 간다면, 참 삶의 가치를 회복하게 될 것이다. 이러한 의미에서, 현대인을 위한 참교육은 인간의 도덕성과 신앙을 일깨우는 기독교 교육에 달려있는 것이다. 그러므로 기독교 대학은 참교육을 실현할 역사 의식을 가지고 현대인의 의식 변화와 함께 한국 역사의 지평에 새 공동체를 실현할 일념으로 기독교 교육의 성격과 정체성을 재정립하려는 학문적 과제에 일차적 관심을 두어야 할 것이다.

현대 사회는 이전의 세대에서 인간 생활의 문제를 과학적 통찰력과 기계 기술의 변혁에 의존하여 일관성이 있게 계승하여 발전하여 왔다. 이러한 현대 사회의 발달과정은 일정하게 추진되어 인간에게 새로운 소망과 기대를 가지게 하였던 것이 분명하다. 현대인은 디지털 망(digital networks)에 의하여 언제 어느 때에든지, 혹은 어느 지역에서든지 시공

(時空)을 초월하여 항상 모든 분야의 지식에 접할 수 있게 되었다. 예를 들면, 통신 기계 기술과 다양한 통신 수단에 의하여 인간을 분리시켰던, 그리고 한 문명과 다른 문명의 관계에서 차별을 지었던 장벽을 허물게 되었다. 현대 사회에서 이러한 발전의 역동성을 멈추게 하는 일은 현대인에게 거의 불가능한 것으로 알려지게 되었다. 따라서 만약 인간이 기계기술의 혜택이 없이 자신만의 생활을 추구하게 될 때, 이것은 지식의 역동성을 포기하는 것이며 무모한 경쟁에서 아무런 대안을 찾지 못하는 것을 의미하게 된다.

그러나 이러한 새로운 가능성들은 인간의 생활과 다른 형태의 모든 생활에 전반적인 해결책이 될 수 없다는 것이 입증되고 있다. 현대 사회의 기계 기술 문명은 현대인에게 항상 애매모호한 길을 제시하면서 문제의 분명한 대안을 발견할 수 없게 만들고 있다. 현대의 기계 기술은 인간을 위해 모든 깃을 가능하게 한다고 하지만, 현대인에게 이러한 가능성으로 무엇을 해야 하는지를 분명하게 언급하지 못하고 있다. 예를 들어, 현대인이 기계 기술에 의하여 자연을 전체적으로 분석하고 그것을 파악하여 정복한다 할지라도, 그것으로 파생되는 어떠한 윤리적 문제들도 해결하지 못하고 있다. 자연 생태계의 파괴, 공기 오염의 문제, 일상생활 식품의 유전자 조작, 바다의 적조 현상과 쌓여 있는 오염물질, 그리고 기후 변화 및 양극 지대의 빙하의 해빙 능이 인간 생활을 위협하고 있다. 따라서 급속도로 발전하고 있는 기계 기술은 지구에 대단한 위협, 즉 인간이 거주하고 있는 생태 체계에 엄청난 재앙을 초래하고 있다. 또한 기계 기술이 비이성적인 테러와 같은 행위에 남용될 때, 현대인의 일상생활의 무질서와 사회의 다양한 분야, 즉 교통과 통신, 서비스 산업의 마비와, 심지어 치명적인 인명 살상의 파멸을 수없이 목격하고 있다. 결과적으로, 현대인은 현대 과학 기계 기술의 기능과 역기능의 이중성에 의해 모든 생활을 지배받고 있기 때문에, 인간의 고유한 본래적인 자율성과 능동성과 독립성이 예속당하고 있다.

현대 사회의 이와 같은 심대한 문제의 해결을 위하여 현대인은 누구든지 일방적인 것을 지양하고 쌍방의 긍정적인 속성을 포함하는 본래적인 확신을 요구하여야 한다. 이러한 확신은 묵시적인 비관론에서 위기의식을 정당하게 자각하게 하며, 나아가서 세계화의 문제 해결을 위한 지식과 방법이 결여되어 있다는 사실을 일깨워 줄 수 있는 원천이 된다. 그렇지 않다면, 현대 사회는 미로(迷路)의 세계에 빠져들게 되어 그로 인한 인류의 파멸을 예방할 수 없는 치명적인 위기에 고착될 것이다. 이와 같이 현대인이 직면하고 있는 다양한 문제는 인간의 구조적이며 제도적인 제한성에서 초래하게 된 것이 분명하다. 다시 말하면, 그것은 인간이 만들어 놓은 모든 사회적 제도와 기계 기술의 제한성에 만족하면서 또 다른 초월적 세계를 간과해 왔기 때문이다.

그렇다면 현대인이 만들어 놓은 이와 같은 구조적이며 제도적인 문제의 해결은 그것들을 초월하거나 그 범주에서 해방되는 새로운 길을 모색하는 방안에서만이 가능할 것이다. 그것은 곧 새로운 소망과 기대를 위한 이유들을 추구해야 하는 과제일 것이다. 현대 교육의 창시자이자 신학자인 존 아모스 코메니우스(John Amos Comenius, 1592-1670)는 이미 4세기 전에 그의 저서 『빛의 길』, Via Lucis을 통하여 현대 사회의 다양한 문제들을 해결할 수 있는 혜안을 분명하게 명시하고 있다: 인류의 역사를 교육과 학습의 역사[1]로, 인간의 통신 수단을 지식의 성장과 진보에 필수적인 것[2]으로, 기계 기술을 쌍방을 연결하는 수단[3]으로, 그리고 새로운 지식을 구조의 포괄적인 통찰력[4]으로 탐구할 것을 예시하고 있다. 현대

---

1) John Amos Comenius, *The Way of Light*, trans., by E. T. Compagnac (Liverpool: The University Press, 1938),106.
2) Ibid., 2-3.
3) Ibid., 106.

인이 이와 같은 새로운 가능성으로 문제들을 다루는 방법을 알게 될 때만
이, 인간의 존엄성과 마음의 평화가 실현될 수 있을 것이다. 그러므로 한
국의 기독교 교육은 이러한 새로운 방법과 대안을 중요한 교육의 내용과
과제로 선택하여 현대인으로 하여금 복잡한 기술 정보화 세계의 미로에
서 공동의 선을 지향하며 해방할 새로운 인간 의식을 각성하게 하여 야
할 것이다.

2. 기독교 교육의 구조

시대의 변화와 교육 환경에 따라 기독교 교육의 기본적 구조와 틀
(frame)이 변화되어 왔지만, 그 변화의 내용과 그 신학적 구조가 분명하
지 않았다는 지적을 받아온 것이 사실이다. 또한 한국의 기독교 교육이
지금까지 영향을 받았던 다양한 신학은 단편적이었을 뿐만 아니라, 강조
하는 신학간의 통일성의 결여로 실제로 교육 현장에 접목하는 일에 매우
어려움을 초래하여 왔다. 이러한 실제적 현상은 곧 한국의 기독교 대학
에서 기독교 교육의 일관성과 지속성의 부재를 드러내고 있으며, 각 교
단과 교회가 강조하고 있는 교육적 이념과 목적의 차이를 극명하게 나타
내고 있었다. 물론, 각 교난마다 강조하는 신학의 차별성은 있을 수 있으
나, 기독교 교육의 목적과 지향성이 다르다면, 그것은 기독교 교육학의
목적과 학문적 통일성의 부재는 물론이려니와 동시에 학습자들의 기독
교적 의식과 정신의 배양에 치명적인 결과를 초래할 수 있는 것이다.
이러한 한국의 기독교 교육의 파편화의 통전성(integrity)의 부재를 극
복하기 위하여 코메니우스의 기독교 교육 사상을 한국의 기독교 교육에

---

4) Ibid., 107-108.

토착화하는 작업에 깊은 관심을 가져야 할 것이다. 일찍이, 코메니우스는 중세 서구의 전통적 신학과 전근대적인 교육 이론을 새롭게 개혁하는 일에 앞장서서 현대 교육의 기틀을 정립한 실천적 교육 사상가로 알려져 왔다. 그는 그의 우주적인 교육 사상을 정립하기 위하여 하나님의 말씀인 성경을 근간으로 그 당시 태동하기 시작했던 새로운 과학 정신과 합리적 자연 철학, 그리고 현대적 심리학의 관점에서 재해석하려고 시도하였다. 뿐만 아니라 그는 신학자이자 목회자로서, 또한 교육 철학자이자 실천적 교육자로서 교육 현장에서 제기되었던 다양한 문제들의 해결 방안을 그의 다양한 저술들을 통하여 구체적으로 제시하고 있다. 코메니우스의 우주적이며 보편적인 교육 사상과 현대성에 귀를 기울이고 그것을 새로운 교육적 패러다임으로 수용하는 것이 미래의 한국의 기독교 교육의 바람직한 발전적 대안이 될 것이다. 여기에서는 기독교 교육의 철학적 기틀이 되는 형이상학, 인식론, 교수 방법론, 그리고 가치론의 내용을 코메니우스의 사상에서 발견할 수 있어야 할 것이다.[5]

1) 형이상학

지금까지 한국에 소개된 기독교 교육은 정통주의, 자유주의, 신정통주의, 그리고 현대 세속 신학에 의하여 하나님, 예수 그리스도, 자연의 이해를 형이상학의 기초로 연구하여 왔다. 여기에다 특히, 자유주의 신학의

---

5) 이러한 문제를 논의하려는 본 논문의 연구 방법은 다분히 교육철학적 접근 방법을 활용하려고 한다. 이것을 위하여 교육의 형이상학적 문제, 인식론적 사실과의 관계, 심리적 사실과의 관계, 심미적, 윤리적, 가치론적, 철학적 인간학적 관계들과 사실들을 교육철학자 조지 넬러(George Kneller)의 모형(pattern)에 근거하고 있다. 그는 위 문제들을 체계화하여 교육 철학이 다루는 분야를 형이상학(metaphysics), 인식론(epistemology), 방법론(logic), 그리고 가치론(axiology)으로 구분하였다. (George F. Kneller, *Introduction to the philosophy of Education*, John Wiley & Sons, Inc,. 1971. 제1장, 제2장을 참조).

영향으로 기독교 교육에서 인간의 문제를 형이상학의 한 부분으로 다루어 온 것도 사실이다. 그러나 20세기 후반기에 와서는 사회 과학과 자연 과학에서 매우 중요한 문제로 연구되어 온 우주와 자연 세계의 문제를 기독교 교육의 중심 과제로 다루지 않을 수 없게 되었다. 그 이유는 자연의 모든 사물이 하나님의 창조라는 신학적 해석 이외에도, 현대 사회에서 인간 생존의 절대적 환경을 제공하고 있는 생태학적 관점에서 자연의 이해를 간과할 수 없는 절대적 문제로 인식되고 있기 때문이다. 더욱이, 현대 과학 기술의 급속한 발달과 변화에 따라서 기독교 교육이 다루어야 할 형이상학의 문제는 우주에 존재하는 모든 생태계의 문제를 지금까지의 하나님, 자연, 인간의 본질과 함께 구체적으로 탐구하는 영역으로 확대되어야 할 시대적 요청을 외면할 수 없게 되었다. 왜냐하면, 우주와 자연 생태계에 존재하는 모든 것의 실재가 현대인의 생활에 직접적인 생존의 문제에까지 영향을 주고 있기 때문이다.

첫째, 코메니우스가 다루어 온 그의 교육의 중심적 형이상학은 하나님, 인간, 자연의 관계성에 기초하고 있다. 그의 교육의 핵심적 주제가 되는 세 가지 속성은 본래적으로 상호 관계성을 유지하고 있는 것으로 이해하였다. 그는 그의 독특한 신학적 성찰과 사고에 근거하여 세 가지 요소를 그의 교육 사상의 핵심적 내용으로 체계화하였다. 그는 세 가지 속성의 관계성을, 무엇보다, 하나님과 인간과의 관계를 하나님의 창조인 자연을 매개로 하여 자연의 창조자이신 하나님과 자연의 해설자인 인간으로 연결시키고 있다. 그 이유는 자연의 창조와 존재의 궁극적 목적은 하나님을 통한 인간의 생명과 축복을 위한 것이며, 동시에 인간을 통한 하나님 나라를 확장하기 위한 것이기 때문이다. 다시 말하면, 자연의 모든 사물들은 인간 교육의 정확한 자원과 소재로서 인간의 번영과 구원을 위해 제공되고 있다.

둘째, 코메니우스는 인간의 이해를 성서신학적 배경과 희랍의 합리주의에 근거하여 설명하고 있다. 인간은 자연 속에서 하나님의 무한하신 지식의 보고를 이해할 수 있도록 그의 마음에 불변의 자연 법칙과 일치하는 '이성의 빛'과 '신앙의 빛'을 내재하고 있다. 하나님은 인간에게 점진적으로 그의 뜻에 온전하게 순종하도록 영원한 영(靈)을 제공하였다. 인간은 자신의 죄악과 부패로부터 해방하여 부단히 새로운 질서를 실현하려는 창조적 과제를 하나님과 함께 공유하게 되었다. 실제로, 인간은 새로운 창조적 과제의 성취를 위한 지적 능력뿐만 아니라, 새로운 삶의 실천과 변화를 위한 덕성과 거룩하고 신령하게 될 신앙 혹은 경건의 씨앗을 내재하고 있다.[6] 이와 같이 인간은 하나님의 형상으로 태어나 지식과 덕성과 신앙을 소유할 수 있는 가능성과 잠재 능력을 내재하고 있기 때문에, 그러한 본유적인 인간성을 계발하기 위해 교육을 받을 수 있는 존재로 창조되었다

셋째, 하나님의 창조인 자연은 인간의 교육의 장이 되어 "인간의 도덕적 행위의 규범과 법칙을 제공하며, 무엇보다 하나님의 사랑을 이해할 수 있는 소재를 제공한다."[7] 가시적 세계인 자연은 인류의 번영과 양육과 교육을 위해 제공할 모든 것 이외의 다른 목적으로 창조되지 않았다는 사실을 강조하고 있다.[8] 자연의 모든 사물들은 인간 내면 세계의 지성적 작용과 밀접한 관계가 있으므로, 인간은 하나님의 위대한 책인 자연을 주의 깊게 탐독하여야 한다. 인간은 큰 기쁨을 가지고 자연의 책 속에 있는 모든 사물들을 명상하며 진리를 발견하여야 한다. 그리고 인간은 이 책

---

6) 코메니우스의 교육 내용의 핵심은 그의 성서적 인간이해로 제시하고 있는 인간의 본유적 속성인 지성 혹은 학문, 덕성, 그리고 신앙 혹은 경건의 씨(seed)를 계발하는 것으로 제시하고 있다(李淑鍾, 『코메니우스의 敎育思想』敎育科學社, 1996), 219-258를 참조하시오.

7) John Amos Comenius, *The Great Didactic*, trans., by M.W. Keatinge (New York; Russell & Russell, 1910), 141.

8) Ibid., 33.

을 통하여 마음속에 새겨진 하나님의 본래적 형상을 회복하여야 한다. 하나님의 책인 자연 세계는 하나님의 말씀인 성경의 신비들을 풀 수 있는 열쇠이자 근원이 될 수 있다. 그 이유는 자연과 성경은 함께 하나님 창조의 섭리와 지식을 해석하는 것으로서, "성경은 보다 일반적인 언어로 설명하며, 자연은 특별한 예를 들어 표현하기 때문이다."[9] 코메니우스는 이와 같이 성경의 모든 내용을 자연의 조직과 조화와의 관계에서, 그리고 자연을 성경의 모든 상징들의 과정으로 해석하였다. 따라서 그는 하나님의 생명의 책인 자연의 모든 현상을 하나님의 손으로 서술한 성경과 함께 탐독하도록 강조하고 있다.[10]

여기에서 코메니우스는 기독교 교육의 기초가 될 하나님, 인간, 자연과의 상관 관계성을 구체적으로 정립하였다: 자연을 '자연의 학교'로, 인간을 '인간의 학교'로, 그리고 하나님을 '하나님의 학교'로 재해석하고 있다.[11] 그는 세 학교들을 통해서 모든 인간이 온전한 하나님의 형상의 회복을 위해 교육을 받을 수 있다는 새로운 가능성을 제시하고 있다. 예를들면, 인간이 태어나서 최초로 들어가는 '자연의 학교'는 다양한 형태의 피조물로 채워져 있는 세상을 의미한다. 자연의 학교에서 자연의 모든 사물들을 통해 하나님의 지혜가 계시되기 때문에, 인간이 세상에 태어나서 거주하고 있는 자연은 인간의 최초의 학교가 되는 것이다. 따라서 세상에 태어난 모든 사람은 일차적 학교인 자연의 학교에 들어가게 된다.

두 번째 학교인 '인간의 학교'는 첫 번째 학교와는 달리 하나님의 형상으로 지음 받은 인간의 마음속에 교훈의 주제와 저서들과 교사들을 포함하고 있다. 곧 인간의 마음에 잠재하고 있는 교육의 수용 능력은 공통 개

---

9) *Way of Light*, 118.
10) Ibid., 64-65.
11) 코메니우스는 자연의 학교를 physical school, 인간의 학교를 metaphysical school, 그리고 하나님의 학교를 (hyperphysical school)로 표현하고 있다(Ibid., 15-16).

념과 공통 본능과 공통 기능을 의미한다.[12] 하나님께서 인간의 학교를 설립한 이유는 인간이 교육을 통하여 자연 사물들의 다양한 소재와 자료들을 활용할 모든 지식을 배울 수 있게 하려는 것이었다. 세 번째 학교인 '하나님의 학교'는 어떠한 피조물이나 인간이 가르칠 수 없는, 곧 모든 사물 위에 있는 하나님만이 가르칠 수 있는 학교를 의미한다. 하나님은 인간이 결코 보지 못하고 듣지 못하는 모든 것을 성령을 통하여 인간의 마음속에서 깨달을 수 있도록 가르치신다. 이 학교의 교재들은 하나님의 명령에 의해 저술된 최초의 신령한 영감들이다. 이러한 하늘의 신탁(神託)들을 가르치는 주요한 교사와 해설자는 곧 성령이 되신다. 세 학교들의 공통된 특성은 곧 모든 인간을 교육하기 위한 것으로서 "첫째, 학교에서는 사물들이 가르치며, 둘째, 학교에서 인간 자체가 가르치며, 그리고 셋째, 학교에서는 하나님이 가르치신다는 사실이다. 즉 모든 인간은 사물들에 의해서, 인간 자신에 의해서, 그리고 하나님에 의해서 가르치며 배울 수 있다."[13]

한국의 기독교 교육은 이와 같이 코메니우스의 형이상학의 구조인 하나님, 인간, 자연과의 조화와 상관 관계성을 기독교 교육의 중심 내용으로 활용할 수 있어야 한다. 왜냐하면, 코메니우스의 형이상학은 하나님을 자연의 저자로서, 인간을 자연의 해설자로서, 그리고 자연을 하나님의 계시이자 인간 교육의 직접적인 자원으로서 제시하고 있기 때문에 인간은 세 학교를 통해 하나님 창조의 모든 것을 배울 수 있다. 실제로, 한국의 기독교 교육은 지금까지 하나님과 인간의 문제를 매우 중요하게 강조해 온 것이 사실이다. 그러나 그것은 곧 하나님과 인간의 활동 영역인 자연의 중요성을 배제해 왔기 때문에, 현대인의 생존의 터전인 자연 생

---

12) Ibid., 38.
13) Ibid., 16.

태의 중요성을 간과한 심각한 자연 생태계의 위협에 직면하고 있다.[14] 또한 기독교 교육에서 하나님 중심의 신본주의와 인간 중심의 인본주의의 지나친 강조로 자연 생태계와의 소외의 현상을 초래하게 되었다.

따라서 한국의 기독교 교육에서 다루어야 할 형이상학의 문제들은 코메니우스가 제시하고 있는 하나님, 인간, 자연을 포괄하는 우주적 문제가 신앙 교육의 중심 주제가 되어야 한다. 세 가지 우주적 속성에 인간의 하나님과 자연과의 관계, 우주 창조의 문제, 인간의 실존적 목적, 그리고 인간이 관여하고 있는 문화와 역사를 포괄하는 사회 공동체가 함께 포함되어 있기 때문이다. 형이상학은 인간 교육을 위해 하나님과 자연과 인간을 포괄하는 모든 것의 실재에 관하여 합리적이고 체계적인 구조로 해답을 제시하는 기독교 교육의 핵심적 분야가 되는 것이다. 한국의 기독교 교육은 이와 같은 포괄적인 형이상학적 질문으로부터 시작하여 역사와 세계 속에서 인간을 구원하신 하나님, 그의 계시의 행위를 통하여 역사에 참여하고 있는 인간, 그리고 하나님의 활동 영역인 자연과 우주를 포함하여야 한다.[15] 이러한 맥락에서, 한국의 기독교 교육은 인간성을 위한 참 교육을 우주의 중심이신 하나님과 인간을 하나님의 창조인 자연과의 직접적인 관계성을 통하여 새로운 관계를 맺는 신·인적(divine-human) 활동으로 수용하여야 할 것이다.

2) 인식론

일반 교육과 달리 기독교 교육에서 인식론(epistemology)을 논의한다는 것은 매우 난해한 일이기 때문에, 지금까지 이 문제를 구체적으로 다루

---

14) 이숙종,『현대 사회와 기독교 교육』(대한기독교서회, 2001), 95-97를 참조하시오.
15) 이숙종, '기독교 교육의 철학적 기초' 한국기독교교육학회 편, 『기독교 교육』(대한기독교 교육 협회, 1992), 53.

었던 학문적 작업을 발견하기란 그렇게 쉬운 일이 아니었다. 그 이유는 기독교 교육의 목적이자 중심 과제가 기독교 신앙의 문제라고 할 때, 신앙을 단순히 인식론의 차원에서 다룰 수 없기 때문이다. 물론 1980년에 가톨릭 교육신학자인 토마스 H. 그룹(Thomas H. Groome)은 그의 저서, 『Christian Religious Education』의 제 7장과 8장에서 그의 독특한 인식론[16] 을 프락시스적 관점에서 다루었지만, 신앙의 형성을 지식의 형성 과정과 밀접한 관계가 있다는 사실을 구체적으로 제시하지 못하였다. 물론 교육 철학에서 인식론은 사물들의 지식에 이르는 과정을 탐구하는 영역이다. 즉 "지식이란 무엇이며, 지식은 어떻게 생성되는가?", "지식의 조건과 한계는 무엇인가?", 그리고 "지식의 보편성과 지식과 다른 지식과의 관계는 무엇인가?" 등에 관한 지식의 본질과 형성 과정을 다루는 영역이 된다.

그러나 우리는 코메니우스가 제시한 그의 인식론에서 신앙 형성의 단초를 발견할 수 있다. 그는 이미 지식의 형성 과정을 자연의 법칙과 원리에 근거하여 인간의 감각적 지각력과 심리적 인지 능력의 과정을 과학적 방법으로 정립하였다. 그는 지식의 형성을 자연과 인간의 외형적 조화와 병행 관계, 그리고 인간의 내면 세계의 심리 구조와 그 작용에 의존하여 관찰하였다. 그는 인간의 지식은 첫째, 감각적 지각력 둘째, 인지적 과정 셋째, 상호간의 전달과 교류의 세 단계를 통해 형성된다는 사실을 발견하였다.[17] 이것은 코메니우스가 인간과 자연의 모든 사물의 실제적 관계를 분석하고 인간의 심리적 기능과 속성을 면밀하게 연구한 결과를 종합한 것이다. 실제로, 인간의 심리적 작용은 자연 세계의 모든 사물들과 직접적인 상관관계가 있다는 사실은 인식론 정립을 위한 코메니우스의 놀

---

16) Thomas H. Groome, *Christian Religious Education*. (San Francisco: Harper, 1980), 139-183 을 참조하시오.

17) 李淑種(1996), 259-280를 참조하시오.

라운 발견임엔 틀림없다.

첫째, 코메니우스는 인간의 감각 기관을 통한 사물의 지각을 지식의 출발점으로 이해하고 있다. 이러한 견해는 "감각 기관을 통하지 않고서는 어떠한 것도 이해하지 못한다."[18]는 아리스토텔레스의 공리(公理)에 근거한다. 그는 아리스토텔레스가 제시한 인간의 유기체론의 영향을 받아 "지식의 형성은 항상 감각을 통해 시작되어야 한다"[19]고 주장한다. 왜냐하면, 인간은 일차적으로 감각을 통하지 않고는 아무 것도 이해하지 못하기 때문이다. 따라서 앎(knowing)의 시작은 단순히 사물의 이름과 그 속성을 배우는 데 있는 것이 아니라, 직접적이고 능동적으로 사물을 지각하는데 있는 것이다. 인간의 감각 기관은 자연 세계의 사물들을 직접적으로 지각하여 인간의 내면 세계로 연결하는 유일한 관문이 된다. 인간은 감각적 경험을 통하여 관찰한 모든 사물들을 재구성하고 변형하여 그 실재를 터득할 수 있다. 또한 감각 기관은 각기 다양하게 분리되어 있는 사물들의 모든 요소들을 종합하고, 연결하며, 관계를 맺고 자연 세계의 전체성을 재정립하여 축소할 수 있다. 따라서 인간은 감각 기관을 통하여 마음속에 새겨진 모든 사물들을 자연스럽게 받아들여 지식에 도달하는 기초적 단계로 선택할 수 있다.

그러므로, 학습자는 참된 지식을 형성하기 위하여, 무엇보다, 그들의 감각적 지각력의 기능을 바르게 활용하여야 한다. 인간의 감각 기관은 지각된 것에 따라서 내면 세계 속에 새겨져 각인되는 지식의 대상인 모든 사물들을 정확하고 올바르게 선택할 수 있는 첩경이 된다. 학습자의 감

---

18) 아리스토텔레스의 *De Anima(on the soul)*III.VIII. 432a에는 "nihil est intellectu, guod non prius fuerit in sense"(아무 것도 지각하지 못한 사람은 결코 아무 것도 배우거나 이해하지 못한다)는 지식이 시작되는 공리가 있다 (John Amos Comenius, *The Analytical Didactic of John Amos Comenius*, by Vladimir Jelinek(Chicago: The University of Chicago Press, 1953), 128).

19) *Great Didactic*, 185

각 기관의 정확한 활용에 의하여 다양한 사물들의 차이점과 유사점을 분명하게 구별하여 이해할 수 있다. "감각 기관의 올바른 활용은 학습자의 생의 과정에서 모든 지혜와 모든 현명한 상호 교류와 모든 선한 행위의 기초를 형성하는 일이 된다."[20] 실제로, 자연의 물질 세계가 사람들에게 감각 기관의 기능과 활동을 통하여 지각되기 때문에, 정확한 감각적 지각이 없이는 어떠한 사물도 분명하게 알 수 있거나 이해될 수 없는 것이다.

코메니우스는 외부의 사물들을 쉽고 정확하게 지각하기 위하여 오관의 기능들을 함께, 그리고 동시에 활용할 것을 제안하고 있다.[21] 자연 사물들이 인간의 한 가지 감각기관 보다 많은 것에 제시 될 때 보다 정확하고 안전하며, 충분히 알 수 있게 된다. 또한 "인간이 활용하는 감각 기관이 다양하면 다양할수록, 그리고 정확하게 활용하면 할수록, 더욱 깊이 있는 교훈이 될 수 있다."[22] 인간의 생물학적 구조에 의하여 한 감각 기관은 다른 감각적 조직들과 긴밀한 관계를 맺고 있기 때문에, 가능한 한 다양하게 관련하여 작용하여야 한다. 예를 들면, 청각은 시각과, 시각과 청각은 촉각과, 그리고 후각은 청각과 연결되어야 감각 기관의 기본적 통일성을 유지할 수 있다. 여기에서 인간 교육의 첫 단계는 감각 기관의 기능을 잘 훈련하여 훌륭한 모형과 본보기들을 지각할 수 있도록 하는 것이다. 감각 기관의 훈련은 지식의 대상이 되는 모든 사물들을 정확하고 확실하게 관찰할 수 있게 할 뿐만 아니라, 모든 사물을 정해진 가치와 목적에 따라 선택하고 분류하는 토대가 될 수 있다. 따라서 인간은 어릴 때부터 참되고 선한 지식을 터득하는 습관[23]을 형성하기 위하여 감각 기관의 활용과 관찰의 훈련이 절대적으로 필요하다.

---

20) R. Hebert Quick, *Essay of Educational Reformers* (New York: D. Appleton and Company, 1917), 151.

21) *Analytical Didactic.*, 180.

22) Ibid., 189

둘째, 인간의 감각 기관에 의하여 지각된 모든 사물들은 인간의 마음 속에 내면화되어 인지적 활동의 대상이 된다. 지식의 대상이 되는 모든 사물들이 감각 기관의 활동, 즉 보고, 듣고, 느끼는 작용으로 지각될 때, 내면 세계의 기능은 이미 지각된 것을 발전시켜 지식의 단계로 변화시킨다. 인간의 내면 세계인 마음은 인지적 작용을 가능하게 할 수 있는 본유적인 지성, 의지, 기억과 같은 독특한 세 가지 기능을 소유하고 있다. 이 세 기능은 상호 밀접한 관계를 유지하면서 지식 형성의 작용을 진행하고 있다. 인간의 내면 세계인 마음은 감각적 지각력을 통하여 지각된 사물들의 인상을 개념 작용으로 반영하는 거울이다.[24] 인간의 감각 기관에 의해 지각된 사물들의 상(像)이 형성되는 순간부터 내면 세계에서 지식이 형성되기 시작한다.

감각 기관에 의해 지각된 사물들의 상이 인간의 내면 세계에서 형성되면, 무엇보다, 인간의 의지(意志)가 그 상의 선택 여부를 결정한다. 인간의 의지는 확실한 대상들을 모방하는 인간의 내면세계의 본유적 능력으로서 지각된 대상들을 의도대로 재구성하며, 변형할 수 있다. 다음 단계로 내면 세계의 이성(理性)은 '인간의 마음의 감시자'로서 그것에 제시된 모든 사물을 부단하게 감지하며 그 사물들의 가치 여부를 판단하는 기능을 수행한다.[25] 또한 인간의 이성은 사물들을 이해하고 판단하는 능력에 의하여 지각된 사물들의 인지의 과정이 시작된다. 인지적 과정의 세 번째 단계는 내면 세계에서 공급의 기능을 수행하는 기억(記憶)으로서 그것은 형성된 지식을 영구적으로 보존하게 된다. 기억은 먼저 지각된 상을 받

---

23) 이것을 이해하려면 John Dewey, *Democracy and Education*(New York: The Press, 1968) 의 339-340, 352-353을 참조하시오.
24) 아리스토텔레스의 표현대로 인간의 마음은 아무 것도 쓰여져 있지 않으나, 모든 사물들을 기록할 수 있는 '흰 백지' (tabula rasa)로 표현하고 있다.
25) *Analytical Didactic,*. 128.

아들이고, 받아들인 상을 보존하고, 그리고 그 상을 회상하는 기능을 수행한다.[26] 따라서 기억은 지각된 사물의 상이 내면 세계에 흡수되어 형성된 지식을 주의 깊게 저장하고 영구적으로 보존하고, 실재화하는 기능을 하고 있다.

셋째, 인간의 내면 세계에서 형성된 지식은 상호 교환 되어야 지식으로서 효용성을 나타낼 수 있다. 인간의 지식은 감각 기관에 의하여 지각된 상이 인간의 내면 세계의 세 가지 요소인 의지, 이성, 기억의 상호 작용을 통하여 형성된다. 그러나 인간의 내면 세계의 세 가지 기능에 의한 인지적 과정에서 형성된 지식이 지식으로서의 가치를 나타내기 위해서는 지식의 해설자이며, 상징적 표현력인 언어와, 그리고 실천적 행위를 수행하는 손에 의하여 상호 교환되어야 한다. 다른 사람들의 이해를 넓히는 언어와 지식의 직접적인 활용과 실천을 가능하게 하는 손은 인간의 마음속에 내면화된 지식을 확장하며 구체화하는 유일한 수단이 된다. 인간은 자신에게 천부적으로 부여된 독특한 기능인 언어와 손에 의하여 형성된 모든 지식을 표현하고, 또한 그것을 증언하며 확증할 수 있다. 사람들 사이에서 지식의 상호 교류의 수단이 되는 언어와 손은 그들이 학습하기를 원하는 모든 것을 지도하며, 탐구하기를 원하는 모든 것을 전달하여 보존하는 유일한 매개체가 된다.

이와 같이 현대 교육의 인식론을 체계화한 코메니우스는 인간의 완전한 지식은 감각(sense), 이성(reason), 행동(actions)에 의하여 형성 될 수 있다는 사실을 최초로 정립하였다.[27] 그러나 코메니우스는 인간의 감각

---

26) *Great Didactic*, 140.

27) C. H. Dobinson ed., *Comenius and Contemporary Education*(Hamburg: UNESCO Institute for Education, 1970), 38. 코메니우스는 이와 같이 지식의 형성 과정을 과학적 방법을 도입하여 체계화함으로써 현대 "교육학(a science of education)의 기반을 확립한 사람"으로 알려져 왔다(J. E. Sadler, *J. A. Comenius and the Concept of Universal Education*, New York: Barns & Noble, Inc., 1966. 31).

과 이성만으로 지각할 수 없는 초월적이며 초자연적 지식이 인간 생활에 지대한 영향을 주고 있다는 사실을 주목하였다. 그는 인간의 영적 세계의 종교적 진리는 감각과 이성의 두 가지 속성 이외에도 신앙에 의하여 인지될 수 있다는 사실을 발견하였다. 그 이유는 하나님의 영원한 진리는 인간의 감각과 이성에 의존하는 지식보다 더욱 확실하고 영원하기 때문이다. 바꾸어 말하면, 인간의 감각과 이성에 의해 해결될 수 없는 초월적인 계시에 의한 진리와 지식은 신앙에 의해서만이 가능하기 때문이다.

한국의 기독교 교육은 코메니우스의 인식론에서 제시하고 있는 기독교 신앙의 형성과정을 발견할 수 있을 것이다. 기독교 신앙은 일차적으로 확신에 의하여 제시된 진리들, 예를 들면, 성경, 하나님, 예수 그리스도, 성령, 교회, 십자가 등에 관한 주관적 지식의 한 형태로 나타난다. 신앙은 그리스도인의 이러한 지적인 확신들을 소유하여 이해하고 내면화하는 '인식의 차원' 혹은 '지적 차원'에서부터 형성된다. 이와 같은 동일한 연구를 위해 교육신학자 토마스 H. 그룸(Thomas H. Groome)은 신앙의 지성적 차원을 체계적으로 제시하고 있다.[28] 그리고 성 어거스틴(St. Augustine)이 "하나님의 은총에 의하여 지적으로 믿는다는 것은 지적으로 믿어진 것에 대한 이해를 인도한다"[29]고 지적한 것과 같이, 신앙의 이해는 하나님의 계시와 교회의 가르침에 의하여 지성적 힘으로 형성되는 것이다.

여기에서 한국의 기독교 교육이 코메니우스를 경청해야 할 중요한 문제는 신앙의 형성을 위해 감각 기관의 중요성을 깊이 이해하고 학습자들의 감각적 지각력을 위한 교육과 훈련에 지대한 관심을 가져야 할 것이

---

28) Thomas H. Groome은 신앙의 세 차원을 "faith as believing", faith as trusting", faith as doing" 으로 제시한다(Thomas H. Groome, 57-66).
29) Ibid., 98. 이숙종 저, 『현대 사회와 기독교 교육』(대한기독교서회, 2001), 363-364.

다. 그들의 신앙은 일차적으로 감각적 지각력과 내면 세계의 인지력에 의하여 형성된다고 할 때, 그들의 감각기관을 잘 활용하는 방법을 체계적으로 지도해야 한다. 특히, 청소년들이 살고 있는 현대 사회의 생활환경과 분위기에는 그들의 신앙 성장에 저해되는 다양한 비도덕적 요소들이 산재 되어 있다. 따라서 그들로 하여금 무엇이든지 바르게 잘 보게 하며(시각), 바르게 잘 듣게 하고(청각), 바르게 잘 냄새 맡으며(후각), 바르게 잘 만지며(촉각), 그리고 바르게 잘 먹는 방법(미각)을 가르쳐야 한다. 청소년들이 현대 기계 기술의 총아인 인터넷 문화와 가상 세계에서 경험하지 않을 수 없는 음란하고 비도덕적인 다양한 영상 매체들과 포르노로부터 스스로 극복하고 해방되는 건전한 기독교적 문화로 전환하게 하는 것이 신앙 교육의 첩경이 될 수 있다. 비록 청소년들이 그들의 생활 환경과 분위기에서 이러한 비도덕적이며 폭력적인 다양한 것들을 지각하더라도, 그 지각된 대상들이 그들의 내면 세계에 침투하지 않도록 단호하게 극복하는 지성적 의지와 도덕적 선택과 신앙적 결단을 하게 하는 것이 기독교 교육의 중요한 과제가 될 것이다.

3) 교수 방법

코메니우스의 위대성은 새 교수법[30]을 개발하여 현대 교육의 기반을 형성하였다는 사실에서 발견할 수 있다. 그는 교육의 대상이 되는 모든 사람들에게 모든 지식을 가르칠 기반이 되는 완전한 교수법을 창안하기 위해 노력하였다. 코메니우스는 그의 새 교수법의 기초를 자연의 원리와 법칙에서 도출하였다. 그는 "자연은 교수 학습 방법의 기반이 되기"[31]때

---

30) 李淑鍾(1996), 281-314를 참조하시오.
31) *Great Didactic*, 98.

문에, 자연의 모든 원리가 확실한 교수법의 기반이 될 수 있다고 확신하였다. 그 이유는 교육이란 자연을 따라서 진행하는 자연적 현상의 한 원리이며, 따라서 교육 과정도 '본질적 축'이 되는 자연의 과정에 근거해야 한다고 생각했기 때문이다. 더욱이 그는 인간이 자연의 한 부분으로서 자연을 떠나서는 생존할 수 없을 뿐만 아니라 자연과의 조화에 따라 성장할 수 있다는 인간과 자연과의 밀접한 관계성을 이해하였다.

코메니우스는 이와 같은 인간의 성장을 위한 교육을 인간과 자연과의 필연적인 조화와 병행의 관계에 근거하여 자연의 비교 유추법과 병행 이론을 활용하는 교수법의 합리적 모형을 개발하였다. 그는 인간 교육을 위한 모든 교육 제도와 체계도 자연 사물들의 성장과 발달의 과정과 일치하여야 한다는 사실을 주장하였다. 인간은 누구든지 태어나면서 교육을 받아야 할 본유적 욕망을 소유하고 있으므로, 자연을 이용한 새 교수법에 의하여 그의 잠재력의 계발과 성숙을 가능하게 할 수 있는 존재이다. 그리고 인간의 욕구는 다른 사물들과의 관계에 의하여 적합하게 표현될 수 있으므로, 인간이 만들어 내는 어떠한 인위적 제재나 방해를 받지 말아야 하기 때문에 자연을 이용한 교수법의 가치와 정당성을 발견할 수 있다.

코메니우스가 관찰하여 이해하였던 중요한 자연의 원리는 자연의 모든 사물들은 상관관계가 있다는 사실이나: "사연 속에 있는 영원한 모든 것 사이에는 상관관계가 있고 인간의 내면 세계의 본유적 관념은 자연과 조화를 이루고 있다."[32] 이 원리에 근거하여 자연 사물의 정확한 이해는 한 사물을 구성하고 있는 부분과 전체와의 관계, 전체와 다른 전체들과 다른 부분들과의 비교 유추에 의해 가능할 수 있다. 왜냐하면, "세상은 점층군으로 형성되어 있기 때문에 각 점층은 독특한 방법으로 동일한 개

---

32) J. E. Sadler, 138.

념들을 표현하며,"[33] 동시에 "세상에 존재하는 모든 사물들의 독특한 속성과 과정은 가장 설득력 있는 방법으로 다른 사물들의 설명을 위한 방향을 제공"[34]하기 때문이다. 코메니우스는 이러한 자연의 병행 이론과 비교 유추법을 활용하여 그의 독특한 교수법인 혼합적 방법(syncretical method)을 개발하였다. 자연의 비교 유추법에 근거한 혼합적 방법을 최초로 활용한 사람은 예수님 자신이었다. 이미 2천 년 전에 예수님은 많은 사람들에게 그의 교육의 중심 내용이었던 '하나님 나라' 사상을 가르칠 때마다, 인간의 생활에서 직접 활용할 수 있는 사물들을 실례로 들면서 비유의 방법을 활용하였으며, 이 방법이 곧 자연 사물들과의 관계성을 설명하는 조화와 병행 이론에 기초한 원리였다.

코메니우스는 자연 세계에서 본질적인 통일성을 형성하고 있는 원리인 병행 이론과 비교 유추법에서 오늘날 시청각 방법의 효시가 되는 시각 자료의 활용과 모방의 방법을 발전시켰다.[35] 새 교수법을 통한 코메니우스의 궁극적 관심은 모든 사람에게 모든 지식을 '철저하게', '신속하게', '재미있게' 가르치는 것을 기본적 내용으로 삼고 있었다. 그에게 있어서, "무엇을 배운다는 것은 자연을 따르는 것이며, 배우지 않은 것은 자연에 반대하는 것"[36]을 나타낸다. 이러한 명제는 새 교수법의 불변의 기반은 자연이며 여기에서 체계적인 우주적 방법론을 도출하였음을 의미한다. 자연에 기반을 두고 있는 우주적 방법은 교육 현장에서 뿐만 아니라, 인간의 모든 활동에 적용할 수 있는 체계적인 기술과 방법을 제공할 수 있다.

---

33) Ibid., 138

34) S. S. Laurie, *John Amos Comenius Bishop of the Moravians: His Life and Educational Work*(Cambridge: The University Press, 1892), 138.

35) 코메니우스의 '시각적 방법'과 '모방의 방법'을 위하여 拙著,『코메니우스의 敎育思想』(敎育思想史, 1996), 299-307을 참조하시오.

36) Gabrial Compayre, *The History of Pedagogy*(Boston: D. C. Heath & Company, 1899), 124.

　이러한 의미로 자연의 원리와 과학적 방법에 의하여 정립된 코메니우스의 새 교수법은 한국의 기독교 교육 현장에서도 그대로 적용될 수 있을 것이다. 물론 오래 전부터 한국 교회의 교육 현장에서 시청각 방법을 활용하여 왔지만, 그 근본적 원리는 곧 자연 현상에 기초하고 있다는 사실과, 무엇보다 오늘날 컴퓨터를 활용하고 있는 교육 공학의 원리가 곧 코메니우스의 자연의 이해와 인간 두뇌 공학에서 발전되었다는 것을 간과하지 말아야 할 것이다. 그리고 자연의 원리를 활용한 그의 또 다른 중요한 교육의 원리는 인간의 모방에 의한 실천적 교수법이다. 인간은 누구든지 그의 내면 세계에 지각할 수 있는 주위 환경의 모든 것을 모방할 수 있는 모방의 원리(a principle of imitation)를 표현하며 살아가고 있기 때문에, 그의 신앙 성장을 위하여 항상 선하고 참된 것을 제시하여야 한다.

　예를 들어, 청소년들이 예수 그리스도의 사랑을 알고 실천하는 것은 그들을 가르치는 교사, 즉 가정, 학교, 교회, 사회의 가르침을 통하여 모방하며 실천할 수 있다. 청소년들이 성경에 나타난 예수님의 본래적 모습과 그의 교훈을 배우려고 할 때, 그것을 가르치는 교사가 제시하는 것에 의하여 배울 수 있게 된다. 그들은 예수 그리스도의 본래의 모습, 즉 원형(原型)을 교사들이 제시하는 모델에 의하여 알 수 있게 된다. 그러므로, 청소년들이 예수 그리스도를 얼마나 분명하게 알고 믿느냐의 문제는 가르치는 교사들의 실제 생활에서 예수님을 얼마나 믿고 따르는 일과 밀접한 관계가 있는 것이다. 코메니우스가 제시한 이와 같은 실제적 교수법은 인간의 실수와 잘못된 행위를 교정하는 도덕성의 재정립과, 그리고 하나님 앞에서 지혜 있고 분별력이 있는 신앙과 경건성을 계발하는 지도적 원리(leading principle)가 될 수 있다. 다시 말하면, 자연의 원리를 따르는 새 교수법은 지혜 있고 합리적인 인간성의 계발과, 다른 사람들을 위하여 사랑과 봉사를 실천하는 도덕성과, 나아가서 하나님 앞에서 거룩하고 신실한 실천적 영성을 계발하는 최적의 원리로 활용될 수 있다.

4) 가치론

코메니우스는 교육이란 인간이 즉각적이며 정확하게 응답해야 하는
일련의 연속적인 하나님의 활동으로 이해하였다. 그는 교육의 궁극적 목
적이 종말론적이며 구속적인 전망이라는 사실에 비추어 곧 인간 교육은
개인의 일상생활에 적용할 실천적 프락시스라고 확신하였다. 그는 정
치·사회적 억압과 종교적 박해 속에 살았던 그 당시에 이러한 문제들로
부터 진정한 평화를 발견할 수 있는 참된 교육의 실현을 기대하였다. 여
기에서 그는 교육이란 인간의 다양한 문제들을 해결할 수 있는 종교 신앙
적인 구속적 사건으로 확신하게 되었다. 실제로, 그가 정립한 교육 사상
은 그가 직접 경험했던 종교적 박해와 망명으로 고통당했던 실제적 생활[37]
을 극복하기 위한 실천적 방안으로서, 그리고 미래의 세상에서 동일한
문제들에 직면하게 될 인류를 위한 예언적 메시지로서 계승되어 왔다.

코메니우스의 교육의 체계와 이해에 비추어 그의 교육의 목적은 개인
의 구원과 해방을 위한 하나님 형상의 회복을 강조하고 있으며, 그것은
또한 세상에서 새로운 차원의 생활과 변화를 경험할 수 있다는 사실을 필
연적으로 긍정하는 것이다. 코메니우스는 인간 교육의 일차적 출발을 타
락한 인간이 하나님의 형상으로 회복할 수 있는 유일한 수단으로 생각하
였다. 인간은 그의 타락으로 인하여 세상에서 부정하고 왜곡되고 악한
것 이외의 다른 것을 인식하지 못하며, 더욱이, 죄로 인하여 인간성이 철
저하게 부패하고 오염되었기 때문에, 다만 부정과 시기와 미움과 분쟁만
을 호흡할 수 있는 비인간화의 모습으로 전락되었다.

그러나 코메니우스는 타락한 인간이 하나님의 형상으로 다시 회복할
수 있는 확실한 방법은 하나님과의 새로운 관계를 맺을 수 있게 하는 가

---

37) 李淑鍾(1996), 37-67를 참조하시오.

능성인 교육이라는 사실을 확신하였다. 곧 인간이 비록 타락한 존재로 전락하고 말았지만, 그의 내면성에는 여전히 하나님의 형상의 잠재성을 보존하고 있다는 매우 새롭고 낙관적인 인간 이해였다.[38] 따라서 인간을 위한 참 교육은 타락한 인간에게 하나님의 형상을 비추어 주는 필연적인 단계이며, 숙명적이고 일시적인 인간의 종말을 영원불멸의 차원으로 승화시키는 하나님의 활동이다. 인간을 새롭게 변화시켜 하나님의 완전성에 이르게 하는 교육은 세상의 무질서와 혼돈으로 부터 인간을 보호하며 해방시키는 개인 구원을 위한 신적 활동인 것이다.

동시에, 코메니우스의 참교육은 모든 인간의 인간성의 회복과 함께 새로운 공동 사회의 도래에 그 목적을 두고 있다. 그는 참교육을 모든 인간이 세속적인 멍에와 억압과 구속과 착취와 박해에서 해방되는 구체적인 사건으로 제시하였다. 그는 인간 교육을 통하여 모든 사람들의 마음속에 내저 빚인 낙원, 즉 평화를 소유하고, 나아가서 그들의 사회가 새로운 공동체로 정립되기를 기대하였다. 그에게서 내적 빛의 개념은 인간이 하나님께 순종하기 위하여 그의 마음속에 영적인 성숙과 성숙한 생활을 영위할 수 있는 길을 의미한다. 그는 인간이 살고 있는 외적 세계의 불안과 고통을 극복할 수 있는 길이 곧 내면 세계의 조화와 변화로 인식하고 그것을 위한 구체적인 대안과 방향을 제시하기 위해 1623년에『세상의 미로와 마음의 낙원』(*The Labyrinth of the World and the Paradise of the Heart*)[39]를 저술하여 1631년에 출판하였다.

코메니우스는 그의 저서에서 그 당시 전쟁과 재난의 소용돌이에 휩싸

---

38) *Great Didactic*, 12-13.
39) 코메니우스가 1623년에 저술을 완성한 는 본 저서는 그 당시 위대한 체코문학서로서 그가 망명생활을 시작했던 폴란드 Leszno에서 1631년에 출판되었다. 본 저서는 St. Augustine's *City of God* 과 John Valentine's *The Christianopolis*에서 묘사하였던 알레고리로서 그리스도인들이 피할 수 있었던 마음의 낙원을 추구하고 있다.

여 있었던 세상을 '미로'(labyrinth)라는 은유로 표현하였다. 그에게서 미로와 같은 세상은 무질서와 부조화, 이기심과 불규칙, 전쟁과 갈등, 어리석음과 부패로 가득한 세상이었다. 그가 그 당시의 사회 현상을 '미로'로 표현하였던 이유는 이러한 은유적 표현법을 통하여 그가 경험했던 인간 사회에 대한 비판적 시각을 사실적으로 묘사하려고 하였기 때문이다. 그러나 코메니우스는 인간이 아무리 세상의 고난과 재난 속에서 고통을 당하더라도 세상의 미로에서 해방되어 평화를 얻을 수 있는 방법을 모색하려고 하였다. 인간의 마음의 평화는 외면 세계의 관찰과 지식만을 탐구하는 일보다 내면 세계 속에서 부단히 하나님께 순응함으로서 얻을 수 있는 것이다.

코메니우스는 인간의 내면 세계에서 얻을 수 있는 마음의 평화는 동시에 외면적으로 새로운 사회 공동체를 실현할 수 있다는 인간 교육의 실재를 제시하였다. 인간 교육을 통하여 실현될 수 있는 새로운 사회 공동체는, 일차적으로, 인간성의 변화와 함께 하나님을 지향하는 내면 세계의 평화의 유지에 의하여 가능하게 된다. 그는 또한 새로운 사회 공동체는 미래에 도래할 사건이 아니라, 현재에 실현될 수 있는 실제적 인간 사회라고 확신하였다. 따라서 새로운 사회 공동체의 실현을 위한 그의 궁극적 관심은 인간의 내면 세계의 변화와 개혁으로 세상에 만연되어 있는 미로에서 해방할 수 있는 마음의 평화를 유지하는 과제에 달려 있다.[40]

물론 마음의 평화와 새로운 사회에 대한 코메니우스의 이상은 현실적으로 극단적인 환상에 머물 수도 있겠지만, 그는 성서 신학적 관점에서 예수 그리스도에 의해 실현된다는 확고한 신념을 가지고 있었다. 그 이유는 세상의 많은 사람들이 예수 그리스도의 지혜를 통하여 영원한 빛을 소유할 수 있기 때문이다. 예수 그리스도는 "더 이상의 전쟁이 없으며,

---

40) J. E. Sadler, 94.

더 이상의 인간의 탐욕과 분쟁을 허용하지 않는 우주적 평화를 실현할 수 있는 빛을 주신다."[41] 그리고 스스로 빛으로 존재하시는 예수 그리스도게서 인류의 구원을 위하여 실천하였던 십자가의 구속적 방법으로 모든 사람들에게 참된 평화를 제시하신다. 곧 "하나님이 계시는 곳에 하늘 나라가 있고, 하늘 나라가 있는 곳에 영원한 기쁨이 있으며, 영원한 기쁨이 있는 곳에 더 이상 바랄 것이 없게 된다."[42] 그러므로, 코메니우스가 그의 교육의 목적으로 제시하고 있는 인간 마음의 평화와 새로운 사회공동체의 개념은 사회 생물학적 진화론과, 나아가서 세계 평화의 정착에 대한 그의 예언적 믿음에 근거하여 종교적 신앙과 사회 윤리와의 관계성을 자연스럽게 제시하고 있는 것이다.[43]

지금까지 코메니우스의 교육 사상을 통하여 현대 기독교 교육의 학문적 성격과 구조를 새롭게 형성할 가능성을 살펴보았다. 코메니우스의 제시한 교육 사상의 핵심은 하나님과 자연의 질서를 일치시키고, 하나님의 인격적 속성에 비추어 인간을 해석하며, 나아가서 하나님과 자연의 심오한 진리를 통하여 인간의 마음의 평화와 새로운 사회 공동체의 실현을 포함하고 있다. 코메니우스가 제시하고 있는 이와 같은 우주적 사상을 근간으로 현대 기독교 교육의 형이상학, 인식론, 새 교수법, 그리고 교육의 목적을 구체적으로 정립할 가능성을 모색할 수 있을 것이다. 한국의 기독교 교육은 현대 사회를 살아갈 새로운 인간상의 모형과 현대 사회의 다양한 문제를 해결하기 위한 구체적 방안을 코메니우스로부터 발견하여야 할 것이다. 그는 이미 4세기 전에 현대 사회가 당면하게 될 문제들을

---

41) John Amos Comenius, *Orbis Pictus*, Intro. by John E. Sadler(London: Oxford University Press, 1968), 245.

42) John Amos Comenius, *Labyrinth of the World and the Paradise of the Heart*, ed., by The Count Lutzow(London: Oxford University Press, 1968), 245.

43) Joseph Needham, ed., *The Teacher of Nations*(Cambridge: At the University Press, 1942), 32.

예언적 통찰력으로 재해석하고 있다: 첫째, 과학적 기계 기술의 진보가 멈추지를 않고 심오한 이중적 가치의 문제를 제기하고 있다는 현실, 둘째, 인간의 존엄성과 실존이 철저하게 위협을 받고 있으며, 이러한 위협은 어떠한 수단과 방법으로도 극복될 수 없다는 사실, 셋째, 현대인이 역사를 전망하며 다루고 있는 방법, 다시 말하여, 미래를 기대하며 형성하고 있는 역사의 방법론은 비관론과 낙관론 사이를 오가고 있다는 점이다.[44]

---

44) Uwe Voigt, "Comenius and the Experiences of the 20th Century," in Werner Korthaase, Sigurd Hauff. ed., *Comenius und der Weltfriede* (Berlin 2001 DCG-MS Drucke), 51.

제7장 기독교 사회 복지 교육

21세기를 맞이하고 있는 한국의 기독교 대학은 기독교 사회 복지 교육의 중요성을 강조하여 그것을 곧 인간과 사회를 동시에 포괄하는 다원 선교의 전략으로 제시하여야 할 시점에 이르렀다. 전통적으로 기독교의 복음 사역은 신앙 공동체인 교회의 내적 사역과 교회가 사회와의 관계를 맺는 외적 사역으로 구분되어 왔다. 전자는 예배(leitourgia, 예배 공동체), 말씀 선포(kerygma, 말씀 공동체), 교육(didache, 교육 공동체), 봉사(diakonia, 복지 공동체), 치유(therapeute, 치유 공동체), 친교(koinonia, 환영 공동체), 증거(marturia, 증거 공동체)[1]를 포함하고 있으며, 후자는 사회 복음화와 사회 개혁을 위한 사회 선교(social mission)를 들 수 있다. 그러나 전통적으로 대 사회를 향한 기독교의 사회 선교는 인간을 위한 복지적 차원과 개념을 수반하지 못한 채, 예수 그리스도의 복음과 사회 사업과의 이원적 차원에서 추진되어 온 것이 사실이다. 다시 말하면, 기독교의 전통적인 사회 선교는 이분법적 사고방식에 근거하여 인간의 영혼과 몸, 이 세상과 저 세상, 교회와 세상 등을 구분하여 선교의 대상으로 간주해 왔기 때문에, 이 세상보다 저 세상을, 세계보다 교회를, 사회보다 인간 구원을 더 중요

---

1) Thomas H. Gromme/김도일 옮김, *Educating for Life*,『생명을 위한 교육』(한국장로교출판사, 2001), 254

하게 고려하여 왔다.[2] 그러나 오늘날에 와서 사회를 향한 현대 기독교의 선교는 영원 구원을 위한 단순한 복음의 전달뿐만 아니라, 현대인의 삶의 전 영역과 그 문제를 해결하는 구체적 방법으로 실천되어야 할 것이다.

1. 기독교 사회 복지의 성서적 기초

현대 사회를 향한 기독교 선교의 중요한 패러다임은 예수 그리스도의 복음과 사회 복지와의 창조적 결합으로 인간 생명의 구원과 동시에, 사회 복지 환경이라는 공통 과제를 실천 할 '복지 선교'(welfare mission)이어야 할 것이다. 그것은 기독교가 대 사회를 향해 선포하는 예수 그리스도의 복음과, 그리고 사회 속에서 교회와 성도들의 실천적 행위를 포함하는 사회 선교의 결합을 의미한다. 여기에서 예수 그리스도의 복음은 세상을 향해 하나님의 생명을 선포하는 사건이라면 기독교의 복지 선교는 세상을 구속하시는 하나님의 선교와 사역에 참여하는 교회의 기초적 봉사인 것이다. 이와 같이 예수 그리스도의 복음과 복지 선교와의 합류인 기독교 사회 복지는 기독교 대학이 사회를 향한 실천적 프락시스로서 현대 사회에서 복음의 실천적 구현, 복음과 문화와의 교통, 사회 환경 및 자연 생태계의 다양한 조건들의 성찰에 의하여 인간 생명과 자연 생명을 동시에 살리는 '생명 살리기'를 실현하는 운동인 것이다. 따라서 현대 사회에서 일반 대학이 지향하고 있는 사회 봉사를 기독교 대학의 중요한 연구과제인 기독교 사회 복지로 재해석할 수 있을 것이다.[3]

---

2) 朴英鎬, 『기독교 사회복지』(기독교문서선교회, 2001), 397.
3) 미국 미시간(Michigan) 대학 명예 총장이자 국립과학 위원회 등 각종 위원회의 위원장을 역임한 Dr. James Johnson Duderstadt는 20세기를 지나 21세기 대학의 중요한 기능으로

1) 하나님 나라의 사상

기독교 사회 복지의 성서적 기초는 신약 성경의 복음서에 나타난 예수 그리스도의 사역과 활동에서 발견할 수 있다. 예수 그리스도의 복음의 기본 메시지는 인간과 사회 구원을 위한 '하나님 나라' 의 선포였다. 복음서는 예수 그리스도를 하나님 나라의 표본이요,[4] 그 나라의 계시자이며,[5] 그 나라의 중재자로 선포하면서 하나님 나라를 그의 사역과 교훈의 핵심으로 나타내고 있다. 따라서 기독교 사회 복지의 신학적 소재와 역사적 전거가 되는 하나님 나라의 사상과 그 나라를 실현하기 위한 예수 그리스도의 구체적 삶을 이해하는 것이 중요하다.

예수께서 강조하신 하나님 나라의 사상은 전통적으로 히브리 민족의 의식 속에 깊이 뿌리내리고 있었다.[6] 하나님 나라는 추상적인 개념이 아니라, 역사에 있어서 하나님의 주권을 세우려는 그의 구체적 활동을 상징한다. 구약 성경에서 하나님 나라는 종종 시적 언어나 상상적 언어로 묘사되고 있지만, 그것을 구체적 실재, 즉 하나님께서 하시는 역사(役事), 또는 미래에 하실 일로 이해할 수 있다.[7] 하나님 나라는 거룩하고 지혜의 근본이신 하나님께서 현재의 질서를 변형시키시고 천지만물을 충만하고 완성하시기 위해 역사(歷史)에 개입하시는 구체적 사건으로 제시되고 있다. 하나님 나라는 인간의 진정한 모든 열망과 인류의 요구들의 성취를

사회봉사의 중요성을 강조하고 있다(Dr. James Johnson Duderstadt/이철우, 이규태 역, 『대학혁명』, *A University for the 21st Century*. 성균관대학교 출판부, 2004, 215-236을 참조하시오).

4) 누가복음 17장 20절~21절.

5) 마가복음 4장 11절~12절.

6) Thomas H. Groome/ 이기문 역, 『기독교적 종교 교육』(대한기독교서회, 1987), 69.

7) 하나님 나라의 상징은 모든 피조물(출애굽기 15:18; 시편 145: 13), 하늘(시편 11:4), 땅 (시편 47: 3),만백성(예레미야 10:7-10)에 대한 하나님의 영원하시고 완전한 지배를 의미한다(Thomas H. Groome, 70).

의미하며, 그것은 하나님께서 백성의 사랑하심과, 하나님의 정의와 평화, 완성과 온전함, 일치와 행복, 충만과 풍성, 기쁨과 승리, 그리고 인간 고통의 종식으로 나타난다.[8]

예수님은 히브리 전통과 문화적 환경에서 성장하여 하나님 나라를 그의 복음 사역의 출발점으로 발전시켰다. 그러나 예수님은 전통적인 하나님 나라의 사상을 히브리 문화 중심적인 편협하고 특수한 개인주의적 사상에서 과감하게 탈피하여 모든 인류를 위한 보편적이며 우주적 사상으로 확대하여 재해석하였다.[9] 물론 예수님께서 강조한 하나님 나라는 전통적인 히브리 민족의 이해와 일치를 이루고 있었으나, 그 연속성은 하나님 나라는 역시 인류 역사의 한 가운데에서 하나님의 구속적 활동을 지시하는 동적이며 구체적 실재라는 사실로 명백하게 드러났다.

예수님의 하나님 나라는 인간의 역사적 시간 속에 있으면서도 그 시간성을 초월하는, 즉 현재뿐만 아니라 미래와도 관계가 있는 보다 두드러진 특징으로 제시되고 있다. 전자는 하나님 나라가 '이미 이루어짐'[10]의 현재적 표적으로서 사탄과 악의 세력에 대한 자신의 정복을 지적하고 있으며, 후자는 '아직 오지 않음'[11]의 미래에서만이 완전하게 실현될 것으로 선포되고 있다. 이와 같이 예수님의 하나님 나라는 시간적 공간적 사건으로서 존재하는 것이 아니라 개인의 내면 세계의 체험과 사회와의 관계성 속에 그 본질적 근거를 두고 있다는 것을 이해할 수 있다. 그리고 하나님 나라는 단순히 주관적이며 이상적인 실재가 아니라, 개인을 통하

---

8) Ibid., 71.

9) 누가복음 1장 32절, 2장 11, 25, 38절 참조. 물론 히브리 문화에서도 기원전 8세기 이후 예언자들에 의해 전파된 세계주의, 보편주의의 기틀이 마련되어 있었다. 온 나라가 하나님께 복종해야 할 유일신 신앙이 필연적으로 이방인에까지 확산되기를 열망하였기 때문이다(이사야 42:1-7, 49: 6, 56:7, 하박국 2:14 참조).

10) 누가복음 11장 20절.

11) 마가복음 6장 10절, 누가복음 11장 2절, 17장 20절-21절.

여 문화와 역사에서 전개되는 구체적이며 보편적 사회를 의미하는 것이다.[12]

예수님의 하나님 나라의 또 다른 특징은 그것을 자신의 실제적 생활과 그의 사역과 일치시켰다는 사실이다. 그것은 예수님께서 그의 사랑의 계명을 하나님 나라의 최고의 가치로 제시하였다는 점에서 발견할 수 있다. 즉, "하나님을 사랑하고 이웃을 사랑하라"[13]는 이중적 계명에 대한 예수님의 강조는 그 계명을 하나님 나라의 핵심으로서 히브리 사상의 연속성을 나타내는 것이었다.[14] 동시에 예수님은 하나님 나라를 하나님의 은총과 능력에 의해 도래되는 선물로 선포하고 있지만, 인간으로 하여금 시간과 역사 속에서 그 나라의 가치에 능동적인 응답, 곧 '마음의 변화'를 의미하는 회개를 강조하였다. 인간의 회개로 응답되어야 할 하나님 나라는 인간과 인간 사이의 관계, 하나님과 인간과의 관계, 그리고 자연과 인간과의 관계에서 하나님이 주권자가 되어 그의 창조의 모든 생명을 살리는 유일한 길로 이해되고 있다.[15]

2) 예수의 실천적 삶과 교훈

예수님의 실천적 삶은 그의 지상의 생활에서 사람들과의 관계를 사실적으로 표현하고 있는 신약 성경의 복음서에 잘 제시되어 있다. 구약 성경의 예언대로 예수님의 삶은 세상에서 구원과 치유의 대상을 위한 실제적 사역(使役)을 실천하는 일 이었다: "주의 성령이 내게 임하였으니 이는 가난한 자에게 복음을 전하려고 내게 기름을 부으시고, 나를 보내셔서

---

12) 金德俊 編著, 『基督敎社會福祉』(韓國基督敎社會福祉學會, 1985), 67.
13) 마태복음 22장 37-40절
14) Thomas H. Groome, op. cit., 76. 마태복음 22장 37-40절 참조.
15) Lewis J. Sherrill/ 이숙종 역, 『기독교 교육의 발생』(대한기독교서회, 1994), 120.

포로 된 자에게 자유를, 눈먼 자에게 다시 보게 함을 전파하며, 눌린 자를 자유케 하고, 주의 은혜의 해를 전파케 하려 함이라"[16] 예수님의 이와 같은 선포에서 나타난 그의 관심은 세상에 살고 있는 사람들의 실제적 삶을 보살피며 치유해야 할 예언의 실천에 두고 있었다. 이러한 예수님의 실천적 생활과 사역이 곧 하나님 나라의 실현을 위한 복지 선교의 모형이 되었을 뿐만 아니라 그 선포된 진리는 그가 직접 만나서 대면한 모든 사람들의 생명을 살리는 사랑과 희생으로 실천되었다.

(1) 용서의 삶과 율법의 재해석

예수님은 그의 생애에서 사람들의 용서와 화해가 모든 사역의 중심 과제로 언급하여 실천하였다. 예수님은 그 당시 사회에서 버림받고 소외되었던 다양한 병자들을 살리기 위해서, 그리고 율법을 거역했던 사람들의 처지와 상황을 이해하면서 그들의 행위를 율법적 코드(code)와 해석보다 생명 존중과 인간 사랑의 차원에서 무조건적으로 용서하는 급진적 태도를 나타내었다. 예를 들면, 갈릴리에서 "안식일에 손 마른 사람을 고치시고 안식일에도 선을 행할 것 을 권고하신 일",[17] 가버나움에서 "안식일에 18년 동안 귀신들린 여인을 고치신 일",[18] 예루살렘에서 "간음한 여인의 용서와 율법의 해석"[19] 등 그들에 대한 예수님의 사랑과 용서를 위한 율법의 재해석은 그의 인간 사랑으로부터 출발하였으며, 그것은 용서하는 자와 받은 자의 상호성에 관한 새로운 관계성에 중점을 두고 있었다.[20]

한편 예수님은 사람을 용서하는 그의 실천적 행위와 함께 모든 사람들

---

16) 누가복음 4장 18-20절
17) 마태복음 12장 9-14절, 마가복음 3장 1-6절, 누가복음 6장 6-11절
18) 누가복음 13장 10-17절
19) 요한복음 7장 53-8장 11절.
20) Robert W. Funk/김준우 옮김, 『예수에게 솔직히』(한국기독교연구소, 1999), 473.

이 실천하여야할 용서의 의미와 무제한성을 분명하게 제시하였다. 베드로가 예수님께 용서의 문제와 율법에 제시된 용서의 횟수를 제기하였을 때, 그는 일곱 번뿐만 아니라 일곱 번씩 일흔 번이라도 용서할 것을 대답하였다.[21] 예수님은 실제 생활에서 사람들을 용서하는 일의 중요성과 인간의 최상의 덕목이 곧 용서라는 진리를 분명하게 강조하였다. 인간의 용서에 대한 예수님의 대답과 그의 실천적 행위는 다른 사람들의 죄를 한없이 용서하는 용서의 실천이 완전한 사회복지의 실천적 과제라는 사실을 제시하고 있다.[22]

(2) 병 고치심과 가난의 미덕

예수님의 복음 선포와 사역은 병든 자들의 치유와 가난한 자들에 대한 관심에서 시작되었다. 예수님의 사역은 병든 자들을 고치시며 위로하였던 치유 목회의 실천이었다. 그것은 복음서 전체의 5분의 1이 치유에 관한 기사들로 할애되어 있으며 실제적으로 중풍병자, 문둥병자, 귀신들린 자, 눈먼 자, 혈루병자, 앉은뱅이 등을 포함하여 마흔 한 차례의 완쾌의 사건을 통하여 알 수 있다. 또한 예수님은 세상에서 가난의 미덕과 가난한 자의 축복을 설명하시며, 오히려 부자의 회개와 풍요로움을 비판하는 입장을 분명하게 보여 주었다. 예를 들면, 가난한 자의 돌봄을 강조하는 "부자와 서지 나사로의 이야기",[23] "부자의 욕심을 어리석음으로 비난하신 일",[24] "소유를 팔아 가난한 사람을 도와주는 것이 영생의 조건"[25]등 예수님이 강조한 가난의 미덕과 부자에 대한 비판적 태도는 그 당시 일상

---

21) 마태복음 18장 15절, 21-25절.
22) 金德俊, 57.
23) 누가복음 16장 19-31절.
24) 누가복음 12장 16-21절.
25) 마태복음 19장 16-30절, 마가복음 10장 17-27절, 누가복음 18장 18-30절.

적인 사회 질서와 구조의 개혁을 요구하는 가난에 대한 사회적 이해와 방향을 제시한 일들이었다. 이와 같이 병든 자들과 동시에 가난한 자들에 대한 예수님의 절대적 관심과 돌봄은 그들로 하여금 모든 사회적 지위의 평등성과 가치, 그리고 공동의 소유와 나눔을 구현하는 복지 선교의 전형이 되었다.

(3) 실천적 행위의 역설

예수님은 그 당시에 사람들의 실제적 생활에서 실천해야 할 다양한 행위들, 즉 사람들과의 도덕적 행위와 하나님과의 경건한 행위를 구체적으로 제시하였다. 그러나 사람들이 실천하여야 할 다양한 행위에 대한 그의 교훈은 인간의 평범한 생각과 상상을 초월하는 역설적인 진리들로 제시하고 있다. 첫째, 다른 사람들과의 개인적 행위에 대한 실례를 들 수 있다: 오른 손이 하는 자선 행위를 왼 손이 모르게, 오른 뺨을 때리는 사람에게 왼쪽 뺨까지 내 놓으며, 속옷을 요구하는 사람에게 겉옷까지 줄 것을, 오리를 함께 가기를 원하는 사람에게 십리까지 동행할 것을 가르쳤다.[26] 둘째, 종교적 행위와 사회적 지위에 대한 실례를 들 수 있다. 기도를 할 때에 골방에서 조용히 기도할 것,[27] 예수님을 따르기 위해서는 자신을 부인하고 자기 십자가를 질 것,[28] 높아지고자 하는 사람은 낮아질 것이며, 낮아지고자 하는 사람은 높아질 것[29]과 누구든지 나와 복음을 위하여 제 목숨을 잃으면 구원하리라[30] 등의 역설적인 진리를 발견할 수 있다. 예수님은 스스로 이러한 교훈을 실천하며 삶의 모범을 보여 주었으

---

26) 마태복음 5장 39-42절.
27) 마태복음 6장 5-6절.
28) 마가복음 8장 34-35절.
29) 누가복음 14장 11절.
30) 마태복음 16장 25절.

며, 이것이 곧 사회 복지와 그 사명을 감당하려는 모든 사람들이 지켜야
할 실천적 행위와 자세라는 것을 분명히 제시하였다.

(4) 개방된 공동 식탁

예수님은 그의 생애 동안에 사회에서 소외되었던 죄인들, 세리들, 창
녀들, 문둥병자들을 구별하지 않고 함께 식사를 나누었다. 그 당시에 예
수님께서 사회의 소외된 사람들과 함께 나누었던 식탁은 오늘날 그리스
도인들이 주변에 있는 모든 사람들에게까지 개방하여 함께 나누어야 하는
공동 식탁의 의미와 중요성을 제시한 사건이었다. 예수님의 식탁은 인간
의 상상을 초월하는 기적적 사건으로 나타나기도 했다. 그의 말씀을 듣
기 위해 광야에 모인 오천 명에게 떡 다섯 덩어리와 물고기 두 마리를 나
누어 배불리 먹게 하셨던 일[31]은 예수님의 식탁을 대중을 위한 친교 공동
체로 확대하는 결정적인 계기가 되었다.

그리고 예수님은 자신의 십자가의 죽음을 앞에 두고 유월절 전날 밤에
최후의 만찬을 열두 제자들과 함께 나누었다. 예수님은 이 만찬을 "내 피
로 세운 새 언약"으로, 그리고 "너희가 이를 행하여 나를 기념할 것"[32]을
명하였으며, 이 최후의 만찬이 전통적으로 기독교 성만찬의 기원과 새
공동체의 출발점으로 예고되었다. 예수님의 성만찬이 마침내 세계 인류
가 상호 봉사와 협동의 공동체 생활을 영위할 수 있는 신학적 근거와 신
앙적 터전(場)으로 발전되었다. 예수님은 세상의 다양한 사회조직과 공동
체의 영속성과 통일성을 그의 성만찬에서 예시된 그 자신과의 영적 관계
성에 기반을 두어야 할 것을 강조하였다. 왜냐하면, 예수님은 성만찬을

---

31) 마태복음 14장 13-21절, 마가복음 6장 30-44절, 누가복음 9장 10-17절, 요한복음 6장 1-15
   절. 한편 마태복음 15장 32-39절과 마가복음 8장 1-10절에는 예수님께서 4천 명을 먹이
   신 기적이 기록되어 있다.
32) 누가복음 22장 19절.

통한 그와의 영적 관계성의 체험은 다른 사람들과의 영적 친교로 확대할
수 있는 새 공동체의 실현과 복지 선교의 기틀을 마련하였기 때문이다.

(5) 사랑의 계명과 대상

예수님은 그 당시 많은 사람들에게 모든 율법과 계명 중에서 '하나님
을 사랑하고 이웃을 사랑하는' 계명을 가장 중요한 선지자의 강령으로
선언하였다. '하나님 사랑'과 '사람 사랑'을 강조한 최고의 계명은 예수
님의 윤리적 교훈의 근본 원리로서 그가 선포한 수많은 계명들과 그의 실
천적 생활을 함께 포괄하고 있다. 예수님은 하나님 사랑과 사람 사랑 양
자의 관계를 상호 분리할 수 없도록 결합하였으며, 그것은 사랑의 대상
이 평등하다는 것보다 사랑 자체의 본질을 강조하기 위해서였다. 예수님
의 의도는 인간의 자기 사랑의 포기를 결단하는 행위가 있을 때, 하나님
에 대한 사랑과 사람에 대한 사랑은 하나가 될 수 있다는 것을 보여 주었
다. 다시 말하면, 하나님 사랑을 요구하는 하나님의 명령에 귀를 기울이
며 실천할 때, 언제든지 사람 사랑에 응답할 수 있는 것으로서 곧 사람 사
랑이 하나님 사랑으로 입증되었다.[33] 또한 예수님은 사람 사랑의 구체적
인 대상과 실례를 제시하였다. 하나님은 선한 사람과 악한 사람을 가리
지 아니하고 해를 똑같이 비추고 비를 내리시는 사랑의 하나님이시며,[34]
예수님 자신도 의인을 부르러 오지 아니하고 죄인을 부르기 위하여 오셨
다[35]는 그의 말씀에서 그 실례를 알 수 있다.

(6) 생명의 존엄성과 가치

예수님은 그의 전 사역을 통하여 인간을 비롯한 자연 생명의 소중함과

---

33) 연세대학교 종교 교재 편찬위원회 편, 『성서와 기독교』 (연세대학교 출판부, 1994), 215.
34) 마태복음 5장 45절.
35) 마가복음 2장 17절.

가치를 항상 강조하였다. 예수님의 모든 사역은 '생명 사랑', '생명 존중'으로 함축할 수 있다. 무엇보다, 그는 인간 생명의 가치와 존엄을 깊이 믿고 있었으며 따라서 모든 인류는 하나님의 자녀들로 믿는 것이 그의 근본적 신앙이며 인간에 대한 절대적 평가였다. 그는 인간의 생명을 창조된 온 세계와 만물보다 귀중한 것으로 강조하기 위하여 다양한 비유와 언설, 그리고 그의 실천적 생활을 통하여 모든 사람들에게 선포하며 가르쳤다. 실제로, "내가 온 것은 잃어버린 자들을 찾기 위함이라"라는 예수님의 말씀과 그것을 입증하는 '잃어버린 한 마리 양'[36]의 비유는 그의 '생명 존중 사역'의 의미를 구체적으로 명시하고 있다.

예수님은 인간 생명의 소중함과 함께 자연 생명의 가치를 함께 강조하였다. 그는 그 당시 많은 사람들에게 인간 생명의 고귀함과 존엄성을 가르치며 일깨우기 위해 다양한 자연 사물을 실례로 제시하면서 자연 생명의 가치를 동시에 인급하였다. 예를 들면, 하나님은 "새들을 기르시고 해를 비추이며 비를 내리며 들의 백합화도 입히시며",[37] "이렇게 참새 한 마리라도 걱정하시는 하나님께서 인간의 생명을 많은 참새보다도 낫게 여기신다"[38]는 사실을 강조하였다. 예수님은 하나님께서 이렇게 작은 것 하나라도 멸망하기를 원치 아니하시는 분[39]이시기 때문에, 인간과 각 생명체는 하나님 앞에서 독자적이며 자율적인 인격적 가치를 소유하고 있는 고귀한 존재로 이해하였다.

---

36) 마태복음 18장 22-24절.
37) 마태복음 6장 25-32절.
38) 마태복음 6장 26절.
39) 마태복음 18장 14절.

2. 기독교 사회 복지의 신학적 기초

위에서 살펴본 대로, 기독교 사회 복지는 예수님의 말씀 선포와 실천적 생활을 근간으로 새롭게 해석되어야 한다. 왜냐하면, 기독교 사회 복지의 근거를 성경의 내용과 메시지에 기초하여 발전해야 그 생명력을 나타낼 수 있기 때문이다. 이렇한 성경에 기반을 두어야 할 기독교 사회 복지는 그 학문으로서의 기능과 실천적 과제를 해석하고 비판하기 위해 신학적 언어와 구조를 도입해야 할 중요성이 제기되고 있다. 물론 현대의 사회 복지학에서 신학을 전적으로 배제해야 할 이유와, 그 반대로 신학과의 밀접한 관계성을 주장하는 양자의 이론이 논란의 대상이 되고 있는 것이 사실이다. 그러나 기독교 사회 복지는 인간이 발전시켜 온 학문적 이론과 그 이론에 근거한 실천적 봉사와 행위로는 극심한 한계성에 봉착하게 된다. 따라서 기독교 사회 복지는 인간적 제한성과 한계를 능가하는 보다 초월적인 봉사와 희생이 요구되기 때문에, 그것을 비판적으로 성찰할 수 있는 이론적 담론을 제공하는 신학과의 관계성에서 발전되어야 한다.

1) 예수의 삶의 해석학적 이해

예수님의 실천적 삶은 그 당시의 사회적 환경에서 사회 복지의 혜택을 받지 못하는 계층들을 위한 삶이었으며, 그의 복음은 그들의 모든 삶의 정황을 돌보는 생명의 메시지였다. 예수님은 인간으로서 대접받지 못하는 많은 사람들에게 사회적 지위와 인간적 삶의 권리를 회복하기 위하여 정치적 통치와 사회·문화적 이념이었던 히브리 전통과 구약의 율법을 과감하게 재해석하였다. 그는 사회의 기득권자들과 지도층의 왜곡된 통치 질서와 사회구조의 불균형과 모순, 또한 당시의 사회 가치의 비도덕적 편견을 지적하고 비판함으로써 인간성의 회복과 사회 구조의 개혁을 시도하였다.

예수님의 삶과 그의 복음 선포는 인간 개인을 위한 것이었다고 생각할 수 있지만, 개인과 함께 사회 환경과 사회 구조의 개혁에 초점을 두고 있었다. 그의 복음 사역은 그 당시 사회적 편견과 인간의 차별성에 대한 구체적인 도전이었으며, 오늘날에 와서 사회복지의 실현을 위한 구체적 내용으로 지시되고 있다. 그의 복음은 이러한 측면에서 개인의 정신적 위로나 영적인 신비 체험의 현상에만 국한되어 있는 것이 아니라, 구체적으로, 사회 구조의 개혁에 깊이 침투하는 복지 선교의 특징을 나타내고 있었다. 이와 같이 예수님의 복음과 그의 실천적 생활이 사회 구조의 변형과 회복을 향한 메시지였다면, 그것은 복지 선교의 초점과 획을 같이 하는 개혁 운동으로 이해할 수 있을 것이다.

실제로 예수님의 복음이 선포되어 전해지는 곳마다 거기에는 항상 동일한 경향을 가진 사회적 변화의 결과가 나타났다. 즉 그 교훈에는 어떠한 사회 조직 혹은 사회의 중요한 구성 요소에 관한 근본적 사상이 내포되어 있었으며, 그것은 인간의 개인적 문제 이상으로 사회 공동체의 고유한 목적과 이상이 분명하게 제시되어 있었다. 예수님은 복음 사역을 통하여 그가 염원해 왔던 이상적 사회가 곧 하나님 나라의 실현이었다는 것을 제시하면서, 그의 하나님 나라의 복음이 전 세계의 모든 사람에게 선포되어야 한다는 사실을 강조했다.[40]

예수님의 삶과 복음 사역은 그의 복음 선포와 가르침으로 끝난 것이 아니라, 자신의 실천적 생활을 통하여 구체적으로 나타났다. 그의 삶 자체의 기록이 그의 가르침이었으며, 그의 가르침의 본보기가 곧 그의 삶 자체였다. 그에게는 삶과 교훈이 분리될 수 없었고, 그의 가르침 속에서

---

40) 마가복음 13장 10절, 14장 9절, 마태복음 28장 19절, 누가복음 24장 47절.

는 항상 신앙적 실천이 함께 연결되어 있었다. 실제로, 예수님의 하나님 나라의 복음의 실재는 그의 고난과 죽으심과 십자가의 부활 속에서 가장 극명하게 드러난다.[41] 예수님의 십자가의 고난은 그가 하나님과 인간과의 화해를, 그리고 인간과 인간과의 사랑을 가르쳤던 복음의 구체적 실천이었다. 따라서 예수님은 하나님 나라의 실재를 그의 가르침과 교훈으로만 제시하였을 뿐만 아니라 몸소 인간을 위하여 십자가를 지시는 실천적 행실로 성취하였다.

예수님의 하나님 나라는 그의 십자가의 형상이 되며, 동시에 예수님 자신이 그 십자가 위에서 하나님 나라의 구체적 패러다임을 제시하신 것이었다. 예수님께서 선언한 하나님 나라의 제일의 계명이 '하나님 사랑'과 '사람 사랑'이라고 할 때, 하나님 사랑이 수직이라면, 사람 사랑이 수평이 되어서 양자는 십자가에서 합류하게 된 것이다. 예수님의 십자가는 자신의 죽음을 통하여 하나님 사랑과 사람 사랑을 실천한 하나님 나라의 실재이며, 십자가 사건이 곧 예수님을 따르는 모든 사람들이 실천해야 할 사랑의 증거가 된 것이다. 이러한 맥락에서, 우리는 신학의 과제가 수직적인 하나님의 사랑을 선포하여 탐구해야 할 '테오리아'라고 한다면, 기독교 사회 복지는 수평적인 인간 사랑의 '프락시스'로서 양자는 십자가로 합류하는 이상적인 모형으로 추론할 수 있다.

2) 신학과 사회 복지학의 합류

그렇다면 기독교 사회 복지가 학문으로서 고유한 성격과 특성을 가지고 있지만, 신학과 합류할 수 있는 성서·신학적 근거와 그 영향을 살펴보는 것이 바람직할 것이다. 왜냐하면, 인간 존재와 그 삶의 문제를 중심

---

41) 연세대학교 종교교재편찬위원회 편, 『성서와 기독교』, 501.

적 내용으로 연구하여야 할 기독교 사회 복지의 전거를 성서·신학적 내용과 배경에서 찾아야 그 학문으로서의 특성과 본래적 기능을 발휘할 수 있기 때문이다. 여기에서 저자는 기독교 사회 복지의 신학적 소재(素材)와 역사적 전거를 예수 그리스도의 구체적 삶과 선교 활동과 관계하여 발견하려고 한다.

첫째, 기독교 사회 복지는 예수님의 하나님 나라의 사상에 근거로 연구되어야 한다. 예수님의 교육과 설교의 중심 내용은 하나님 나라이었다. 이미 논의한 대로, 예수님께서 강조하신 하나님 나라는 추상적인 개념이 아니라, 인간 역사의 중심에 하나님의 주권을 세우려는 그의 구체적인 활동으로서 하나님께서 현재의 질서를 변형시키기 위해 역사에 개입하시는 주체로 제시되고 있다. 따라서 기독교 사회 복지의 궁극적 탐구와 실천은 인류사회에 하나님 나라의 실현에 그 목적을 두어야 할 것이다.

둘째, 기독교 사회 복지는 예수님의 병자들의 치유와 소외된 사람들의 용서와 사랑을 실천한 생명 존중 사상을 그 핵심적 내용으로 다루어야 한다. 예수님은 그 당시 사회에서 버림받고 소외되었던 다양한 병자들을 치유하여 살리기 위해서, 그리고 율법을 거역했던 사람들의 처지와 상황을 이해하기 위해서 그들의 행위를 율법에 근거하여 해석하는 것보다 생명 존중과 인간 사랑의 차원에서 실천했던 급진적 태도를 나타내었다. 예수님의 복음 선포와 사역은 병든 자들의 치유와 가난한 자들에 대한 관심에서 시작되었다. 예수님의 사역은 병든 자들을 고치시며 위로하였던 치유 목회의 실천이었다. 그리고 예수님은 세상에서 가난의 미덕과 가난자의 축복을 설명하시며, 오히려 부자의 회개와 풍요로움을 비판하는 입장을 분명하게 보여 주었다. 예수님이 강조한 가난의 미덕과 부자에 대한 비판적 태도는 그 당시 일상적인 사회 질서와 구조의 개혁을 요구하는 가난에 대한 사회적 이해와 방향을 제시한 일들이었다. 이와 같이 병든 자들과 동시에 가난한 자들에 대한 예수님의 절대적 관심과 돌봄은 그들로 하여금 모든 사회적 지위의 평등성과 가치, 그리고 공동의 소유와 나눔을 구현하는 사회 복지 정책의 전형으로 발전되어 왔다.

셋째, 기독교 사회 복지는 예수님의 개방된 공동 식탁과 나눔의 실천을 그 학문적 정체성으로 삼아야 한다. 그 당시에 예수님께서 사회의 소외된 사람들과 함께 나누었던 식탁은 오늘날 사회 주변에 있는 모든 사람들에게까지 개방하여 함께 나누어야 하는 공동 식탁의 의미와 중요성을 제시한 사건으로 해석되어야 한다. 예수님은 자신의 십자가의 죽음을 앞에 두고 유월절 전날 밤에 열두 제자들과 함께 나눈 최후의 만찬이 전통적으로 기독교 공동체의 출발점으로 교회의 중심 사역인 친교의 중요성을 예시하였다. 예수님의 성만찬은 마침내 세계 인류가 상호 봉사와 협동의 공동체 생활을 영위할 수 있는 신학적 근거와 신앙적 터전(locus)으로 발전되었다.

넷째, 기독교 사회 복지는 인간 생명의 존중과 함께 자연 생명 및 생태계의 중요성을 연구 과제로 삼아야 한다. 예수님은 그의 전 사역을 통하여 인간을 비롯한 자연 생명의 소중함과 가치를 항상 강조하였다. 그는 인간 생명의 가치와 존엄을 깊이 믿고 있었기 때문에, 모든 인류는 하나님의 자녀로 이해하는 것이 그의 근본적 신앙이며 인간에 대한 절대적 평가였다. 그는 인간의 생명을 창조된 온 세계와 만물보다 귀중한 것으로 강조하기 위하여 다양한 비유와 언설과 그의 실천적 생활을 통하여 모든 사람들에게 선포하며 가르쳤다. 예수님은 인간 생명의 소중함과 함께 자연 생명의 가치를 함께 강조하였다. 그는 그 당시 많은 사람들에게 인간 생명의 고귀함과 존엄성을 가르치며 일깨우기 위해 다양한 자연의 사물들을 실례로 제시하면서 자연 생명의 가치를 동시에 언급하였다.

위에서 제시한 기독교 사회 복지의 학문적 기초를 예수 그리스도의 사역을 통해 나타난 성경 중심적 내용과 그 내용을 구체적으로 실천할 학문적 체계와 성격에 대한 이해가 제시되어야 할 필요성을 절감하게 된다. 다시 말하면, 현대 사회에서 사회 복지의 구체적 전형이 되어야 할 성서적 이론과 그 내용을 현대인의 삶의 정황에 침투해야 할 실천적 과제와의 합류가 요청되고 있다. 따라서 전자(前者)는 기독교 사회 복지의 학문적 기초가 되는 '신학' 을, 그리고 후자(後者)는 학문적 내용의 구체적 실천적 방법을 제시하는 '사회 복지학' 을 의미한다. 물론 신학과 사회 복지학의 관계성, 즉 하나님 중심 사상을 탐구하는 이론적 학문과 인간 복지를 행동으로 실현하는 실천적 학문의 합류는 역사적으로 이미 서구 사회에서는 오래전의 관행이 되었다. 그러나 현대적 맥락에서 두 학문의 합류를 강조하는 것은 무엇보다 고도의 디지털 정보 기술과 지식이 인간 의식을 지배하고 있는 고도의 기계 기술 문화에서 새로운 인간성 회복과 인간 교육을 지향하는 인간 중심적 문화로 변형할 수 있는 역동적 대안이 제시되어야 하기 때문이다. 다시 말하면, 기독교 대학에서 이론으로서의 신학과 실천으로서의 사회 복지학이 합류하여 현대인의 인간성의 회복과 사회 변혁의 촉매를 제시할 기독교 사회 복지학으로 곧 두 학문의 합류를 통한 체계적 연구와 교육이 시행되어야 하기 때문이다.

3) 기독교 사회 복지의 과제

한국의 기독교 대학은 사회 복음화와 사회 복지를 실현하기 위한 학문 연구와 전인 교육과 전문적 직업 훈련을 통하여 국제 사회와 세계 인류를 위해 봉사하며 공헌할 역동적인 지도자를 배출하는 데 전념해야 한다. 한국에서 120년의 기독교 선교의 역사와 함께 출발한 기독교 대학의 교육을 돌이켜 볼 때, 대 사회를 향한 인간성 교육과 기독교 사회 복지 교육의 실천에 얼마나 공헌했는지 깊이 반성해야 할 것이다. 실제로, 지금까지 한국의 기독교 대학은 열악한 교내 외적인 교육적 환경으로 현대 사회에서 인간의 삶의 질을 향상시켜야 할 기독교 사회 복지를 위한 수준 높은 교육에 관심을 기울일 여유가 없었던 것이 사실이다. 이러한 현실을 직시하고 기독교 대학은 기독교 사회 복지의 발전을 위해 다음과 같은 미래의 과제에 관심을 두어야 할 것이다.

첫째, 기독교 사회 복지는 성서·신학적 자원과 소재를 기초로 인간 개인의 문제를 해결하며 순수한 '사람 사랑'을 실천하는 학문이 되어야 한다. 개인 생활에서 육신적으로, 정신적으로, 영적으로 갈등과 고통당하며 주어진 사회 환경에 의해 상처를 입고 있는 많은 사람들을 치유하며 그들의 갈등을 해결 할 문제의식을 가지고 출발해야 한다. 기독교 사회 복지는 진정한 인간성의 회복과 사회 복지 실현을 위해 신학과 사회 복지학의 합류를 철저하게 지향하여 대 사회를 향한 새로운 사회 복지 교육의 사명과 역할을 기대해야 할 것이다. 현대 사회를 향한 기독교 사회 복지 교육은 현대인의 삶의 전 영역—영적, 정신적, 육체적 삶—의 다양한 문제들을 해결하는 구체적인 방법으로 실천되어야 한다. 현대 사회를 향한 기독교 사회 복지 교육의 중요한 패러다임은 그리스도의 복음을 중심으로 하는 인간성의 회복과, 그리고 사회 복지와의 창조적인 결합으로 인간 생활의 향상과 그 실천에 두어야 할 것이다.

둘째, 기독교 사회 복지 교육은 복지 선교와 사회 봉사에 자원할 수 있는 전문 지도자들을 양성해야 한다. 기독교 대학의 중요한 교육적 과제가 복지 공동체의 구현에 있다고 할 때, 그것은 기독교 사회 복지 교육의 활동 범위와 영역을 분명하게 제시하여 그 공동체에 적극적으로 참여할 수 있는 지도자들을 선정하여 교육하는 일이다. 기독교 사회 복지가 양성해야 할 전문 지도자는 복지 공동체가 지향하고 있는 교육의 목적과 특징을 가르쳐 전수하는 일에 종사할 교육 전문가와, 복지 공동체의 직접적인 다양한 문제들을 다루며 해결할 복지 전문가(의료 복지, 법률 복지, 복지 상담, 복지 선교, 노인 복지, 청소년 복지 등)를 의미한다. 그들은 기독교 대학을 포함한 지역 사회 교회와 복지 기관과 국가 공공 기관과의 긴밀한 협조로 복지제도와 그 경영의 문제점을 파악하고 개선하는 일에 적극적으로 참여해야 한다. 무엇보다, 지역 사회의 복지 기관들과 긴밀한 관계를 유지하면서 다양한 영역의 복지 대상자들을 개인적으로, 혹은 집단으로 보호하는 과제들을 연구 조사하여 그 해결 방안을 위해 국가 공공 기관과 복지 단체들과 중요한 복지 정책을 함께 자문하고 토론하여 새로운 결정과 대안의 제시를 위해 적극적으로 참여할 수 있어야 한다.

셋째, 기독교 사회 복지는 현재 난립되어 있는 다양한 기독교 교단과 교회를 초월하여 초교파적 차원에서 지역 사회와의 긴밀한 협력 관계를 정립하여 발전해야 한다. 지역 단위의 복지 선교를 위하여 지역 교회들과 공동으로 범 교단적인 공동 프로그램을 개발하여 진행하여야 한다. 지역 교회와의 복지 선교를 위한 연합 활동은 군소 교회들의 부족한 복지 선교의 예산과 인력의 문제들을 해결할 수 있는 장점이 될 수 있다. 또한 기독교 사회 복지는 지역 교회에서 사회 복지를 중요한 목회 분야로 설정하여 그 영역을 책임 있게 경영하며 지도할 전문 인력과 평신도 지도자들을 배양하는 일에 관심을 두어야 한다.

넷째, 기독교 사회 복지는 지역 사회의 복지 기관과 국가 공공 기관과의 긴밀한 협조를 통해 사회 복지 제도와 그 경영의 문제점을 파악하고 개선하는 일에 적극적으로 참여해야 한다. 기독교 사회 복지는 지역 사회의 복지 기관들과 긴밀한 관계를 유지하면서 다양한 영역의 복지 대상자들, 정신 및 지체 부자유자, 정신적 신체적 질병 환자들(폐결핵, 간질병, 각종 암환자, 백치, 알코올 중독자), 소년 소녀 가장, 노숙자 및 실직자, 이혼자, 고아와 과부, 고령자 및 독거 노인, 외국인 노동자 및 불법 체류자, 청소년 범죄자들을 개인적으로, 혹은 집단으로 보호하는 일 등을 학문적으로 탐구하며 그 해결 방안을 능동적으로 제시하여 한다. 동시에 국가 공공 기관과 사회 단체들과 협력하여 중요한 복지 정책을 함께 자문하고 토

론하여 새로운 결정과 대안의 제시를 위해 적극적으로 참여할 수 있어야
한다.

기독교 사회 복지는 복지 공동체의 과제를 지속적으로 추진하기 위해
복지 대상자들의 문화 수준의 향상을 위한 프로그램을 개발해야 한다.
복지 공동체가 지향하는 복지수준의 향상은 복지 지원자(social worker)와
대상자(client) 쌍방 간의 문화 의식에 그 성패가 달려 있다고 해도 과언이
아니다. 다시 말하면, 복지 지원자는 대상자의 일방적인 필요성과 욕구
를 충족시키기 위해 복지 자원을 무비판적으로 제공하는 것만이 아니라,
그 자원을 활용하여 장기적으로 재활할 수 있도록 체계적인 관리와 현실
적 상황을 충분히 이해하도록 교육해야 한다. 반면에 복지 대상자는 자
신의 필요성에 의해 제공받은 복지 혜택을 다시 사회에 환원할 수 있는
방안과 다른 수혜자들과 함께 공유할 수 있는 다른 차원의 혜택을 공급할
수 있는 의식의 변화와 전환이 선행되어야 할 것이다. 이러한 쌍방 간의
문화 수준의 향상을 위해 기독교 사회 복지는 지역 사회의 전통과 문화적
특수성을 주의 깊게 관찰하고 연구하여 그것에 상응하는 추진 계획을 합
리적으로 수립해야 할 것이다. 또한 복지 대상자들을 위해 평생 교육 차
원에서 집중적이며 체계적인 교육은 물론, 그들의 실질적인 당면 문제를
위해 사회 보장과 연금 혜택, 각종 보험에 의한 경제적 보호를 충분히 받
을 수 있는 공동의 협조 체제(cooperative network)를 구축해야 할 것이다.

끝으로, 현대의 기독교 대학은 기독교 사회 복지를 중요한 학문적 영
역으로 수용하여 연구하며 가르쳐야 할 행정 체계와 교육 프로그램을 개
발해야 한다. 기독교 대학은 기독교 사회 복지를 통해서 인간을 구원하
고 하나님의 뜻에 따라 현대 사회 구조를 변화할 복음 선교와 사회 봉사
를 결합하는 차원으로 학문화하여야 한다. 그것은 인간의 생명과 동시에
그 생명을 둘러싸고 있는 사회 및 자연 환경의 구원과 회복을 포괄하는
통전적 생명 운동으로 탐구하여야한다. 여기에서 기독교 사회 복지의 내

용이 복음과 사회 봉사에 의한 '생명 운동'이라고 할 때, 복음은 뿌리이며, 복음 전도와 사회 봉사는 모두 그 열매[42]가되기 때문에, 양자는 분리될 수 없는 것이다. 동시에 기독교 대학은 기독교 사회 복지가 바람직한 인간 교육을 통해 실현될 수 있다는 사실을 간과하지 말아야 한다. 기독교 사회 복지를 위한 복지 교육은 그 내용을 복지 선교의 핵심으로 이해하여 그것을 전달하는 수단과 방법을 체계적으로 개발해야 한다. 그러나 기독교 대학에서 기독교 사회 복지 교육을 단지 그 내용을 전달하는 수단과 방법으로만 이해하게 된다면, 복지 교육 자체의 심오한 의미와 목적을 과소평가하게 되는 학문적 우(愚)를 범하게 될 위험성을 내포하기 때문에, 기독교 대학은 기독교 사회 복지의 구체적 의미와 내용 및 방법을 중요한 교육 목적으로 포괄적으로 함께 다루어야 한다.

---

42) 1982년 6월 Grand Rapids에서 로잔위원회와 세계복음주의 협의회가 후원하여 개최된 복음 전도와 사회적 책임관계협의회(The Consultation on the Relationship between Evangelism and Social Responsibility)의 보고서를 참조하시오(朴英鎬, Ibid., 401).

제8장 영성 교육

인류 역사상 인간 교육에 관한 다양한 연구를 통하여 그 해결 방안을 모색하여 왔지만, 실제로 그것이 인간성의 변화와 개조에 어느 정도로, 어떻게 적용되어 왔으며, 그리고 그 실천적 효용성은 무엇인가에 대하여 의문을 제기하지 않을 수 없다.[1] 인간 교육에 관한 수많은 연구들은 결과적으로 지금까지 바람직한 인간성을 형성하기 위한 적절한 해답과 그 가치를 제시하지 못했던 과제로 남게 되었다. 어쩌면 인간이 지상에 존재하는 한 인간 교육의 문제는, 앞으로 아무리 새로운 이론과 실천을 고안하여 제시한다 하더라도, 교육에 관심 있는 사람들의 또 다른 과제로 남게 될 것이다. 그러나 참된 인간 교육은 인간의 외형적인 육체의 단련과 지식의 전수와 도덕성의 실천에 있다기보다, 인간성의 본질이자 그 표현의 힘이 '생명을 위한 교육' 이라고 가정한다면, 교육의 궁극적 기반은 영적(spiritual)이어야 한다.[2]

---

1) 이숙종,『현대 사회와 기독교 교육』(대한기독교서회, 2001), 213.
2) Thomas H. Groome/김도일 옮김, *Educating for Life* 『생명을 위한 교육』(한국장로교출판 사, 2001),16.

1. 인간성 교육

인간은 하나님 형상으로 태어난 신·인적 속성을 겸비하고 있는 신비한 속성을 본유적으로 내재하고 있다. 그것은 태어날 때부터 이미 사람마다 전인성을 나타내는 지성과 덕성과 경건의 속성을 의미한다. 모든 사람은 내재하고 있는 지성의 요소를 통하여 이 세상과 자연 세계의 모든 것을 알 수 있는 능력을 나타낼 수 있으며, 덕성의 씨앗을 통하여 자연의 모든 생명체들을 포함한 다른 사람들과 조화를 이룰 수 있는 도덕성을 계발할 수 있으며, 나아가서 경건의 씨를 통하여 초월자이신 하나님을 신뢰할 수 있는 경건과 신앙을 배양할 수 있는 것이다. 이와 같이 다양한 학문과 과학 지식을 위한 지성 교육과 도덕적 행위를 위한 덕의 훈련과, 그리고 하나님을 사랑하며 경외하기 위한 경건의 훈련을 인간성 교육이라 할 수 있다.

1) 인간의 속성

인간이 세상에 태어난다는 것은 매우 고귀하고 신비스러운 일이다. 그것은 개인에게 있어서는 자신의 삶을 실현하는 신비이며, 그와 관계하고 있는 사람들과 공동체에 있어서는 개인의 생명을 함께 공유해야 하는 축제가 된다. 인간이 그가 살아 갈 삶의 환경에 태어나서 생을 실현한다는 것은 미지의 세계를 경험하며 자신의 모든 것을 개방하여 펼쳐 가는 것을 의미하며, 또한 사회 공동체에서 그의 생을 축하한다는 것은 많은 사람들이 공동체의 발전과 영속을 위해 그를 영접하며 함께 삶을 영위하는 자리를 제공하는 것이다.[3] 여기에서 인간이 미지의 세계를 경험하고 동시

---

3) Ibid., 141.

에 공동체 생활을 통하여 새로운 경험을 할 수 있게 하는 매개가 있다면 그것은 곧 인간성을 위한 교육인 것이다. 교육은 신비한 존재인 인간으로 하여금 자신의 유기체적 속성을 가지고 미래의 생활을 위해 발전적 단계로 성장하는 과정을 촉진하며 성숙하게 하는 매개가 된다. 왜냐하면, "인간은 가장 온화하고 가장 성스러운 존재이지만, 그가 참 교육을 받는 조건으로만 그렇게 될 수 있기"[4] 때문이다. 여기에서 인간성 교육을 논의하기 위해, 무엇보다, 인간의 속성의 이해와 그 속성을 지향하는 교육의 과제를 탐구할 것이다.

전통적으로 인간의 속성을 이해하기 위하여 시대와 지역, 그리고 역사와 문화를 불문하고 다양한 관점에서 인간의 문제를 분석하고 논의되어 왔다. 특히 서구 사회에서는 그 문화의 두 축을 이루어 왔던 고대의 희랍 문화와 히브리 문화에서 추구하여 온 인간의 문제가 가장 핵심적 이해로 전승되어 왔다. 물론 인간에 관한 두 문화권의 이해는 기독교 세계가 형성되면서 양자를 혼합하여 제3의 인간 이해로 발전되어 왔지만, 특히 유대 · 기독교 전통에서는 그 본래적 인간의 이해를 지금까지 전승해 오고 있는 것이 사실이다. 그 이유는 유대 · 기독교 전통의 관점에서 인간의 이해가 곧 인간 구원의 문제와 직결되어 있으며, 나아가서 그것이 종교적 신앙 교육이 관심을 두고 있는 최우선의 과제가 될 수 있기 때문이다.

첫째, 히브리 유대 종교에서는 인간을 '하나님의 형상'으로 이해하고 있다. 구약 성경에서 하나님은 인간을 그의 '생기', 곧 영(rûaḥ; רוח)을 불어넣어 '하나님의 형상'으로 창조하였다고 기록하고 있다.[5] 인간이 하나

---

4) John Amos Comenius/ 鄭確實 譯, 『大敎授學』(敎育科學社, 1987), 59.
5) 구약 성경에서 ruah라는 단어는 380번 나타나며, 그 중 창세기 1장 27절은 '야웨'의 ruah를 말한다. 본래 ruah는 강한 바람에 대한 의성어(擬聲語), 예를 들어 이스라엘의 애급으로 부터 탈출을 위하여 갈대밭을 둘로 나눈(출 14:21) 바람을 나타내고 있다(Jurgen Moultmann/김균진 역, 『생명의 영』, 서울: 대한기독교서회, 1998, 65).

님의 형상으로 창조되었다는 것은 하나님이 주신 살아 있는 영으로 하나
님과의 '영적 관계'를 맺을 수 있는 인간의 영원성을 의미한다. 또한 인
간이 하나님의 형상으로 지음 받았다는 것은 인간은 창조함 받은 본래의
형상대로 새롭게 되며, 새롭게 태어날 수 있다[6]는 낙관적 인간관을 의미
한다.

그러나 인간이 하나님의 형상대로 창조되었으나, 인류의 조상 아담의
죄로 타락한 후 영적인 죽음의 상태에 이르게 되어 하나님의 형상이 파괴
되었다[7]는 신학적 해석을 간과할 수 없다. 인간의 타락은 하나님의 영의
일탈로 인간이 다시 흙으로 되돌아가 하나님으로부터 소외되어 그의 심
판을 받게 된다[8]는 사실을 말해 주고 있다. 인간의 타락은 하나님께서 주
신 본래적인 새 생명인 영뿐만 아니라, 하나님의 초월적 능력과 자연의
질서와 조화를 이해할 수 있는 영적 지혜의 상실을 의미한다. 그것은 또
한 인간과 하나님과의 관계, 인간과 다른 사람과의 관계, 인긴의 자신과
의 관계에서 소외감과 갈등을 경험할 수 있는 결과를 초래하게 되었다.

둘째, 기독교 신학에서는 인간은 세 가지 속성을 내재하고 있는 존재
로 이해하고 있다. 최초의 기독교 신학자인 사도 바울은 히브리 문화와
희랍 문화의 영향에 근거하여 인간을 영($\pi\nu\epsilon\nu\mu\alpha$), 혼($\psi\nu\chi\eta$), 몸($\sigma\omega\mu\alpha$)의 세
가지 속성을 소유하고 있는 존재로 언급하고 있다. 그는 희랍 사상의 이
원론적 인간이해를 극복하고 인간을 히브리 사상에서 강조하고 있는 신
령한 영적 존재로서 강조하고 있다. 그는 인간을 전적으로 인류학적이며
형이상학적인 이원적 존재에서 영적 속성을 첨가한 삼원적 속성으로 이
해하고 있다. 특히 인간의 '영'(spirit)은 초자연적이며, 동시에 내재적인
힘을 의미하는 스토아 철학에서 사용된 언어이다.[9] 바울은 인류학적 의

---

6) 골로새서 3장 10절; 에베소서 4장 24절.
7) 로마서 5장 12-21절.
8) 창세기 3장 19절; 시편 90편 3절; 104편 29절; 전도서 12장 7절. cf. 창세기 12장 12, 17절

미로 '혼'(soul)이라는 말보다 '영'의 개념을 더 많이 사용하고 있다. 그는 구약 성경의 배경에서 영의 문제와 그 기능을 매우 신중하게 다루면서 영의 문제는 주어진 상황에 따라서 그 기능이 다양하지만, 혼의 속성과 달리 가시적인 형태로 활동하며 표면화된다는 사실을 밝히고 있다.[10]

인간의 영은 기독교 신앙적 견해에서 육신과 반대의 관계, 혹은 상충적인 개념을 나타내고 있지만, 영은 육신과의 밀접한 관계성을 유지한다는 사실을 배제할 수 없다. 예를 들어, 인간의 육신이 죄로 타락하게 될 때, 동시에 영의 활동도 마비되거나 중단될 수밖에 없다. 반면에 인간의 영이 살아 활동하게 되면 타락된 육신이 소생하여 새로워지기도 한다. 이와 같이 인간의 육신과 영의 관계는 상보적 순환 관계이므로 양자의 동시적인 성결과 성화는 매우 중요한 의미를 나타내고 있다. 따라서 바울은 인간의 육신, 혹은 몸을 '성령의 전'[11]으로 강조하였으며 영의 신성함이 육신의 죄악과 욕망을 지배할 수 있다고 생각하였다. 또한 바울은 인간 속에 내재하고 있는 영이 하나님의 영인 성령의 터전이 되기 때문에 인간 속에 성령이 거한다는 사실을 예수 그리스도의 임재와 동일시하고 있다.[12]

사도 바울은 성령이 곧 예수 그리스도와 본질적으로 동일한 존재이기 때문에, 성령이 있는 곳에 자유가 있음을 언급하고 있다.[13] 이 자유는 인간 생활을 위한 외형적인 규범이나 규제를 따르거나 종속되는 것이 아니라, 인간의 내면 세계의 변화에 의하여 예수 그리스도와 함께 하는 영적 친교를 의미한다.[14] 동시에 인간의 영적인 터전에 하나님의 영이 존재하

---

9) W. David Stacey, *The Pauline View of Man*, (London : Macmillan & Co. LTA, 1956), 35.

10) 로마서 1장 9절; 갈라디아서 3장 3절; 빌립보서 3장 3절. 그러나 바울이 영적 인간을 자연적 인간과 구별할 때 영적이라는 의미를 물질적, 혹은 악과 대조시킨 것이 아니라, 다만 성령의 영향을 받은 자를 일컬을 때 사용했던 것으로 알 수 있다.

11) 고린도전서 3장 16절; 고린도후서 6장 19절.

12) 갈라디아서 4장 6절.

13) 고린도후서 3장 17절.

게 될 때, 인간은 각각 지혜와 지식의 말씀을 전하며 신앙의 선물과 치유의 은사를 받을 수 있다.[15] 인간은 자신의 내면에서 역사하시는 성령의 능력을 소유하여, 성령의 명령에 따라 살며 성령과 함께 걸어 갈 수 있게 된다.[16] 인간의 영은 미래의 인간 구원과 새로운 시대의 도래를 열망한다. 사도 바울은 인간의 사후에 나타날 영의 활동과 계속성을 언급하고 있으며,[17] 미래의 시간 개념에서 인간 구원과 영생의 종극점, 혹은 종말론적 구원을 제시하였다. 따라서 인간의 영은 하나님과 예수 그리스도에 대한 신앙이 싹트는 터전이며 하나님과의 영적 친교를 위한 매개가 된다. 그리고 인간의 영은 인간의 선과 진리의 보증이며 인간의 행위 및 활동의 배후에 내재하는 생명력인 초자연적 능력이다.

기독교 신학에서 이해하고 있는 이와 같은 인간의 세 가지 속성은 각각 분리되어 있는 것이 아니라 인간의 완전성을 의미하는 상호 유기적 관계성으로 통합되어 있다. 인간은 몸과 혼과 영이 별개의 요소로 구성되어 있는 것이 아니라 삼자의 함축적인 실체로 종합적 기능을 나타내는 유기체적 존재로 이해되고 있다. 여기에서 바울이 인간 존재를 설명하기 위하여 삼원적 방법을 사용한 것은 인간은 물질적이며 가시적인 자연세계 뿐만 아니라 불가시적이며 초자연적인 하나님의 영적 세계에 속하는 존재임을 강조하기 위한 것이었다.

---

14) 인간의 예수 그리스도와의 영적 친교는 정의(고린도후서 5:21), 평강(로마서 14:17), 의로움(갈라디아서 2:17), 거룩함(고린도전서 6:11, 롬 15:16), 자유(갈라디아서 5:18), 강건함(고린도후서 13:3), 은혜(고린도전서 16:23), 사랑(골로새서 1:8) 그리고 소망(골로새서 1:27)을 향유할 수 있게 한다.

15) 고린도전서 12장 4-11절.

16) 갈라디아서 5장 24-25절.

17) 고린도후서 5장 17절.

2) 인간성 교육의 차원

기독교적 인간 이해를 근거로 하여 인간의 세 가지 속성의 계발을 교육의 이론과 실천으로 제시한 학자는 현대 교육의 창시자인 존 아모스 코메니우스였다. 그의 인간성 교육은 타락한 인간이 하나님 형상의 회복을 위한 것으로 그것은 곧 세 가지 속성을 조화 있게 배양하는 것에 목적을 두고 있었다. 곧 인간의 타락이 인간의 본성, 즉 자연 세계에서 생을 영위하고, 배우며 알고, 그리고 새로운 것을 창조할 수 있는 능력의 상실이었다. 그러나 인간의 타락으로 영적인 죽음을 피할 수 없게 되었지만, 타락 이전에 부여받은 본유적 속성은 그대로 내재되어 있다는 사실을 부인할 수 없으며 이것이 곧 인간성 교육의 출발점이 된다.

코메니우스는 구약 성경 창세기 1장 26-28절과 2장 19-20절에 근거하여 인간을 첫째, '합리적 존재', 둘째, '모든 피조물들의 주인'. 셋째, '하나님의 형상'으로 이해하였다. 그는 인간의 세 가지 속성을 지성과 덕성과 경건, 혹은 신앙으로 분류하고 지성을 위한 학문적 지식과, 덕성을 위한 덕의 지식과, 그리고 경건을 위한 경건의 지식을 배양할 것을 강조하고 있다.[18] 여기에서 인간성 교육의 이유와 전거를 발견할 수 있다. 그는 인간의 유기체적 세 가지 속성인 인간의 혼을 위하여 지성 교육을, 인간의 몸을 위하여 덕성 교육을, 그리고 인간의 영을 위하여 영성 혹은 경건 교육의 중요성을 교육 신학적으로 정립하였다. 그는 그 당시에 희랍 철학에 기초를 두고 있었던 인간의 이원론적 속성을 대변하고 있었던 지

---

18) John Amos Comenius는 구약 성경 창세기 1장 26-28절과 2장 19-20절에 근거하여 인간을 첫째, 합리적 존재(a rational creature), 둘째, 모든 피조물들의 주인(the lord of all creatures), 셋째, 하나님의 형상(the image of God)로 이해하였다. 그는 인간의 세 가지 속성을 학문(erudition, erditio),덕성(virtue, virtus), 종교 혹은 경건(religion or piety, dietas)으로 정의하고 교육을 통하여 세 가지 속성의 지식을 배워야 할 것을 강조하고 있다 (John Amos Comenius,『大敎授學』38).

(知) 정(精) 의(意)를 위한 교육론을 극복하고 인간이 내재하고 있는 세 가지 속성인 지성과 덕성과 영성을 계발하는 인간성 교육을 강조하였다.

그 이유는 인간의 세 가지 속성의 배양이 곧 인간의 내면적 활동과 외면적 활동, 즉 자연의 물질 세계와 초월적 영적 세계를 이해할 수 있는 본질적 요소이자 원천이 될 수 있기 때문이다. 인간의 지성을 통하여 자연 사물들과 기술과 언어의 지식을 이해하고, 덕성을 통하여 다른 사람들과의 조화 있는 관계성을 유지하고, 그리고 영성에 의하여 인간의 마음이 지고한 신령한 세계에 속하여 그것을 발견하는 내적 경외심을 배양할 수 있기 때문이다.[19] 인간의 세 가지 속성은 한 개인을 위하여 함께 조화를 이루어 배양되어야 하며, 한 가지라도 제외되거나 상실된다면, 인간성의 균형 있는 성장과 전인성을 기대할 수 없게 된다. 인간성 교육은 인간의 유기체를 구성하고 있는 세 가지 속성인 몸과 혼과 영과 비교될 수는 덕성과 지성과 영성을 배양하는 일에 그 교육적 기치의 중요성을 두고 있다. "인간에 있어서 세 가지 속성이 각각 분리될 수 없는 것과 같이, 지성적 학문과 덕성과 영성의 세 요소들도 분리될 수 없는 것이다"[20] 따라서 모든 인간은 몸과 영과 혼이 건강하고 건전하게 활동할 수 있도록 좋은 지식을 갖추고, 덕스럽게 되고, 경건하게 될 특별한 책무와 책임성을 수행해야 한다.

첫째, 인간의 지성 교육은 인간은 이성적 존재로서 모든 생명체 중 가장 가치 있고 탁월하고 지고한 존재라는 전제에 근거한다. 인간의 이성은 인간의 내면 세계에서 가장 참되고 강력한 속성으로서, 그것은 삶의 전체를 풍부하게 하며, 우주의 세계를 밝혀 주고, 자연의 모든 사물들을 알맞게 사용할 수 있는 다양한 생산을 지시하고 있다. 따라서 천성적으

---

19) Ibid., 38.
20) Ibid., 79.

로 이성은 그 세 가지 기능인 사고(ratio)와 언어의 표현(oratio)과 행동
(operatio)의 능력을 통하여 사물들의 다양한 지식을 터득할 수 있다.[21] 인
간의 이성은 자연적으로 무엇이든지 터득하고자 하는 욕망과 그 모든 것
을 지식으로 변형하고자 하는 활동으로 밝게 빛을 발산하게 된다. 모든
사람은 개인마다 "인간의 내면 세계에 보다 좋은 것들을 사랑하며 알고
자 하는 속성을 내재하고 있기"[22] 때문에 모든 사물들을 배우고 이해하여
알며 활용할 수 있는 욕구를 가지고 있다. 따라서 이성을 내재하고 세상
에 태어난 인간은 자연 세계의 모든 사물들을 배우며 알고 활용할 수 있
도록 모든 지식을 터득할 바른 교육을 받아야 할 권한을 부여받았다

　둘째, 그러나 많은 교육 사상가들은 인간의 지성 교육보다 덕성 교육
의 우선성과 중요성을 강조하여 왔다. 그 이유는 인간의 덕성 교육은 지
식과 지혜를 배우는 기본적 단계를 위한 필수적인 조건이 되기 때문이
다. 로마의 철학자 키케로(Cicero)는 "도덕 철학은 마음속에 보다 좋은 씨
를 받아들이기에 적합하게 하며," 세네카(Seneca)도 "덕성이 없이는 지혜
를 배우기 어렵기 때문에, 먼저 덕성을 배우고, 나아가서 지혜를 배울
것"[23]을 강조하였다. 여기에서 인간의 덕성의 전반적인 구조와 체계가 지
성적 지식과 지혜와 밀접하게 관계있다는 것을 알 수 있으며, 덕성을 위
한 교육은 인간으로 하여금 보다 선한 것과 악한 것들, 보다 참되고 거짓
된 것들, 보다 정의롭고 불의한 것들 사이에서 바르고 건전한 판단을 할

---

21) 코메니우스는 인간의 이성적 요소들을 활용할 수 있는 기능을 생각하는 일(ratio), 표현
　　하는 일 (oratio), 행동하는 일(operatio)로 언급하였고(John Amos Comenius, *The
　　Analytical Didactic*, trans. by Vladimir Jelinek, Chicago: The University of Chicago Press,
　　1953, 142), R. K. Krempl은 이 세 기능을 'logica' 'grammatica', 'pragmatica' 로 설명하고
　　있다(Rudolph K. Krempl, "The Trinity System in Words o Comenius", in Vratislav Busek,
　　Comenius, Czechoslovak society of Arts and Sciences in America, 1972).

22) John Amos Comenius, 『大敎授學』, 142.

23) Ibid., 129.

수 있게 한다. 인간을 위한 참 교육은 지성적 교육보다 인간을 포함한 다른 생명체들과 조화 있는 관계성을 유지하기 위해 필수적인 덕성 교육이 강조되어야 한다.

덕성 교육의 중요성을 인식하고 있었던 영국의 과정 철학자인 화이트헤드(A. North Whitehead)도 고대 사상가들과 견해를 같이하고 있다. 그는 "다만 지식으로 훈련된 사람은 하나님의 땅에서 가장 쓸모없는 존재에 불과하므로, 교육을 통하여 지향하는 목적은 어떠한 특별한 방향에서 교양과 전문 지식을 겸비한 사람들을 배출하는 것이어야 한다"[24]고 언급하고 있다. 그에 의하면, 지금까지 교육은 훈련을 통하여 생명력이 없는 타성적 개념을 가진 무기력한 사람들을 훈련시켜 온 것이 사실이다. 인간에게 새로운 활력을 제공하지 못하는 생명력이 없는 교육은 또 다른 사회적 악순환을 잉태할 뿐만 아니라, 개인과 사회 공동체를 위하여 치유할 수 없는 유해(有害)를 남기게 될 것이다. 따라서 인간의 존엄성과 가치를 자극하는 새로운 교육 혁명이 생명력이 없는 타성적 개념에 반대하는 열정적인 항거가 되어야 한다.[25] 그렇다면 생명력이 인간성을 배양하는 교육의 원동력이 되어야 한다면, 그것은 구체적으로 무엇을 의미할까? 여기에서 영성 교육의 중요성을 논의할 필요가 있을 것이다.

2. 영성 교육의 중요성

영성 교육을 논의하기 위해서 다음과 같은 몇 가지 문제를 제기할 수 있다. 인간의 훌륭한 인격은 세속적인 지성 교육과 덕성 교육만을 통하

---

24) Alfred North Whitehead, *The Aim of Education* (New York: A mentor Book, 1949), 3.
25) Ibid.,13.

여 올바르게 형성될 수 있을까? 그렇지 않다면, 양자는 종교적 영성 교육에 의하여 보충되어야 할 것이 아닌가? 실제로 인간의 내면 세계의 개조와 갱생은 단순히 지성 교육과 덕성 교육에 의하여 성취되는 것이 아니다. 인간의 내면 세계의 변화는 다양하고 의미 있는 영성 교육에 의하여 가능하다. 예를 들면, 사도 바울은 그 당시 헬레니즘의 영향을 받았으나, 희랍 철학자들이 강조하였던 '정당한 것을 아는 것이 곧 그것을 행하는 것'이라는 덕성 교육의 이론에 대해 매우 회의적이었다. 왜냐하면, 인간의 내면 세계의 죄악의 요소들과 비합리적인 사고의 뿌리의 제거는 인간의 전 유기체적 구조의 핵심이 되는 영성의 갱생과 회복을 가능하게 하는 영성 교육과 도덕적 훈계가 전제되어야 하기 때문이다.[26]

1) 영성의 이해

기독교 신학에서 사용하는 영성이라는 말은 라틴어, 'spiritualitas'에서 발전하여 물질과 반대되는 '비물질적 본질' 혹은 '내적인 영적 본질'을 의미한다.[27] 그러나 신학적으로 영성은 단순히 물질적인 것과 반대되는 내적이며 정신적인 속성을 의미하는 것보다 인간의 전 존재와 함께 하나님의 영과의 관계성을 의미하고 있다. 기독교적 영성은 이러한 두 가지 전제로 "하나님의 영이 전인(全人)으로 인간에 거하는 상태"[28]로 정의

---

26) John S. Brubacher, *A History of the Problems of Education*, (New York: McGraw-Hill Book Company , 1966), 308.

27) "Spirituality"는 독일어 "Religiositat" 곧 종교성이란 말보다 큰 의미를 가지고 있으며 "Frommigkeit" 곧 경건성의 의미인 종교의 주관적인 면에서 있어서 인간의 내면성을 포괄하고 있지만 .이것에 불과하지 않다(Jurgen Moultmann/김균진 역, 『생명의 영』(서울: 대한기독교서회, 1998, 117). 한편, 영성의 구체적 연구를 위하여 Urban T. Homles III/ 김외식 역, 『목회와 영성』, (서울: 대한기독교서회,1988); Bradley P. Holt/임성옥 역, 『기독교영성사』,(출판사: 은성, 1994); 류기종 저,『기독교영성』,(도서출판: 열림, 1994)등을 참조하시오.

할 수 있다. 여기에서 영성은 하나님을 향한 인간의 경험적 노력과 자신을 초월하는 하나님과의 경험적 관계성의 추구로 이해할 수 있다. "영성이란 말은 글자 그대로 하나님의 영 안에 있는 삶과 하나님의 영과의 살아 있는 교제를 뜻한다."[29]

영성은 인간의 특징적이고 생동적인 원리인 영혼과의 관계성에서 이해되어야 한다. 영혼은 인간에 내재하시는 하나님의 생명의 숨결이며, 하나님의 생명력인 성령에 의해 인간의 생활을 활력 있게 하기 때문에, 영혼은 하나님의 영성으로서 인간의 정체성에 대한 궁극적인 실마리가 된다.[30] 불란서의 철학자인 마리땡(Martin Maritain)에 의하면, 영혼은 인간의 하나님과의 교제이기 때문에 영혼은 하나님을 향해 준비되어 있으며, 인간의 본래적 근원으로 돌아가게 하는 귀소본능이다.[31] 여기에서 인간의 영혼과 하나님의 영, 즉 생명의 숨결과의 관계를 맺게 하는 것은 하나님의 성령인 영성의 영혼이다. 성령은 인간을 하나님과의 관계로 인도하며, 이러한 본질적 관계를 통하여 인간 자신과 다른 사람들, 자신과 세상 및 자연과의 관계로 확장시켜 준다. 그리고 하나님의 성령에 의해 작용하는 영성은 하나님의 영과 인간의 영과의 사이에서 동반자 관계를 형성해 준다. 토마스 무어(Thomas Moore)에 따르면, 만약 인간의 영이 성령과 관계를 맺지 않으면, '영혼의 상실'을 초래하게 되며, 영혼이 무시되면 영혼이 그저 사라지는 것이 아니라 강박, 중독, 폭력, 그리고 의미의

---

28) Frank Rogers, Jr., "Dancing with Grace: Toward a Spirit-Centered Education," *Religious Education* 89, Vol 3. (1994) 381. 손원영, 『기독교 교육과 프락시스』, 한국장로교 출판사, 2001), 172에서 재인용.

29) Jurgen Moultmann, 117.

30) Thomas H. Groome/ 김도일 역, *Educating for Life*, 『생명을 위한 교육』(한국장로교출판사, 2001), 436.

31) Martin Maritain, *The Person and the Common Good* (New York: Scriber, 1947), 15-22 in Thomas H. Groome(2001), 436.

상실 등의 증상으로 나타난다.[32] 이와 같이 영성은 약동하고 활기 있는 생활방식, 즉 삶을 포용하며, 즐기고 찬미하는 생활방식과 다른 사람에게 생명을 주는 생활방식을 제공한다.[33]

일반적으로 "기독교 영성은 하나님의 말씀인 성서로부터 비롯되는 성서의 열매"[34] 로 정의할 수 있다. 왜냐하면, 기독교 영성의 모든 주제와 내용이 성경에 근거하고 있기 때문이다. 즉 기독교 영성의 핵심 주제는 하나님과 인간과의 바른 관계성의 회복과 증진이라고 말할 수 있으며, 곧 성경의 모든 말씀이 이 주제에 관하여 언급하고 있는 것으로 이해할 수 있다. 한편 하나님과 인간과의 바른 회복은 양자의 중재자 혹은 매개자인 예수 그리스도에 의해 가능하기 때문에, 예수 그리스도가 기독교 영성의 출발점이며, 길이요 표준이며, 또한 목표라고 말할 수 있다.[35] 독일 신학자 몰트만(Jurgen Moultmann)은 이것을 "예수의 영성"으로 묘사하면서 "예수의 수난과 부활이 성령의 출생의 고통과 출생의 기쁨으로 식물의 씨앗과 성장으로 묘사될 수 있다"[36]고 언급하고 있다.

가톨릭 신학자인 샤르뎅(Theihard de Chardin)에 의하면, "영성은 우주 생명 그 자체의 최고의 꽃핌이요, 승화된 최종의 모습이며, 우주 생명의 본질적인 마지막 종극점이다.[37] 영성은 창조된 세상 안에서 세상을 통하여 우주의 중심인 하나님을 발견하게 한다. 그는 영성을 기독교의 기본

---

32) Thomas Moore, *Care of the Soul: A Guide for Cultivating Depth and Sacredness in Everyday Life*(New York: Harper Collins, 1992), XI. in Thomas H. Groome(2001), 436.

33) 실제로 기독교 영성의 생명력을 통하여 가난하고 죽어가는 사람들을 찾아 일생을 헌신한 테레사 수녀(Mother Teresa)와 또한 가난의 근본 원인이 되는 사회 제도를 개선하여 복지 공동체를 형성하기 위해 헌신한 도로시 데이(Dorothy Day) 등을 찾을 수 있다 (Thomas H. Groome, 441).

34) 유기종, 『기독교 영성』,(도서출판: 열림, 1994), 9.

35) Ibid., 11-12.

36) Jurgen Moultmann, 97.

37) Robert L. Faricy, S. J., *Theihard de Chardin's Theology of the Christian in the World* (New

적인 세 가지 덕목들, 순결, 사랑, 자기 부정과 일치시키고 있다. 순결은 다양한 정신의 능력을 집중시키는 개인의 통일을 나타내고, 사랑은 많은 사람들 가운데 통일의 기능을 하며, 그리고 자기 부정은 스스로 그리스도께 집중하도록 자신의 이기주의로부터 벗어나는 것을 의미한다. 결국 영성은 인간이 궁극적으로 추구하고자 하는 영적인 성숙의 상태를 포함하는 하나님과 인간에 대한 사랑의 과정으로 이해될 수 있다.[38]

샤르뎅의 영성의 이해는 몰트만의 하나님의 창조를 영성과 상응하고 있다는 사실에서 양자의 유사성을 발견할 수 있으나, 후자는 좀 더 구체적인 영성의 실천을 강조하고 있다. 그는 안식일과 안식년의 준수가 인간과 자연의 영성의 실천적 예로 제시하고 있다.[39] 그에 의하면, 안식일과 안식년은 인간의 육체의 영성과 땅의 영성을 위한 성서적 기초이며, 육체의 영성과 땅의 영성이 없을 때, 인간과 사물을 건강하게 하며 다시 살리는 영성은 존재할 수 없다는 것을 밝히고 있다. 그는 '인간의 죽음'과 '생태계의 죽음'에 이르는 병을 앓고 있는 현대사회 속에서 참된 영성은 삶의 회복, 사랑의 회복, 생동력의 회복으로 정의하고 있다.[40]

한편 가톨릭 교육 신학자인 토마스 H. 그룸(Thomas H. Groome)은 기독교의 영성을 인간의 내면적 외면적 전 삶의 영역과, 개인의 다른 사람들과 자연 생명체와의 관계성, 그리고 인간의 예수 그리스도와 하나님과의 초월적 신앙 관계성에서 이해하고 있다. 그는 그의 서서인『생명을 위한 교육』에서 이러한 영성의 관계성을 열세 가지[41]로 분류하면서 다음과 같이 정의하고 있다: "기독교의 영성은 성령의 권능으로 예수의 '길'을

York: Sheed and Ward, 1966), 173-174.
38) Ibid.,182,. 이숙종(2001), 230-231에서 재인용
39) 생태계의 위기와 관련하여 안식일과 안식년의 준수의 구체적 이해를 위하여, 김균진, 『생태계의 위기와 신학』(대한기독교서회, 1999), pp. 113-119의 '안식일, 안식년, 희년의 생태학적 의미'를 참조하시오.
40) Jurgen Moultmann,,133-135.

따라 하나님과의 관계 속에서 의식적인 삶을 사는 것이다. 인간의 마음 안에 있는 하나님의 소망을 따라 기독교인의 영적 여정은 하나님, 자신, 사람들, 그리고 피조물과의 정의와 긍휼이 스며 있는 바른 관계를 향한다. 영성은 개인 기도와 공동 기도에 의해 지속되며, 세상에서의 하나님 통치의 도래를 위한 기독교 공동체를 향해 존재한다.”[42] 그룸은 이와 같은 영성의 이해를 통하여 영성이 교육과 결합할 때 포괄적이며 개방적인 생명을 위한 교육의 주제가 된다는 사실을 강조하고 있다.

한편 미국의 영성 신학자인 존 L. 엘리아스(John L. Elias)는 영성의 공동체성을 강조한다. 그는 개인의 종교적 헌신에 대한 성찰과 함께 영성의 공동체성을 회복할 것을 강조하고 있다. 그에 의하면, 공동체적 영성 생활은 ‘윤리적-정치적 영성’의 이해와 연결될 수 있다. 그는 윤리적-정치적 영성을 해방의 영성으로 정의하면서, 그것이 모든 인간과 관계되어 있는 보편적 영성으로 이해될 수 있다. 여기에서 영성의 공동체성이 특정한 공동체의 존속뿐만 아니라, 역사로부터 도피하는 영성의 개인주의를 지양하려는 특징을 나타내고 있다[43]는 사실을 주목할 수 있다. 엘리아스의 영성의 공동체성과 그 배경은 매우 상이하지만, 유동식 박사는 한 민족의 고유한 영성을 풍류도로 언급하면서, 풍류도의 세 가지 특성을 크고 바르고 공명정대함을 추구하는 한(韓)의 영성, 신명성 초월적 자유

---

41) 토마스 H. 그룸은 기독교의 영성을 1) 하나님의 소망으로서의 영성, 2) 인간 소망으로서의 영성, 3) 신과 인간의 동반자 관계로서의 영성, 4)하나님을 의식하는 삶의 방법으로서의 영성, 5) 온전한 인간성을 위해 필요한 영성, 6) 인간의 보편성으로서의 영성, 7) 거룩함에 대한 정의와 긍휼의 소명인 영성, 8)예수 그리스도의 ‘길’ 로서의 기독교 영성, 9) 세상의 신앙공동체로서의 영성, 10) 온전함과 건강함으로서의 영성, 11) 평생의 여정으로서의 영성, 12) 공동의 기도와 개인적 기도로 지속되는 영성, 13) 성령의 역사로서의 영성 등으로 분류 한다(Thomas H. Groome, , 442-457).

42) Ibid., 457-458

43) John L. Elias, “The Return of Spirituality: Contrasting Interpretations,” Religious Education Vol. 186, 3(1991), 14.

와 조화성, 역동성을 추구하는 멋의 영성, 그리고 공동체 살림살이 실학 정신을 추구하는 삶의 영성으로 언급하고 있다.[44]

2) 영성과 도덕성

인간의 영성은 현재의 삶의 과정에서 위기와 불확실성을 극복하는 새로운 경험의 통로인 동시에 미래의 삶의 방향과 생활의 질을 결정하는 속성으로 이해되고 있다. 그러나 사람마다 개인적으로 종교적 신앙에 귀의하여 영적 생활을 영위할 수 있도록 지도하는 영성은 곧 새로운 윤리적 행위와 도덕적 실천으로 표현되어야 한다. 그 이유는 인간의 영적 생활을 통하여 인간의 존중과 사랑을 실천할 수 있으며, 더욱이 삶의 여정에서 제기되는 예측불허의 다양한 실존적 문제들을 극복하며 해결할 수 있는 신비적 체험을 할 수 있기 때문이다. 미국의 종교 심리학자인 윌리엄 제임스(William James)에 의하면, 인간이 경험하는 종교적 체험은 세상이 줄 수 없는 참신하고 거룩한 기쁨을 느끼게 할 것이며, 여기에서 안정과 평화, 긍정적인 흥분감, 자명한 자유, 사랑과 행복감 등 확장된 인격의 특징들을 나타낸다.[45] 한 개인의 영적 생활에서 경험하는 종교·신앙적 체험은 그의 영적 발달과 함께 성숙한 인격으로 성장하게 하며 완성해 가는 유일한 과정이 된다. 따라서 인간의 영성은 개인으로 하여금 인간과의

---

44) 柳東植,『풍류도와 종교사상』(연세대학교출판부, 1997), 55-78. 김경재, "한민족의 영성과 기독교", 강남대학교 신학대학 편,『종교와 영성』(한들 출판사, 1998), 15에서 재인용. Lesslie Newbigin, *Honest Religion for Secular Man*, (Philadelphia: The Westminster Press, 1966), 47. 한편 Michael H. Crosby는 초대교회공동체들—특히, 마태공동체를 예를 들고 있지만—그 공동체를 구성하고 있는 구조(infrastructure)와 이데올로기(ideology)를 영성에 근거하고 있다는 사실을 강조하고 있다(Michael H. Crosby, *Spirituality of the Beatitude: Matthew's Challenge for First World Christians*, New York: Orbis Books, 1981. 18-24).

45) William James, *The Varieties of Religious Experience* (New York: New American Library,

관계성을 통한 공동체 생활을 가치 있게 영위하며 존중하는 새로운 도덕성을 요구하게 된다. 다시 말하면, 인간 생활의 최고의 가치가 되는 영성을 꽃피우기 위해서는 그것을 실천하는 창조적 자원과 소재를 제공할 도덕성과의 관계성을 배제할 수 없는 것이다.

현대 사회학에서 종교적 관점에서 도덕성을 체계적으로 논의한 학자는 19세기 불란서의 사회학자인 에밀 뒤르깽(Emil Durkheim, 1858-1917)이었다. 그는 도덕성의 연구를 위하여 "사회를 구성하는 가장 기본적인 요소는 개인이며, 개인의 의식이 확산될 때 사회가 존재할 수 있다"[46]라는 개인과 사회 집단과의 관계성을 깊이 통찰하였다. 그는 개인의 의식이 변화할 때 사회도 함께 변화되며, 그 반대로 개인으로 구성된 사회의 변화에 따라서 개인의 의식과 가치관이 함께 변화된다는 사실을 강조한다. 개인과 사회와의 이와 같은 변증적 관계성 속에서 사회가 공유할 수 있는 '도덕적 실재'(moral reality)가 형성된다. 그리고 사회 환경과의 관계에서 인간의 개인적, 혹은 집단적 행위를 제어하며 조정하는 도덕적 실재를 과학적 탐구의 주제로 삼는 도덕성을 위한 교육으로 이해할 수 있다. 그는 도덕성의 과학적 탐구를 위하여 도덕성의 연구에 기초적인 두 가지 주제로 도덕적 실재와 과학적 분석 방법을 제시한다. 전자는 사회 조직, 법, 습관, 개인 혹은 집단적 행위와 사고의 모형인 명예, 충성, 의무 등을 의미하며, 후자는 이것들을 과학적 분석의 주제로 하는 교육 사회학적 접근 방법이다.[47]

뒤르깽은 이와 같은 도덕적 실재를 형성하고 있는 도덕성을 그의 종교

1958), 54, 381, 김원쟁, '목회상담의 과제로서 종교경험과 성숙', 『현대와 신학』(연세대학교 연합신학대학원, 1993), 126.

46) Robert N. Bellah, ed., *Emil Durkheim on Morality and Society* (Chicago: The University of Chicago Press, 1973), 149.

47) W. S. F. Pickering, *Durkheim: Essay on Morals and Education* (London: Routledge & Kegan Paul, 1979), 5-7.

성[48]의 이해에 근거하여 설명하고 있다. 그가 1965년에 출판한『종교 생활의 기초적 형태들』(The Elemental Forms of the Religious Life)에서 인간을 '육'과 '정신'으로 구성된 이원론적 인간관을 제시한다. 그러나 그의 이원론적 인간 이해는 인간의 종교적 속성과 도덕성과의 관계성을 설명하기 위한 그의 형이상학의 중심 주제가 되어 있다. 그에 의하면, 인간의 육신을 세속적인 것으로서, 그리고 인간의 정신을 육신과 반대되는 신성한 것으로서 짧은 지상의 생활 이후에 본향으로 돌아가게 된다. 그러나 정신적 생활도 육신과 관계가 있는 감각과 지각의 영향을 받기 때문에, 육신과 동일한 속성을 가지고 있다는 사실을 배제하지 않는다. 다만 육신에 속하는 감각적 기능은 인간 활동의 열등한 형태로, 그리고 정신적 속성인 하나님과 교통하는 이성과 도덕적 활동을 고귀한 존엄성으로 간주하고 있다. 인간의 이원적 속성을 이해할 때, 종교성과 혼재되지 않는 새 도덕성의 발견과 정립이 가능하게 된다. 다시 말하면, 한 개인이, 비록 세속적 마음을 가지고 있다고 할지라도, 도덕적 명령인 그의 의무는 신성하고 존엄성이 있는 것이다. 또한 도덕적 활동과 필연적 관계가 있는 이성도 유사한 감정을 표현하게 된다. 따라서 인간 속성의 이원성은 사물들을 모든 종교의 기반이 되는 신성한 것으로부터 세속적인 것을 구분하는 특별한 경우에 제한된다는 것을 알 수 있다. 따라서 뒤르깽은 인간의 도덕성을 종교성의 이해에 근거하여 개인적 측면과 사회직 측면으로 분석하고 있다.

첫째, 뒤르깽은 개인적 측면에서 인간의 존엄성을 표현하는 의식인 종교를 개인의 도덕적 기반으로 생각하고 있다. 그는 모든 시대와 장소를 불문하고 도덕적 속성에 본질적인 종교적 권위에 대한 존경의 요소를 유

---

48) 에밀 뒤르깽은 개인의 하나님과의 관계를 '신앙'으로, 그리고 집단의 하나님과의 관계를 '종교'라고 정의한다. 이러한 관점에서 여기에서 종교를 집단적 영성으로 이해해도 무방할 것이다.

지하기를 기대하였다. 그러나 그가 제안하고 있는 도덕성은 전통적 제도들과 관련되어 있는 종교적 신화와 상징들로부터 탈피하여 현대사회의 중심적 가치로서 개인주의의 이해에 근거한 새로운 세속적 도덕성을 의미하고 있다. 현대의 세속적 도덕성은 개인의 자율성과 자기-결단과 연관되어 있으며, 새로운 세속적 도덕성의 주요한 과제는 합리적 언어로서 도덕적 실천을 표현하는 일이다. "우리는 현대인들이 종교적 알레고리의 형태로 인지하여 왔던 그러한 도덕적 힘들을 발견하고 그것들을 종교적 상징들과 분리하여 합리적인 내용으로 제시하여야 한다.[49] 그리고 개인의 일상생활에서 직면하고 있는 다양한 도덕적 과제는 비도덕적인 문제와의 이분법적 선택뿐만 아니라, 가치관을 결정하는 자유와 권위, 합리적 선택과 전통의 중요성, 그리고 개인적 자율성과 사회적 응집력 사이를 화해하는 문제들로 남게 된다.

둘째, 뒤르깽은 도덕성의 요소를 사회적 집단과의 관계, 즉 집단에 대한 온화하고, 자발적이며, 긍정적인 위임의 관계로 이해했다. 그는 위에서 언급한 종교적 알레고리와 상징들 배후에 있는 순수한 경험적 실재들을 사회로 언급하고 있기 때문에, 모든 집단에는 사회를 연합하고 응집하는 도덕성의 영구적 속성들이 존재하고 있다. 그는 1893년에 출판된 그의 저서 『노동의 분업』에서 사회를 형성하고 있는 도덕성을 기초로 하여 그 특징을 유기적 연대의식(organic solidarity)과 기계적 연대의식(mechanical solidarity)으로 구분하여 전자의 요소를 정의로, 후자의 요소를 현대 사회의 핵심적 가치가 되는 개인주의로 언급하고 있다.[50] 사회의 유기적 연대의식의 본질은 계약이나 합의가 아니라, 계약의 도덕적 기반, 혹은 계약 속에 담겨 있는 비계약적 요소들을 의미한다. 다시 말하면,

---

49) Emil Durkheim, *Moral Education* (New York: Free Press, 1961), 11.

50) 에밀 드르깽은 1893년에 출판된 *The Division of Labor in Society*에서 사회를 유기적 연대의식(organic solidarity)과 기계적 연대의식(mechanical solidarity)으로 구분하고 전자

유기적 연대의식의 안정된 형식은 계약에 나타난 힘과 기만을 피하고 선한 신앙을 강화하는 조직화된 제도, 즉 정의를 요구한다. 유기적 연대의식의 지고한 형식인 정의는 새로운 '공동 믿음' 혹은 '공동 양심' 을 의미한다. 따라서 사회적 도덕성의 기반이 되는 정의는 사회를 구성하는 다른 사람들을 위해서 명령적이며 필연적인 요소로 이해되고 있다.[51]

뒤르깽은 이와 같이 인간의 종교성을 기반으로 도덕성을 분석함으로써 현대 사회에서 도덕성의 특징을 분명하게 제시하였다. 그는 또한 사회적 연대의식—그것이 유기적 혹은 기계적이든—의 근본적 상황이 곧 도덕성과 도덕적 규범이라는 사실을 강조하고 있다. "연대의식의 근원이 되는 모든 것은 도덕적이며, 인간을 다른 사람들과 관계를 맺도록 촉진하는 모든 것도 도덕적이며, 인간에게 자신의 이기심보다 다른 것을 통하여 행위를 규제하는 모든 것도 도덕적이기 때문에, 도덕성은 이러한 관계들을 다양하고 강하게 할 만큼 견고한 기반이 된다."[52]

이와 같이 인간의 도덕성은 종교적 영성에 그 기반을 두고 있다는 것을 이해할 수 있다. 그러므로 인간의 영성이 새롭게 꽃피우기 위해서는 도덕적 행위에 의해 영성의 다양성이 표현되도록 하는 것이다. 영성은 다분히 종교적 심성의 표현이지만, "사람으로 하여금 사람 되게 하는 얼을 담는 그릇"[53]으로서 통전적 인격의 내면적 심성을 의미한다. 인간은 본래적으로 육의 영, 혹은 정신의 통합적 존재로서 양자의 조화에 의하

의 도덕성의 지고한 속성을 정의(justice)로, 현대 사회의 특징을 나타내는 후자의 속성을 개인주의(individualism)로 해석하고 있다.(Robert N. Bellah, "Introduction" xl). 그리고 Amos H. Hawler는 드르깽의 사회 분석을 토대로 사회를 유기적 연대의식의 동일 집단(categoric group)과 기계적 연대의식의 공생 집단(symbiotic group)으로 분류한다.(Amos H. Hawler, *Human Ecology: A Theology of Community Structure*, New York: Ronald Press, 1950.), 209-210.

51) Robert Bellah, p. 111.
52) Ibid., 136.
53) 유동식,『풍류도와 한국 신학』(서울: 전망사, 1992). 83.

여 내면 세계의 초월성을 추구하며 다른 사람과의 인격적 인간 관계를 표현할 수 있다. 이러한 사실로 미루어 볼 때, 사회적 사실들을 표현하는 도덕성은 그 중심이 인간의 영적 차원에 근거하고 있기 때문에, 영성의 계발과 성장이 필수적이다. 인간의 영성은 인간 내면 세계에서 야기되는 모순과 갈등을 극복하여 세계와 사회와의 새로운 관계에서 한 개인의 전인적 성장의 절대적 요소가 되기 때문에, 인간화를 위한 도덕성의 본질이 되는 것이다.

3) 영성 교육의 과제

일찍이 영성 교육의 중요성을 강조한 사람은 유치원의 창시자인 독일의 프뢰벨(F. W. August Fröebel, 1782-1852)이었다.[54] 그는 그 당시 인간의 도덕성 교육의 문제점을 발견하고 그것에 종교적 접근을 통하여 인간의 영성이 도덕 교육의 핵심이 되어야 한다고 강조하였다. 그는 인간이 태어날 때부터 죄의 성향을 내재하고 있다는 사실을 부정하면서, 인습적인 기독교와 단절하려고 하였다. 인간이 선하게 되는 것을 배우는 것은 교회의 교리를 배우는 것이 아니라, 인간과 자연과의 관계에서 스스로 활동적이어야 하며, 그리고 자연 법칙에 따라서 궁극적으로 인간과 하나님 자신과 일치의 기회를 가지는 문제인 것이다. 그는 자연 세계는 하나님의 창조의 솜씨이기 때문에, 자연을 죄 된 것으로 여기는 것은 자연에 대한 모독이라고 비판하면서, 인간의 속성에는 신령한 것과 일치하려고 투쟁하는 신성의 불꽃이 본유적으로 내재되어 있다는 사실을 영성 교육의 전거로 제시하고 있다. 그는 모든 사물들과 지식의 통일체인 하나님과의 인격적 관계를 영성 교육의 출발점으로 이해하고 있다. 그러나 이

---

54) 이숙종(2001), 252-253을 참조하시오.

러한 인간의 신령한 속성은 속세를 초월하는 것이 아니라, 궁극적인 통일체[55]을 지향하는 인간과 자연의 운동에서 부단히 계시되고 있다.

프뢰벨에 의하면, 영성 교육은 한 가지 이상인 '생활의 통일'(unification of life), 즉 자기 자신의 생활과 자연 세계와 하나님과의 통일에 두고 있다. 인간은 '개인의 존재와 관계하여' 생활의 통일을 감정과 사고의 의지와 행위의 통일로서 의미하고, '인류와 관련하여' 생활의 통일을 인류의 공동 복지와 진보적 발전에 순종하는 것으로 의미하고, '자연과 관련하여' 생활의 통일을 발전의 자연 법칙에 순종하는 것으로, 그리고 '하나님과 관련하여' 생활의 통일을 완전한 신앙으로 의미하고 있다.[56] 그러므로 인간 교육은 사고하는 지성적인 존재로서 인간에게 자아 의식을 일깨우고, 순수하고 오염되지 않은 의식적이고 자유로운 신령한 통일체의 내적 법을 표현하도록 이끌어 주는 것이다.

프뢰벨이 자연과의 관계에서 영성 교육의 전거를 발견하려는 시도는 거의 2세기가 지난 오늘날에 와서 재해석되고 있다는 사실을 주목할 수 있다. 미국의 인류 철학자인 J. 할리 차프만(J. Harley Chapman)은 인간의 자연과의 경험을 통하여 자연 속에 내재되어 있는 자연의 경건성, 즉 영성을 발견할 수 있으며 그것이 곧 영성 교육의 기반이 된다는 사실을 강조하고 있다. 그는 자연세계를 유한성과 부한성의 역설적 관계로 이해하면서, 거기에서 곧 자연의 영성을 발견할 수 있는 단초를 제시하고 있다. "한 톨의 모래에서 세상을, 야생 꽃에서 하늘을, 사람의 손바닥에서 무한을, 그리고 한 시간에서 영원을 볼 수 있다."[57] 그에 의하면 "자연의

---

55) Fröebel에 있어서 "통일체는 하나님이다"(This Unity is God), 모든 사물들은 신령한 통일체인 하나님으로부터 나온 것이며, 그 사물들은 신령한 통일체 안에서, 즉 하나님 안에서만이 그 기원을 가지고 있다(Friedrich Froebel, *The Education of Man*, New York: D. Appleton, 1900, 1, 2).

56) Ibid., 3.

영성이란 자연세계에 있는 신의 현존에 경이로운 존경심과 무한한 즐거움이며, 그것이 곧 교훈으로서 의도적인 행위의 구조인 실천이며, 그 목적은 자연 속에서 신의 현존의 경험을 고양하는 것이 된다."[58]

위와 같은 논의를 통하여 영성 교육의 과제이자 목적을 다음과 같이 언급할 수 있다. 첫째, 영성 교육은 인간으로 하여금 '하나님의 형상'을 닮게 하는 것이다. 일반 교육이 '인간을 인간되게 하는' 인본주의의 실현에 그 목적이 있다고 한다면, 영성 교육은 인간으로 하여금 하나님의 형상을 닮아가게 하는 참 인간성의 회복에 그 목적을 두고 있다. 인간은 본래적으로 하나님의 형상으로 태어났기 때문에, 하나님의 모든 것, 즉 전지전능의 속성을 통하여 자연 세계와 우주의 모든 것을 알 수 있는 능력을 가지고 있다. 하나님의 형상으로 태어난 인간은 창조주인 하나님의 선하고 거룩하신 속성을 닮아하는 신적 활동과 신령한 매개가 요구된다. 따라서 영성 교육은 모든 사람으로 하여금 하나님의 선하고 거룩한 속성을 회복하게 하여 모든 것을 알고 행 할 수 있는 '하나님의 형상을 닮아가게 하는 것'을 그 일차적 목적으로 삼고 있다.

둘째, 영성 교육은 인간의 '그리스도의 닮음'에 목적을 두고 있다. 인간은 태어나면서 부터 죄의 근원을 가지고 있기 때문에, 죄에서 벗어나기 위해서는 예수 그리스도를 통해서만이 가능하다. 기독교에서 예수그리스도는 하나님의 본체에서 인간으로 성육화 된 하나님의 속성과 인간의 속성을 겸비한 신·인적 존재로 이해하고 있다. 사람마다 예수 그리

---

57) 그는 자연의 경건성, 혹은 영성을 이해하기 위하여 William Blake의 시(詩) "Auguries of Innocence"의 한 대목을 인용하고 있다: "To see a World in a Grain of Sand, And a Heaven in a Wild Flower, Hold Infinity in the palm of your hand, And Eternity in an hour" (J. Harley Chapman, "The Practice of Natural Piety as a Spiritual Discipline" in Donald A. Crosby, ed. *Religious Experience and Ecological Responsibility*, (New York: Peter Lang, 1996, 150).

58) Ibid.,144.

스도를 따르고 닮아 간다는 것은 그의 인격과 속성을 모방하여 그 내면 세계에 영원성과 시간성, 무한성과 유한성을 함께 공유함으로써 완전한 인간이 될 수 있다는 것을 의미한다. 지상에서 예수 그리스도의 삶은 인간의 생명을 존중하고, 뿐만 아니라 존귀한 생명을 가지고 있는 인간으로 하여금 그 가치와 존엄성을 보존해야 할 의무와 책임성을 깨닫게 하는 교훈과 복음의 이야기를 나누는 일에 전념해 왔다. 예수 그리스도는 그의 교훈과 복음을 따르며 '자신을 배우기'[59](to learn of me)를 원하는 사람들만이 곧 자신을 닮아가는 참된 인간이 될 수 있다는 것을 강조하였다.

셋째, 영성 교육은 다원화된 현대의 기계 기술 사회에서 사람마다 인간적 속성을 회복하는 인간화를 그 주요한 목적으로 삼아야 한다. 현대 사회에서 대부분의 사람들은 최첨단의 과학 기술의 영향과 통제에 의하여 비인간화, 혹은 탈 인간화되어 가는 위기를 경험하며 살아간다. 실제로, 그들은 가장 가까운 사람들과의 관계에서 소외되거나 단절되어가는 자신의 정체성의 상실을 느끼며, 나아가서 초월적 존재에 대한 무관심 등으로 실존적 불안과 고독을 경험하며 살아가고 있다. 이와같이 인간으로서의 정체성의 상실은 가치관의 변화를 초래하게 되어 참된 삶을 지향해 가는 목적의식의 불확실성을 경험하게 한다. 실존적 삶의 정황에서 인간화를 위한 영성 교육은 개인의 정체성의 회복과 가치 있는 삶을 살게 하여 현재와 미래생활의 전망과 비전을 밝혀 줄 수 있다. 인간과 인간과의 관계성에서, 그리고 인간과 초월적인 하나님과의 관계성에 죽음의 장벽으로 끼어들어온 세속적 물질문명의 장벽을 허물어 버릴 수 있는 유일한 힘은 인간의 영성으로만이 가능하다. 인간의 영성은 하나님의 영이 인간의 내면 세계와 전 삶의 과정을 조화 있게 통제할 수 있는 터전이 될

---

59) 마태복음 11장 29절

수 있기 때문에, 인간의 영성을 자극하며 방향을 제시하는 영성 교육의
중요성을 발견할 수 있다. 그러므로 영성 교육은 현대에 살고 있는 모든
사람에게 하나님의 형상의 회복과 그리스도를 따르며 닮아 가는 생활,
그리고 올바른 가치관과 정체성을 일깨워 주는 인간화를 위한 신-인적
활동인 것이다.

넷째, 영성 교육은 자연과의 상생(相生) 관계의 정립에 목적을 두어야
한다. 특히, 지성과 덕성과 영성이 성장하는 대학생들에게 자연 속에서
손발과 몸을 놀리게 하여 삶의 감각을 일깨우는 것이 곧 영성 교육의 첩
경이 된다. 생명체인 인간이 자신의 유기체를 유지하는 능력을 기르는
것이 교육이라 할 때, 교육은 혼자서 하는 것이 아니라, 공동체 생활을 통
하여 상호 관계를 맺는 이웃과, 자신의 삶의 환경과 소재가 되는 자연과
더불어 생존할 수 있는 고귀한 방법을 일깨워야 한다. 여기에서 이웃과
함께 살아가는 법을 배우고 자연과 더불어 공생하는 방법을 배우게 되는
것이다. 따라서 영성 교육은 이웃과 자연의 다른 생명체와의 조화를 이
루며 상생하는 힘을 배양하는 일에 관심을 두어야 한다. 영성 교육은 자
연과 인간이 공존하는 법을 가르치는 '생명의 시간'을 만들어 가는 것이
기 때문이다.

다섯째, 영성 교육은 대학생들에게 미래를 위한 영적인 비전과 새로운
꿈을 제시하여 한다. 기독교 영성에서 비전(vision)은 영적 자원인 하나님
의 말씀과 하나님의 창조에서 숨겨진 신비를 분별하는 힘을 의미한다.[60]
동시에 비전은 위와 같은 초월적인 신비의 의미뿐만 아니라, 현실적으로
사회 환경에 도전하여 경험하는 사회적 실재들에서 발견할 수 있다. 초

---

60) Charles R. Foster, "The Pastor: Agent of Vision in the Education of A Community of Faith,"
Robert L. Browning, ed., The Pastor as Religious Educator(Alabama: Religious Education
Press, 1989), 11. 한편 Walter Brueggemann은 기독교의 비전을 하나님의 창조의 통일성
과 조화에서 나타난 "Shalom"으로 정의하고 있다(Ibid., 12).

월적인 신적 자원과 사회적 경험에서 비롯된 비전은 도덕적 상상력과 깊은 분별력의 적극적인 노력에 관계하는 것으로서 기독교 영성의 바탕이 될 수 있다. 동시에 기독교 영성은 비전을 지향하여 살아가는 자원이 될 수 있다. 결론적으로 영성 교육은 대학생들에게 기독교 신앙의 자원이 되는 비전을 제시하여 그들로 하여금 현재의 삶을 극복하고 새로운 미래를 지향할 수 있도록 인도하는 것으로 이해할 수 있다. 따라서 영성 교육은 대학생들에게 영적 비전을 통하여 새로운 영감을 얻게 하며 그 자원들을 현실 생활에서 도덕적 명령(moral imperative)으로 실천할 수 있도록 지도해야 한다.[61]

---

61) Ibid., 18.

제3부 기독교 대학의 교육적 과제

제9장 지식의 종합
제10장 민주주의 사상
제11장 기독교와 민주주의
제12장 신앙 공동체
제13장 복지 공동체

제9장 지식의 종합

  현대의 과학 기계 기술의 특징은 지금까지 각각 특별한 기능과 용도로 개발하여 사용해 왔던 개체가 새로운 형태로 종합하는 경향으로 나타나고 있다. 예를 들면, 20세기 이전의 아날로그(analogue)와 21세기의 디지털(digital)이 종합하여 디질로그(digilog)로, 그리고 종전까지 각각 분리되어 사용되었던 통신과 방송이 종합하여 와이브로(wireless broadcasting)의 새로운 매체를 생산하고 있다. 이와 같은 종합의 새로운 경향은 거의 일세기 동안 대학에서 연구하여 가르치고 있는 다양한 학문과 지식의 분야에서 그 이론적 근거를 제시해 오고 있다. 그러나 이러한 학문적 지식과 기계기술의 종합의 근거는 역사적으로 신학적 관점에서 그 원류를 찾을 수 있다. 이미 중세의 신학에서는 인간의 이성과 신앙의 관계성을 연구하여 철학과 신학과의 종합을 시도하였으며, 이러한 실증적 실례는 하나님의 창조인 자연과 성경에서 그 종합의 이론적 근거를 발견할 수 있다. 따라서 기독교 대학이 지금까지 분리하여 별개의 것으로 가르쳐 온 다양한 학문과 지식의 종합과 통합을 위한 가장 적절한 모체라는 사실에 관심을 돌려야 할 것이다.

1. 지식의 신학적 이해

지식의 체계와 종류를 신학적으로 분석하여 체계화한 사람은 교육 사상가이자 교육 신학자인 존 아모스 코메니우스였다. 그는 현대 과학의 이론을 정립한 동시대의 사상가인 프란시스 베이컨(Francis Bacon 1561-1626)의 영향을 받고 그의 교육 사상의 기초가 되는 다양한 지식을 신학적으로 재해석하여 종합하려는 이론적 근거를 제시하였다. 베이컨은 자연 사물들의 과학적 관찰과 탐구를 위한 새로운 방법을 창안하였으며, 그의 방법론을 기초로 인간의 다양한 문제들의 해결을 위해 모든 학문과 지식의 근원과 소재들을 체계적으로 제시하였다. 그는 모든 지식의 근원을 하나님의 창조로 이해하였으며, 하나님의 대표적인 창조물로 두 권의 책—첫째, 문자로 쓰여진 성경책과 둘째, 그의 솜씨로 창조된 우주, 즉 자연의 책"[1]을 제시하였다. 베이컨은 하나님의 두 저서인 자연과 성경과의 상관성을 신학적으로 설명하였다. 즉 자연 속에 숨겨진 지식을 발견한다는 것은 성경에 계시된 하나님의 목적을 탐독하여 하나님의 모든 활동을 인간의 내면 세계의 원리와 일치시키는 것이다. 베이컨은 그의 해석을 기초로 자연 세계와 하나님의 말씀인 성경을 인간의 지성적 활동으로 통합하여 일찍부터 과학과 종교의 관계를 일치시키려고 하였다.[2] 코메니우스는 베이컨이 제시한 두 권의 책에 또 하나의 저서로 인간의 이성의 책을 포함하여 하나님의 창조를 세권의 저서로 확대하여 해석하였다. 여기에서 그는 세 권의 공동 저자인 하나님을 기초로 인간이 배워야 할 모든

---

1) Basil Willey, *The Seventeenth Century Background*(New York: Columbia Press, 1952), 35.
2) 베이컨의 과학은 실제로 청교도 사상(Puritanism)과 일치하고 있다. 왜냐하면 그것은 청교도 사상이 인간을 위한 진보의 이론을 이미 준비되어 온 낙관적인 확신으로 간주하려는 것을 도와주고 있기 때문이다(Christopher Hill, *The Century of Revolution*, Edinburgh: Thomas Nelson and Sons Ltd., 1961, .91, 101).

지식을 종합하여야 할 신학적 근거와 이론을 제시하고 있다.[3]

1) 자연의 책

하나님의 첫 번째 책은, 하나님의 지혜와 그의 영원한 속성을 묘사하고 있는 자연이다. 자연은 하나님의 지혜에 가장 쉽게 접근할 수 있는 살아있는 교과서이자 학교로서 인간의 교육을 위해 창조되었다. 자연에서 창조된 모든 사물들은 하나님 속에 포함되어 있고 그를 통해서만 존재하며 유지될 수 있다. 즉 "하나님이 없이는 자연은 존재할 수 없으며, 자연은 하나님의 모방이자, 하나님의 딸이다."[4] 자연은 하나님의 신령한 지혜의 상징이 되기 때문에, 인간은 자연을 통하여 모든 사람들이 준수할 수 있는 정확하고 확실한 규범과 기준들을 모방할 수 있다. 그리고 인간은 자연 속에서 선과 악, 지혜와 무지, 진실과 거짓의 관계를 구분할 수 있다. 로마의 철학자 세네카(Seneca)는 "우리가 행한 일상적인 오류로부터 자연으로 돌아가 올바른 입장을 선택하는 것이 지혜가 됨"[5]을 강조하고 있다. 왜냐하면, 자연의 모든 사물들은 불가시적인 하나님의 가시적인 거울일 뿐만 아니라, 하나님의 고귀한 지혜의 신비에 이르는 열쇠가 되기 때문이다. 따라서 자연의 모든 사물들은 인간의 내면 세계의 지성적 작용과 밀접한 관계가 있는 '가장 위대한 하나님의 책'(the greatest book of God)이다.

하나님의 지혜를 나타내는 자연의 또 다른 특징은 "세상의 구조를 나

---

3) John Amos Comenius, *The Analytic Didactic* trans., by Vladimir Jelink (Chicago: The University of Chicago Press, 1953), 11-12, 134-139.

4) John Amos Comenius, *The Great Didactic* trans., by M. W. Keatinge(New York: Russell & Russell, 1910), 364.

5) Ibid., 40.

타내는 조화와 질서이다."[6] 미세한 생명체에서 거대한 천체에 이르기까지 자연의 모든 사물들은 조화와 질서의 힘에 의해 지속적인 운동과 균형을 유지하고 있다. 자연은 스스로 허용하고 있는 법칙에 따라 변화, 성장, 예외를 수용하며 존재한다.[7] 그러므로 모든 사물들은 자연의 기본 법칙에 따라 서로 상이한 피조물 사이에서도 상호 순응하며 조화와 질서의 공통성을 공유하고 있다. 그것은 "질서와 조화가 곧 모든 사물들의 정신이기"[8] 때문이다. 자연의 질서는 순수한 기계적인 원리로서 자연 세계의 다양한 부분들과 전체가 상호 독특한 기능을 수행하며 정연하게 지탱하는 힘이 된다.

예를 들어, 이미 생성된 것과 후에 나타나는 것, 우월한 것과 열등한 것, 미세한 것과 거대한 것, 유사한 것과 상이한 것 등은 서로의 기능을 원활하게 수행하도록 창조되었다. 또한 봄, 여름, 가을, 겨울의 사계절의 순환과 기후의 변화 등은 모든 피조물들이 그들의 생존을 위하여 상호 협동하며 관계를 유지할 수 있도록 적절한 조건과 환경을 제공해 준다. 하나님이 창조한 자연은 창조자의 마음과 거울로 묘사되고 있다. 그것은 자연의 법칙인 자연의 질서를 의미한다. 자연의 질서는 참된 교수의 기본적인 원리가 되며 이러한 원리에 따라서 모든 교육이 계속적으로, 그리고 종합적으로 일관성 있게 수행될 수 있다. 실제로, 자연의 질서는 인간의 성장과 발단 단계의 정확한 시간성과 깊은 관계가 있기 때문에, 인간의 심리적 인지 발달 단계에 중요한 영향을 주고 있다.[9]

---

6) Ibid., 93

7) John Amos Comenius, *The Way of Light*, trans., by E. T. Compagnac.(Liverpool: The University Press, 1938), 151.

8) *Great Didactic*, 93

9) J. E. Sadler., *Comenius* (London: The MacMillan Company 1969), 89.

2) 인간의 책

하나님의 두 번째 책은, 하나님의 형상으로 창조된 인간 자신, 혹은 인간의 이성을 의미한다. 인간은 신령한 생기로 호흡하며 영감을 받고 있으며 내면 세계의 이성적 마음은 모든 사물들의 척도와 규준을 위해 창조되었다.[10] 하나님은 인간의 마음속에서 그의 가시적인 자연 세계를 인지하여 이해할 수 있는 불변의 법칙과 조건을 부여하였다. 즉, 하나님은 그의 독특한 정신을 인간의 마음속에 심어 주었으므로 인간은 점진적으로 하나님의 뜻에 순응하고 지성적인 수용 능력을 발전시킬 수 있다. 인간이 이성을 통하여 자연 세계의 창조와 그 신비한 목적을 이해한다면, 자연과 인간의 내면 세계는 분리될 수 없다. 따라서 인간이 하나님의 책인 자연을 주의 깊게 탐독한다면, 인간은 큰 기쁨을 가지고 이 책속에 있는 모든 사물들을 명상하며 진리를 발견할 수 있게 된다.

인간의 자신의 이성을 통하여 자연 세계의 모든 것을 지식(omniscience)으로 터득할 수 있다. 이성은 하나님의 지혜의 속성을 의미하는 자연세계에서 스스로 온전하게 성장하는 데 필요한 모든 것을 얻을 수 있다. 자연은 인간의 성장과 양육을 위한 특별한 교육적 선물을 제공하기 위해 창조되었기 때문에, 인간은 자연과 밀접한 관계성 속에서 생존할 수 있다. "사연은 인간의 생존을 위해 나양한 사물들을 제공하고 있으므로, 인간은 창조된 사물들로부터 모든 지식을 얻을 수 있다."[11] 자연 속에 존재하고 있는 모든 사물들은 인간의 교육에 필요한 본보기와 자료들을 제공하고 있다. 그리고 자연은 인간의 교육의 장(場)이 되어 "인간의 도덕적 행위의 규범과 법칙을 제공하며, 무엇보다 하나님의 사랑을 이해할 수 있

---

10) *Way of Light*, 6.
11) Ibid., 17.

는 사실들을 제공한다."[12] 실제적으로, 인간은 자연의 한 부분에 불과하지만, 자연 속에서 정신적인 진화와 발달을 위해 매우 중요한 위치를 차지하고 있다.

하나님은 자연의 창조를 통하여 인간에게 모든 지식을 체계적으로 터득할 수 있는 이성의 책을 내면 세계에 부여하였다. 인간은 이성의 책을 통하여 지식의 보고인 자연의 모든 사물을 정확하게 관찰하여 분류하고 각각의 종류와 특성에 따라 명칭을 줄 권한을 가지고 있다.[13] 실제로, 인간이 이성을 통하여 모든 사물의 지식을 터득해야 할 이유는 이성의 빛을 밝혀 타락한 인간이 하나님의 형상을 회복할 수 있는 유일한 매개가 될 수 있기 때문이다. 인간과 하나님과의 새로운 인격적 관계를 회복하는 길은 이성을 밝혀주는 교육에 달려 있다.[14] 교육을 통하여 인간이 하나님께 전폭적으로 의존하는 신앙을 배양할 수 있으며, 동시에 자연의 모든 사물을 통하여 지식을 터득할 수 있다. 신앙은 성경에 계시된 하나님과의 인격적 관계를 위한 것이며, 그리고 지식은 자연의 모든 사물에 나타난 하나님의 지혜와 활동을 이해하는 것이다.

인간의 이성의 책은 하나님과의 정상적인 관계 회복의 유일한 수단이자 매개가 되는 신앙과 지식의 씨앗을 배양하기 때문에 양자는 인간 교육을 통하여 성경에 계시된 하나님의 말씀과 자연의 질서의 원리에 따라 배양될 수 있는 것이다. 하나님은 인간의 마음속에 그의 가시적인 자연 세계와 하나님의 말씀인 성경을 인지하여 이해할 수 있는 불변의 법칙과 조건을 부여하였다. 즉 하나님은 그의 독특한 정신을 인간의 이성에 심어주었으므로 인간은 이성의 빛을 밝혀 하나님의 뜻에 순응하며 온전한 인

---

12) *Great Didactic*, 141.

13) J. A. Comenius, *The Pampaedia*, in Jean Piaget, *John Amos Comenius on Education*(New York: The Teacher's College, 1967),139; J. A. Comenius, The Great Didactic, 36

14) 李淑鍾,『코메니우스의 教育 思想』(教育科學社 ,1996),157-158.

격으로 성장할 수 있다. 인간은 그의 이성을 통하여 자연의 새로운 질서
와 진리를 지속적으로 탐구하고 자연의 부패와 파멸이 있을 때 우주의 새
로운 병행의 원리로 전환시킬 수 있는 창조적 과업을 수행할 수 있다.

3) 성경의 책

하나님의 세 번째 책은, 자연 세계의 해석과 인간의 책의 지도서가 되
는 성경이다. 이 성경 속에 하나님은 어두운 사물들에 빛을 주며 인간에
게 모든 사물들의 참된 목적과 사용을 가르쳐 주신다.[15] 하나님의 말씀인
성경은 하나님의 위대한 책인 자연 세계의 신비들을 풀 수 있는 열쇠가
된다. 반면에 자연 세계와 우주는 성경의 진리를 이해할 수 있는 원천적
인 근원이 될 뿐만 아니라 상황적 방법이 된다. 그 이유는 자연과 성경은
함께 하나님의 창조의 섭리와 지식을 해석하며 암시하고 있기 때문이다.
"성경은 보다 일반적인 언어로 설명하며, 자연은 특별한 예를 들어 말하
고 있다."[16] 하나님의 생명의 책들인 자연과 성경은 양자의 신비한 지혜
를 풀 수 있는 이론적 근거가 된다. 예를 들면, 성경에 언급된 하나님의
창조를 좀 더 사실적으로 이해하기 위해서는 하나님의 창조인 자연 세계
를 직접 목격하며 관찰해야 하며, 반대로 자연 세계의 신비를 이해할 수
없을 때, 하나님의 계시인 성경을 통해 직접 이해할 수 있게 된다. 이와
같이 양자의 밀접한 관계성이 배제된다면, 성경과 자연 세계의 심오한
의미는 확실하고 완전하게 이해되거나 해석될 수 없게 된다. "성경의 모
든 것을 자연의 조직과 조화의 관계에서, 그리고 자연을 성경의 모든 상
징들의 과정으로 해석"[17] 해야 한다. 따라서 자연의 모든 현상은 하나님

---

15) *Way of Light*, 7.
16) Ibid., 118.

의 손으로 쓴 성경과 함께 탐독하도록 해야 한다: "사물에 새겨진 진리는 하나님의 말씀 속에 표현된 모든 진리와 조화를 이룰 수 있고, 여기저기서 다소 이해가 어려운 면이 있더라도 그 자체를 설명하고 해석할 수 있다."[18]

동시에, 성경은 인간의 경건성과 신앙을 위한 교육의 중요한 자원으로 모든 사람들이 쉽게 이해할 수 있는 신비와 이해를 제공해 준다. 그 이유는 "하나님께서는 그의 말씀을 성경의 이해에 적합하도록 배열하며,"[19] 그리고 "성령이 그것을 가르치는 가장 완전한 교사가 되기"[20] 때문이다. 이와 같이 성경은 다른 세속적 지식과 철학과는 달리 인간의 건전하고 건강한 생활에 필수적인 사건들과 진실들로 구성되어 있다. 성경은 또한 하나님의 세계에 접근할 수 있는 참된 지식과 지혜로 가득 차 있다. 성 어거스틴(St. Augustine)의 언급대로, 성경은 모든 학문의 지식과 지혜를 포함하고 있다: "성경은 존재하는 모든 것의 원인을 제공하기 때문에 여기에 참 철학이 있다. 사랑을 받아야 할 모든 것, 즉 하나님과 이웃을 사랑할 때만이 선하고 정직한 생활이 형성되기 때문에 여기에 윤리학이 있다. 합리적인 영혼의 빛인 진리가 하나님 자신이기 때문에 논리학이 있다. 그리고 사랑을 받아야 할 공동의 선이 하나님이 되시며 국가가 진리와 평화의 기초위에서 보호되고 안정될 수 있기 때문에 여기에 국가의 구원이 있다.[21]

---

17) Ibid., 120.
18) Ibid., 118.
19) *Great Didactic*, 249.
20) Ibid., 247.
21) Ibid., 223.

4) 자연, 인간, 성경의 관계성

자연과 인간과 성경은 우주의 가장 중요한 속성들로서 인간의 모든 지식을 제공하기 위해 긴밀한 상호 관계를 맺고 있다. 자연은 인간의 다양한 탐구 방법에 의하여 관찰되고 분석함으로써 인간 생활에 필요한 모든 지식을 제공하고 있다. 인간의 이성은 과학적 관찰 방법에 의하여 모든 사물들의 척도와 기준뿐만 아니라, 인간 속성의 공통적인 기초를 정립하고 있다. 그러나 이성을 통한 자연의 모든 지식은 부정확하고 오류가 있을 때, 궁극적인 지식의 근원이 되는 신적 계시가 성경을 통하여 나타난다. 성경은 자연의 모든 사물들에 의해 해석되어 그 진리가 밝혀질 수 있다. 이와 같이 모든 진리와 지식의 원천이 되는 자연, 인간, 성경은 상호 연결 되어 있다: "첫 번째 책인 자연은, 나머지 두 권의 책들 속에서 정확하고 일정하게 반복되어 있다. 자연의 책은 창조주의 천진하고 소박한 거울이다. 반면에 인간에 의해 창조되는 이성의 책은 적극적이며 자유로운 모방이다."[22]

세 가지 주체들의 상관 관계에 근거하여 하나님은 자연과 성경의 저자요, 인간은 자연의 해설자요, 자연은 하나님의 지혜를 반영하는 하나님의 생명의 책이다. 이러한 삼자의 상관 관계성에 의하여 자연의 창조와 존재의 궁극적인 목적은 하나님을 통한 인간의 번영과 축복을 위한 섯이며, 동시에 인간을 통한 하나님의 영광과 하나님 나라의 확장을 위한 것이다. 하나님에 의해 창조된 자연의 모든 사물들은 인간의 번영과 축복의 한 구체적인 방법인 인간의 합리적 마음의 교육을 위해 제공되었다.

---

22) Bogdon Suchocloski, "Comenius and Teaching methods: in C. H. Dobinson, ed., *Comenius and Contemporary Education*(Hamburg: UNESCO Institute for Education, 1970), 40.

하나님은 그의 진리와 지혜를 공개할 매개체로서 인간이 그 공동된 선물들을 활용하도록 하기 위해 온 세상을 창조하셨다.

인간 지식의 모든 범주들과 그것에 수반되는 인간의 전 생활은 하나님께 귀속되어야 한다. 다시 말하면, 모든 영역의 자연 세계의 지식-자연과, 하나님 계시의 영적 세계-성경, 그리고 인간의 영혼의 내면 세계-이성은 하나님의 우주적 진리와 일치하여야 한다. 여기에서 모든 지식의 근원과 소재를 제공할 수 있는 하나님의 세 저서들, 자연, 성경, 인간의 이성을 지식 종합의 핵심적 구조와 내용이 될 수 있다. 하나님의 저서인 세 가지 속성의 조화와 병행 관계는 인간 속에서 상실된 하나님의 형상의 완성과 회복을 위한 인간의 교육적 기반이 된다. 즉, 인간은 창조주와 그의 창조의 신비적이고 내재적인 요소들을 발견할 수 있다. 동시에, 인간은 우주의 세 가지 속성의 원리와 상호 관계에 의해 본래적인 인간성의 회복과 함께 계속적인 진보를 모색할 수 있다.

동시에, 자연과 인간과 성경의 상관 관계의 이론에 근거하여 삼자를 인간 교육을 위한 세 학교, 즉 '자연의 학교', '인간의 학교', '하나님의 학교'로 제시되어 있다.[23] '자연의 학교'는 다양한 피조물들이 생존하고 있는 세상으로서 하나님께서 창조하신 최초의 학교를 의미한다. 세상에 태어난 모든 사람들이 가장 먼저 자연의 학교에 입학하여 새로운 것을 경험하며 살게 된다. 두 번째 학교인 '인간의 학교'는, 하나님의 형상을 입은 인간의 마음속에 존재하며, 이 학교에서 활용할 모든 교과목과 교재와 교사들은 인간의 생득적인 본능과 이성으로서 '자연의 학교'의 모든 지식을 얻을 수 있는 통로가 된다. 세 번째 학교인 '하나님의 학교'에서는 인간이 가르칠 수 없으며 오직 모든 만물의 창조자이신 하나님만이 가르칠 수 있다. 이 학교에서 인간이 지금까지 듣지도 못하고 보지도 못하

---

23) *Way of Light*, Dedication, 13-18.

고 마음속에 새기지 못한 모든 것을 하나님의 영을 통해 계시된다. 이 학교의 교과서는 하나님의 감동으로 쓰여진 성경이며, 교과서의 해설자인 교사는 성령이다. 따라서 모든 인간은 사물이 가르치는 자연의 학교에서, 인간 자신이 가르치는 인간의 학교에서, 그리고 하나님께서 가르치는 하나님의 학교에서 세상의 모든 지식과 지혜를 배우며 성장하게 된다.

2. 지식 종합의 이해

21세기 현대 사회는 다양한 지식이 범람하고 있는 지식 정보 사회로 일컬어지고 있다. 현대인은 인간 존재의 유기적 속성에 따라서 다양한 지식과 학문을 발전시켜 왔으며, 지식의 다양성은 각각 자체의 특징에 의해 독특한 기능을 수행하게 되었다. 지금까지 발전되어 온 다양한 지식이 그 특수성에 따라 지향하고 있는 목적은 인간과 인간의 새로운 삶, 그리고 그 삶의 영역인 사회 환경을 풍요롭게 하는 일에 이바지해 왔다는 사실을 간과할 수 없다. 그러나 지식 정보 사회에서 살고 있는 개인마다 살아가는 일상생활에서 홍수와 같이 밀려오는 다양한 지식 정보의 지배로 인하여 그 혜택을 받기는커녕, 오히려 지식과 성보의 미로(迷路)에서 자아 상실과 익명성을 경험하고 있는 실정이다. 다양한 지식이 인간의 전인성 교육에 직접적인 영향을 주어왔기 보다, 오히려 인간 사회에서 지식간의 범람과 혼란으로 인간성의 파괴와 갈등뿐만 아니라, 사회 · 문화적 파편화와 분열을 야기해 온 것이 사실이다.

1) 지식 종합의 전제

인간의 지식은 현대 사회의 변화와 이동에 지대한 영향을 미쳐왔으며
인간 생활에 필요한 모든 물건들을 생산하며 전달하는 일에 주도적 역할
을 해 왔다. 인간이 발전시켜 온 지식은 그 자체가 시공을 초월하는 전달
수단으로 확산되어 왔으며, 마침내 그 전달을 원활하게 수행하는 매체인
정보의 형태를 형성하게 되었다. 지식의 전달 수단이 되는 정보는 그 전
달의 내용을 다양하게, 그리고 구체적으로 발전시키는 일에 적극적으로
관여하여 새로운 내용의 지식을 창조하게 된다. 따라서 정보에 의해 전
달되는 지식의 내용과 그 내용을 전달하는 정보는 상호 변증적 관계성에
서 지속적으로 발달하여 왔다. 현대 사회에서 지식과 정보 양자의 발달
을 지속적으로 가능하게 하여 왔던 주요한 요소는 곧 인간 지식에 의하여
태동한 현대의 과학과 정보 기계 기술이었다. 지식에 의하여 발달한 현
대 과학이 인간의 지식뿐만 아니라, 정보의 발달에 지대한 공헌을 하게
된 것이다. 그러나 현대 사회에서 인간 지식을 전달하는 정보는 오히려
그 자체의 향상과 발달을 가능하게 했던 지식과 과학을 능가하는 중요한
기능을 수행하게 되었다. 그 결과 지식과 과학은 인간의 판단력과 기능
에 관한 정보가 없이는 완전하지 못한 것으로 전락되었다.

현대 사회에서 지식과 정보는 종전의 양자의 이분법적 관계로 다루어
왔던 내용과 방법의 이원화를 극복하여 통합적 관계로 이해되고 있다.
지식과 정보는 총체적으로는 앎으로서, 그리고 존재론적으로 물(物) 자체
로서 다양한 형태로 존재하는 사회의 문화적 산물로 등장하게 된 것이
다. 특히, 20세기 중반 이후 정보 개념의 등장에 따라서 지식은 새로운
의미를 가지게 되었으며, 그것이 곧 '지식의 정보화'를 의미한다. 지식의
정보화는 전통적 지식과 구별된다. 전통적 지식은 논리적으로 통합된 하
나의 모체로 읽혀지고 정립되어 왔기 때문에, 고도로 지적인 훈련을 받

은 소수 지식인들에게만 수용되어 왔다. 그러나 지식이 정보로 변형되기 시작하면서 정보를 원하는 모든 사람들에게 용이하게 전달될 수 있는 정보의 수월성을 경험하게 되었으며, 다만 문제는 전달하는 양(量)이나 속도가 아니라, 그 내용에 관한 것에 달려 있다.[24]

현대의 지식 정보 사회에서 정보 통신 기술의 발달로 인하여 지식은 새로운 의미를 나타내기 시작했다. 그것은 정보와 이원화될 수 없는 철저하게 분화된 학문의 영역에서 '지식의 종합'을 촉진하는 새로운 흐름과 경향으로 대두되고 있다. 그 이유는 인류가 일찍이 경험하지 못했던 불확실성의 시대, 기존의 지식의 패러다임으로는 사물과 사건의 본질에 접근할 수 없는 난제들이 지식 정보 사회의 특징으로 나타나기 시작했기 때문이다. 이러한 문제를 극복하기 위하여 지식 정보의 네트워크인 유비쿼터스로 연결되어 있는 현대 사회는 개개의 학문 분야가 분해해 놓은 지식과 정보의 파편들을 종합하고 재구성하려는 노력을 지속적으로 제기해 왔다. 실제로 한국에서 최초로 지식 종합을 위한 시도가 이화여대의 '통섭원'의 설립으로 학문 간의 장벽을 허물고 지식의 종합을 구체적으로 시도하고 있다.[25] 이것은 지식의 분야를 이론적인 것과 실천적인 것으로 구분하여 왔던 종래의 지식 탐구 방법에서 이론과 실천의 통합과 정보와 지식의 종합을 시도하는 현대의 지식과 학문의 특징으로 나타나게 된 것이다.

2) 지식 종합의 원리

이미 4세기 전 단편적인 지식의 폐해를 경험하고 있었던 코메니우스

---

24) 이하는 이숙종(2001), 278-284를 참조하시오.
25) 『중앙일보』, "학문 간 장벽 허물어 지식의 '통섭' 이룰 것", 2006년 8월 31일 字.

는 자연의 법칙인 통합과 조화의 원리에 근거하여 지식의 종합적 체계를 정립하였다. 그는 그 당시 학문의 구조로는 불완전하고 상호 관계성이 없는 혼란과 무질서의 원인을 제공할 수 있기 때문에, 모든 지식은 단일한 질서로 종합되어야 한다고 생각하였다. 여기에서 그는 어떠한 분야의 지식도 종합적 지식의 체계와 구조에서 분리되지 않도록 다양한 지식의 조화와 응집력의 근원과 원리를 발견하려고 하였다.

첫째, 지식의 종합은 자연 세계의 모든 사물들이 그들 사이에 내면적 연관성을 형성하여 논리적으로 상호 관계를 형성하고 있다는 원리에서 형성될 수 있다. 이러한 기초적 원리는 자연의 모든 사물들은 불변의 속성인 상호 병행의 논리적 조화가 있다는 사실에서 발견할 수 있다: "모든 피조물들은 상호간 내면적으로 연합하여 관계를 맺고 있으며, 그리고 서로 각기 논리적이며 체계적으로 연결되어 있으므로, 사물들의 전 체계는 공통적인 지식으로 수용될 수 있다."[26] 자연과 우주 속에 존재하고 있는 모든 사물들은 조화와 질서의 원리에 의하여 상호 존재하고 있다. 자연의 사물들은 그것을 구성하고 있는 부분과 다른 부분들과의 관계, 부분들과 전체와의 관계, 그리고 한 전체와 다른 전체들과 유기적인 관계를 유지하며 생존하고 있다.

다시 말하면, 자연의 모든 것은 다른 것들과 내적인 관계를 맺고 있어서 부분은 다른 부분들과, 한 전체는 다른 전체들과 분리되어 존재할 수 없는 것이다. 물론 자연의 각 사물마다 그 자체의 특수성을 가지고 있기 때문에, 다른 것들로부터 분리되거나 고립되어 있지 않고 오히려 그들과 영향을 주고받고 있음을 의미한다. 과정신학자인 알프레드 N. 화이트헤드(Alfred North Whitehead)는 이러한 다양한 사물들의 연관성과 병행의 관계를 '합생', 혹은 '세계의 연대'로 언급하고 있다. 그에 의하면, 자연

---

26) Josep Needham, ed., *The Teacher of Nations*(Cambridge: The University Press, 1942), 4.

사물의 이와 같은 유기적인 세계관은 합생의 과정에 의해서 새로운 사태, 새로운 사건이 생성되는 "다자(多者)는 일자가 되고 일자(一者)에 의해 증가 된다"[27]는 원리에 따른다.

둘째, 지식의 종합은 인간과 자연 사이에 상호 병행의 관계가 있다는 원리에 기초하고 있다. 인간과 자연 사이에는 본래적 관계성이 있으며, 양자의 실재 사이에 종합이나, 혹은 통전성이 있다는 사실을 배제할 수 없다. 인간과 자연의 모든 사물들은 서로의 경험을 공유하고 있기 때문에, 이것은 두 개의 분리된 존재가 맺고 있는 외적인 관계뿐만 아니라, 그 내면에서 영향을 주고받는 내적인 관계까지도 포함하고 있다. 자연의 외적인 힘과 관련된 인간의 내적 역동성에 의하여 인간은 자연 세계를 포함한 전체 세계를 알고 그 속에 참여하여 세계와의 주체 대 주체로서의 관계를 형성하게 된다.[28] 따라서 인간이 자연 세계의 신비한 목적과 내면세계의 지성적 작용 사이에서 밀접한 관계를 이해한다면, 자연과 인간의 내면세계는 분리될 수 없다는 원리를 발견하게 된다. 앞서 언급한 바와 같이, 지식 종합의 구상과 발전은 모든 분야의 지식은 매우 단편적이고 상호 연관성이 없기 때문에, 인간의 실제 생활과 직접적인 관계가 없이 다루어지고 있다는 사실에서 시작된다. 반면에 모든 지식은 서로 상관성이 있다는 확신으로 지식의 종합과 조화의 이론에 근거하여 다양한 지식의 백과사전적 체계를 조직화할 수 있는 근거를 발견할 수 있다: "불완전하고 상호 관계성이 없는 지식의 불확실성은 혼란과 무질서의 원인이 될 수 있으므로, 모든 지식은 체계화되어 단일한 질서로 응집되어야 한다".[29]

---

27) Alfred North Whitehead, *Process and Reality: An Essay in Cosmology*, ed.,by David R. Griffin and Donald W. Sherburne(New York: Free Press, 1978), 7, 21.
28) Mary E. M. Moore/장대현 옮김, 『심장으로 하는 신학과 교육』(한국신학연구소, 1998), 69, 260.

그렇다면, 어떠한 분야의 지식도 지식의 종합적 체계와 구조에서 분리되지 않도록 다양한 지식의 조화와 원리를 어디에서 발견할 수 있을까? 인간은 자연과 서로 상이한 피조물임에도 불구하고, 자연의 기본 법칙에 따라 상호 순응하며 조화와 질서의 공통성을 공유하고 있다. 자연의 질서와 조화의 원리는 인간의 자연적 성장과 지성력의 발달과정의 기반이 될 수 있다. 자연 세계는 실제로 세상의 모든 사람들이 살아가며 생존하는데 필요한 것과 지식의 소재를 제공하고 있다. 또한 자연의 해설자로서의 인간은 "자연이 없이는 어떠한 지식도 얻을 수 없다"는 것과, "지식은 자연을 본받는 것이고, 지식은 자연을 모방하는 것이다"라는 사실을 인식하게 된다.[30] 따라서 다양한 지식은 인간과 자연과의 병행의 원리에 근거하여 종합될 수 있다는 근거를 발견할 수 있다.

셋째, 지식의 종합은 우주의 창조자인 하나님과 자연 세계는 불가분의 관계가 있다는 원리에 근거한다. 화이트헤드에 의하면, 하나님과 세계와의 관계는 내적이며 모두 생성하는 사건 속에 존재하기 때문에, 그의 과정 사상에서 양자의 분리는 불가능하다.[31] 하나님은 자연 세계의 모든 사건에 능동적인 영향을 주고 각 사건들이 형성되도록 힘을 나누어 줌으로써 창조하며 반응하고 있으며, 이러한 창조와 반응은 하나님의 양극성으로써 하나님과 세상 사이의 관계의 핵심이 되고 있다.[32] 미국의 교육 철학자인 존 듀이(John Dewey)도 하나님의 실재를 시간과 과정과 생성의

---

29) Vladimir Jelinek, trans, *The Analytical Didactic of Comenius*(Chicago: The University of Chicago Press, 1963), .19.

30) Matthew Spinka, *John Amos Comenius, That Incomparable Moravian.*(Chicago: The University of Chicago Press, 1943). 66.

31) Mary E. M. Moore, 32, 160.

32) 과정신학의 관점에서 양자의 관계를 하나님의 양극성(bipolar nature of God)라 할 수 있으며, 하나님은 세계를 인도하는 하나님과 세계에 의해 영향을 받는 하나님이라는 두 가지 측면을 갖는다고 이해한다. 전자는 하나님의 원초적 본능(primordial nature)이며, 후자는 귀결적 본능(consequent nature)이라 할 수 있다(Ibid., 115).

세계와 온전하게 분리하여 존재한다는 개념을 부인하고, 그의 존재가 인간과 사물들과의 관계에서 실현될 수 있다는 사실을 강조하였다.[33]

이러한 측면에서, 코메니우스는 모든 지식을 종교적 기반 위에서 종합할 것을 제안하였다. 그는 하나님이 지식 종합의 근원이자, 그 개념 형성의 가정(假定)으로 생각하였다.[34] 그 이유는 모든 지식의 영역이 되는 자연 세계와 인간의 이성적 활동과 경험, 그리고 영적인 내면 세계의 존재는 하나님의 우주적인 진리와 일치되어 있기 때문이다. 자연 세계의 창조자인 하나님은 모든 지식의 정점이자 완성일 뿐 아니라, 분리되어 있는 모든 지식을 포함하고 연결하는 통합체이다. 하나님으로부터 도출되는 모든 것은 하나님의 속성과 마음을 표현하는 것이므로, 하나님이 모든 사물들의 새로운 해석을 위한 모체"[35]된다. 하나님은 스스로 모든 사물과의 모순일 수 없으며, 입증될 수 없는 혼돈의 원인이 될 수 없다. 그러므로 지식의 송합은 "문화의 종합석이며 보변석인 원리들과 인간 생활의 개혁과 향상을 증진하는 종교적 기반에서"[36] 체계화할 수 있다

지식의 종합은 인간이해의 공통 개념, 가시적인 자연 세계, 기술과 재능에 영향을 받고 있는 인간의 모든 활동인 인간의 영적인 경험의 대상이 되는 인간, 자연, 하나님과의 상호 관계성에서 정립될 수 있다. 지식의 종합은 모든 진리의 탐구를 위해 상호 관계성을 제공하는 자연, 인간, 하나님을 포함하여야 한다. 따라서 지식의 종합은 자연적인 것과 초자연적인 것, 인간적인 것과 신적인 것, 세속적인 것과 신령한 요소들이 함께 포함되어야 한다. 지식의 종합은 "종합적인 철학인 동시에 조화 있는 인생관

---

33) 이숙종, '존 듀이의 신앙관이 그의 사상형성에 미친 영향', 『인문과학논문집』 Vol. 3.(강남대학교 인문과학연구소, 1997), 34.

34) *Way of Light*, Introduction IX

35) J. E. Sadler, J. A. *Comenius and the Concept of Universal Education*(New York: Barnes of Noble Inc., 1966.), 133

36) John Amos Comenius/이숙종 역 『빛의 길』(서울: 여수룬, 1998), 36.

이자 세계관"[37]으로서, 그것은 "자연의 모든 사물과 세계에 관한 우주적 학문이며, 이론적 지식과 사상의 실천적 활용을 가능케하는 보편적인 규범이 될 수 있다."[38]

3) 지식 종합의 목적

현재 한국의 기독교 대학에 관한 예리한 비판은 학생을 가르치며 연구하는 교수들이나 학자들이 인간성을 위한 교육을 바르게 이해하여 제시하지 못한 채, 지식에 관한 단편적이고 지엽적인 연구와 접근에만 관심을 기울려 왔다는 사실이다. 지금까지 기독교 대학이 이러한 지식과 그 속성의 몰이해로 다양한 지식을 각기 분리하여 단편적으로 강조해 왔기 때문에, 인간의 지성에 중점을 두고 있는 주지주의와 도덕성을 강조하는 도덕주의와 그리고 신앙에 관한 신비주의의 편향에 빠져 있었다는 비판을 받아 온 것이다. 이러한 단편적인 지식의 강조로 인한 비판을 불식하고 지식의 새로운 이해를 위하여 먼저 다양한 지식의 분야를 종합하려는 노력과 시도가 선행되어야 한다.

그러나 다행스러운 일은 1990년대부터 한국의 일부 대학에서 학문의 종합과 합류를 시도하기 위해 산업화 과정에서 분화를 거듭하며 쌓아 왔던 학문의 고고한 성채를 스스로 허물고, 보다 폭 넓게 담고 해석할 수 있는 학문과 지식간의 합류의 가능성을 모색하기 시작한 일다. 이와 같은 학문의 합류와 지식 종합의 경향은 세계적인 추세로 이미 미국과 일본의 대학에서는 사회 전체를 조망하는 총체적 시야로 학제 간, 혹은 학문 간

---

37) Jan Jakubec, *Johannes Amos Comenius* (New York: Arno Press & The New York Times, 1971)., 6.
38) Ibid., .41.

의 치열한 경쟁을 벌이면서 학생들에게 새로운 지적 자극을 주고 있었
다. 일찍이 '지식의 종합'[39]과 합류를 위한 구상과 시도는 존재하고 있는
모든 분야의 지식은 서로 상호 연관성이 있기 때문에, 인간의 실제 생활
과 직접적인 관계성에서 다루어져야 한다는 사실에서 출발하였다. 여기
에서 모든 지식은 서로 상관성이 있다는 확신과, 그리고 지식의 종합과
합류의 이론적 근거에 의하여 다양한 지식을 체계적으로 조직화할 수 있
는 가능성을 발견할 수 있다.[40]

인간은 인간 존재의 유기적 속성에 따라서 다양한 지식과 학문을 발전
시켜 왔으며, 지식의 다양성은 각각 자체의 특징에 의해 독특한 기능을
수행하여 왔다. 이와 같이 다양한 지식이 그 특수성에 따라 지향하고 있
는 목적이 인간과 인간의 삶의 영역인 사회 환경을 풍요롭게 하는 일에
이바지하고 있다는 사실을 간과할 수 없다. 그러나 현대 사회의 과학자
와 지식인들은 자신들이 구축해 놓은 현대 문명과 과학 기술 앞에서 무력
함을 경험하기 시작했다. 그들은 스스로 만든 엄격한 지식 규범이 흔들
리고 있다는 것을 깨닫게 되었다. 그것은 재래식 과학의 독점적 지위가

---

39) 인류의 지성사에서 지식의 종합을 시도한 최초의 사람은 현대 교육의 창시자인 존아
모스 코메니우스(John Amos Comenius, 1592-1670)였다. 그는 지식의 종합인 pansophia
는 1642년에 준비하여 1670년에 완성한 그의 교육 사상의 집대성인 *Derum
humanorum emendatione consultatio catholica*,『인간 개선에 관한 일반 담론』의 전 7권
중 제 3권의 내용이다. 범지학은 "pansophia"로서 표현되며"Pan-all"과 "sophia"-
wisdom의 합성어로서 희랍어 ευσικλσπαιδειαι의 의미와 로마어"doctrinarum orbem"의
지식의 범위를 나타낸다(Jean Piaget, *Comenius on Education*, Columbia University,
Teacher's College. 1972 .140). 한편"παισθια"는 알렉산드리아의 Philo에 의해 최초로
소개되었기 때문에 스토아 철학에 그 기원을 두고 있으며, 그 후에는 신플라톤주의
(Neo-Platonism)와 함께 르네상스 시대에서 그 원류를 발견할 수 있다. 그 당시
pansophia는 전 유럽에 확산되어 인본주의자들에 의해서 르네상스 신학에서 발전되었
다.(W. Rood. *Comenius and Low Countries*, Amsterdam: Van Gendt Co., 1970, 121).이숙
종(1996)., 316에서 재인용
40) Vladimir Jelinek, 19.

종언을 고하면서 분석적으로 검증된 사실의 규칙성만을 기반으로 발전해 왔던 종래의 지식을 믿을 만한 지식이라고 확신할 수 없게 되었다. 그것은 종전의 중심의 것과 주체보다 주변과 변두리의 것들이 더욱 중요시되는 현실에서 종전의 학문의 구획으로는 설명할 수 없는 현상들이 계속하여 발생하고 있기 때문이다.[41]

실제로, 한국의 대학에서 학문과 지식의 종합을 시도하기 위하여 생물학과 사회학, 언어학과 전기 공학이 만나고 무용학과 심리학이 접점을 찾고 있다. 이러한 과정에는 물론 상업적이고 기능적인 수요의 요구가 필수적일 수 도 있겠지만, 지식 정보화 사회가 태동하면서 본격화된 생명 공학과 인공 지능에 대한 연구나 벤처 산업의 등장이 그 배경을 이루고 있다.[42] 이러한 요구에 부응하여 총체적 시각으로 지식 정보화 사회에서 돌발하는 사태의 복잡성에 접근하고 해결하려는 폭넓고 유연한 지식 종합의 지평이 구체적으로 열려야 한다. 현대 사회에서 지식 정보화의 영향에 의해 교육받은 사람들은 다양한 사물들과 사실들을 통찰하는 수준에 이르기 위해 지식 종합의 구조로 형성된 지식의 모체를 소유해야 한다. 이러한 지식 종합의 안목을 통하여 사물들과 사실들의 구조의 원리와 이유를 이해할 수 있을 뿐만 아니라, 지식 정보에 대한 새로운 통찰력을 겸비하게 된다. 그리고 지식 종합의 안목을 통하여 우주와 자연 세계가 하나의 통합체로서 이해될 수 있다는 것을 자각하며, 종합적인 합리적 사고에 의해서 그것을 파악하는 간결하고 새로운 방법을 발견할 수 있게 된다.[43]

종합적 안목과 통찰력으로 인간의 이성적이며 논리적인, 경험적이며 직관적인, 정서적이며 심미적인, 그리고 도덕적이며 종교적 기준을 만족

---

41) 『조선일보』, "인문-자연 지식 총체적 재구성" (1997년 4월 29일 字).
42) 『동아일보』, 1997년 10월 21일 字.
43) Jacob, Bronowski/ 임경순 역, 『과학과 인간의 미래』, (평단문화사, 1984). 125.

시킬 수 있는 종합적 지식의 형태와 구조를 터득할 수 있어야 한다. 다른 한편, 현대의 지식인들이 지금까지 스스로 탐구해 왔던 단편적 지식의 결과로 나타난 불완전성과 편견에 사로잡히게 되었던 지식의 모순과 한계성을 극복할 수 있어야 한다. 현대의 지식인이면 누구든지 모든 지식을 소유할 수 있는 잠재력을 가지고 있기 때문에, 모든 사물들에 관하여 완전하게 알기를 노력한다면, 인간 지식의 전체적 실재와 패러다임을 터득할 수 있을 것이다. 따라서 세상에 존재하고 있는 지식의 모든 분야들을 종합하게 된다면, 현대 사회에서 경험하고 있는 다양한 개인적이며 사회적 문제들을 해결할 수 있는 새로운 삶의 도(道)와 기회를 발견할 수 있을 것이다.

그렇다면, 지식 종합의 궁극적인 목적은 무엇일까? 지식 종합의 원리를 최초로 제시한 코메니우스에 의하면, 일차적으로, 인간의 내면 세계의 계발과 변화를 강조하고 있다. 인간의 마음속에 있는 '이성의 빛'이 확산되어 내면화될 때, 내면 세계의 잠재력을 새롭게 표현할 수 있는 가능성과 잠재 능력을 생성할 수 있는 것이다. 동시에, 지식의 종합은 인간의 내면 세계의 조화 있는 계발과 함께, 모든 인간이 살아가는 생활 환경과 조건의 개혁에 가치를 두고 있다. 그것은 전 세계의 문화와 정치, 그리고 종교와 인종의 유기적 통합을 목적으로 하는 인류 사회의 전반적인 개혁과 진보를 시도하고 있다.

인간의 이성과 감정과 초월성의 요소와 기능에 의하여 형성되는 지식의 종합은 자연 세계와 초자연 세계를 포함하는 우주적이며 보편적 지식의 체계화를 의미한다. 지식 종합은 인간에게 삶의 지혜와 방편을 제공하는 모든 지식의 간결성뿐만 아니라, 다양한 지식의 전반적 모체의 통일성을 이해하는 방법을 제공하는 새로운 과학적 체계가 될 수 있다. 그러므로 지식의 종합은 그 핵심을 모든 지식의 의미를 규명하고 모든 사물의 특수성을 이해하며 지각하는 지식의 전 모체를 형성하는 통일성을 의미한다.

지식의 종합이 지향하려고 하는 목적은 첫째, 한 인간을 완전한 인격체로 성장시키고 양육하는 전인적 인간성의 계발에 두어야 한다. 현대의 정보화 사회에서 모든 사람들, 특히 대학생들이 안고 있는 공통적 문제는 지나친 자기 중심주의와 편향된 지식 지향주의, 그리고 임의적인 비도덕적 사고와 디지털 게임에 빠져들고 있는 생활 형태로 지적할 수 있다. 이와 같은 현대인의 경색된 의식과 비도덕적 생활을 개조하기 위하여 각 개인의 마음속에 지식의 종합이 지향하는 '지혜의 빛'이 확산되어 내면 세계의 변화와 각성을 유발하도록 해야 한다.[44] 지혜의 빛을 통하여 각 개인이 잠재하고 있는 지성적 능력과, 도덕적 고결성과, 영적 경건성을 계발하여 일상생활에서 조화 있게 실천할 수 있게 하여야 한다. 그것은 정보화 사회에서 모든 사람들이 진실하고, 현명하고, 덕스럽고, 그리고 경건한 생활을 공유하는 전인적 인간성을 추구하는 것을 의미하기 때문이다. 그러므로 지식의 종합은 인간에게 '지혜의 빛'을 구체적으로 확산하여 새롭고 균형 있는 내면 세계의 변화와 조화 있는 실천적 생활을 영위하는 전인적 인격의 형성을 구체화할 수 있어야 한다.

둘째, 지식의 종합은 전인적 인간성의 형성과 함께 모든 인간의 삶의 터전이 되는 사회 환경과 생활 조건의 개혁에 그 목적을 두어야 한다. 한 개인의 인간성의 변화와 개조는 동시에 사회 공동체를 변화할 수 있는 사회·문화와의 변증적 관계가 될 수 있다.[45] 개인과 사회 공동체와의 관계에서 전인적 인간성을 소유하고 있는 사람들은 일련의 사회질서와 조화를 이룰 수 있으며, 이러한 조화에 의하여 그들은 다른 사람들과 사회 공

---

44) 코메니우스는 "지혜의 빛"에 관한 구체적인 논의를 위하여 1642년에 그의 저서, 『빛의 길』,The Via Lucis을 저술하기 시작하여 1662년에 완성하였다.

45) Thomas H. Groome, *Christian Religious Education* (San Francisco: Harper & Row, Publisher, 1980), 122.

동체와의 관계 형성에 건설적 역할을 감당할 수 있게 된다. 따라서 지식의 종합 체계는 사회 공동체의 개혁과 보편적 조화를 형성할 수 있는 중요하고 광범위한 가치의 개념을 포함하고 있다. 또한 지식의 종합은 세계는 하나이며, 어디에서든지 인간의 속성은 동일하기 때문에, 사회 공동체의 전반적 개혁과 세계의 전 문화와 정치 종교의 유기적 통합을 지향할 수 있다.

실제로, 지식의 종합은 현대의 지식 정보화 사회에서 생존에 필요한 전문적 학문과 기술 분야의 탐구와 개발과 함께, 다른 영역의 다양한 지식들을 포괄하며 관계성을 모색하는 현대인의 전인적 삶을 추구하는 통전적 수단이 될 수 있다. 지식의 종합은 일상 생활에서 발생하는 인간의 다양한 문제와 전 세계의 사회문제 및 자연 생태계를 망라하는 전 우주의 문제를 포함하여 다룰 수 있다. 또한 지식의 종합은 현대인에게 모든 지식을 분명하게 밝혀줄 수 있는 인간의 이성과, 선한 것을 선택하는 인간의 의지와, 그리고 바르고 진실 되게 행하는 인간의 행위에 분명한 길을 제시하는 '지혜의 빛'을 밝혀주는데 그 목적을 두고 있다. 그리고 지식의 종합은 그 현대적 맥락에서 현대 과학 기술 문명에 의해서 네트워크 화된 현대 사회의 지성적, 도덕적, 영성적 기초를 형성할 수 있다.

이미 400년 전에 예언적 통찰력으로 지식의 종합을 제창하였던 코메니우스는 모든 지식의 종합에 의하여 "인류가 분화석 종합의 구조와 환경 속에 포함될 수 있으며, 전 세계의 인류가 한 세계 가족이 될 수 있기를 희망하였다."[46] 그 이유는 "모든 사람이 서로 이해한다면, 마치 한 종족, 한 백성, 한 가족, 그리고 한 학교가 될 수 있기"[47] 때문이다. 그는 이와 같이

---

46) John, Amos Comenius, *The Angel of Peace*, ed., by Milins Safranek(New York: Pantheon Book, 1944), 11.
47) John Amos Comenius, 『빛의 길』, 235.

지식의 종합을 통하여 '세상에서 조화, 질서, 진리의 보존'을 염원하면서 인류사회에 새 질서와 참된 평화와 새로운 신뢰를 정착시킬 수 있다는 확신을 가지고 있었다.

　민주주의 사상을 체계적으로 정립한 진보주의 교육 철학자인 미국의 존 듀이(John Dewey, 1859-1952)는 20세기에 들어와서 미국의 새로운 문화와 교육 사상의 형성에 지대한 영향을 주었다. 그가 생존하였던 20세기 초기에는 미국을 비롯한 서구 세계에서 정치 · 사회적으로 경제 대공황과 제2차 세계 대전, 그리고 미 · 소양대국의 냉전의 영향으로 미래에 대한 비관론이 팽배해 있었다. 이와 같은 시대적 배경에서, 듀이는 민주주의 사상을 정립하여 암울한 세계 정세에 새로운 진보의 가능성과 미래의 여명을 제시하려고 노력했다. 그의 사상의 형성기는 19세기말과 20세기 초엽에 미국의 진보주의 정신을 발전시켰던 시기로 간주될 수 있기 때문에, 그는 진보주의 철학의 대변자로, 혹은 이 운동의 전위에 있었던 가장 영향력이 있었던 지성적 지도자로 평가되어 왔다. 그는 사회 비평가와 소망의 예언자로서 진보주의 교육 사상과 새로운 사회 과학을 인간의 성장과 민주주의 사회 실현을 위한 가장 효과적인 기반으로 삼고 있었다.[1]

---

1) Steven C. Rockefeller, *John Dewey: Religious Faith and Democratic Humanism* (New York: Columbia University Press, 1991), 3.

1. 듀이의 성장과 교육

존 듀이는 19세기의 철학자들과 신학자들이 경험했던 사회·문화적 대 변화와 자연 과학의 발달로 이성과 자연에 대한 계몽주의 신념이 급격하게 확산되어 가는 역사적 상황에서 그 자신의 독특한 민주주의 사상을 정립하였다. 이와 같은 사회적 변형의 급격한 동력은 그 당시 가장 두드러지게 나타났던 종교적 생활의 각성과, 그리고 사회에 만연된 급진적인 사회 참여의 중심적 변화에서 태동하기 시작하였다. 듀이와 마찬가지로, 대부분의 사상가들의 관심과 열망이 이와 같은 경험적이며 세속적인 경향으로 변화함에 따라 그들은 종교적 신앙과 도덕적 가치들과의 화해의 방법을 진지하게 모색하기 시작하였다. 그리고 듀이 자신이 탐구하였던 그의 사상의 중요한 근원들은 그의 초창기에 영향을 받았던 다양한 철학 사상의 재구성으로서 특히 그가 경험했던 종교적 신앙과 신학 사상과 밀접한 관계가 있었다.

1) 가정 교육

존 듀이가 민주주의를 생활방식으로 철저하게 이해하게 된 배경에는 그의 가정 교육과 어릴 때부터 출석하였던 회중 교회의 신앙 전통 및 그의 사회적 경험과 깊은 관계가 있다. 그는 1859년 늦은 가을에 버몬트(Vermont) 주에 있는 버링톤(Burlington)에서 태어났다. 이 마을은 미국 동쪽 해안에서 거대한 만(灣)을 내려다보이는 언덕 위에 자리 잡고 있는 아름다운 자연 환경과 개척 시대의 도전과 자유가 곳곳에 확산되어 마치 살아있는 민주주의 자치 행정의 중심지로 알려졌다. 1773년 버링톤에 최초의 이주민들이 도착하기 시작하여, 1859년경에는 마을의 전체 인구가 8천 명으로 증가하였다. 마을 주위에는 비옥한 농토들이 광활하게 뻗어 있었으며 경제적으로 천연 자원에 의존하였던 목재 사업이 번창하였다. 도시를 내려다보이는 언덕 위에는 버몬트 대학 건물이 우뚝 솟아 있었고, 그곳은 이주민을 위한 새로운 교육의 중심지로서 마을의 특별한 긍지와 자랑이 되었다. 도시의 중심에 대형 건물로 세워진 교회들은 회중 교단에 속한 종교 전통과 밀접한 관계가 있었던 신앙 교육의 상징이 되었다. 이곳에 살고 있었던 마을 사람들은 청교도의 신앙과 도덕성에 의존하였으며, 그들의 주요한 관심은 민주주의적 자치 행정의 실현에 있었기 때문에, 이러한 전통을 통하여 지역 주민들의 일상생활에 지대한 영향을 주었다.

듀이는 어릴 때부터 그의 가정의 신앙적 환경에서 민주주의에 대한 철저한 교육을 받으며 성장하였다. 그의 어머니 루시나 A. R. 듀이(Lusina Artemisia Rich Dewey)를 통한 신앙 교육은 그로 하여금 자주 자립적 생활권의 형성과 다른 사람들과의 공동체 생활을 영위할 수 있는 철저한 기본 교육을 받으며 성장했다. 인간의 모든 행동의 기반과 그로 인한 가치관이 어릴 때에 형성되는 것처럼, 듀이도 어머니의 신앙적 생활 태도와 교훈에 의하여 성숙한 종교적 신앙 생활을 영위할 수 있었다.[2] 한편 듀이가 규칙적으로 출석하였던 회중 교회는 강렬한 욕구를 가지고 있었던 그의 의식 속에 민주주의의 생활양식이 되는 종교·윤리적 요소들과 미래 사회의 이상을 심어 주었다. 그는 가정과 교회에서 받았던 종교적 신앙 교육의 영향으로 학교와 같은 공동체 생활에 원활하게 적응하였으며, 다른 사람들에게 예절과 존경의 태도를 나타내면서 확고한 도덕적 신앙 생활을 실천하였다.

그러나 듀이가 태어났을 때, 남북 전쟁이 발발하여 아름다웠던 이 고

---

2) John Dewey, "Religious Education as Conditioned by Modern Psychology and Pedagogy" in *The Middle Works of John Dewey, 1899-1924*(Carbondale, Illinois: Southern Illinois University Press) Vol. 3, 211.

장이 황폐하기 시작하였으며, 그가 한창 성장할 시기에 그의 아버지 A. S. 듀이(Archibald Sprague Dewey)가 전쟁에 참전하여 5년 반 동안 헤어져 살게 되었던 불운을 경험하였다. 그가 어릴 때에 셰익스피어와 밀턴을 좋아하였던 그의 아버지의 문학적 소양과 인격의 영향을 받아 시(詩)를 좋아하게 되었다. 이러한 문학적 소양이 그의 영적인 통찰력의 근원이 되었으며, 후대에 그의 손으로 직접 시를 쓰는 재능을 나타내었다. 대체적으로, 듀이와 아버지와의 관계는 매우 원만한 사이였으나, 아버지와 오랫동안 떨어져 있었던 그의 생활은 매우 고통스러운 감정을 남기게 되었으며, 그것이 곧 그의 의식 속에 부성애(父性愛)에 대한 불안전성을 형성하는 원인이 되었다.[3]

어린 듀이는 부드러운 감성의 성향을 소유한 예민하고 침착한 소년이었다. 아버지가 군복무하고 있었을 때, 그가 여덟 살이 될 때까지 그의 어머니의 종교적 교훈과 보살핌으로 성장하였다. 그의 어머니의 주요한 관심은, 그녀가 어릴 때에 복음적 경건주의 부흥회에서 회심하였기 때문에, 자녀들을 종교적 신앙으로 양육하는 일이었다. 그는 버링톤에 있는 제일회중교회에서 헌신적인 선교의 열정을 가지고 주일학교에서 가르쳤으며 여선교회 회장이 되었다.[4] 그녀가 자녀들을 양육하면서 크게 관심을 가졌던 문제는 그들을 죄로 부터 보호하며 그들의 마음속에 하나님과 예수 그리스도에 대한 경건한 헌신적 신앙을 심어 주는 일이었다. "자녀들이 매우 어렸을 때, 루시나는 소년들에게 기도하는 법과 성경 읽는 법, 규칙적으로 교회에 출석하는 일, 십계명과 주의 기도, 그리고 사도신경을 암기하여야 할 때 주일학교에 보내는 일을 잊지 않았다."[5]

---

3) Steven C. Rockefeller, 43.

4) *The Directory of the First Church* (January 1889), *John Dewey Papers*, Coll. 102/1/2, *Special Collections*, Morris Library, Southern Illinois University in Steven C. Rockefeller, 36 에서 재인용

2) 회중 교회와 신앙 교육

존 듀이는 어릴 때부터 그의 어머니의 도덕주의적인 가정 교육과 복음주적인 경건주의의 영향을 받았다. 그의 어머니는 자녀들이 성장해 감에 따라 그들의 모든 활동과 놀이 등을 신앙적으로 통제하였으며, 심지어 주일을 엄수하여 그들이 좋아하는 모든 일상적인 일들을 금지하였다. 그러나 성장기의 어린 듀이에 대한 어머니의 강압적인 도덕적 종교적 간섭 및 제재와 같은 부자연스러운 방법은 그의 청소년 시절 고통스러운 정서적 문제들의 원인이 되었고, 그것이 어머니와의 만족스러운 원만한 인간 관계를 유지하지 못하게 하였다. 어머니가 보여 주었던 강한 복음주의적 경건성에 대한 듀이의 반발은 그의 일생동안 교조주의(dogmatism)에 대한 비판과 함께 예민한 감정과 내적 성결과 연관되어 있는 도덕적 사고를 혐오하는 근본적인 한 요인이 되었다. 더욱이 듀이는 가정에서 받았넌 철저한 종교적 신앙 교육으로 그의 실제적 사회 생활과의 분리의식을 형성하게 된 직접적인 원인이 되기도 하였다. 그의 어머니의 지나친 종교적 교훈과 규범적인 생활의 통제로 불안정한 종교적 감정과 신념에 갈등을 느꼈다. 그의 가정 환경에서 경험하게 된 이와 같은 부정적인 영향은 감수성이 예민했던 어린 시절에 내적 갈등, 억압, 죄책감, 공격적인 양심, 심지어 내면 세계의 분열을 초래하였다.

뿐만 아니라, 버몬트 회중 교회의 교육은 어린 듀이의 정신 세계에 철저한 분리 의식, 즉, 하나님과 인간과의 분리, 자연과 은혜와의 분리를 심화시켰다. 특히, 하나님과 세계와의 분리는 그로 하여금 종교적 문제로 갈등하였던 영적인 것과 자연적인 것, 관념적인 것과 실제적인 것과의 이원론의 주요한 상징이 되었다. 자연과 인간 관계와 같은 일상적 생활

---

5) Steven C. Rockefeller, 37.

과 분리하여 하나님의 존재를 종교적 초월주의자로 이해하게 된 듀이는 실제로 그 자신과 이 세상에 대하여 가장 혼란을 일으켰던 경험을 하게 되었다. 여기에서 그는 그 자신의 이상과 세상으로부터 소외되어 있다는 것을 발견하게 되었으며, 이와 같은 내면 세계의 이원적 분리 현상은 인간의 영과 육의 분리, 하나님과 세상과의 분리, 자연과 은혜와의 분리를 강조하는 뉴잉글랜드 회중 교회 신학 사상에 의해 더욱 심화되어 갔다.

1875년 그의 나이 15세 때에 버링톤에 있는 버몬트 대학에 입학하여 2학년이 되는 16세 때에 견신례를 받고 정식으로 청년회에 가입하였다. 그 후에 그는 교회학교에서 가르쳤으며 1881년에는 기독청년회의 회장으로 선출되었다. 그는 교회에서 "어떠한 사람도 스스로 완전성을 발견하지 못하며, 그리스도 안에서, 즉 우리의 연합된 생활 속에서만이 완전하게 될 수 있기 때문에, 사람들은 공동 생활을 영위하며 그 속에서 함께 성장해야 한다"[6]는 설교를 들었다. 그는 개인 생활의 성취가 공동체 생활을 형성하는 관계로 확산되고, 적극적으로 참여하는 공동 생활 속에서 개인의 완전성을 발견할 수 있다는 기본적 원리들을 터득하였다. 그는 이와 같은 회중 교회의 공동 생활과 종교적 전통, 그리고 버몬트 시민들의 민주주의적 자치 행정을 경험하였던 정치·사회의 가치들을 다음과 같이 술회하고 있다.

> 나는 초창기에 자유의 이상과 시민들의 자치 공동체가 확산되었던 이 시기와 장소에서 태어났던 사실에 고마움을 금할 길이 없다. 아마도 그 어느 곳에서 보다 버몬트에서 사람들의 정신(spirit)으로 우러나오는 자치 행정이 우리가 살고 있는 집들과 같이 인간 복지에 공헌하게 되었으며, 그리고 그 속에 살았던 사람들이 그와 같은 대안들과 변형을 요청받고 인간 가족의 욕구들을 발전시키고 있었

---

6) Ibid., p. 10.

을 때, 마치 그들이 다른 사람들의 입장에서 스스로 자유롭게 변화
하며 확장해 간다는 확신을 형성하였다.[7]

존 듀이의 성장 과정에서 기독교 문화의 영향은 그로 하여금 어릴 때
부터 철저한 종교·도덕적 목적과 의미를 추구하며 실천적 행위에 깊은
관심을 가지게 하였다. 한편 그가 일찍이 경험했던 이원론적인 영향으로
그 자신이 세상과 소외되어 갈등하고 있다는 것을 발견하고 있었기 때문
에, 그는 소외로부터 해방, 즉 내면 세계의 평화와 함께 보다 만족스러운
사회적 적응을 위한 실천과 이상과의 조화를 추구했다. 여기에서 그는
그의 내면 세계의 안정과 조화를 위하여 자아와 세계와의 지속적인 적
응, 만족스러운 사회적 관계, 그리고 보다 넓은 자연 세계와의 관계성에
대한 문제의식을 가지고 있었다. 이와 같이 그의 성장기를 통한 다양한
종교적 사회적 경험으로 그는 자신의 인격의 통전성과 사회적 적응을 위
한 통합의 문제에 지대한 관심을 가지게 하였으며, 나아가서 공동체 활
동에 적극적으로 참여하는 습관과 함께 그가 염원하고 있었던 민주주의
사상의 기본적 원리를 형성하는 일에 전념하였다.

3) 버몬트의 신학과 철학

존 듀이는 기독교 가정의 신앙 교육과 회중 교회의 종교적 문화권에서
성장하였기 때문에, 어릴 때부터 그의 개인생활은 경건한 도덕적 신앙
생활을 영위하면서 그 생활의 목적과 의미를 부단히 추구해 왔다. 이와
같은 그의 생활 태도는 버몬트 대학교에서 학창 생활을 보내는 동안 하나

---

7) John Dewey, "James Marsh and American Philosophy" in *The Late Works of John Dewey*, vol. 5(Illinois: Southern Illinois University, 1925-1953),193-194.

님을 믿는 그의 신앙과 도덕적 생활과의 관계를 하나님과 자연과의 관계로 깊이 사고하는 절충적 방법에서 나타났다. 듀이가 어린 시절의 경험과 사고(思考)로 형성된 양자의 관계성은 버몬트에서 철학에 깊은 관심을 가질 때부터 종교적 신앙과 이성, 기독교 신학과 철학과의 화해와 통합을 시도하려는 계기가 되었다.

존 듀이의 열정적인 통합의 시도는 그 당시 버몬트 대학교 총장이었던 제임스 마시(James Marsh) 목사에 의해서 소개된 칸트(Immanuel Kant)를 비롯한 독일 관념론의 영향으로 더욱 발전되었다. 마시는 존 칼뱅(John Calvin)과 조나단 에드워즈(Jonathan Edwards)의 전통적 신학으로부터 영향을 받았던 회중 교회의 신학자이자 철학자였다. 그 는 1829년 사무엘 S. T. 콜리지(Samuel Taylor Coleridge)의 저서인『성찰에 도움』(*Aids to Reflections*)의 미국 본 서문에서 콜리지의 철학을 소개하여 듀이에게 지대한 영향을 주었다. 마시의 사상은 듀이가 상당한 의심과 회의에 빠져 있었을 시기에 일생 동안 영향을 주었던 종교적 신앙과 종교 철학이었다. 콜리지의 독일 관념론이 뉴잉글랜드의 '초월주의'로 알려진 신학 사상과 신앙 운동에 소개되었을 때, 미국의 초월주의자들, 특히 소장학자들은 독일 관념론으로부터 개인의 자기 실현과 인간성, 그리고 우주의 영적인 종교적 개념 양자에 대한 집중적인 관심을 가지게 되었다. 마시는 개혁적인 철학 사상가로서 그리고 교육 개혁가로서 버몬트 대학교의 교과 과정을 급진적으로 개정하여 그 당시 상급생인 듀이에게 모든 지식의 유기적 통합 의식을 제공하였다.[8] 그의 영향으로 버몬트 대학교는 칸트와 콜리지에 대한 일차적인 강조와 함께 초월적 철학 사상의 보루(堡壘)가 되었다.

---

8) Julian Ira Lindsay, "Coleridge and the University of Vermont," *Vermont Alumni Weekly* (January-February 1936), 8-9.

존 듀이는 버몬트 대학교의 교수이자 철저한 회중 교회 목회자인 헨리 토리(Henry Torrey)가 1843년에 저술한 『제임스 마시 목사의 유산』(*The Remains of theRev. James Marsh*)를 탐독하였다. 그는 이 저서에서 칸트의 『실천이성론』의 번안(飜案)을 읽고 그의 종교적 전망에 대한 자유주의적 경향을 정립하여 자신의 종교 철학을 발전시켰다. 듀이는 칸트로부터 철학적 문제들의 철저한 규명과 함께 마음의 포용성보다 능동성을 강조했던 인식론과, 인간이성의 법칙을 도덕률과 일치시킴으로서 도덕률을 내면화한 윤리 사상을 수용하였다. 그는 후에 그의 종교 철학의 중요한 과제가 되었던 인간의 의지와 실천 이성을 도덕과 종교 생활의 생명력이 있는 근원으로 간주하는 인간 이성론을 발견하였다. 그러나 그는 칸트의 현상계(phenomena)와 정신계(noumena)의 이원론, 경험적 사실과 도덕적 가치 영역과의 현격한 분리, 과학적 지식과 종교적 신앙과의 구분, 그리고 자연적 욕구와 의무감과의 예리한 차이를 깨닫게 되었다.[9]

존 듀이는 버몬트 대학교의 다른 총장이었던 M. 버크함(Matthew Buckham)으로부터 인간의 종교적 속성과 사회이상론의 영향을 받았다. 버크함은 대학에 입학하는 신입생들에게 개별적으로 도덕적 종교 교육을 통하여 모든 사물에 대해 스스로 깊이 사고하고 통찰하는 능력을 배양하게 하는 한편, 그들의 종교적 회의주의를 불식하도록 지도하였다. 그는 인간의 속성에는 신령한 요소가 잠재해 있기 때문에, 하나님을 필요로 하고 있다는 사실과, 종교는 다만 지고한 도덕성의 질서에 충분한 모티브를 제공할 수 있다는 확신을 가지고 있었다. 그는 "실천적 종교는 그 자체가 냉정하고 추상적이 아닌 하나님 안에서 생명력과 목적을 가지고 있는 감동적이며 훈훈한 감정을 나타내는 도덕성"[10]으로 강조하였다. 그

---

9) Steven C. Rockefeller, 56.
10) Ibid., p. 40.

리고 그는 듀이가 졸업하는 졸업식에서 졸업생들을 향하여 예수 그리스
도를 믿는 신앙의 중요성을 열렬하게 강조하였다.

또한 버크함 총장은 젊은 청년들에게 기독교의 진리와 교훈에 근거한
민주주의적 사회 이론을 제시하였다. 그는 졸업식에서 다시 "인간의 평
등과 형제애의 숭고한 진리의 정점을 이루는 개인의 책임성과 인격의 가
치를 존중하는 위대한 기독교 교리들이 사람들의 안목을 넓혀 주며, 그
들의 권리를 알고 유지하는 용기를 일깨워 주며, 그리고 권세 있는 자들
을 그들의 자리에서 끌어내려 낮은 곳으로 인도하여, 마침내 우리가 그
리스도께서 가르치며 행하셨던 결과로서 기독교적 정치 조직들이 지구
촌으로 널리 전파되고 있다는 것"[12]을 역설하였다. 여기에서 그는 평등과
자유의 원칙들이 지배하는 민주주의적 사회 조직들은 궁극적으로 기독
교의 산물이라는 것과 미래 사회의 향상과 진보를 위해서는 폭력적 혁명
보다 교회가 주도하는 사회 개혁을 발전시켜야 한다고 강조하였다. 이와
같은 기독교적 사회 이상론이 듀이의 미래의 전망에 큰 영향을 주었다.
그는 버몬트 대학교에서 영향을 받은 도덕적 종교적 가치들이 대체적으
로 회중 교회 사상과 일치하고 있다는 것과, 그리고 칸트와 콜리지로 부

---

11) Buckham, "Address to the Graduating Class, 1879," in *Orations and Addresses*. Steven C.
Rockefeller, 42. 에서 재인용.
12) Steven C. Rockefeller, 11.

터 자유주의적 철학과 종교 사상을 발견하게 되었다.[13]

2. 민주주의 사상의 기초

1960년대에 들어 와서 존 듀이에 관심을 가지고 있었던 철학자들과 사회 사상가들은 지난 25년 동안 그의 다양한 수필들과 30권 이상의 저서들을 수집하여 출판함으로서 그의 연구가 본격적으로 진행되었다. 그리고 1980년대에 들어와서 고전적인 미국 철학의 전통적 가치에 대한 재각성과 함께 듀이 사상의 연구와 재해석이 점점 확산되었다.[14] 이와 같은 연구들은 미국 실용주의의 관점에서 듀이의 논리적 언어 철학, 형이상학, 사회 사상, 예술 이론들을 재평가하였다. 특히, 현대 사회에서 듀이의 중요성의 재발견과 평가는 미국에서 뿐만 아니라, 자유를 사랑하며 민주주의 생활 양식을 추구하고 있는 세계의 관심 있는 지성인들에게 그의 민주주의 사상의 중요성을 성찰하기에 이르렀다.

1) 철학적 기반

철학에 대한 듀이의 관심은 그가 다녔던 대학의 학부 시설을 통하여

---

13) *The Laws of the University of Vermont and State Agricultural College* (Burlington, Vt: Free Press, 1874), 7-8.

14) 존 듀이의 사상에 관심이 있는 학자들은 그의 생애를 일반적으로 두 가지 시기로 구분하고 있다. 그의 생애의 전반기는 1859년에서 1894년에 이르는 소년 시절, 버몬트의 학창시절, 존스 홉킨스대학에서 대학원 생활과 미시간 대학교 철학과에서 가르쳤던 10년을 포함하고 있다. 두 번째 시기는 시카고 대학과 콜롬비아 대학에서 교수생활과 만년에 이르는 1894년에서 1939까지로 초창기의 신 헤겔 철학을 포기하고 그 자신의 철학인 실용주의와 인본적 자연주의, 혹은 종교적 인본주의를 정립하였던 시기이다 (Ibid., 19).

분명하게 나타나기 시작하였다. 이미 언급한 것과 같이, 그가 버몬트 대학교에서 칸트와 콜리지의 저서들 속에서 자유주의적인 철학적 종교 사상을 발견하였을 때, 이것이 그의 생애에서 최초로 철학에 관심을 가지게 된 직접적인 동기가 되었다. 그가 3학년이 되었을 때 토마스 H. 헉슬리(Thomas H. Huxley)의 『기초 생리학 독본』(Lessons in Elementary Physiology)를 탐독한 후 찰스 다윈의 진화론과 인간 유기체론에 깊은 관심을 가지게 되었다.[15] 듀이가 영향을 받은 인간 유기체론은 지금까지 분리되어 있었던 그의 정신 세계를 통합하려는 은유이자 상징이 되었다. 그는 헉슬리의 생리학의 개념에서 사물의 실재의 구조, 즉 자아, 사회, 우주의 속성이 유기적 통합에 의해 일치하고 있다는 사실을 발견하였다. 그는 이 개념에서 인간과 사물은 비록 그 자체의 특별한 장(場)과 독특한 기능을 가지고 있다고 할지라도, 우주 전체의 모든 사물들은 한 가지 공동 목적에 따라서 함께 연결되어 상호 관련성이 있는 전체로 전망하게 되었다. 그는 이와 같은 유기체적 통합론을 그의 심리학, 인식론, 정치론, 형이상학의 기본적 전거로 삼고 여기에서 자신의 통합 이론을 발전시켰다. 뿐만 아니라 그는 유기체적 통합 사상을 인간의 통전적 자아와 조화를 이루고 있는 공동체 사상인 민주주의의 기본 사상으로 발전시켰다.

동시에, 존 듀이는 과학에 대한 지속적인 존경을 가지고 있었던 칸트

---

15) 찰스 다윈(Charles Darwin)이 1859년에 『종의 기원』(Origin of Species By Means of Natural Selection)을 출판하여 그의 진화론(進化論)이 과학과 종교 사이의 논쟁을 강화시키는 계기가 되어 수많은 미국인들의 정신세계에 머리(지성)와 가슴(감성)사이를 분리시키는 혼란을 일으켰다. 다윈의 영향에 의한 사회문화적 분위기가 듀이의 소년기에 매우 긍정적인 차원을 제공하기도 하였으나, 그의 정신 세계에 예리한 비교와 불행한 분리의 영향을 경험하게 하였으며, 나아가서 갈등의 위협이 되었다. 한편, 1871년에 출판된 다윈의 『인간의 후예』 The Descent of Man에서 인간의 종족이 실제로 동물의 기원으로부터 진화하였다는 이론은 인간의 타락과 원죄론을 주장하는 기독교의 교리에 도전하였다. 일반적으로 인간의 진화에 대한 다윈의 견해는 인간의 고유한 도덕적 종교적 속성을 배제하고 인간성을 철저하게 자연 화하려고 시도하였다.

에 깊은 관심을 가지게 되었다. 칸트는 지식을 위한 과학적 방법을 진리에 대한 보편적이며 객관적 사실에 도달할 수 있는 유일한 길로 이해하는한편, 유럽 문명의 도덕적 가치에 확고한 기반을 제공하는 종교적 신앙을 변호하였다.[16] 칸트는 과학이 곧 도덕성과 종교 양자 간의 타당성을 상호 부정함이 없이 화해하는 방법을 제시할 수 있다는 것과, 그리고 양자를 서로 각각 인간 체험의 독특한 양상에 따라 분리시키면서도, 그 어느쪽도 서로 필요로 하며 타당한 것으로 인정하려는 목적을 가지고 있었다. 칸트는 또한 1788년에 저술한 『실천 이성 비판』에서 실천 이성이 의지와 실천적 행위의 측면에서 도덕률과 종교적 신앙의 근원으로 작용하고 있다는 것을 언급하고 있다. 칸트에 의하면, 도덕률의 본질(essence)은이성, 즉 보편율의 사상을 포함하고 있는 이성 자체의 개념에서 발견된다. 인간은 영적 존재로서 그의 속성은 이성이며 의지이다. 그리고 인간성의 자유와 완전성은, 이성적 생활에서, 혹은 특별히 보편율의 복종으로 발견되는 것이다. 인간의 도덕적 책무는 인간 자신의 인간성, 즉 이성의 보편율에 복종하는 인간의 무조건적 책무를 의미한다. 따라서 칸트의도덕론은 합리적 자유 의지에 의한 이상적 사회의 전망과 실현에 절정을이루고 있었으며, 인간 개개인은 실천 이성과 정언 명령으로부터 도출되는 보편율의 공통 체계의 자율적 근거가 되는 것이다.[17]

한편, 칸트는 그의 이상적 사회의 전망에서 제시한 하나님 나라의 기독교적 개념을 합리화하였으며, 그리고 하나님의 뜻을 실천 이성의 소리로 대체하려고 시도하였다. 그는 인간의 도덕성을 초월적인 하나님의 뜻에서 보다 이성과 인간 존재의 본질적 속성에서 발견하려고 하였다. 그러나 칸트는 실천 이성을 하나님의 뜻과 일치시키면서도 종교적 신앙에

---

16) Steven C. Rockefeller, 8-9.
17) Ibid., 10.

서 도덕성을 발견하려는 대신에 도덕성에서 종교적 신앙을 발견하려고 하였다. 다시 말하면, 칸트는 이성의 법칙에 복종하는 무조건적 책무의 사실로 출발하면서, 자유 의지, 영생, 그리고 하나님을 신앙하는 합리적 터전을 발전시키기 위하여 노력하였다. 이와 같이 칸트의 철학은 과학적 지식으로 이해되는 인과율(因果律)에 근거하여 신앙에 의해 이해되는 자유 의지, 도덕적 책무, 하나님의 영역과 경험적 사실의 영역을 명백하게 일치시킴으로써 과학을 도덕성과 종교와의 화해의 방법으로 활용하였다.[18]

결과적으로, 존 듀이는 칸트로부터 보편적 진리에 심원한 인격적 진리가 있다는 사실을 깨닫게 되었다. 왜냐하면, 인격적 진리는 참된 합리적 의지로 이해되고 있는 인간의 속성과 운명과 관계가 있기 때문이다. 그는 이러한 '생명력이 있는 진리' 는 모든 개인의 영과 이성과 의지에 의해서 확증될 수 있다는 것을 확신하였다. 칸트는 하나님의 신성을 합리화함으로써 듀이에게 "완전하고 비견할 수 없는 그리스도의 속성"[19]을 믿는 신앙을 보존할 수 있게 하였다.[20] 그리고 듀이는 실천 이성과 의지가 인간의 인격성의 핵심을 형성하고 있다는 사상을 근거로 그가 몰두하고 있었던 자유와 자기-실현의 문제에 새로운 영감을 얻게 되었다. 그는 가장

---

18) 듀이는 과학에 대한 끝없는 존경을 가지고 있었던 칸트에 깊은 관심을 가지기 시작하였다. 칸트는 한편으로 지식을 위한 과학적 방법을 진리에 대한 보편적이며 객관적 지식에 도달할 수 있는 유일한 길로 제시하였으며, 다른 한편으로 유럽문명의 도덕적 가치에 확고한 기반을 제공하는 종교적 신앙을 변호하였다. 칸트는 과학에 의해서 도덕성과 종교 양자 간의 타당성을 상호 부정함이 없이 화해하는 방법이 제시될 수 있으며, 그리고 양자를 서로 각각 인간경험의 독특한 양상에 따라 분리시키면서도, 그 어느 쪽도 필요하며 타당한 것으로 인정하려는데 그의 목적을 두었다(Ibid., 9).

19) James Marsh, *The Remains of the Rev. James Marsh* (Burlington, Vt.: Chauncey Goodrich, 1845), 382.

20) John Dewey, "The Place of Religious Emotion," *The Early Works of John Dewey, 1882-1898*, (Carbondale, Illinois: Southern Illinois University Press), 92.

고귀한 자유의 표현은 지고한 도덕적 목적과 이상을 믿는 신앙 안에서 정점을 이루고 있는 실천 이성의 계몽에 의해서 발견된다는 사실도 깨닫게 되었다.

이와 같이 듀이 철학의 상당 부분을 차지하고 있는 그의 교육론, 인식론, 형이상학, 윤리학은 그의 종교적 전망을 이해하는 매우 기본적 사상을 형성하고 있었다. 예를 들면, 그의 사회-지성적 관심이 되었던 학교 현장과 교육론을 탐구하는 교육 철학에서 민주주의와 종교 사상과의 관계가 형성되어 있다. 그의 철학적 인식론과 진화론적 자연주의 형이상학에서는 그의 도덕론과 하나님의 이해에 관한 지성적 틀과 구조가 분명하게 제시되어 있다. 그는 초자연적 계시나 교리적 권위에 근거한 지식의 방법보다 이성과 지력을 신뢰하는 과학적 지식의 방법에 더 깊은 관심을 가지고 있었다. 그리고 그의 초창기 철학에서는 헤겔의 합리주의와 과학적 실험주의를 종합하려고 시도히였고, 나아가서 그의 절대적 관념론은 기독교의 신학적 관점에서 사회 복음의 급진적인 전환, 혹은 자유주의 신학의 형태로 발전되었다.[21]

2) 철학과 종교와의 관계성

존 듀이가 버몬트에서 그의 스승인 제임스 마시에 의해 독일 철학과 칸트에게 깊은 관심을 가지게 되었으나, 그것이 그의 사상 형성의 초창기에 오히려 도덕적 이원론을 재 강화하게 했던 결과를 초래하였다. 그 사상들은 그가 어릴 때 영향을 받았던 종교 생활과 그 이후에 자연주의자로서 최초로 관념적인 것과 실제적인 것과의 통합의 문제에 씨름하고 있었던 몇 년 동안 많은 영향을 주었다. 그가 23세가 되던 1882년 봄에 철

---

21) Steven Rockefeller, 20.

학자로서의 준비를 위해 버몬트를 떠나 존스 홉킨스에 도착했을 때, 미국 철학은 새로운 여명기에 접어들고 있었다. 그가 전문적인 철학자가 될 것을 결심하고 과학과 철학사, 논리학, 심리학, 교육학의 대학원 수준의 연구에 주력하기 위해서 1876년에 설립된 존스 홉킨스에 입학하게 된 것도 자연 세계의 질서와 조화의 지성적 전망에 대한 열정을 가지고 독자적인 비판적 사상가가 되기를 원했기 때문이었다.[22]

존스 홉킨스의 종교적 분위기와 입장은 버몬트에 비하여 다소 자유스럽고 매우 완화된 편이었다. 듀이가 대학원 과정에서 직접적으로 영향을 받은 학자들은 찰스 S. 퍼스(Charles S. Peirce), 조지 S. 모리스[23](George Sylvester Morris), G. 스탠리 홀(G. Stanley Hall)[24]등이었으며, 그들은 각각 다른 분야에서 그의 철학 사상의 형성에 직접적인 영향을 주었다. 퍼스는 철학자인 동시에 수학자, 물리학자였으며, 1887년대에 인간의 사고

---

22) 듀이가 존스 홉킨스 대학원에서 철학을 공부하게 된 직접적인 동기는 1882년에 *The Journal of Speculative Philosophy*에 그의 두 편의 논문, "The Metaphysical Assumptions of Materialism"과 "The Pantheism of Spinoza"을 발표하면서 이었다. 前者는 형이상학적 물질주의가 해결될 수 없는 모순에 관계된 문제를, 그리고 後者는 철학의 과제를 제시하려고 시도하였다. 첫째 논문은 영철학(靈哲學), 즉 형이상학적 이원론의 필요성을 제시하려는 젊은 듀이의 관심을 반영하고 있으며, 두 번째 논문은 범신론(汎神論)과 스피노자에 관한 연구로서의 그는 유기적 통합론의 영향 하에서 범신론적 형이상학의 가능성을 숙고하기 시작하였다.(John Dewey, "From Absolutism to Experimentalism," *The Later Works of John Dewey, 1925-1953*, Carbondale, Illinois: Southern Illinois University Press), 150.

23) 조지 S. 모리스(George Sylvester Morris)는 그 당시 미국 철학자들 중에서 젊은 세대를 대표하였던 사람이었다. 모리스는 청교도적인 회중 교회의 영향을 받았으며, Dartmouth 대학을 졸업한 후 육군에 종사하다가 1864년에 목회자가 되기 위해 유니온 신학대학원에 등록하였다. 그는 1년 반 동안 재학 후 1860년대 말에 독일에 가서 피히테, 헤겔과 영국의 신·헤겔 사상을 연구한 후에 듀이가 재학하고 있었던 미시간 대학(The University of Michigan)과 존스 홉킨스 대학(Johns Hopkins University)에서 연구 활동을 시작하였다(Steven C. Rockefeller, 15).

24) 듀이의 철학적 발달은 스탠리 홀(G. Stanley Hall)의 영향을 절대적으로 받았다. 그는 1870년대에 윌리암 제임스가 있었던 하버드(Harvard)의 대학원 학생으로 유니온 신학

와 관념의 의미를 명쾌하게 규명하는 새로운 이론을 발전시켜 실용주의 철학의 기반을 놓았다. 듀이는 퍼스의 논리학 강좌에 출석하였으나, 이 단계에서 수학과 과학적 방법론에 관심을 가졌던 퍼스의 사상을 이해할 수 없었다. 1890년대에 와서 듀이는 퍼스의 사상을 재발견하려고 시도하여, 마침내 퍼스의 학문적 경향과 연구를 바탕으로 자신의 논리적 이론을 정립하였다.

존 듀이는 그 당시 미국 철학의 젊은 세대를 대표하고 있었던 조지 S. 모리스로 부터 신 헤겔 철학의 관념론을 소개받았다. 그가 철학에 입문할 때부터 철학자로서 일생 동안 그의 주요한 관심 중 하나가 되었던 이원론을 체계적으로 극복하려는 과정으로 시작하였던 것이 헤겔의 유기체적 통합 개념이었다. 그 당시 모리스는 유니온신학 대학원에서 시리즈로 강연하여 그 내용을 『철학과 기독교』(*Philosophy and Christianity*)라는 저서로 출판하였다. 이 저서에서 모리스는 플라톤, 아리스토텔레스, 칸트, 헤겔, 피히테와 기독교적 유신론의 신헤겔주의를 종합하려고 시도하였다. 그는 듀이에게 헤겔 철학이 추구했던 주체와 객체, 물질과 영, 신성과 인성의 종합의 문제를 소개하면서 그것은 단순한 지성적 규범이 아니라, 해방의 작용이라는 것을 강조하였다.[25]

모리스는 철학이란 과학적 방법론에 근거하여야 한다는 확신을 가시고 듀이에게 헤겔 철학을 기조로 칸트를 새해식함으로씨 킨트의 이원론을 극복하는 방법을 가르쳤다. 여기에서 듀이는 다음과 같이 술회하고

교에서 신학 교육을 받고 있었다. 그는 그 후에 모리스의 영향으로 독일에서 철학을 연구하기 위하여 신학 교육을 중단하였고 그리고 제임스는 그에게 헤겔에 대한 관심을 버리고 다윈의 생명학과 새롭게 태동하고 있었던 실험 심리학 분야의 의미를 새롭게 고려하도록 확신시켰다. 1882년에 홀은 존스 홉킨스 철학과에서 모리스와 퍼스를 만나게 되었으며, 같은 해에 듀이가 이 학과에 대학원생으로 등록하였다(Dorothy Ross, *G. Stanley Hall: The Psychologist as Prophet*, Chicago: University of Chicago, 1972, 33-34).

25) John Dewey, "From Absolutism to Experimentalism", 163.

있다: "나는 칸트의 이원론으로부터 벗어나는 것이 너무나 반가운 일이었다. 나는 칸트를 철저하게 연구하였다"[26] 그는 헤겔 철학의 과제인 모든 사물들 간의 상이성의 통합, 즉, 유기체적 통합의 전거로 인간의 이성을 제시함으로써 칸트의 이원론과 주관주의를 극복하려고 하였다. 이와 같이 헤겔 철학은 듀이에게 강렬한 통합의 원리와 욕구를 제공하였으며,[27] 그는 헤겔을 통하여 유기체적 통합 사상과 전망을 발견하여 그것을 사회적 이상으로 믿고 통합적인 도덕적 신앙을 계속 추구하였다.

모리스는 철학의 과제에 관하여 정확하게 이해된 철학은 가장 고귀하고 독특한 실험 학문이라고 생각하였다. "철학의 목적은 경험의 과학적 검증이다. 그것은 단지 경험을 이해하는 것만을 요구한다. 철학과 다른 학문들과의 차이는 철학은 그와 같은 경험의 학문, 다시 말하면, 그것이 경험으로 제시되는 한 경험과 실재의 절대적 속성을 탐구한다."[28] 그는 또한 철학을 '절대 지성'으로 간주하면서 그 절대 지성은 경험에 의해서 충분히 제시되어 스스로 인지하는 빛으로 설명한다. 그는 유기체적 개념을 지성과 세계, 하나님과 자연, 신령한 영과 인간의 영, 개인과 사회와의 관계를 이해하는 적합한 통로로 제시하고 있다.[29]

모리스는 또한 신 헤겔 사상의 종교적 윤리 사상을 인간의 의식과 하

---

26) Ibid., 99.

27) 듀이는 1880년대에 와서 이 사상들을 헤겔 철학의 틀에서 자신의 방법론으로 발전시키는 일에 착수하였다. 듀이가 모리스로 부터 받은 영향을 *Journal of Speculative Philosophy* 에 "Kant and Philosophical Method" 에서 최초로 발표하였다. 그리고 그의 박사 논문인 "The Psychology of Kant" 에서 현대 철학의 전환점을 "위기"로 간주하고 있는 칸트의 사상과 일치하여 절대적 진리를 발견하기 위한 철학의 방법론을 정립하였으며, 또한 칸트의 인간 오성의 범주론에서 헤겔의 유기적 통합으로서의 경험론을 재구성하려고 하였다(Ibid., 88).

28) George Sylvester Morris, *Philosophy and Christianity* (New York: Robert Carter, 1883), 266, 268.

29) 모리스가 그의 윤리에서 윤리적 자아 실현의 과정을 강력한 실존주의적 주제에 근거

나님과의 유기체적 통합의 관계성에 근거하여 신학적 관점에서 해석하고 있다. 그는 인간의 의식은 단편적이고 불완전하며 의존적이기 때문에, 절대적이고 영원한 자의식(自意識)인 하나님을 무소부재의 터전이자 창조적 근원으로서 소개하고 있다. 여기에서 우주적이며 절대적 자아는 하나님과 일치하며, 그것은 주체와 객체, 영과 물질, 신성한 것과 인간적인 것, 이상과 실재, 보편적인 것과 특수한 것의 통합을 모색하는 유기체적 통합을 구성한다. 따라서 개체적인 인간 의식의 발달은 보편적이며 절대적인 하나님의 마음에 참여하여 생산하는 과정으로 간주하고, 하나님의 마음은 영원하고 완전한 자아 실현의 과정이다.[30] 모리스에 의하면, 인간의 윤리적 생활은 한 개인의 개체적인 의지와 하나님의 의지를 일치시킴으로써 이상과 보편적 자아를 실현하는 성장의 과정으로 의미한다. 그의 윤리에서 개인의 자아 실현의 과정을 설명할 때 제기된 강력한 실존주의적 주제가 곧 듀이의 종교적 윤리 사상의 영속적 기반을 형성하게 하였다.

모리스가 소개한 신 헤겔 철학은 듀이에게 철학과 종교, 특히 기독교 종교와의 밀접한 상호 관계를 형성하는 새로운 철학적 의식을 일깨워 주었다. 모리스에 의하면, "모든 철학과 종교는 인간으로 하여금 충분한 자아의식을 통하여 하나님과 세계와 인류, 그리고 삼자(三者)간의 상관 관계

하여 설명하려고 했을 때, 그것이 듀이 사상의 영속적인 근본적 형이상학의 기반을 형성하였다. 이미 언급한 콜리지와 마시와 같이, 모리스도 인간성의 본질을 영, 즉 자의식적인 지성과 자유 의지로 인식하였다. 인간성은 자기 결단의 힘을 행사함으로써만이 완전하게 된다: "자아 결단은 모든 영적 활동의 보편적 형태이다. 다시 말 하면, 인간의 진실 되고 완전한 존재는 그의 자신에 행동(doing)에 의존하게 마련이다. 인간은 자신의 자의식, 자기 결단적, 합목적적 활동에 의하여 자신 속에 내재하고 있는 신령한 가능성을 실현하며 구속하게 된다. 인간은 스스로 존재하기 위하여 자신을 창조해야 한다."(Morris, *Philosophy and Christianity*, 206-207.) 따라서 건전한 영적인 하나님의 지식과 완전성의 법칙은 경험에 기반을 두어야 하며 그리고 경험에 의해 확증되어야 한다.
30) Ibid., 52-53.

성의 지식을 터득하려는 시도를 상이하게 나타내는 표현들이다."[31] 여기
에서 그는 철학과 종교와의 관계를 명백하게 규명하여 듀이에게 양자의
일치를 모색하는 노력에 지대한 영향을 주었다. 그리고 모리스는 기독교
의 본질을 하나님과 인간 사이를 통합하려는 철학적 지식과 동일시함으
로써 그 당시 신학의 주류를 이루고 있었던 하나님과 인간과의 불일치와
질적 차이를 극복하려는 독특한 사상적 체계를 정립하였다. 듀이는 모리
스의 유기체적 통합론을 통해서 인간의 근본적인 사고와 심원한 신앙,
철학과 기독교, 지성과 도덕적 종교 의지와의 관계를 철저하게 조화시키
려고 노력하였다. 그는 철학과 종교는 동일한 대상을 가지고 있으며, 따
라서 참된 철학과 종교는 상호 일치하는 것으로 이해하였다:

> 종교는 철학이 냉철하고 편견이 없는 판단으로 이해하기 위해 명상
> 하고 노력하는 모든 것을 생생하게 실천적으로 관여한다. 종교는
> 한 가지 온전하고 실제적인 그리고 살아 있는 존재의 진리에 대한
> 실천적 표현이다. 종교는 마음과 뜻과 의식적 사고와 생활에서 하
> 나님과의 유기체적 통합이다. 한편 철학은 종교적 신앙과 관련되어
> 있는, 그리고 종교적 신조와 의식, 예전을 통해 상징적으로 표현되
> 는 신념이나 사상의 과학적 증명의 정당화이다. 그러므로 진리의
> 철학적 이론적 이해와, 진리의 종교적 실천적 삶은 온전한 인간의
> 완전한 생활에 필요한 기능들이다.[32]

　　듀이의 또 다른 철학적 관심은 그 당시 철학자이자 교육 심리학자이었
던 조지 S. 홀에 의해 새로운 경향으로 발전되었다. 홀은 모리스의 영향
을 받고 장래의 목회 준비를 위한 신학을 중단하고 독일로 건너가 철학을

---

31) Steven C. Rockefeller, 85.
32) Ibid., 51, 57.

연구하였으며, 1870년대에 하버드 대학원 동료였던 윌리암 제임스(William James)에 의해 찰스 다윈(Charles Darwin)의 진화론과 생물학을 연구하였다. 홀은 1880년에 철학은 새로운 심리학, 생리학, 진화론적 생물학의 관점에서 철저하게 재구성되어야 한다는 확신을 가지고 다시 미국으로 돌아 왔다. 그는 교육학을 대학 교육의 합법적인 중요한 분야로 설정할 것을 강력하게 주장하면서 현대 교육학에 새로운 심리학의 이론을 적용할 것과, 아동 발달의 과학적 연구를 교육론의 필수적 기초로 요구했던 최초의 미국 학자 중 한 사람이었다. 듀이는 홀이 개설하였던 생리적 심리학 분야에서 실험적 연구 활동을 포함한 몇 개의 강좌를 선택하여 기능 심리학 뿐만 아니라, 진화론적 생물 철학의 중요성을 진지하게 연구하며 교육학의 사회적 중요성을 인식하였다.

홀은 또한 기독교 종교를 심리학적 관점에서 고찰하는 방법을 소개하여 듀이의 종교적 체험과 신앙의 새로운 이해와 합리화를 가능하게 하였다. 그는 진지한 종교적 관심을 가지고 인간의 종교적 체험과 자연 과학과의 화해를 추구하였다. 그는 인간의 속성에는 존경과 의존과 찬양, 그리고 목적을 위한 열망과 우주의 도덕적 질서와 같은 자연적인 종교적 관심과 감정이 내재하고 있다는 입장을 취하고 있었다.[33] 그는 또한 개인의 성장과 발달 단계에서 나타나는 다양한 종교적 본능들은 미숙한 단계에서 더욱 성숙한 종교적 신앙의 발달과 관계가 있다는 사실을 발견하였다. 그리고 그는 현대 과학의 발달로 야기된 종교적 신앙의 위기는 사람들이 편협한 성서적 문자주의에 빠져서 성숙한 종교적 신앙을 발전시키는 일에 무력했던 결과로 이해하였다. 여기에서 홀은 인간의 종교적 신앙과 경험을 종교적, 특히, 기독교의 신화와 신조, 의례 등의 문자적이며

---

33) George S. Hall, " The New Psychology," *Andover Review* (March 1885), 242. Steven C. Rockefeller, 91에서 재인용.

역사적인 설명보다 인간성의 중요한 심리적 발달과 속성에서 통찰하였다.[34]

  듀이는 홀로부터 배우며 영향을 받았던 초기의 사상을 1884년에 *Andover Review*에서 발표한 "새 심리학"(The New Psychology)을 통하여 체계적으로 고찰하였다. 그는 새 심리학에서 주관적 내성(內省)을 생리학과 사회 과학의 관찰 방법에 의해 발달된 실험 방법으로 설명하며 교정하는 것을 깨닫게 되었다. 그리고 새 심리학은 형식 논리 대신에 생생하고 정확한 경험의 사실들에 비추어 인간의 모든 관념들을 형태화하기를 추구한다. 더욱이 정확한 경험은 인간의 정신 생활과 활동을 이해하기 위한 가장 적합한 유기체의 생물학적 개념이자 작용이라는 것을 제시하고 있다. 듀이는 새 심리학은 최초로 인간의 종교적 속성과 경험을 해석하는 적합한 심리학으로 가능하다는 사실을 언급하고 있다. "새 심리학은 인간의 종교적 속성의 심원에 이르기까지 관찰하기 때문에, 하나님께 엎드리는 제단에 가까이 나가는 사람들이 갈등하는 모든 노력인 영원한 하부 구조의 헌신과 희생과 신앙과 그리고 관념의 본능적 성향이 되는 생명의 혈관을 발견한다."[35] 듀이의 이와 같은 사상은 홀의 종교적 본능과 신앙 이론으로 부터 영향을 받아 이 사상을 그의 유기체적 통합론과 순수한 도덕적 종교적 관념의 주요한 주제로 발전시켰다.

  듀이의 중요한 종교 철학적 관심은 자아와 세계, 영과 육, 자연과 하나님과의 통합을 추구하고 이와 같은 이원론으로부터 해방이었다. 그는 통합의 근거가 되는 확실성을 알고, 그 자신이 경험하고 있는 현실 세계에서 이원론을 극복하는 해방의 이상에 의하여 철저하게 조직화된 유기체

---

34) George S. Hall, *Life and Confessions of a Psychologist* (New York: D. Appleton, 1923), 184.
35) John Dewey, "The New Psychology" in *The Early Works of John Dewey vol. 1* (Illinois: Southern Illinois University Press, 1969), 50.

적 통합의 진리가 실현되기를 기대하였다. 그가 추구하였던 이상적 통합
은 심리적 통전성과 사회 적응과 관련되어 있을 뿐만 아니라, 종교적 차
원의 문제였다. 여기에서, 이미 언급한 바와 같이, 듀이는 영원한 하나님
이 통합의 궁극적 원리이며, 통합을 지속시키는 필요한 기반이라는 사실
을 제시하였다. 그에게 있어서 이상적 자아와 공동체의 추구는 하나님을
추구하는 것과 일치하는 것이었다. 이와 같이 듀이는 이원론을 극복하려
는 노력을 중단하지 않았으며, 나아가서 이상적인 것과 현실적인 것의
유기체적 통합을 가능하게 할 수 있었던 모든 것, 즉, 자아, 사회, 자아와
세계와의 관계 등을 항상 신성한 종교적 가치들로 이해하였다.

　이러한 맥락에서, 듀이는 철학과 종교와의 일치를 모색하였다. 물론
양자의 질적 차이가 명백하게 구분될 수 있지만, "진리의 철학적 이해와
진리에 의한 종교적 실천적 삶은 인간 전체의 완전한 생활에 필요한 기능
들이기"[36] 때문에 통합이 가능하다. 듀이에게 있어서 철학과 종교 사이에
실제로 갈등이 있을 수 없으며, 사고하는 사람은 유일한 신념 체계, 즉,
이성이나 혹은 영의 방법에 의해 형성된 체계를 가질 수 있는 것이다. 실
제로, 그는 1886년에 "모든 종교적 철학 체계는 완전한 합리성을 소유하
며 이성에 의해 검증되어 확인되어야 한다"[37]고 선언하였다. 그는 실재의
합리적 구조를 완전하게 제시할 하나의 종합 체계로 기독교와 철학, 그
리고 과학을 통합하기 위하여 이성을 활용할 수 있다는 것을 발견하였
다. 왜냐하면, 철학과 종교는 동일한 대상을 가지고 있으며, 따라서 참된
종교와 참된 철학은 서로 일치될 수 있기 때문이다. 다시 말하면, 하나님
에 대한 종교적 질문은 넓은 의미로 철학적 질문으로 연결되는 통로가 될
수 있다.

---

36) G. S. Morris, 57, 91.

37) John Dewey, 'What is the Demonstration of Man's Spiritual Nature?' in *The University*
　　(January 4, 1886), 43-44. Steven C. Rockefeller, 59.에서 재인용.

3) 유기체적 통합론

존 듀이는 모리스의 교훈과 헤겔을 통하여 일찍이 그 자신이 줄곧 추구해 왔던 유기체적 통합의 문제에 대한 새로운 전망을 발견하였다. 그는 모리스의 철학이 그의 개인적 속성과 혼합되어 있다는 사실에 근거하여 그가 영감을 받았던 이상적인 것과 실재의 것과의 통합, 즉 생명력이 있는 전체성의 원리를 발전시켰다. 듀이는 동시에 헤겔이 시도하였던 기독교와 현대 문화와의 화해를 위한 기독교의 재건과 성서적 유신론의 초월적 하나님을 사회 문제와 세계 역사의 진보적 변천에서 실현되는 내재적 하나님으로 이해하려고 하였다. 이것은 듀이에게 있어서 하나님과 세상, 종교와 과학, 기독교와 민주주의, 그리고 진화적 생물학의 발견을 포함하고 있는 과학과 새로운 심리학 사이의 분리를 해소하려는 것을 의미하고 있다.

이와 같은 실제적 노력이 듀이가 1930년에 저술한 그의 자서전적 에세이인, 『절대주의로부터 실험주의까지』에서 간략하게 언급되어 있다.[38] 점진적으로 그의 사상의 강조가 관념적인 것과 실제적인 것의 순수한 이론적 통합에서 실천적 행위와 실현을 위한 전략으로 전환되기 시작하였다. 그는 통합을 위한 이러한 열정이 직접적으로 철학, 특히, 헤겔에 대한 그의 관심과 연관되어 있다는 사실을 지적하고 있다:

> 헤겔의 사상이 나에게 매력을 주었던 '객관적인' 이유들이 있었다. 그것은 확실하게 집중적인 정서적 열망이었던 통합을 위한 욕구를 제공하였으며, 그리고 단지 지성화 된 교과목에 만족할 수 있었던 굶주림이었다. 어릴 때 기분을 발견한다는 것은 오히려 힘이 들고 불가능한 일이다. 그러나 가정(假定)해 보건데, 뉴잉글랜드 문화의

---

38) Steven C. Rockefeller, 21.

유산으로 나에게 새겨 주었던 분리와 분열의 의식, 즉, 자아와 세
계, 영혼과 육체, 자연과 하나님과의 분리는 고통스러운 억압을 초
래하였으며---혹은 오히려 그것들은 내면세계의 분열이었다.[39]

존 듀이는 그의 최초의 저서인 『심리학』[40]에서 인간의 지성적 과제로
서 새 심리학과 철학적 관념론, 경험과 절대적 진리와의 통합의 문제로
삼고, 과학과 철학, 철학과 종교와의 완전한 화해를 시도하였다. 통합을
위한 듀이의 열망은 초기에는 인격의 통전성과 관계있는 자아와 세계와
의 관계, 만족스러운 사회적 적응, 보다 넓은 세계의 소속감으로 표현되
는 질문이었다면, 그의 후기 철학의 핵심은 이상적인 것과 실재의 것을
통합하는 일에 관계되어 있었다. 특히, 그의 이상적인 것과 실재의 것의
통합의 열망은 인간과 사회와의 진지한 관계로 유도하는 윤리적 문제로
제시되었을 뿐만 아니라, 양사의 통합에 관한 질문은 기독교적 지성의
구조에서 추구되었던 포괄적인 종교적 질문이 되었다.

듀이는 그의 유기체적 통합론에 근거하여 모든 사물들을 지배하며 통
합하는 질서와 상호 관계의 원리들을 이해하였다. 그는 이와 같은 철학

---

39) John Dewey, "From Absolutism from Experimentalism", 153.
40) 듀이는 1887년에 저술한 그의 『심리학』(Psychology)에서 과학적 성향과 예술적 성향을
구분하면서, 예술적 성격을 나타내는 사람들은 비교유추, 현격한 비유(simile), 신속한
은유법을 활용하는 것으로 설명하고 있다. 그리고 과학적 성향의 사람들은 성찰 적이
며 예리한 판단력을 가지고 상호 관계성과 일치점을 형성하는 일에 관심을 가지고 있
다. 이러한 구분에 비추어 볼 때, 듀이의 마음의 경향은 예술적인 것과 구별되는 과학
적인 소양을 나타내고 있었다. 그러나 그 역시 과학적 성향과 예술적 성향을 통합하려
는 경험을 동경하고 있었다. 그는 모든 사물들을 지배하며 통합하는 질서와 상호관계
의 원리들을 이해하기를 열망하였다. 그는 이것이 철학의 과제라고 믿고 있었다. 그는
그의 책에서 특별한 철학적 본능을 우주와 생명의 모든 속성들을 관찰하려는 열망으
로 정의하고 있다. 과학은 세계의 요소들을 한 공동체제로 관찰함으로써 세계를 한 통
합체로 이해하려고 시도하며, 그리고 완전한 과학으로서의 철학은 이 통합을 충분하
게 이루는 데 목적을 두고 있다(Steven Rockefeller, 76).

적 과제에 따라 인간의 이성을 믿는 본능적 신앙, 다시 말하여, 세계와 인간의 실존은 이지적이며 인간은 자신의 경험을 성찰하고 그의 마음속에서 자유롭게 사고함으로써 그 자신과 세계를 이해하며, 따라서 자신의 자율성과 독립성을 실현할 수 있다는 직관을 소유하고 있다. 더욱이, 유기체적 통합 사상의 상징적 영향으로 그의 마음속에는 통합을 위한 본능적인 정서적 확신과 합리적인 지성의 색체가 혼합되어 있었다. 따라서 듀이는 철학적 정신, 즉 "통합과 관용을 위한 본능, 조화를 이루며 통합된 정신 세계"[41]에 대한 열정을 소유하였다. 그의 유기체적 통합 사상은 인간의 개인적 생활과 사회 공동체에서 실현될 수 있는 민주주의 사상으로 구체화되었다.

듀이는 유기체적 통합론을 민주주의 이상을 구현하는 형이상학의 기본적인 틀로 설정하고 그의 생애를 통해 민주주의 이상인 인간 공동체에서 개인의 자유와 평등을 실현하는 일에 필생의 노력을 경주하여 왔다.[42] 그는 민주주의 이상을 정치적 의미 보다 사회 심리학적, 그리고 심오한 종교적 의미를 포함하는 인간의 해방을 위한 윤리적 이념으로 간주하였다. 그 사상은 모든 인간 관계와 사회 조직들을 지배해야 할 개인의 생활 태도와 공동체 생활과 밀접한 관계를 맺고 있었다. 그가 민주주의를 인간의 중요한 생활 형태로 이해하게 된 것은 버몬트에서 그의 가정 전통과 교회 공동체의 경험 그리고 종교 교육과 깊은 연관이 있었다는 사실로 지적되고 있다.

> 듀이의 가정은 뉴잉글랜드와 그 민주주의적 전통들에 깊은 뿌리를
> 두고 있었다. 이와 같은 공동체에서 생활은 듀이에게 기회 균등과

---

41) Ibid., 79.
42) John Dewey, "James Marsh and American Philosophy," in *the Late Works of John Dewey* (Illinois: Southern Illinois University Press, 1969), 5: 193-194.

자유의 원칙에 대한 심원한 존중을 가르쳐 주었다. 그는 옛 미국식 주거 공동체에서 살았고, 회중 교회에 참석했으며, 공립학교에 다니면서 이민해 온 아이들로 부터 프랑스어를 배웠으며, 토목 회사에서 함께 일했으며, 석간 신문을 배달하면서 버링톤 지식인들과 빈번한 접촉을 가지며, 그의 할아버지 농장에서 여름을 보냈으며, 그리고 마침내 버몬트 대학교에 입학하였다.[43]

존 듀이는 1888년에 출판된 『민주주의 윤리』(*The Ethics of Democracy*)에서 기독교와 민주주의적 생활의 동일성을 제시하였으며, 그의 일생의 확신으로 민주주의적 인본주의의 근본이 되는 자유주의 사회의 종교적 가치들을 정립하였다. 그는, 이미 언급한 바와 같이, 라이브니즈와 신 헤겔 철학의 영향으로 그의 "유기체적 통합체인 우주를 민주주의적 질서와 조화"[44]의 원형으로 제시하였다. 곧 우주 안에서 충분하게 계발된 개체가 곧 인간들이기 때문에, 민주주의적 질서와 다양성 속에서의 조화가 완전하게 제시되고 실현되어야 할 장이 곧 인간들로 구성된 인간 사회인 것이다:

> 민주주의란 정부의 형태가 아니라, 정서이자 정신이며, 또한 그것이 도덕적 영적 연합의 형태인 지고힌 윤리적 이상이기 때문에, 모든 인간 관계들을 지배하여야 한다. 그러므로 민주주의와 그리고 인류의 유일하고, 궁극적인 윤리적 이상이 나의 마음에서는 동의어가 된다.[45]

---

43) John Dewey, ed., "Biography of John Dewey," pp. 7-8. Steven C,. Rockefeller, 33.에서 재인용.
44) John Dewey, *Leibniz's New Essays*. 1: 295-296. 듀이의 초기의 민주주의적 사회론은 기본적으로 그의 신-헤겔주의의 윤리적 자아 실현의 노작이며, 여기에서 그는 자율적 개체가 각각 독특한 방법으로 우주적 자아와 사회적 유기체와의 공유하는 생활과 일치한다.
45) John Dewey, *The Ethics of Democracy*, in *the Early Works of John Dewey* (Illinois:

　끝으로, 존 듀이의 민주주의 기본적 이념은 그가 1888년에 '기독교 윤
리는 민주주의 윤리와 일치 한다' 라고 선언한 것에서 발견할 수 있다. 그
의 민주주의의 이상은 자유와 평등, 사랑과 동정심으로 요약된다. 그의
유기체적 통합론에서 통합의 기본 원리인 하나님은 이상적 인격체이자
인격체의 터전이기 때문에, 우주의 최종적 목적은 인격체의 실현인 것이
다. 이것이 그의 기독교 윤리와 사회적 자유주의에서 제시하고 있는 지
고한 가치가 된다. 듀이에 따르면, 민주주의의 중요한 윤리적 강조는 그
것이 인격체의 개념 속에 포함된 가치들의 사회적 구체화이다. 한 마디
로 말하면, "민주주의는 인격체의 처음이자 최종적 실재라는 것을 의미
한다. 민주주의는 윤리적 개념, 즉, 무한한 능력을 가지고 모든 사람과 연
합하는 인격체의 사상이다."[46] 그러므로, 민주주의 사상은 사회적 유기체
론의 완전성을 나타낸다.

Southern Illinois University Press, 1969), 1:128, 248.
46) Ibid., 246.

제11장 기독교와 민주주의

　기독교 복음과 진리를 기초로 교육적 사명을 감당하고 있는 기독교대
학은 그 교육의 궁극적 목적을 한국사회와 세계 공동체에 민주주의를 실
현하는 일에 두어야 할 것이다.여기에서 언급하는 민주주의는 정치 사회
적 의미를 전제하고 있으나, 더욱 중요한 것은 그 사상의 기저(基底)에 깔
려 있는 기독교 복음의 핵심을 발견하여 실현하는 과제일 것이다. 다시
말하면, 민주주의의 개인적 가치들인 정직, 공평, 인내, 신중, 자제. 조력,
긍휼, 협력, 용기와 같은 도덕적 가치들과 민주주의의 사회적 가치들인
법적 통치, 기회의 균등, 정당한 절차, 합리적 논의 대의 정체, 견제와 균
형, 합리적 의사 결정들을 현대 사회에서 실현하는 일이다. 그러나 현대
사회에서 진정한 민주주의를 실현할 범세계적 환경과 분위기를 발견할
수 없도록 급격하게 변화하고 있는 현실을 간과할 수 없게 되었다. 그 이
유는 1989년 공산주의가 몰락하고 미 · 소 냉전 시대의 종식(終熄)과 함께
세계 질서가 완전히 경제적 불럭(economic bloc)으로 재편되면서 동과 서,
남과 북의 극심한 빈부의 차이를 불러온 양극화 현상을 나타내고 있기 때
문이다. 이러한 결과로 나타난 세계 사회의 심각성은 인류가 미래에 지
향해 가야 할 사회 질서의 원형(prototype)과 정신 문화의 표상(表象)을 상
실하게 된 제일차적 원인이 되었다. 이러한 현대 사회의 실존적 상황에
서 새로운 세계 사회 질서의 회복을 위한 대안으로 기독교 대학은 기독교

269

복음과 진리에 근거하여 발전된 민주주의 사회의 실현을 미래 교육의 중심 과제로 선택해야 할 교육적 사명을 안고 있는 것이다.

1. 민주주의 사상의 기초

현대 사회는 도덕적 가치의 혼돈의 시대이자 영적 고갈의 시대이며, 특히 문명과 자연 환경과의 관계에서 생명의 남용과 파괴의 시대로서 인간의 생명을 존중하는 민주주의 사상에 심대한 도전을 안겨 주고 있다. 또한 정치·경제적으로 세계의 자유 시장경제의 불황과 침체로 극도의 경제적 위기를 초래하고 있으며, 중동을 비롯한 제3세계에서 종교와 인종간의 갈등으로 테러와 전쟁이 끊이지 않고 있다. 다른 한편으로, 이러한 역사적 상황에서 인간의 존엄성과 자유와 평등의 가치를 존중하는 민주주의 사상에 의하여 통합된 자유 세계의 창조와 질서를 염원하는 새로운 소망과 기대를 가지고 있기도 하다.

이와 같은 복합적인 시대적 상황에서 새로운 도덕적 종교 신앙과 인간의 영성과 자연 세계의 생명 경외에 대한 예리한 의식과 각성을 일깨우기 위해 민주주의 사상을 발전시켰던 존 듀이의 소리를 경청하는 것이 매우 바람직한 일로 생각한다. 물론 현대 사회의 복잡한 사회 환경과 도덕적 종교적 다양성의 문제들을 해결할 방법들을 쉽게 찾을 수 없겠지만, 세계와 사회 공동체의 새로운 이해와 인류복지의 추구를 위한 가치있는 지혜와 전망을 민주주의 사상으로부터 기대할 수 있다. 민주주의 사상으로부터 현대사회의 집단적이며 개인적인 중요한 문제들의 해결 방법을 모색할 수 있다는 근거는 민주주의 사상이 곧 존 듀이의 기독교 신학과 종교적 신앙의 이해에서 정립되었다고 생각하기 때문이다.[1]

1) 하나님의 이해

존 듀이는 정식으로 신학을 전공한 신학자도 아니며, 더욱이 교회의
목회에 종사했던 목회자도 아니었다. 그러나 그는, 이미 10장에서 논의
한 대로, 그의 스승인 제임스 마시가 소개한 콜리지의 『성찰에 도움』으로
부터 그의 신학 사상을 형성하였다. 그가 콜롬비아 대학교의 교수로 재
직하고 있었을 때 그의 생일에 동료들이 참석한 자리에서 본 저서를 손에
들고 다음과 언급하였다:

> 그래, 나는 이것이 버몬트에서 우리의 영적 해방이었다는 것을 잘
> 기억합니다. 콜리지의 영의 이론이 우리에게 참된 구조로서 제시되
> 었습니다. 왜냐하면 우리는 자유롭고 경건하게 될 수 있었기 때문
> 입니다: 그리고 이 책, 마시가 편집한 『*Aids to Reflection*』은 나의
> 최초의 성서였습니다.[2]

또한 듀이는 존스 홉킨스에서 조지 S.모리스와 G. 스탠리 홀로 부터
신 헤겔 철학, 생물학적 진화론과 새 심리학을 소개받아 그의 독특한 철
학적 신학 사상을 정립하였다. 그는 콜리지와 헤겔과의 영향으로 그의
대부분의 저서에서 그의 종교적 관심과 태노의 진화 과정과 함께 신학적
문제들을 심층적으로 다루었다. 특히 그가 1929년에 기포드 강연(Gifford
Lectures)의 내용을 출판한 『확실성의 탐구』(*The Quest for Certainty*)에서
는 그의 종교적 진화의 마지막 단계(1929년에서 1952사이)를 나타내는 전

---

1) 존 듀이의 종교관에 대한 연구를 위해 Bruce Kulick, *Churchmen and Philosophers: From
Jonathan Edwards to John Dewey*. (New Haven: Yale University, 1985)를 참조하시오.

2) Corliss Lamont, ed., *Dialogue on John Dewey* in Steven C. Rockefeller, *John Dewey:
Religious Faith and Democratic Humanism* (New York: Columbia University Press, 1991), 56.

망으로서 그의 자연주의와 종교적 인본주의를 일치하는 새로운 종교적 생활 이론을 완성하려고 노력하였다. 그는 그 당시 신학과 철학의 주류를 이루고 있었던 초자연주의, 절대주의, 형이상학적 관념론을 거부하면서, 실제적인 종교적 가치들과 종교적 경험의 중요성을 강조하였다. 이와 같이 그의 사상적 배경에는 그 자신의 종교적 생활과 신앙 경험, 그리고 그 당시 많은 신학자들의 영향으로부터 형성된 자신의 독특한 신학사상이 철저하게 깔려 있음을 발견할 수 있다.

존 듀이는 그의 신학 사상에서 하나님의 이해에 지대한 관심을 나타내었다. 그의 형이상학에서 하나님 이해의 진화 과정이 현격하게 제시되었을 뿐만 아니라, 하나님사상이 그의 철학적 형이상학의 중심을 이루고 있었다. 무엇보다 그는 하나님의 실재를 시간과 과정과 생성의 세계와 완전히 분리하여 존재하고 있는 영원한 정적 존재라는 개념을 부인하고, 그의 존재가 인간과 사물들의 존재에서 실현될 수 있다는 사실을 강조하였다. 물론 그는 하나님의 실재를 개별적인 인간 안에서 경험될 수 있는 우주의 현시와 완전하게 일치시키지 않고 있는 것도 사실이다. 다시 말하여, 듀이에게 있어서 하나님은 스스로 어떤 불확실한 의미로 그의 존재가 계시되며 실현되기 때문에, 다른 개체들과 구별되는 개별적인 자의식의 중심에 남아 있는 존재이다. 그는, 어떤 의미에서, 하나님은 정확하게 지금까지 실현되기 위하여 영원히 완전한 존재로서 설명하지 못하고 있다. 여기에서 듀이의 하나님의 이해에는 그의 관념론적 신학에서 명백하게 나타난 유신론(有神論)과 범신론(汎神論)사이에 긴장이 있다는 것을 명백하게 보여주고 있다.[3]

그러나 존 듀이는 하나님의 실재와 존재에 관한 이러한 문제를 극복하

---

3) John Dewey, "Psychology as Philosophic Method," in *the Early Works of John Dewey*(Illinois: Southern Illinois University Press, 1969), 149, 151.

기 위하여 1883년과 1887년 사이에 『심리학』을 저술하였다. 본 저서에는 그는 그의 초기의 종교 철학의 중심인 종교적 감성론에 근거하여 인간의 도덕적 종교 체험을 신중하게 고찰하면서, 종교적 의지, 혹은 신앙에 의해 성취되는 자아와 하나님과의 궁극적 일치의 관계와 하나님을 아는 (knowing) 인식론을 정립하였다. 그는 또한 세계를 유기체적 통합체로, 그리고 자아를 보편 개념의 활동으로 하나님을 아는 지성과 세계와의 상호관계성의 지식으로 재해석하였다. 따라서 그에게 있어서 하나님은 지성과 세계 사이의 유기적 상호관계의 실재이다. 다시 말하여, 자아와 세계, 이상적인 것과 실재의 것의 유기체적 통합의 이해는 하나님을 아는 것과 관계가 있다. 여기에서 듀이는 하나님의 지식을 직관(直觀)으로 부르고 있으며, 이 직관은 감정의 표시인 행위나, 혹은 직접적인 지성적 지각을 의미하는 것이 아니다.

이상적인 깃과 실재의 것의 유기체적 통합체로서 하나님의 개념은 듀이의 관념론적 체계에 의존하고 있는 모든 과학과 철학의 기초가 된다. 즉 하나님은 이상적인 것과 실재의 것과의 통합의 원리이기 때문에, 모든 지식의 행위는 양자의 일치가 되는 하나님의 직관과 관계가 있다. 따라서 이상적인 것과 실재의 것의 통합으로서 하나님의 직관에 적용되는 모든 것을 충분하게 실현하는 것이 지식의 출발점이자 결과가 된다. 이러한 맥락에서, 그는 1889년에 미시간 내학교에서 행힌 힌 언설에서 "하나님의 영은....모든 인간들의 학문 혹은 과학 속에 있는 지성이다"[4] 라고 강조한 것이 정당화된다. 이와 같은 그의 견해는 그 후 몇 년이 지났을 때, "성경에서 언급하고 있는 하나님의 신령한 계시가 오늘날 현대 과학의 탐구와 발견에서 나타나고 있다"[5] 라는 주장과 일치하고 있다.

---

4) John Dewey, "The Value of Historical Christianity," *The Monthly Bulletin* (November 1889), 11:34. Steven C. Rockefeller,104. 에서 재인용.

5) John dewey, "Christianity and Democracy," in *the Early Works pf John Dewey*(Illinois:

　　존 듀이는 이러한 하나님 사상을 발전시키기 위하여 다양한 신의 개념을 거부하고 헤겔의 입장을 따르고 있었다. 여기에서 그는 하나님은 우주밖에 존재하여 우주 안에 있는 존재들에게 조화를 부과하는 특별한 존재라고 상상하는 데카르트적인 유신론을 부정한다. 왜냐하면, 이 견해에서는 우주의 통합이란 외형적으로 관계있는 원자 부분들의 기계론적 연합에 불과함으로 하나님은 다만 외형적으로 만이 관계가 있는 많은 원자 부분들 중에 하나에 지나지 않기 때문이다. 여기에서 듀이는 독일의 라이프니츠(Leibniz)의 단자론(monadism)의 입장에서 역동적인 관념론을 옹호하고 있다: "하나님은 단자들의 조화로서, 그것들 중 하나가 되거나 그것들을 형성하는 하나가 아니라, 그것들의 유기체적 통합이다. 즉 하나님은 다른 존재들 가운데 한 존재가 아니며, 모든 존재들의 전체적인 합(合)도 아니라, 모든 존재들의 유기체적 통합, 즉, 관념적인 것과 세계의 통합이다."[6] 따라서 그에 의하면, 유기체적 통합의 우주적 원리인 하나님은 이상적 인격체이자 인격체의 근원이 되기 때문에, 우주의 최종적 목적은 인격체의 실현인 것이다.

　　이와 같이, 듀이는 하나님 안에서 자연과 우주와 하나님은 하나의 유기체적 통합이라는 역동적 관념론을 제시하여 이것을 그의 윤리적 관념론과 일치시키고 있다. 이것은 전체로서, 혹은 부분으로서 세상은 내재적인 조화에 의해 통제되고 있으며, 이러한 조화는 인간의 마음과 지성의 현존에 적용되는 것을 의미한다. 자연 세계는 영과 합리적 의지와 인격체, 즉 하나님의 실현인 도덕적이며 영적인 목적을 위해 존재한다. 자연과 영의 세계와의 관계성을 형성하는 성장과 발달의 역동적인 과정은

Southern Illinois University Press, 1969), 4:7.

6) George S. Morris, ed., *Leibniz's New Essays Concerning The Human Understanding*, vol 7.(S.C. Griggs and Company, 1888) in *the Early Works of John Dewey* (Illinois: Southern Illinois University Press, 1969), 422.

절대적 가치의 궁극적 목적을 가지고 있으며, 그리고 이러한 지고의 선은 인격체의 실현을 의미한다. 듀이의 신학적 우주관에서 인격체인 하나님은 최고의 가치로 나타난다. 그리고 하나님은 완전한 인격체의 통전성으로 현시되는 유기체적 통합 원리이다. 이러한 영적 원리가 궁극적 실재와 참된 자아, 혹은 모든 개인의 본질적 속성과 일치될 수 있기 때문에, 하나님은 어디에서나 현시되는 인격체의 터전이라고 말할 수 있다.

듀이의 신학에서 하나님의 이해는 신의 내재성이 성서적 유신론과 일치한다는 헤겔의 개념을 유지하려고 노력하고 있다.[7] 그러나 듀이는 그의 하나님의 이해에서 데카르트적인 유신론을 부정하고 있는 반면에 강력한 범신론적인 경향에 치우쳐 있기 때문에, 그의 신학이 합법적으로 유신론의 형태라고 부를 수 있는지에 관한 문제는 논의의 과제가 될 수 있다. 왜냐하면, 그의 신학에서 하나님의 내재성을 세계의 유기체적 통합으로 인간의 영과 신령한 영의 일치를 강조하고 있기 때문이다. 또한 이것은 하나님과 사회, 그리고 종교적인 것과 윤리적인 것과의 관계성에 관한 듀이 사상의 발전 과정에서 하나의 비판적 문제로 제기되고 있다.

2) 신앙의 이해

20세기 후반기에 들어와서 존 듀이의 철학적 전망은 사인주의와 민주주의적 인본주의와 일치하는 새로운 종교생활론으로 변화하기 시작하였다. 이러한 변화에 때를 맞추어 1934년에 그 당시 사회적 위기에 직면하고 있었던 미국인들의 도덕적 신앙을 통합하고 그들의 개혁의 노력에 깊은 관심을 나타내는 『공동 신앙』(*A Common Faith*)을 저술하였다. 그는 그의 종교 생활과 사상, 그리고 민주주의적 문화의 기반이 되는 종교적

---

7) Steven C. Rockefeller,121.

도덕적 가치들을 규명하고 실현하려는 노력을 제시하면서 다음과 같이
언급하고 있다:

> 내가 종교에 관하여 할 수 있는 모든 것은 나의 어린 시절에 콜리지
> 로부터 배웠던 것을 돌이켜 다시 말하는 것이며, 그리고, 내가 관심
> 을 가지고 있는 한, 이 *A Common Faith*는 내가 버몬트 대학에서
> 마시와 콜리지로 부터 얻었던 나의 초기 신앙의 재천명입니다.[8]

듀이는 위의 언급에서 그의 종교적 신앙과 이해를, 무엇보다, 콜리지
로 부터 받은 영향에 의해 정립되었다는 사실을 지적하고 있다. 콜리지
는 그의 저서 『성찰의 도움』에서 기독교 신앙은 온전히 바른 이성과 일치
하고 있으며, 그리고 기독교 신앙은 인간 지성의 완성임을 주장하였다.
콜리지로 부터 이성적 차원의 신앙의 이해를 터득하게 된 듀이는 또한 버
몬트의 스승이었던 마시로부터 인간의 영적 실재인 자유의지의 차원에
서 신앙을 이해하였다. 마시는 인간성에 내재하고 있는 영적 원리는 인
간이 책임 있는 행위와 도덕적인 선과 악을 행할 수 있는 자유 의지와 실
천 이성이라고 언급하고 있다. 그는 또한 실천 이성의 활동과 일치하고
있는 양심의 역할을 강조하고 있다. 책임적 의지로서 양심은 진실하고
정당한 목적을 추구하기 위하여 통제와 제재를 받아야 하는 자의식적인
법을 지각할 수 있다. 따라서 양심의 법은 하나님의 의지와 일치될 수 있
다. 그것은 모든 사람으로 하여금 동일하고 유일한 궁극적 목적을 지향
하게 하는 우주적인 법이다. 인간의 양심은 지고의 진리를 직접적으로,
혹은 직관적으로 이해하며 그것을 즉각적으로 절대적 진리와 지고의 선

---

8) James Marsh, *The Remains of the Rev. James Marsh, D.D., Late President and Professor of
Moral and Intellectual Philosophy in the University of Vermont; with A Memoir of His Life*,
(Burlinton, Vt.: Chauncy Goodrich, 1845), 543-544. Steven C. Rockefeller, 61.에서 재인용.

으로 깨닫게 한다.

여기에서 듀이는 실천 이성과 자유의지가 인간의 인격체의 핵심을 형성하고 있다는 사상에 근거하여 종교적 신앙의 문제를 해결하는 영감을 얻게 되었다. 그는 종교적 신앙을 인간의 가장 고귀한 자유의 표현이 되는 도덕적 목적과 이상을 믿는 확신으로서 실천 이성의 계몽에 의해 발견될 수 있다고 생각하였다. 그는 신앙을 마음과 가슴과 의지에 관계하고 있는 영의 활동, 다시 말하여. 삶의 방법인 행위로서 그 자체를 스스로 표현하는 도덕적 관념의 활동으로 이해하였다. 이와 같이 도덕적 행위로 실천되는 신앙은 종교생활의 핵심에 있으며, 그 신앙 안에서, 그리고 신앙을 통하여 개인은 절대 선인 하나님과 관계를 맺는다.

더욱이 듀이는 그의 『심리학』에서 종교적 신앙은 실제로 도덕적 생활의 질을 변화시키며, 도덕적 행위는 도덕적 종교생활의 완성인 종교적 행위로 나타난다고 이해한다. 그리고 인간의 종교적 의지는 완전한 인격체이자 의지인 하나님이 유일한 실재이며 모든 활동의 근원이 되는 것이다. 종교적 의지는 하나님의 완전한 의지를 모든 행위의 모티브로 설정하고, 그 행위는 절대적이며 발생론적으로 생활의 행위가 된다. 따라서 듀이는 종교적 의지와 종교적 행위에서 자아는 유한하고 무한한 인격체의 통합을 인정하며 살아가기 때문에, 완전한 자유를 실현할 수 있다고 설명한다.[9]

그러나 듀이는 그의 신앙관에서 예수 그리스도를 초자연적 구세주로 믿는 것보다 일차적으로 지성 안에서 믿는 것을 강조하고 있다: "그것은 지성 안에서 신앙을 정당화하는 것이다."[10] 그는, 이미 언급한 바와 같이, 기독교를 합리화함으로써 하나님과 그리스도를 믿는 신앙과 함께 지성

---

9) John Dewey, *Psychology* (New York: Harper & Brothers, 1887), 361, 363.
10) Ibid., 393.

에 대한 신앙의 이해를 부단히 추구하였다. 이것은 오히려 그리스도 안에서 명시된 도덕적 이상들이 실천 이성의 이상과 하나가 된다는 것을 제시하려는 시도였다. 지성적 신앙은 우주적 유기체의 통합인 하나님, 즉 이상적인 것과 실재의 것의 조화를 믿는 신앙과 일치하고 있다.[11] 여기에서 듀이는 이상적인 것과 실재의 것과의 통합을 보장하기 위하여 하나님을 믿는 전통적인 신앙의 필요성을 강조하면서 철학과 신학과의 필연적인 일치를 유지하기 위해 부단히 노력하여 왔다. 환언하면, 듀이의 철학적 질문은 종교적 신앙에 기초를 두고 있다고 표현하는 것이 정확할 것이다. 이 신앙은, 넓은 의미에서, 지성을 믿는 신앙, 다시 말하여, 인간의 이성뿐만 아니라, 신령한 이성으로서 유기체적 통합체이자, 모든 존재의 지각력과 의미의 근거가 되는 하나님을 믿는 신앙인 것이다.

존 듀이의 신앙과 종교적 체험에 관한 개념을 규명하기 위하여 신앙과 지식과의 관계성에 관한 그의 견해를 살펴보는 것이 중요하다. 철학은 하나님의 지식에 관심을 두고 있기 때문에, 그것은 종교적 질문과 관계가 있으며 종교적 체험의 성장에 공헌할 수 있다. 그러나 신앙이란 지식을 초월하기 때문에, 지식에 관한 인간의 질문은 하나님의 실재의 지식보다 신앙, 즉, 절대적 진리인 이상적인 것과 실재의 것의 통합에 근거하고 있다.[12] 여기에서 문제는 과학과 철학적 지식에서는 이러한 신앙을 확실하게 정당화할 수 없기 때문에, 다만 인간의 지식과 세상을 이해할 수 있는 능력은 종교적 신앙의 문제인 것이다: "이 신앙에 의해서 진리의 실재와 이상이 온전한 인격체이신 하나님 안에서 하나가 된다는 의지와 그 의미의 타당성과 계시를 발견한다. 따라서 듀이에게 있어서 종교

---

11) Steven C. Rockefeller, op. cit., 72. 이 사상은 중세의 신학자 안셀무스(Anselmus)의 명제인 "fides quareans intellectum"과 일치하며 현대조직신학자인 칼 바르트(Karl Barth)의 신학적 명제이기도 하다.

12) Ibid, 114.

적 의지나 신앙은 도덕적 생활뿐만 아니라, 지성적 생활의 궁극적 기반이 된다.”[13] 듀이는 신앙이란 인간의 마음과 가슴과 의지에 관계하고 있는 영의 활동으로서 실천적 삶의 방법인 행위에 의해서 그 자체를 표현하고 있다는 도덕적 신앙의 근거를 정립하였다. 따라서 온전한 도덕적 신앙은 종교생활의 핵심을 이루고 있으며, 이와 같은 신앙 안에서, 그리고 신앙을 통하여 인간은 절대선인 하나님과 긴밀한 인격적 관계를 맺을 수 있게 되는 것이다.

3) 도덕적 종교생활

존 듀이의 종교적 신앙은 창조적 민주주의 철학과 기독교적 인본주의의 핵심으로 발전되었다. 이 사상은 그의 초기에 기독교의 종교적 신앙에서 형성된 하나님 사상과 윤리적 신비주의와 일치하고 있다. 그는 신국사상과 일치하고 있는 기독교적 인본주의에서 현대사회가 직면하고 있는 다양한 위기와 도전에 대응할 수 있는 민주주의 생활을 영위할 수 있는 도덕적 종교적 가치를 발견하려고 시도하였다. 그에게 있어서 현대생활의 위기의 극복과 그 실천적 과제는 개인의 통찰력과 결단에 의한 도덕적 종교생활을 통해서 민주주의가 표방하고 있는 문명의 도덕적 가치들을 보존하고 문명의 영적 의미를 창조하는 일이다. 그리고 현대의 민주주의 문화, 혹은 문명의 영적 의미는 개인의 마음의 해방과 자유의지와 밀접하게 연관되어 있기 때문에, 현대 사회의 일차적 도전은 개인의 자유와 평등의 책임 있는 활용에 관한 문제가 된다.

듀이는 그의 도덕적 종교생활을 실현하기 위하여 1933년 봄에 그 당시 많은 지성인들과 학자들과 종교인들과 함께 "A Humanist Manifesto"

---

13) John Dewey, *Psychology*, 245-246.

에 직접 가입하였다. 이 단체는 이념적으로 초자연주의, 이신론, 유신론, 개인의 영원불멸, 그리고 마음과 육체의 이원론을 부정하고 진화론적 자연주의의 세계관을 인정하면서 모든 남녀들이 종교적 인본주의의 기치 아래 함께 연합하여 협력하기를 요구하고 있었다. 그리고 도덕적 종교생활은 현세에서 생활의 기쁨, 창의력의 발휘, 인간의 인격체의 완전한 실현, 사회 복지와 번영에 대한 노력이어야 할 것을 강조하였다. 그는 인간의 속성에는 존경과 의존과 찬양, 그리고 목적을 위한 열망과 우주의 도덕적 질서와 같은 종교적 관심과 감정이 내재하고 있다는 입장을 보여 왔다.[14] 인간의 다양한 발달 과정에서 나타나는 종교적 본능들은 미숙한 단계에서 더욱 성숙한 종교적 신앙으로 발달하고 있는 다양한 방법으로 표현되고 있다. 그에게 있어서 성숙한 종교적 신앙은 신조들과 의례들을 통하여 도덕적 사회적 가치들의 상징들을 인지하는 것으로 이해되었다.

존 듀이의 종교사상은 그의 초기의 종교적 체험과 사고를 반영하는 두 가지 주제로 종교생활의 이해를 분명하게 나타내고 있다. 첫째, 자아와 세계와의 조화를 위한 고귀한 영적인 이상을 소유할 온전한 도덕적 신앙과 관계있는 종교생활관이다. 둘째, 그의 성숙한 사고에서 종교적 체험과 자연을 향한 경건의 태도는 우주적인 넓은 세계와 하나가 되는 신비로운 직관과 관계를 맺고 있다. 그에게 있어서 이상적 자아와 공동체에 대한 심원한 추구는 하나님을 추구하는 것과 분리될 수 없었다. 그는 자신의 지성적, 도덕적, 신비적 경험에 비추어 종교 체험의 중요성과 하나님의 실존을 의심하지 않았으나, 지성을 신뢰하는 그의 신앙의 관점에서 전통적인 신학 사상에 의하여 자신의 철학적 탐구와 종교 체험에 대한 직접적인 해석을 허용하려고 하지 않았다

존 듀이는 생명력이 있는 종교생활에서 가장 근본적인 것으로서 개인

---

14) Stanley Hall, "The New Psychology," *Andover Review* (March 1885), 134.

이 경험하는 도덕적, 심미적, 신비적, 지성적인 모든 경험의 통합을 강조하였다. 그가 추구했던 통합은 유기체적 통합이며, 그 통합에서 개인의 자유와 중요성이 보장되고, 여기에서 보다 광범위한 공동체에 속하려는 신비적 연합이 유지되는 것이다. 개인과 공동체와의 통합의 이상을 믿는 도덕적 종교생활은 듀이의 종교적 전망으로 볼 때 가장 최초의 주제로 간주되었다. 그가 추구하였던 이상적인 통합은 종교적 적응의 문제였기 때문에, 심리적 통전성과 사회적 적응과 관련되어 있는 하나님 중심 사상이었다. 그는 영원한 하나님은 궁극적 자원이며, 모든 참된 이상과 통합을 지속시키는 필요불가결한 기반이라는 것을 확신하였다. 이러한 의미에서, 그는 모든 사람이 공유하여야할 도덕적 종교적 신앙이 인간 사회를 통합하고 개인들을 완전하게 창조하는 민주주의의 근본이 된다고 확신하고 있었다.

2. 기독교의 진리와 민주주의

존 듀이가 1888년에 미국대학철학협회에서 연설한 내용을 『민주주의 윤리』, (*The Ethics of Democracy*)로 출판하였을 때, 그는 기독교 복음과 민주주의 사상과의 일치를 시도하면서 그의 필생의 확신이었던 민주주의 사회적 가치들을 정립하였다. 그는 실제적으로 신헤겔주의 신학과 그 당시 발달하였던 사회사상의 영향에 힘입어 기독교가 민주주의적 사회 유기체의 발달과 일치되어야 한다는 것을 강조하였다. 그는 이러한 민주주의 사회이상을 기독교 복음과의 관계성에서 찾기 위하여 기독교 진리의 핵심인 하나님 나라의 사상과, 그리스도의 성육신 사상, 그리고 복음의 진리와 계시를 중심으로 체계화하였다.

1) 하나님 나라와 민주주의

존 듀이는 민주주의 사회의 본질을 플라톤의 『공화정』에 나타난 전제
주의와 엄격하게 구별하고 있었다. 그 이유는 전제주의 국가와 그 이론
은 모든 인간이 지향하여야 할 이상과 그 이상에 도달하기 위해 노력할
수 있는 신앙이 결여해 있기 때문이다. 그는 어떤 사회이든 사회의 통제
와 지배의 힘과의 조화를 위하여 개화된 몇몇 권력자들의 세력 하에 절대
적 통치권을 부여하고 있는 어떤 방법도 다음과 같은 이유로 거부하였
다: 첫째, 지배의 힘은 백성들의 최선의 것을 부패시킬 경향이 있으며, 둘
째, 민주주의적 접근 방법은 사회 윤리적 이상인 자아실현을 위한 자유
와 책임과 주도권의 분화에 필연적으로 관여하고 있다. 따라서 참된 민
주주의 사회가 그 사회를 구성하고 있는 구성원들에게 동기를 유발하는
그 무엇을 제시하여야 한다면, 그것은 인간성에 내재하고 있는 하나님께
서 모든 인격체 안에 새로운 이상을 생성하게 할 하나님 나라의 사상에
기초해야 한다는 것이다.[15]

또한 존 듀이는 그의 『공동 신앙』에서 하나님 나라를 진정한 민주주의
적 공동체에서 공유하는 생활이며, 그것은 교육과 민주주의 양자에 의해
성취되는 지고한 도덕적 종교적 의미를 가지고 있음을 암시하고 있다.[16]
그는 교육의 도덕적 종교적 의미의 내용을 하나님 나라, 곧 민주주의의
실현으로 깊이 통찰하면서, 이와 같이 교육이 종교적 신앙에 근거하게
할 때, 종교적일 수 있다는 사실을 확신하였다. 민주주의 사회에서 교육
이란 사회의 진보와 개혁의 근본적 방법이기 때문에, 그는 교육을 "과학
적 지식에 근거한 예술, 즉, 과학과 예술의 가장 완전하고 밀접한 일치"

---

15) Ibid., 237, 242.
16) Steven C. Rockefeller, 235.

라고 표현하였다. 그리고 그는 교육의 예술을 '가장 고상한 예술, 즉 인
간의 힘을 형성시켜 주며 그 힘으로 사회에 봉사하게 하는 예술'로 정의
하면서, 교육을 자연과 인간을 위한 지성적이며 도덕적인, 그리고 종교
적인 본질적 성향을 형성하는 과정으로 간주하고 있다.[17] 여기에서 그는
민주주의의 본질인 지성적 도덕적 종교적 자질을 형성하며 기회 균등과
자유 민주주의적 원리를 제공하는 교육이 각 시대마다 민주주의를 새롭
게 창조하는 첩경이 된다는 사실을 강조하고 있다.

존 듀이에게 있어서 민주주의 생활은 모든 사회적 분열을 해결하고 범
세계적인 인류공동체를 형성해 가는 중요한 창조적 대안이 된다. 그는
1916년에 저술한 『민주주의와 교육』(*Democracy and Education*)에서 인간
의 모든 문제들과 갈등을 해결할 수 있는 기본적인 민주주의의 덕목을
'지성적 동정심'(intellectual sympathy)으로 언급하고 있다; "바람직한 소
양으로서 동정심은 감정이상의 것이며, 그것은 모든 사람들이 공통적으
로 계발하여 소유해야 하는 창의력이며, 사람들을 불필요하게 구별하는
모든 것에 대한 항거이다."[18] 따라서 그가 제시하고 있는 동정심은 사랑
의 충동과 실험적 지성과 일치된 지성적 동정심으로서 도덕적 종교생활
의 가장 적합한 안내자가 될 수 있다.

여기에서 듀이는 모든 사회 조직들을 동정심에 의해 유도되는 보편적
자아, 도덕적 이성, 지성력의 객관적 현시로 간주하고 있다: "개인의 감
정은 영구적이며 우주적인 개체들과의 관계에서 그 목적을 발견할 수 있
기 때문에, 사회, 국가, 인류라고 부르는 모든 것은 적극적인 동정심에 기

---

17) John Dewey, *Democracy and Education. An Introduction to the Philosophy of Education*
   (New York: Macmillan, 1916), 337-339. 이것은 제 1장 "기독교 대학의 정체성 회복"을 위
   해 제시한 학문의 우월성, 도덕적 책임성, 영적인 비전과 일치하며, 또한 제 7장 "영성
   교육"에서 인간성 교육의 내용으로 제시한 지성교육, 덕성교육, 영성교육과 일치한다.
18) Ibid., 127-128.

반을 두고 있는 개인들의 영구적이며 우주적 관계의 실현이다."[19] 그러므로, 동정심의 형태인 사랑이 법규나 물리적 힘보다 사회를 함께 연결하는 실재적 기반이 된다. 더욱이 사회가 사랑이나 동정심을 근간으로 함께 연결되는 참된 공동체가 되는 한, 그것은 우주적 자아인 하나님의 '생명'의 현시이다. 하나님의 존재는 사회적 질서 안에서 표현되며 동정심의 경험과 함께 여기에서 도덕적 감정이 발현되는 것이다.

그리고 민주주의 생활양식은 인간성의 가능성들을 믿는 활력 있는 신앙, 즉 자연 세계가 모든 인종과 성별을 불문하고 모든 존재에게 제시되는 것과 같이, 인간성의 잠재력을 믿는 신앙에 의해 인도되는 것이다: "생활양식으로서의 민주주의는 다른 사람들과 함께 하는 개인의 일상적 활동을 믿는 개인의 신앙에 의해 조정된다."[20] 민주주의 생활에서 진리를 발견하여 모든 사람들이 공유하게 될 때, 사회공동체의 '공동 번영'을 달성할 수 있으며, 나아가서 인류의 영적 통합과 형제애의 실현, 그리고 그리스도의 복음의 핵심인 하나님 나라가 발전될 수 있다. 이것이 곧 듀이가 제시하고 있는 "민주주의는 기독교의 본질의 실현"[21] 이라는 한 전망인 것이다.

사회공동체가 민주주의 조직으로 발전되는 것은 모든 사람들이 예수의 교훈의 참된 의미와 기독교의 본질의 참된 의미를 이해할 수 있을 때만이 가능하다.[22] 바꾸어 말하면, 기독교의 도덕적 종교생활은 참된 진리의 실험적 추구와 일치하는 인류의 해방과 통일을 약속하는 민주주의 생활양식에서 성취될 수 있다. 이와 같이 "민주주의에서 모든 경험은 전체의 신령한 생활에 기능적인 것으로 될 수 있기 때문에, 민주주의 공동체

---

19) John Dewey, *Psychology*, 294, 295.
20) John Dewey, "Creative Democracy," in *the Late Works of John Dewey*, 228.
21) John Dewey, "Christianity and Democracy," 9-10.
22) Ibid., 7-8.

는 신령한 것과 세속적인 것과의 구별이 없는 사회이며, 기독교의 신국 사상과 같이, 교회와 국가를 포함하는 신령하고 인간적인 사회 조직의 모체가 된다."[23] 따라서 듀이에게 있어서 민주주의 이상은 기독교 신국사 상의 현대적 번안으로서 민주주의적 생활이 곧 종교적 행위의 생활과 일 치할 수 있는 것이다.

2) 성육신과 민주주의

존 듀이가 1889년에 미시간 대학교 철학과 학과장으로 새롭게 임명되 었을 때, 그는 10월 주일날에 기독학생연합회에 참석하여 '역사적 기독 교의 가치' 라는 주제로 연설하였다. 그는 그의 연설에서 기독교 종교의 성격과 우수성을 개괄하면서 기독교 윤리를 서구 사회에서 발달하고 있 는 윤리적 생활의 가치와 일치시켰다. 그는 종교에 관하여 "종교란 그 자 체의 목적을 위하여 인간을 그 자신보다 더욱 위대하고 더욱 영구적이 며, 더욱 진실된 어떤 힘, 자연을 지배하는 어떤 힘과 일치하고 있다"[24] 라고 정의하였다. 또한 듀이는 그의 저서인 『심리학』의 언어를 인용하여 종교의 목적은 개인의 자아를 우주적 자아인 하나님과 하나가 되게 하 며, 이러한 통합의 과정에서 외적이고 내적인 양면성이 종교의 생명력을 발달시키고 있다는 사실을 언급하였다. 따라서 종교생활은 종교의 객관 적인 사회 역사적 측면을 형성하고 있는 외형적 형식과 다양한 활동에 관 계하는 것이다.

한편, 존 듀이는 종교의 주관적인 측면에 비추어 건전한 종교적 환경 에서 나타나는 외형적 현시들을 개인의 헌신과 열망의 감정에 관한 자발

---

23) Ibid., 248-249.
24) Steven Rockefeller, 159.

적인 표현으로, 그리고 하나님과 조화를 이루는 생활의 체험은 "화해와 평화의 의식"[25] 을 수반하는 것으로 지적하고 있다: "인간을 하나님과 하나가 되게 하는 통합은 어떤 면에서 종교적 교리들과 의식과 신령한 사건들과, 그리고 성경과 함께 하나님과 더욱 가깝게 하는 종교 조직 안에서 형성하게 된다."[26] 그리고 하나님과 화해를 통하여 하나가 되기 위한 종교적 질문은 내적 자아에 중점을 두고 있기 때문에, 사람들은 그들의 가슴속에 '평화의 극치'를 실현하기 위한 노력에 전념하게 된다:

> 그들(그리스도와 사도요한)은 인간이 언급할 수 있는 유일한 언어로 하나님은 세상으로부터 그렇게 멀리 떨어져 있는 존재가 아니며, 그리고 다만 물질적인 자연 세계에서만이 활동하시는 힘이 아니라, 인간생활과 역사와 사회적 관계에 현존하는 사실(fact)이라는 것을 표현한다…. 하나님은 그렇게 멀리 떨어져 있는 존재가 아니며 세상을 설명하기 위한 단순한 철학적 개념이 아니다. 그분은 우리들의 생활 속에서 서로 각각 정상적인 관계를 맺는 실재이다. 그분은 가정과 사회를 묶는 끈(羈絆)이다. 그분은 사랑이며, 모든 성장의 근원이며, 모든 희생과 모든 통일이시다. 그분은 역사 밖에서가 아니라, 그 자신을 역사의 모든 한계들과 고통에 속하게 하여, 자신을 절대적으로 인간과 일치시키며 역사를 간섭하여 왔다; 그러므로 인류의 생활이 한정된 세월을 위해서가 아니라, 영원히 하나님의 생명을 위해 향하도록 하신다.[27]

위의 언급과 같이, 하나님이 역사에 개입하여 인간의 생활 속에서 지고의 선을 양자의 정상적인 관계를 맺는 실재로 이해하고 있는 것이 듀이의 성육신 사상의 핵심이 된다. 역사적 기독교는 예수께서 하나님의 성

---

25) John Dewey, "The Value of Historical Christianity," *Monthly Bulletin*(November, 1889), 31.
26) Ibid., 31.
27) Ibid., 529.

육신을 통하여 인간사회에서 활동하는 것과 관계있는 모든 것을 포괄하고 있다. 듀이에게 있어서 성육신 하신 예수 그리스도는 인간과 하나님 사이에 화해자로서 교회뿐만 아니라, 넓게는 인간사회의 주체가 된다. 개인은 예수 그리스도를 통하여 공동체와 공유하는 공동의 선을 추구하며, 자신의 죄와 죄책감으로부터 해방을 찾고, 또한 사회의 유기체적 생명인 하나님과 하나가 되기를 발견한다. 하나님은 사회생활 속에서 사람들의 정상적인 관계성의 실재가 되기 때문에, 종교적 영적 생활과 가시적인 일상생활 사이에는 특별히 아무런 구별이 있을 수 없게 된다:

> 결국에 우리들의 실제적 종교생활에서 주요한 위험성은 종교생활이 그 자체가 실제 생활과 인간의 관심으로부터 점점 분리되어 가는 경향이다. 그러나 건전한 종교생활은 주일날과 주중의 생활과 구분이 없는, 그 일이 학업이나 사업이나 혹은 휴식이든 간에, 일상생활의 의무를 하나님께 접근히는 일에 있어서 종교적인 것과 세속적인 것과의 사이에 아무런 구별을 알지 못한다. 우리가 하나님께서 인간을 그 자신과 화해하면서 역사 속에 있으며, 사회생활 속에 계시다는 것을 깨닫지 못한다면, 이러한 마음의 형성은 이루어질 수 없다. 생활 속에서 참되고 순수한 관계성에서 하나님과 하나가 되는 끈을 발견하는 사람은 그의 종교생활을 폭풍과 같은 생활에 의해서도 흔들릴 수 없는, 혹은 교묘한 유혹에 의해서도 손상될 수 없는 바위 위에 세우게 된다.[28]

존 듀이가 이해하고 있는 하나님의 성육신은 전통적인 기독교 교리에서 언급하고 있는 것과 같이, 처음에는 인간 예수에게, 그 후에 기적적이고 초자연적인 성령의 은사를 받은 사람들에게 국한된 독특한 초자연적 사건이 아니라, 태초부터 하나님께서 세상에 임재하여 공개적으로 모든

---

28) Ibid., 35-36.

사람들에게 나타나신 사건이다. 예수 그리스도는 그 자신이 모든 인간생활에 대하여 참된 것이 무엇인가를 충분하게 보여 주었으며, 동시에 이러한 진리에 따라 완전하게 살았던 신·인성을 겸비한 인격체였다. 기독교 복음이 제시하고 있는 성육신 사건은 하나님께서 개인들을 개별적으로 분리해서가 아니라, 인간 공동체의 구성원으로서 그들에게 임재하고 있다는 것을 의미한다. 성육신 사건은 하나님의 신령한 속성이 유기체적 사회를 구성하고 있는 개인들의 관계성을 통하여 경험된다는 것을 암시하고 있다. 여기에서 하나님의 성육신으로 체현된 예수 그리스도를 통하여 사회적 존재로 이해되는 모든 사람들의 통합과 협동을 목표로 하는 민주주의 사회의 기본적 사상이 구체적으로 정립된 것이다.

3) 진리의 계시와 민주주의

존 듀이는 기독교의 본질을 진리의 계시(啓示)로서 해석하면서, 이 진리의 계시를 하나님의 성육신의 과정과 연결시키고 있었다. 여기에서 그는 민주주의 본질을 하나님과 인간과의 화해를 통한 사람들의 새로운 관계성으로 설정하려고 시도하였다. 그리고 인간을 향한 하나님의 계시의 정점인 성육신을 통하여 인간의 진보적인 해방과 화해에 이르는 진리를 발견하고, 상호교류의 관계성을 구체화할 수 있는 자유를 발견하게 된다. 기독교의 진리를 믿는 신앙은 개인으로 하여금 하나님과 분리되었다는 억압적인 감정으로부터 자유하게 한다. 그러나 진리를 믿는 신앙을 가지고 자유와 종교적 평화를 발견한다는 것은 개인의 감성적 차원이 아니라, 하나님과 인간과의 관계성을 수용하는 실천적 경험을 의미한다. 여기에서 하나님은 멀리 있는 존재가 아니라, 인간 속에 내재하고 있는 존재이기 때문에, 인간의 생활이 하나님과의 생활이라고 믿는 사람은 온전하게 인간과 하나님이 하나가 되는 것을 추구하며, 또한 하나님과 화해하고 자유하게 된다는 것을 믿게 된다.

존 듀이는 일생동안 전념하였던 종교의 기원과 속성에 대한 사회학적 해석을 통하여 모든 종교는 공동체나 인종의 사회 지성적 생활에 그 근원을 두고 있다는 사실을 입증하려고 하였다. 그에 의하면, 종교적 상징들과 의례들과 교리들은 공동체의 사회적 관계에서 구체화된 신령한 가치로서 인간의 정신적 태도와 습관과, 나아가서 그들의 심미적 지성적 가치의 표현이 된다. 따라서 종교는 그 자체의 의례들과 신조들을 통하여 현존하는 사회적 심미적 지성적 가치를 표현하고 있는 동안, 종교로서의 생동감을 유지하게 되는 것이다. 여기에서 듀이는 모든 종교 중 기독교가 본질적으로 그 진리의 계시가 구체적으로 선포되고 실현되는 지속적인 생명력을 제공하기 때문에, 가장 생동적인 기독교 진리가 민주주의 원리의 기초가 되어야 한다고 확신하였다. 듀이는 이 문제를 요한복음을 인용히여 다음과 같이 설명 한다:

> 예수는 제시할 어떤 특별한 교리도, 종교적인 이름을 부여할 어떤 특별한 진리들도 가지고 있지 않았다. "너희가 진리를 알지니 진리가 너희를 자유케 하리라" 예수께서 종교적인 것으로 알고 있었던 진리는 하나님(Truth)이셨다. 그가 가르쳤던 것은 어떤 특별한 종교적 진리들이 아니었다; 반대로 그의 교리는 인간에 의해 명명되어 분리되어진 하나님(Truth)이 유일하신 하나님이었으며, 곧 신리를 보존하고 진리에 의해 살아가는 것이 종교인 것이다.[29]

이와 같이 기독교의 본질이 진리를 나타내는 지속적인 계시의 과정이기 때문에, 그것은 어떤 고착된 진리와 역사성에 제한되어 있지 않아야 한다. 진리의 계시는 전개되는 생활에 새로운 의미와 행위를 나타내는

---

29) Steven Rockefeller, 191.

한 지속성을 유지하고 있다. 기독교의 본질이 계시라는 관점에서, 그것은 인간생활의 의미를 발견하는 일을 결코 중단하지 않으며, 항상 지속적으로 전개되어야 하는 것이다. 따라서 기독교에서 계시의 활동이 지속할 때, 참된 기독교가 발견될 수 있는 것이다"[30] 기독교가 주장하는 유일한 요구는 하나님은 진리이시며, 진리이신 하나님은 사랑이시며, 그 자신을 위해 아무 것도 남겨둠이 없이 인간에게 충분히 계시하고 있는 것이다. 인간은 그렇게 계시된 진리와 함께 존재하기 때문에, 그 계시는 하나님 안에서 예수 그리스도를 통하여 나타난다; 하나님은 계시의 성육신이다; 인간은 계시된 진리를 적용함으로서, 그리고 진리와의 일치에 의하여 자유롭게 된다; "부정적으로는 죄로부터 자유롭고, 긍정적으로는 자신의 생을 살아가는데 자유롭고, 자신을 표현하는 일에 자유롭고, 자신에게 부과된 도구, 즉 자연적인 궁핍과 재난의 환경에서 제약이나 한계가 없이 활동하는 일에 자유롭다."[31]

　기독교 복음이 제시하고 있는 인간의 속성과 구원의 진리 사이에는 본질적이며 극복할 수 없는 이원론이란 있을 수 없다. 일상생활의 실존에 있는 인간들은 이러한 진리를 발견하고 그것들을 실현하며 사회 복지를 창조하는 일에 자유롭다. 그들의 일상적인 사회생활에서, 그리고 그 생활을 통하여 생명의 진리의 진보적 적용과 실현은 인간 속에 나타난 신적인 계시이며, 인간의 속성에 나타난 하나님의 성육화이다. 여기에서 듀이는 기독교의 지속적인 계시의 과정과 진리의 성육화를 민주주의와 일치하기를 시도하였다. 이와 같은 기독교 복음에 근거한 민주주의는 계시의 수단이자 진리의 성육화이다:

---

30) John Dewey, "Christianity and Democracy", 4.
31) Ibid., 5.

> 민주주의는 자유로서 진리의 자유화이다. 민주주의는 묶은 끈을 풀
> 어버리고, 제약을 없애버리고, 장벽을 무너뜨리는 것을 의미한다...
> 이러한 제약을 제거함으로써, 인간의 생활 속에 있는 어떠한 진리
> 나 실재를 막론하고 그 자체를 표현하는데 자유롭게 된다... 진리는
> 자유롭게 하지만, 자유는 진리를 자유롭게 하며 고립과 계층 이익
> 의 장벽을 깨뜨리는 역사의 활동이 되어 오고 있다.[32]

이와 같이, 민주주의에 의해 진리가 발견되고 상호교환의 장벽이 허물어 질 때, 진리가 광범위하게 공유되며, 그것이 또한 공동의 복지와 관심사가 되는 것이다. 진리의 공동체인 민주주의는 예수 그리스도가 하나님 나라로 불렀던 모든 것, 즉, 인류의 영적 통합과 인간의 형제사랑의 실현에 이르는 것을 발전시킨다. 이것이 민주주의가 기독교의 본질의 실현이라고 하는 듀이의 전망인 것이다.[33] 그러나 듀이는 기독교와 민주주의와의 일치가 전통적인 신학의 해석과 모순된다는 사실을 인식하고 있었다. 이러한 맥락에서, 그는 초기 기독교 역사에서 많은 사람들이 자유에 관한 예수의 교훈의 직접적이고 자연적인 의미를 알지 못하고, 기독교의 본질을 지속적으로 열려있는 진리의 계시와 성육화로 이해하지 못했다는 사실을 지적하고 있다. 초기 역사에서 사람들은 자유를 누리지 못하였으며, 보편적 진리의 유기체로서 인정받지 못하였다. 이러한 정황에서, 그들은 기독교 신리에 섭근하는 일에 제약을 받고 있었기 때문에, 예수의 교훈을 비자연적이며 감성적인 의미로 이해하게 되었다. 개인마다 일상적인 생활과 분리된 특별한 외형적이며 초자연적인 매개를 통해서만이 예수의 교훈과 기독교 진리가 알려지게 되었다. 여기에서 민주주의 사회 구조와 조직의 발생은 사람들로 하여금 예수의 교훈의 평범한 의미

---

32) Steven Rockefeller, 193.

33) John Dewey, "Christianity and Democracy," 8-9.

와 기독교의 참된 의미를 이해할 수 있었던 정황을 극적으로 제시하게 된
것이다.[34]

존 듀이가 1894에서 1904년 사이에 시카고에 있었을 동안 기독교와 민
주주의를 일치시키려는 노력에 의해서 "민주주의는 자유롭고 풍요로운
영적인 공동생활을 위한 명칭이기 때문에, 그 자체로 존재할 것이다"[35] 라
고 결론을 내렸다. 그에게 있어서, 기독교와 민주주의, 종교생활과 일상
생활과의 일치는 생명력이 결여되어 있는 제도적이며 개인적인 종교형
태에 대하여, 그리고 불편부당하고 비인간화되어 있는 사회 경제생활의
형태에 대한 대립적 개념이었다. 그의 민주주의적 이상은 기독교의 신국
사상과 일치하고 있다. 하나님 나라는 기계론적인 경제조직체들의 발달
과 함께 민주주의적 개인들의 공동체 안에서 점점 실현되어가고 있다.
따라서 듀이는 기독교의 핵심인 진리의 계시와 성육화의 지속적인 과정
을 민주주의와 일치시키려고 시도하고 있다:

> 민주주의는 진리의 계시가 수행되는 수단으로서 등장한다. 그리고
> 민주주의에서 하나님의 성육화(인간, 다시 말하면, 우주적 진리의
> 기원)가 인간 안에서 그 자체의 일상적이며 자연적 의미를 나타내
> 는 살아있는 현재적 사건이 되고 있다. 이러한 진리가 생명력을 가
> 지고 인종차별을 제거 한다; 그것이 종교적이라고 일컫는 격리된
> 한 국면에서가 아니라, 행위의 모든 영역에서 활동하는 공동의 진
> 리가 된다.[36]

---

34) Ibid., 7-8.

35) John Dewey, *The Public and Its Problem* in *the Later Works of John Dewey, 1925-
1953*(Carbondale, Illinois: Southern Illinois University Press), 350.

36) John Dewey, "The Relation of Philosophy to Theology," in *the Early Works of John Dewey*
(Illinois: Southern Illinois University Press, 1969), 4: 367.

3. 민주주의의 사회

존 듀이는 그의 학문의 여정기간인 50여 년 동안에 일관되게 과학적 지식의 방법을 민주주의 사상을 형성하는 기틀로 삼고 그것을 개인을 위한 도덕성 형성의 안내자로, 그리고 사회구조를 위한 계몽의 도구로 변형하기 위해 노력하였다. 이것이 그의 중요한 철학적 실용주의[37] 의 관심이 되어 왔으며, 민주주의 세계사회를 이상화하기 위한 일차적 방법론으로 제시되었다. 그는 이와 같은 과학적 방법을 기반으로 민주주의 사회의 도덕적 종교적 이상을 실현하기 위하여 기독교 복음과 진리를 민주주의 사상의 구체적인 모체로서, 그리고 민주주의 사회 실현의 핵심을 형성하는 가치들로 체계화하였다.

1) 민주주의 사회의 이상

존 듀이는 그가 연구하였던 사상적 배경에 의하여 철학적 실용주의자, 진보주의적 교육가, 혹은 자유주의적 개혁가로 인식되어 왔으나, 통합과 자유를 추구하고 있는 그의 심오하고 충분한 새로운 영적 태도에 의하여

---

37) 1870년대에 하버드에서 윌리엄 제임스(William James)가 심리학자로서 철학자로서 활동을 시작 하였다. 그는 또한 넓은 전망으로 교육을 받은 과학자로서 다원주의의 세계관에 심취되어 장래에 미국의 심리학과 철학을 변형시킬 진화적 생명과학과 인간의 마음에 대한 깊은 성찰에 몰입하였다. 제임스의 연구실에서 형이상학 클럽(the Metaphysical Club)이라고 부르는 모임이 종종 있었다. 이 모임을 주도하고 있었던 사람은 찰스 S. 퍼스(Charles Sanders Pierce)이었으며 그는 과학적 논리의 해석과 관념, 그리고 실천의 관계에 깊은 관심을 가지고 있었다. 퍼스는 형이상학 클럽의 처음 모임에서 실용주의적 공리에 관한 논문을 발표하였고, 이 논문은 1878년에 출판되었다. 20년이 지난 1898년에 제임스는 이 논문을 퍼스가 이 당시에 듀이와 함께 새로운 미국 철학을 급속도로 발전시키고 있었던 실용주의(Pragmatism)의 길을 여는 것으로 일치시키려고 하였다.

민주주의 사회의 실현을 주창하였던 예언자로 알려졌다. 그는 성숙한 사상가로서 종교생활을 심오한 영적 역동성과 일치시킴으로써 종교적 신앙과 민주주의적 인본주의와 조화를 이루는 자연적이며 영적인 연속성의 전망을 제시하였다. 그는 철학적 정신, 즉 통합과 관용을 위한 본능과 조화를 이루며 통합된 정신 세계에 대한 열정을 소유하였다. 그의 유기체적 통합 사상은 위대하고 아름다운 신령한 상징의 힘을 가지고 있었기 때문에, 그는 일생동안 통합 사상을 기초로 하는 '자유자치행정의 공동체'라는 민주주의 이상을 신봉하여 왔다. 그는 그 당시의 지성적, 도덕적, 종교적 전통과 가치의식을 부정하고 있는 사회적 분위기를 극복하면서 새로운 지성적, 도덕적, 종교적 전통을 재정립하려고 노력하였다. 그는 인간의 실존적 상황에서 경험하는 종교생활을 개인과 사회를 위한 실제적 해방의 방법으로, 그리고 민주주의 생활을 종교적 자아–실현과 사회 통합의 방법으로 변형하면서 종교생활과 민주주의 생활을 통합하려고 시도하였다.

실제로, 민주주의 윤리적 중요성은 인격체의 사상에 포함되어 있는 가치들의 사회적 체현이자 인격체의 실현을 의미한다: "한 마디로 민주주의는 인격체가 처음(alpha)과 나중(omega)의 실재가 된다. 민주주의는 모든 인간과 연합하여 진실로 무한한 가능성을 가지고 있는 윤리적 이념이자 인격체의 사상이다."[38] 이와 같이 민주주의는 "영적인 것과 세속적인 것의 구별이 있을 수 없으며, 기독교 복음에 나타난 하나님 나라 사상에서와 같이, 교회와 국가, 즉 사회의 신적인 것과 인간적 조직이 하나가 된다는 것을 의미한다."[39] 여기에서 하나님 나라는 일반적으로 기계기술과 경제적 구조의 발전을 통한 민주주의적 인간 공동체를 통하여 실현되는

---

38) John Dewey, *The Ethics of Democracy* in *The Early Works of John Dewey, 1882-1898* (Carbondale, Illinois: Southern Illinois University Press, 1969)Ibid., 244-246.
39) Ibid., 248-249

것이다.

동시에, 민주주의가 추구하고 있는 평등의 윤리적 이상은 모든 남성과 여성들이 동등한 '인격체' 로서 자신들의 독특한 가능성과 능력들을 실현하기를 보장하는 것을 의미한다. 듀이에 의하면, "모든 개체는 무한하고 우주적인 가능성, 즉 왕과 제사장이 되는 가능성을 가지고 살아간다"[40] 여기에서 왕과 제사장의 의미는 '모든 시민이 통치자' 가 된다는 정치적 이론과, 그리고 '모든 사람이 하나님의 제사장이라' 는 종교개혁론에 근거하고 있다. 그는 하나님은 모든 개인들의 참된 인격체로서 그들 속에 성육화가 되었다는 사실에서 인간 평등의 윤리적 개념을 제시하고 있다. 따라서 평등이란 모든 개인들에게 이상적인 것, 즉 신성하고 직접적인 관계를 유지하면서 자기 지배적 시민들이 될 기회를 제공하는 것을 의미한다. 이와 같은 윤리적 개념과 태도를 제시하고 있는 듀이의 민주주의 신앙의 저변에는 개인과 사회와 하나님과의 유기적 통합에 관한 그의 심리학적, 사회적, 종교적 확신들이 형성되어 있다.[41]

이미 언급한 대로, 존 듀이는 라이프니즈의 단자론(單子論)에 근거하고 있는 우주론의 영향으로 "참된 민주주의란 선재된 조화 속에 있는 실제적 개체의 존재이며, 이 민주주의에는 각 시민이 주권을 가지고 있으며, 그리고 각자는 전체의 조화와 질서를 유지하고 있는 개체"[42] 라고 주장하고 있다. 우수를 유기체적 통합으로 간주하는 듀이의 신-헤겔주의 사상이 곧 민주주의적 질서로 간주된다. 이러한 우주 안에서 완전하게 양육된 개개인들이 곧 인격체들이기 때문에, 그들로 구성되어 있는 인간 사

---

40) Ibid., 244.

41) Steven C. Rockefeller, 157.

42) John Dewey, *Leibniz's New Essays Concerning the Human Understanding* in *The Early Works of John Dewey, 1882-1898*(Carbondale, Illinois: Southern Illinois University Press, 1969), 295-296.

회가 민주주의 질서와 조화가 가장 완벽하게 실현되고 극명하게 현시 되는 장이 될 수 있다. 그는 또한 민주주의 이상과 형태를 개인들이 자유롭게 스스로 통치하는 공동체라는 신앙을 가지고 있었다. 예를 들면, 정부는 마치 사람들이 살고 있는 집과 같은 것으로서 사람들에게 복지를 제공하고, 거기에 살고 있는 사람들은 점증하는 가정의 욕구가 새로운 대안과 변형을 요청할 때, 자유롭게 변화하여 다른 것을 위해서 한 가지를 확대해 간다는 확신을 그들의 정신 속에 형성시켜 준다.

존 듀이는 민주주의 이상과 요소들을 명확하게 규명하고 있다. 그에 의하면, 민주주의는 정부의 형태라기보다 가장 고귀한 정서이자 정신이며, 인간의 관계성을 지도해 가는 한 윤리적 이상이자 도덕적 영적 통합의 형태이다. 그는 "민주주의와 인류를 위한 궁극적 이상은 곧 나의 마음에서 동의어이다"[43] 라고 강조하면서, 기독교 윤리가 곧 민주주의의 윤리와 일치하고 있다는 것을 언급하였다. 그에게 있어서 민주주의의 이상은 자유, 평등성, 우애의 가치들로 형성되어 있다. 무엇보다, 평등성의 윤리적 이상은 모든 남성과 여성이 '동일한 인격으로 형성되고,' 남성과 여성에게 독특한 능력을 실현할 기회를 부여하는 것을 의미한다. 그는 남녀의 평등성의 근거를 하나님이 모든 인격들 속에 그들의 참된 자아의 실현을 위해서 성육신하셨다는 사실에서 발견하려고 하였다.[44]

존 듀이는 1891년에 저술한 그의 『비평적 윤리학의 개요』(*Outline of a Critical Theory of Ethics*)에서 공동의 선과 사회의 조화에 관심을 가지고 있는 평등성과 개인의 자아 실현과의 관계를 설명하고 있다.[45] 개인의 자아 실현에는 개인으로 구성되어 있는 공동체의 실현이 요청되며, 동시에

---

43) John Dewey, *The Ethics of Democracy in The Early Works of John Dewey, 1882-1898* (Carbondale, Illinois: Southern Illinois University Press, 1969), 228, 232.
44) Ibid., 244, 246, 248.
45) Steven Rockefeller, 156.

개인이 공유하고 있는 공동체를 만족시키는 동인이 발견되어야 한다. 개인은 남녀를 불문하고 사회 환경의 요청에 순응하여 자신에게 부여된 수용 능력을 잘 활용함으로써 가장 효과적으로 공동의 선에 전념할 수 있어야 한다. 자아의 실현을 위한 공동의 선은 사회윤리의 가치이며, 이것은 곧 종교적 가치와 일치하고 있다. 도덕적 힘의 기반은 개인의 자아를 유일하게 해결하며 그 자아의 실제적 힘과 주위 환경에 일정하게 순응하는 제한성이다.... 결실을 맺는 건전한 인간의 노력은 절대적으로 가치가 있는 그 무엇, 즉 개인의 실제적 정황과 힘에 의해 부과된 요구에 그 무엇이 있다는 확신에 뿌리를 두고 있다.[46]

개인의 자유와 동등한 기회, 순수한 공동체의 가치들을 포함하고 있는 민주주의 이상은 듀이가 전망하는 우주 안에 있는 신적인 모든 것을 표현하고 있다. 듀이의 사상에서 민주주의 이상에 대한 신앙은 중요한 도덕적 종교적 의미를 나타내고 있었다. 이미 언급한 바와 같이, 그의 목표는 종교생활을 온전하게 민주주의 생활과 통합하려는 것이었으며, 종교생활을 개인과 사회를 위하여 실천적 해방의 방법으로, 그리고 민주주의적 생활을 종교적 자아 실현과 사회적 통합으로 변형시킬 것을 시도하였다. 그는 민주주의의 이상을 사회 심리학적 의미뿐만 아니라, 심오한 종교적 의미를 포함하는 원대한 사회 윤리적 이상으로 간주하였다.

2) 민주주의 사회의 재건

존 듀이가 1894년 5월 27일 시카고 대학의 철학과 학과장으로 임명되어 미시간 대학이 소재하고 있는 안 아보(Ann Arbor)를 떠나기 전 '재건'

---

46) John Dewey, *Outline of a Critical Theory of Ethics in The Early Works of John Dewey, 1882-1898*(Carbondale, Illinois: Southern Illinois University Press), 320, 322

(reconstruction)이라는 주제로 한 고별연설에서 종교 문제, 기독교 진리의 기원에 관한 역사적 탐구, 그리고 과학과 민주주의의 종교적 도덕적 중요성에 관하여 언급하였다.[47] 재건에 관한 듀이의 보편적인 관심은 주기적으로 인간의 이념과 가치들의 재건이 인간 경험의 모든 다른 영역에서뿐만 아니라, 종교적 영역에서 필연적인 것이며, 현재가 바로 그 시기이라는 사실을 언급하였다. 인간은 진화와 발전하는 세상에서 그 자신을 발견하는 줄기찬 노력을 지속하고 있으며, 그리고 인간의 이상들은 고착되고 정적인 실재들이 아니기 때문에, 변화하는 상황에 대처하기 위하여 그것들을 재 수정하는 작업들을 지속적으로 전개해야 하는 것이다.

인간은 간직하고 있는 다양한 이상들의 실현을 위하여 기독교의 목적과 가치들을 더 많이 개발하고 재 정의할 것을 요구하고 있다. 여기에서 듀이는 위에서 논의하였던 세 가지 주요한 기독교의 이상으로 일치시켰던 전거들을 지적하고 있다: 개인적 자아의 절대적 가치, 하나님 나라, 그리고 개인과 사회에 나타난 절대적 진리의 계시와 성육화이다. 무엇보다, 개인의 절대적 가치의 개념은 감정적으로 동떨어진 시간에서, 혹은 어떤 초자연적 수단에 의해 실현될 수 있었던 한 가지 이상으로 해석되어 왔다. 그러나 이러한 초자연적인 개인의 절대적 가치의 이상이 점진적인 사회의 변화에 새로운 영감을 주었으며, 그것이 실제로 사회적 실체로서 민주주의의 탄생을 초래하였다.

여기에서 존 듀이가 하나님 나라를 민주주의 사상의 기초로 설정하고 있는 이유를 발견할 수 있다. 그것은 인간이 염원해 왔던 전통적인 사회 정치적 생활의 개념과 사실들이 모순 관계를 일으켜 왔기 때문에, 그 본래적이며 정상적인 조직의 형태와 모든 형식에서 인간과 인간과의 참된 관계가 상실되어 왔다. 듀이는 하나님 나라의 이상이 공동의 관심과 공

---

47) Steven Rockefeller, 209.

유된 가치들에 의해서 실천적 활동을 함께 묶여주는 공동체인 민주주의와 그 사회를 통해서 실제로 실현할 수 있다고 믿고 있었다.[48] 그에 의하면, 민주주의 사회의 전형인 교회가 은혜의 유기체, 즉, 개인을 높이 들어올리고 사람들을 조화 있게 함께 연결하는 공동체로서 현대 사회의 모든 생활 형태에서 제기되는 문제들을 종교적 도덕적 차원에서 해석하며 실현하는 모체로 제시되었다. 실제로, 모든 사회 제도들은 지상에서 개인의 복지와 전체의 통합을 위해 만들어진 조직화된 하나님 나라가 되어야 한다. 듀이는 교회의 책임과 의무를 "사회생활의 다양한 세력 중 하나로 발생하여 더 많은 공동의 목적을 위해서 동등한 기반 위에서 다른 세력들과 협력해야 한다"[49] 고 지적하고 있다.

끝으로, 듀이는 기독교 복음의 주제를 계시로 이해함으로써 기독교가 인간에게 생활의 방향과 지도를 위해 충분하고 지고한 의식을 통해 절대적 진리의 계시를 일깨워 주고 있다고 강조한다. 물론 그는 기독교와 민주주의와의 관계성에서와 같이, '재건'의 해석과 정의에서 민주주의 이념을 계시로서 명백하게 논의하지는 않았지만, 과학의 계시적 힘의 중요성을 강조하면서 민주주의는 사회과학의 탐구와 실천적 진리의 교류와 보편교육의 성취를 위해 이상적 사회구조를 제공한다는 사실을 언급하고 있다:

> 탐구의 방법으로서 조직화되고 포괄적으로 진보적이며 자기 규명의 연구 체계로서 과학이 존재하게 되었다. 그 결과는 인간의 마음이 진리에 이르게 되는 가능성을 거의 무한히 확신하게 하였다. 우리는 우리를 위한 도구들이 너무 풍부하고 강하기 때문에, 주어진

---

48) Ibid., 210.

49) John Dewey, "Reconstruction" in *The Early Works of John Dewey*, 1882-1898(Carbondale, Illinois: Southern Illinois University Press), 100-101.

시간에 그것들을 거역할 수 있는 어떠한 것도 있을 수 없다는 것을
느낀다....인간생활의 방향에서 실제적으로 유용한 것을 기약하는
모든 진리가 과학적 방법에 의해서 제공될 수 있다.[50]

　그는 민주주의 사회 건설의 기반이 되는 절대적 진리, 즉 기독교 진리
에 근거한 공동체 생활의 방향을 지도할 필요한 지식과 지혜는 과학적 방
법을 통해 구체적으로 나타날 수 있다고 믿고 있었다. 그는 그가 어릴 때
부터 경험하였던 기독교 신앙생활에서 교훈을 받았던 신령하고 분명한
모든 것과 일치된 기독교 복음은 과학적 방법에 의해 실현될 수 있기 때
문에, 기독교 진리와 민주주의를 위한 교육의 실험적 방법에 깊은 관심
을 나타내었다. 이와 같이, 듀이는 그가 지향하여 왔던 민주주의 사회의
실현은 절대적으로 기독교 복음과 진리에 의해 가능하다는 사실을 일관
되게 주장하여 왔다. 그는 현대 사회에서 발생하고 있는 다양한 문제들
에 대응하는 구체적 방안을 진정한 민주주의 사회의 실현과 기독교 윤리
에 의하여 구체적으로 제시될 수 있다는 사실을 확신하고 있었다. 그는
민주주의 사회는 기독교 공동체의 모든 조건들로 구성되어야 한다는 기
독교적 인본주의를 구체적으로 제시하였다. 그가 염원하고 있는 기독교
적 민주주의는 현대 사회에서 생명력이 결여되어 있는 인간 중심적 사회
제도와, 경직된 교조적 종교형태와, 그리고 비인간화되어 가는 사회 경
제적 구조와 생활 형태에 대응하는 새로운 대안으로 제시되었다.

---

50) Ibid., 102.

제12장 신앙 공동체

20세기 말에 시작된 '후기 산업화 사회'(post-industrial society)에서 21세기 초의 '후기 정보화 사회'(post-information society)로 발전하는 과정에서 기존의 사회 전통과 문화는 그 자체의 독특성과 고유성을 상실하게 되었다. 그 주요한 원인 중 한 가지는 후기 정보화 사회의 산물인 디지털 문화와 사이버 공간의 등장으로서 현대인의 생활 패턴과 의식 구조에 혁신적 변화를 일으키고 있기 때문이다. 후기 정보화 사회의 복합적 산물로 등장한 사이버 세계의 파괴력과 인터넷을 통한 다양한 지식 정보로 인하여 전통적인 사회 문화와 생활 환경의 변화뿐만 아니라, 인간 의식의 급격한 변화를 초래하고 있다. 이러한 현상은 현대인의 일상 생활을 둘러싸고 있는 생활 환경의 변화의 정도에 비례하여 인간의 내면 세계를 형성하고 있는 의식의 급격한 변화를 반증하는 것이다.

기독교 대학은 후기 정보화 사회의 등장으로 변화된 인간 의식의 문제점과 변화된 의식을 대체할 새로운 의식의 생성 과정을 제시하여 할 교육적 과제를 수행하여야 한다. 기독교 대학이 그의 교육적 과제로 추구하여야 할 새로운 의식의 형성은 신앙 공동체를 실현하려는 일차적 교육적 사명에서 발견할 수 있다. 그 이유는 첫째, 기독교 대학은 후기 정보화 사회에서 기술적 가치 중심으로 형성되어 가는 현대인의 의식을 극복할 대안으로 신앙 공동체의 교육을 통하여 새로운 의식을 정립할 수 있기 때문이다. 둘째, 기독교 신앙 공동체의 교육에 의해 정립되는 새로운 인간 의식은 현대 사회의 다양한 문제들을 합리적으로 비판하여 새롭게 적응할 수 있는 능력과 가능성을 제시할 수 있기 때문이다. 실제로, 인류 역사에서 새로운 시대가 등장할 때마다 발생했던 다양한 사회적 문제들과 그것에 수반된 인간 의식은 신앙 공동체가 제시하여 왔던 기독교적 가치관과 세계관에 의해 극복되거나 변화된 사실들을 목격하여 왔다. 이러한 맥락에서, 기독교 대학은 후기 정보화 사회를 대체할 수 있는 신앙 공동체를 위한 새로운 의식화 교육에 지대한 관심과 역점을 두어야 할 것이다.

1. 신앙 공동체의 이해

역사적으로 신앙 공동체는 교육적 사명을 통하여 그리스도인들에게 새로운 기독교적 세계관과 가치 체계를 강화하는 신앙의 전달자로서 역할을 감당하고 있다. 기독교 신앙은 지금까지 인류 사회에 상존해왔던 다원 문화를 초월해 왔을 뿐만 아니라, 새롭게 개혁하며 이끌어 가기 위하여 인간의 삶 속으로 들어오시는 하나님의 계시에 기초하고 있다. 동시에 인류가 만들어 놓은 다양한 문화를 초월하는 기독교 신앙은 그리스도인들로 하여금 일상적으로 경험하고 있는 사회 현상을 올바르게 관찰하는 인식 체계와 가치관에 따라 사고(思考)하고 행동하는 양심과 자아 의식을 형성하고 있다. 따라서 기독교 신앙으로 형성된 올바른 가치관과 세계관을 겸비한 그리스도인들은 그들의 일상적 사회 생활에서 세속 문화를 분별하여 극복할 수 있는 역동적인 능력과 새로운 행동 방향에 따라 삶을 영위해 가고 있다.

1) 공동체의 사상적 기반

신앙 공동체를 논의하기 위해 먼저 공동체를 이해하고 그것을 정의하
는 것이 필요할 것이다. 물론 공동체의 이해를 다양한 분야에서 논의할
수 있지만, 먼저 현대 사회학의 관점에서 고찰할 수 있다. 현대 사회학이
제시하고 있는 공동체의 본질은 예술과 종교로서 양자는 제 일차적 공동
체인 가족 생활에서 그 기원을 발견할 수 있다.[1] 예를 들면, 조상을 섬기
는 모든 제사의 원천은 가족 공동체에서 출발하였으며, 가족 제사는 가
장 본래적인 종교의 형태를 가지게 되었고, 제사 그 자체가 하나의 예술
로 발달되었다. 여기에서 공동체를 유지할 수 있는 예술의 순수성과 종
교적 이념이 체계화되어 계승되어 왔다.

공동체는 그 생활의 규범과 정신적인 구조를 형성하는 도덕적 가치를
매우 중요시하였으며, 도덕적 가치는 개인의 종교적 경험과 신앙, 가정
환경과 풍습에 의해 생성되어진 것이다. 특히 공동체를 결속하는 중요한
이데올로기는 종교적 요소이며, 이것은 인간의 정신적 활동인 상상력과
가치관으로 표현된다. 이러한 종교적 이데올로기는 개인적으로는 '신앙'
(faith)의 형태로, 그리고 집단적 활동으로는 '종교'(religion)의 형태로 나
타난다.[2] 여기에서 종교는 그 자체가 가정 생활로서 그것은 전통과 시대
가 요구하는 도덕성의 영역을 의미하고 있다. 따라서 공동체는 그 구성
원들의 자연발생적인 종교 신앙적 소속감에 의하여 유지되고 있으며, 공
동체를 구성하는 각 개인의 의지, 힘, 자율성을 사회적 근간(social root)으
로 하고 있는 '함께함'(togetherness)을 궁극적인 목적으로 하여 존속하고

---

1) Ferdinand Tönnies, *Gemeinschaft und Gesellschaft* (Routledge & Kegan Paul LTD, 1887)
   trans. by Charles P. Loomies, *Community and Association* (New York: Harper Torch
   Books, 1963), 67-70.
2) Ibid., 253.

있는 것이다.[3]

그리고 공동체의 이해를 성서 신학적 관점에서 고찰 할 수 있다. '공동체' 의 어원은 헬라어 코이노니아($\kappa o\iota\nu\omega\nu\iota\alpha$)에서 파생된 것으로서 '교제' 와 '친교', 혹은 '교통' 을 의미하며 예수 그리스도를 구주로 고백하는 사람들의 모임을 나타낸다.[4] 그리스도인의 친교로서 코이노니아는 교회의 제도나 그 형태라기보다, 신령한 영적 교제이며 이 교제는 공동적 참여, 함께함과 공동체적 삶을 의미한다. 또한 코이노니아는 예수 그리스도의 몸인 교회에서 성도들의 친교와 교통을 나타낼 뿐 아니라, 교회 밖에 있는 가난한 이웃과 함께하여 그들을 물질로 돕고 그들의 고통에 동참하며, 그들과 복음을 함께 나눔으로써 예수 그리스도를 증거 하는 삶을 의미하게 되었다. "공동체성은 교회내적으로는 성령의 역사로 영적 교제만이 아니라, 물질까지 완전히 나눌 수 있는 교제를 실천하여 실제적으로 그리스도의 한 몸이 되는 것이며, 밖으로는 주위의 필요를 채우면서 고통당하는 이웃과 함께 더불어 사는 것을 의미한다."[5]

코이노니아를 근간으로 형성되는 공동체의 영속적 힘은 성령이다. 성령의 역사는 개인의 회심과 특별한 은사와 능력, 그리고 감동과 성화(聖化)와 같은 개인적 체험으로 나타날 수 있다. 그러나 성령을 통한 개인의 영적 체험은 교회가 지향하는 나눔과 섬김을 통한 공동체의 형성과 사회 구원의 차원으로 발전하여 왔다. 따라서 개인을 통한 성령의 역사는 공동체의 차원으로 발전할 수 있기 때문에, 개인이 체험한 성령은 곧 공동

---

3) Charles A. Reich, *The Greening of America*(New York: A National General Company, 1970), 421.

4) 사도 바울은 하나님의 사랑($\dot{a}\gamma\dot{a}\pi\eta$), 예수님의 은혜($\chi\dot{a}\rho\iota s$)와 함께 성령의 기본 사역을 '코이노니아' , 즉 '교통' ,혹은 '교제' , '친교' 임을 밝힌다. 영어에서 의사소통을 의미하는 'communication' 은 $\kappa o\iota\nu\omega\nu\iota\alpha$의 의미를 나타낸다.

5) Stanley J. Grenz, *The Theology for the Community of God*(Vancouver, William B. Eerdmans Publish- ing Co., 1994), 76.

체로 하여금 공동체가 되게 하는 '공동체의 영' 으로 역사할 수 있다.[6] 따라서 코이노니아와 성령에 의해 형성되는 공동체는 외형적으로 이상적이며 유토피아적인 실체가 아니라, 실제로 공동체 구성원의 전 생활을 통하여 영적, 정신적, 물질적 교제가 구체적으로 구현되는 실제적 공동체를 의미한다.[7]

2) 신앙 공동체의 발생

공동체의 정의와 그 발생 과정에 근거하여 인류 역사상 최초의 신앙 공동체는 예수 그리스도를 따랐던 사람들이 오순절 성령의 사건을 체험한 후 함께 공동 생활을 영위하였던 초대 교회에서 발생하였다. 초대 교회 공동체는 그 구성원들이 목격하였던 예수 그리스도의 사건을 증거하는 과정에서 형성되었으며, 그것이 오늘날까지 전승되어 왔다. 초대 교회의 공동체에 모였던 사람들은 일차적으로 하나님의 주권성과 예수 그리스도의 인격적 삶과, 그리고 성령의 역사를 고백하였다. 초대 교회 공동체는 그 구성원들이 성령의 역사를 체험한 후 가치 있고 새로운 공동체의 환경과 분위기에서 동등한 인격적 친교가 교류되는 '영적 민주주의' (a spiritual democracy)를 형성하였다.[8] 영적 민주주의로서 초대 교회 공동체는 다양한 계층과 환경에서 살고 있었던 사람들이 공동 식탁에 모여 그들의 소유와 재산을 함께 공유하며 다양한 영적 체험들을 함께 나누는 공

---

6) Ibid., 267.

7) Ibid., 483. 실제로 공동체의 전형인 교회가 발생한 직후 초대 교회 교부들이 교회의 본질을 나타내기 위해 코이노니아를 '성도의 교제' (Communio Sanctrum)라는 이름으로 사용하였다. 그 이후 16세기에 와서 종교 개혁자들이 부패한 로마 가톨릭 교회에 대항하여 교회의 개혁과 초대 교회로의 회복을 희구하면서 교회를 '성도의 교제' 로 사용하기 시작하였다(김현진,『공동체 신학』,예영케뮤니케이션, 1999, 56).

8) Lewis J. Sherrill/이숙종,『기독교 교육의 발생』(대한기독교서회, 1994), 198.

동의 의지를 나타내었다.

초대 교회에서 형성된 신앙 공동체의 최초의 모형은 예루살렘 공동체이었다. 예루살렘 공동체는 예수님의 제자들을 포함한 백이십 명의 성도들과 그들의 전도로 회개한 만여 명의 구성원으로 형성되었다. 그들은 재산을 상호간 공유하며 상통하는 공동체 생활을 영위하였다. 그러나 그들은 일정하게 정해진 한 공간에 함께 모여 사는 집단적 형태가 아니라, 각자 자신들의 집에 거주하면서 성령의 역사로 자연스럽게 물질과 영적 교제를 나누었다. 그러한 모임이 예루살렘 도시 전체에 걸쳐 형성된 도시 공동체의 형태를 이루었으며, 예루살렘 공동체의 삶은 그 이후 모든 그리스도인의 공동체의 전형으로 발전하였다.[9]

최초의 신앙 공동체의 지향점은 그 구성원들이 한 공간에서 공동 생활을 함께 하든지, 혹은 다른 공간에서 살든지 간에 공동의 소유를 함께 나누며, 가난한 이웃을 돌보며, 병든 자들을 치유해 주는 공동의 삶을 영위하였다. 그들은 공동의 삶을 공동체의 정체성으로 삼고 내적으로는 정신적 · 영적 교제와, 그리고 외적으로는 사회에서 소외되고 고통당하는 이웃과 더불어 살아가는 삶을 실천하였다. 또한 구성원들은 상호 일체성을 가지고 모든 물건을 서로 공동 소유하였을 뿐만 아니라, 사회적 지위나 계층, 민족적 차이나 인종적 차별을 극복하고 사랑과 봉사와 섬김을 실천하는 사랑의 공동체였다. 초대 교회 공동체는 세상에서 하나님 나라의 아름다움과 그리스도의 한 몸 됨을 실제로 보여 주는 하나님 나라의 가시적 실재이며, 미래에 실현될 대안적 사회로서 신앙 공동체의 전형이 되어 왔다.

이와 같이 초대 교회는 모든 성도들이 성령의 역사를 체험한 후, 가치 있고 자유로운 공동체의 환경과 분위기에서 동등한 인격체들의 교제가

---

9) 김현진, 97.

교류되는 영적 공동체를 형성하게 된 것이다. 영적 공동체로서 초대 교회는 하나님의 주권 사상의 실현과 예수 그리스도와의 인격적 만남을 '성만찬'으로 구체화하기 시작하였다. 성만찬은 예수 그리스도의 인간 구원을 기억하는 그의 십자가 수난과 부활 사건의 구체적인 표현이었다. 신앙 공동체 전체가 참여하는 성만찬 의식을 통하여 성도들은 참다운 예수 그리스도의 사랑을 실천할 수 있었고, 그들 스스로 죄에서 멀리 떠나 회개와 용서와 화해의 기쁨을 경험할 수 있었다.[10] 그들은 개인과 신앙 공동체의 생활을 영위하기 위하여 예수 그리스도를 믿으며 고백하는 신앙의 도(道)와 윤리, 도덕적 생활을 실천하였다. 그들은 하나님의 말씀으로 성육하신 예수 그리스도의 실천적 생활을 그들의 신앙 생활과 도덕적 행위의 원형으로 간주하였다. 그러므로 초대 교회는 성만찬과 공동 식탁의 의식과 함께 예배를 통한 말씀 선포와 교육을 통한 자활, 자영, 자립하는 자율적인 신앙 공동체로 성장하게 된 것이다.

역사적으로 신앙 공동체는 하나님 나라의 사상을 중심으로 그 사상을 공유하고 있는 그리스도인들 사이에서 하나님의 통치가 현존하고 하나님의 뜻이 실천하는 과정에서 발전하여 왔다. 그 반대의 견해로 이미 신앙 공동체가 생성되어 있어서 그 중심에 하나님의 통치가 현존하며 하나님의 뜻이 성취되고 있었다.[11] 신앙 공동체의 발생에 관한 이와 같은 논란을 차치하더라도 신앙 공동체는 그 자체의 형성 과정에서 신앙의 발달과 신앙의 전승을 가장 본질적인 사명이자 실천적 과제로 삼고 있었다. 또한 신앙 공동체는 한 세대에서 다음 세대로, 그리고 한 지역에서 다른 지역으로 하나님의 구속의 이야기를 언어와 행위로 실천하면서 전승되어 왔다. 신앙 공동체는 이러한 실천적 과제를 통하여 그리스도인들에게 개

---

10) 고린도전서 15장 18절 이하; 5장 4-8절; 2장 5-11절.
11) Stanley J. Grenz, 52.

인의 정체성과 신앙의 가치와, 그리고 세계관의 형성을 위한 신앙 교육을 부단하게 수행하여 왔다. 신앙 공동체는 신앙 교육을 통하여 하나님의 실재와 활동, 하나님의 역사(役事)의 이해, 그리고 신앙 공동체의 역사적 생활과 전통을 전승하고 있다. 초대 교회의 전승을 위한 실천적 동기는 구성원들의 자연적 의지에 의해 자발적으로 함께 모여 다른 사람들을 먼저 복음을 가르치는 '교육' 을 통하여, 함께 '친교' 를 나누며, '말씀' 을 선포하고, 나아가서 소유를 함께 나누는 '봉사' 에서 출발하였다.[12]

한편 신앙 공동체는 세상에 하나님 나라의 실현을 위한 지고한 목적을 가지고 형성되었으며, 그 목적을 실현할 통전적 모티브와 질서 있는 원리를 보존하고 있었다. 이것은 신앙 공동체가 하나님의 영적 세계를 위한 신령한 생활과 인간적 세계를 위한 세속적 생활이 전적으로 분리되어 있지 않다는 것을 의미한다. 양자의 생활 사이에 화해와 조화를 이루기 위하여 그 중심에 신앙 공동체가 존재하고 있는 것이다. 신앙 공동체는, 이러한 의미에서, 하나님의 영적 생활과 인간의 세속적 생활을 연결하는 진실하고 자유로운 구속적인 공동체 생활을 영위하게 한다. 따라서 신앙 공동체는 공동체 생활에 의해 하나님의 속성과 특징이 제시되고 있으며, 동시에 부활하신 예수님을 따르는 그리스도인들과 함께 참된 공동체를 공유하고 있으며, 나아가서 성령을 통하여 공동체를 새롭게 변화시키며 모든 구성원들을 하나가 되는 상호 관계성을 구조화할 수 있다.[13]

3) 신앙 공동체의 특징

신앙 공동체의 중요성과 예언적 역사 의식은 일반적으로 초대 교회 공

---

12) 사도행전 2장 42-46절.
13) Ibid., 567.

동체의 전승에 의해서 구체적으로 알려지게 되었다. 초대 교회의 역사 의식은 하나님의 백성으로 부름 받은 그리스도인들이 하나님과 계약 (covenant)을 맺고, 일반 사회에서 세상 사람들을 구원하는 사명을 그 특징으로 이해할 수 있다. 여기에서 하나님과 백성과의 계약은 '예수 그리스도의 몸' 의 체현인 교회(ἐκκλησία)와 친교(κοινωνία)와 같은 어의(語義)로 표현되는 신앙 공동체의 기초적인 동의어로 이해할 수 있다.[14] 신앙 공동체를 구성하고 있는 그리스도인들은 교회의 실재인 '그리스도의 몸' 안에서 영적 친교의 실재를 은유적으로 표현되는 '코이노니아' 를 실천하고 있다.[15] 다시 말하면, '그리스도의 몸' 으로서 교회는 예수 그리스도 안에서 하나님의 생명을 함께 나누고 있는 영적 교제의 속성을 나타낸다. 신앙 공동체에서 그리스도인들이 예수 그리스도를 중심으로 영적 교제를 나누는 코이노니아의 실천은 초대 교회 공동체에서 현대 교회에 이르기까지 선승하여 온 고유한 기본적 속성인 것이다.[16]

초대 교회의 발생에서 그 기원을 발견할 수 있는 신앙 공동체는 다음과 같이 몇 가지 중요한 특징을 나타내고 있다. 첫째, 신앙 공동체는 세상에서 그리스도의 현존을 체험할 수 있는 영적 교제를 창출하는 실재이다. 미국의 교육신학자인 토마스 H. 그룸(Thomas H. Groome)은 신앙 공동체의 실재인 코이노니아를 '함께 나눔의 실천' (shared praxis)으로 재해석하면서 이러한 접근은 구성원들의 하나님과의 상호 교제와 적극적 참여와 대화로 제시하고 있다. 하나님과의 교제와 참여와 대화의 과정을 실천하는 신앙 공동체의 존재 이유는 구성원들이 급진적으로 영적 교제를 맺을 수 있는 신앙의 정체성을 전달하는 교육적 사명을 수행하는 일이

---

14) Paul Lehmann, *Ethics in a Christian Context*(New York: Harper &Row, 1963), 47.
15) Cf. 고전 12장; 벧전 1장 10-12; 2장 4-10 참조.
16) T. M. Lindsay, *The Church and the Ministry in the Early Centuries*(New York: George H. Doran Co., 1902), 10

다. 여기에서 신앙 공동체의 영적 교제로 이해되는 코이노니아는 교회 밖 세상과의 관계를 단절하는 '갇혀진 문'으로서 세계 도피적인 위험성을 내포하고 있는 것이 아니라, 하나님과 세계 사이의 관계를 공개하는 '프락시스'이며 프락시스 안에 현존하는 세계 선교와 구속에 참여하는 것을 의미하는 것이다.[17]

둘째, 신앙 공동체는 '종교적 사회화'(religious socialization), 혹은 '신앙의 문화화'(faith-enculturation)를 통하여 신앙의 성장을 촉진할 수 있다. 신앙 공동체의 생명은 하나님의 백성인 그리스도인들로 하여금 공동의 기억을 가지게 하여 공동의 전통과 이해, 그리고 공동의 목적과 삶을 함께 나누는 자리를 공유하고 있다. 신앙 공동체의 생명력은 '예배 의식'과 '경험'과 '행위' 등의 생활을 통하여 활성화될 수 있기 때문에, 이러한 과정에서 개인의 신앙 성장을 위한 신앙의 문화화 현상이 발생하게 된다.[18] 그리고 신앙 공동체의 실재인 영적 교제를 통하여 공동체 내적으로는 개인의 신앙의 성장과 성숙한 인간성을, 그리고 외적으로는 신앙의 행위를 실천하며 세속 사회와 관계를 유지하게 된다. 따라서 신앙 공동체인 교회는 세상을 위하여 예수 그리스도의 사역을 실천함으로써 성숙한 신앙적 삶을 영위할 수 있으며, 동시에 하나님과 세상을 화해시킬 수 있는 온전한 그리스도의 사역을 대행할 수 있다.

실제로, 신앙의 문화화는 가정, 교회, 학교. 사회와의 상호 관계에서 수행되어야 한다.[19] 가정과 교회, 그리고 학교와 사회는 한 개인의 신앙을 성장시킬 수 있는 신앙의 매개자로서 성숙한 신앙을 소유할 수 있도록 상

---

17) Thomas H. Groome, *Christian Religious Education: Sharing Our Story and Vision* (San Francisco: Harper & Row, Publishing, 1980), 199-201.

18) John Westerhoff III, and Neville, *Generation*(Philadelphia: United Church Press, 1970), 39.

19) George Albert Coe는 아동의 신앙 성장을 돕는 사명을 수행하는 기관, 가정, 교회, 학교, 사회 등을 교사의 개념으로 이해하고 있다(George Albert Coe, *Social Theory of Religious Education*, New York: Charles Scribner's Son, 1904, 85).

호 긴밀한 관계성을 유지해야 한다. 특히 기독교 대학은 학생들의 학문적 생활뿐만 아니라, 그들의 신앙 여정을 함께 하는 지속적인 관심과 책임성을 공유하여야 한다. 대학생들의 대부분의 시간을 학교 캠퍼스와 학우들과의 관계를 통하여 보내고 있는 그들에게 신앙적으로 성장할 수 있는 신앙적 분위기와 모든 자원들을 제공하여야 한다. 동시에 기독교 대학은 신앙 공동체로서 학생들의 신앙 지도를 담당하고 있는 교사의 기능과 역할을 수행해야 할 또 다른 책임성을 이해해야 한다. 기독교 대학은 신앙의 교사로서의 학생들의 신앙 교육을 원활하게 수행할 수 있도록 신앙 교육의 지도적 원리와 방법을 개발하여 잘 활용해야 한다. 무엇보다, 기독교 대학은 학생들-그들이 기독교인이건 혹은 비 기독교인이건 간에-이 성숙한 신앙을 소유할 때까지 신앙의 모범이나 실례가 되어야 한다. 교사가 겸비해야 할 모범과 실례는 신앙의 원형(原型)이 되는 하나님, 예수 그리스도, 성령의 특성과 활동을 가장 잘 제시해 주며 실천하여야 한다. 인간은 누구든지 천성적으로 모방의 능력이 있기 때문에, 앞에 제시되는 모범이나 실례에 의하여 신앙의 원형을 이해하고 닮아가기 때문이다.[20]

셋째, 신앙 공동체는 구성원의 공유성(commonality)의 특징을 나타내고 있다. 신앙 공동체의 공유성은 월터 부르게만(W. Brueggemann)의 언급한 대로, 모든 사람은 단일한 가족의 자녀이며, 한 단일한 족속의 성원이며, 단일한 희망의 상속자이고, 단일한 운명을 지닌 사람들로 이해한다. 그에 의하면, 신앙 공동체의 공유성은 모든 성서적인 비전들의 가장 기본적 뿌리로서 모든 창조물은 하나이며, 다른 피조물과 더불어 공동체 안에 있는 모든 구성원들은 다른 피조물의 기쁨과 안녕을 바라며 조화와

---

20) John Amos Comenius, *The School of Infancy*, ed. by Ernest M. Eller (Chapel Hill: The University of North Carolina Press, 1956), 101.

안전 가운데 살고 있다는 것을 의미한다. 신앙 공동체의 공유성은 '공동체적 인격'에 대한 어반 홈즈(Urban Holmes)의 서술에서 인용한 것으로서, 공동체적인 인격 안에서 개인은 공동체를 구현하고, 공동체는 개인에 대한 책임을 가지고 있다. 이러한 정의에 근거하여 사람이란 별개의 개인이 아니고, 공동체의 구성원으로 존재하게 된다.[21]

넷째, 신앙 공동체는 그 자체의 독특한 유산인 신앙을 전달하기 위한 교육적 기능으로 존속하고 있다. 초대 교회의 교부들, 특히 알렉산더의 클레멘트(Clement of Alexander)는 그 당시 헬레니즘의 영향을 받고 신앙 공동체의 교육적 사명을 강조하였을 때, 예수 그리스도를 '신령한 안내자', 혹은 '교사'(paidagogos)가 됨을 발견하였다. 초대 교회 공동체의 중요한 교육적 관심은 복음서에서 예수 그리스도가 스스로 자신을 '교사'[22]로 불렀던 사실에서 강조되어 왔다. 클레멘트는 현대 교육 신학자들과 마찬가지로, 신앙에 지식의 본질이 포함되어 있다고 믿었기 때문에, 신앙(pistis)과 지성적 지식(gnosis)과의 종합에 깊은 관심을 가지고 있었다.[23] 초대 교회 그리스도인들은 신앙 공동체의 교육의 영향으로 일상 생활을 통해 자비와 자선을 베풀며 항상 감사한 마음으로 예배를 비롯한 다양한 의식과 축제에 참여하였으며, 나아가서 철저하게 신앙을 전승하는 사명에 헌신하였다. 뿐만 아니라, 그들은 교육적 사명으로 유대인을 비롯한 이방인들에게 복음의 메시지를 가르치며 전달하여 사랑과 회개와 희생의 정신으로 '그리스도를 본받는'(imitatio Chrisiti) 철저한 의식화 교

---

21) Charles Foster, *Teaching in the Community of Faith*(Nashville: Abingdon Press, 1982), 25-28.
22) 교사"(teacher)를 The King James Version에서는 "Master"로 사용하였고, 히브어로" Magister"를 의미하는 "Rabbi"로, 그리고 희랍어로 "didaskalos"로 번역되었다 (Robert Ulich, *A History of Religious Education*(New York: New York University Press, 1968), 50.
23) 신앙은 본질의 포괄적 지식이며, 그리고 지식은 신앙에 의해 수용되는 것의 강하고 확실한 표현이다. 예수님의 교훈에 의해 신앙위에 세워진 지식은 영혼을 무오성과 학문과의 이해로 나타낸다"(Ibid, 39).

육을 수행하였다.

2. 신앙 공동체의 교육

신앙 공동체의 교육을 통하여 그리스도인들의 신앙이 전달되고 실천하는 다양한 일상생활의 현장에서 기독교 신앙을 끊임없이 고백하고 진술하며, 점검하고 재형성하는 과정을 경험하게 된다. 그리스도인들의 이러한 삶의 순환적 과정에서 신앙의 절대적 가치에 근거한 새로운 인간 의식이 형성되는 것이다. 새로운 인간 의식은 그리스도인들로 하여금 현대 사회에서 자기 자신과 신앙 공동체 양자를 항상 새롭게 개혁하게 할 뿐만 아니라, 그들이 살아가야 할 세속 사회와 문화에 새로운 힘과 에너지를 제공하여 선하고 긍정적인 '삶의 방식'을 결정할 수 있게 한다. 여기에서 우리는 신앙 공동체의 교육적 사명의 다른 차원을 발견할 수 있다. 신앙 공동체의 교육은, 그 본래적 사명인 신앙의 전달과 양육 이외에도, 구성원인 그리스도인들에게 현대 사회를 살아갈 새로운 가치관과 세계관을 정립할 의식화 교육과 병행되어야 한다는 것이다. 다시 말하면, 신앙 공동체의 교육적 사명은 신앙의 절대적 가치를 강조하여 왔던 고유한 신앙교육과 함께 인간 의식의 변화를 위한 의식화 교육과 밀접한 상관 관계가 있다는 사실을 알 수 있다.

1) 현대인의 의식

인간의 보편적 속성 중에서 가장 고귀한 것은 인간의 의식이며, 그것은 인간 자신을 가장 인간답게, 그리고 가장 창조적으로 표현하는 가치를 형성하고 있다. 인간은 여러 가지 측면에서 다른 생명체와 공통된 점이 있지만, 인간의 의식은 스스로 행동하고 경험하는 모든 일에 있어서 인간을 더욱 역동적으로 변화하며 진보하게 하는 생명력을 제공한다. 그리고 인간 의식의 가장 심원한 원천은 제일차적 삶의 환경을 제공하고 있는 자연이기 때문에, 인간의 보다 향상된 생활을 영위하기 위하여 자신과 일치되는 모든 자연 생명의 원리들을 발견하는 것이 매우 중요하다. 이러한 인간의 삶의 환경에서 변화되는 인간의 의식을 새롭고 창조적인 가치로 형성하게 하는 중요한 수단과 매개는 인간을 인간되게 하는 교육에 달려 있는 것이다.

일반적으로, 인간의 의식은 개인이 삶을 영위해 가는 전체적인 결합 구조로서 이것은 개인의 전체적 현실 인식과 전체적 세계관을 구성하고 있다. 인간의 의식은 대체로 사회적 배경과 영향에 의해 결정되기 때문에, 일정한 사회 공동체를 배경으로 교육을 받은 대부분의 사람들이 비슷한 의식을 가지고 있으며, 그것은 또한 동일한 사회적 배경과 경험, 사회적 역할과 교육, 직관과 가치, 그리고 개인의 정서와 생활관 등이 포함되어 있다. 따라서 인간의 의식은 특정한 사회 공동체의 경제 문화의 발전과 영향에 따라서 변화되며, 한편 의식의 변화에 의하여 사회 공동체가 변천되어 가는 순환적 관계를 나타내고 있다. 현대 사회의 변화도 그 변화의 과정에서 나타난 인간의 의식의 변화와, 그리고 의식의 변화의 과정에서 나타난 사회적 환경의 변화와 밀접한 관계가 있다.

인식론의 관점에서 의식은 인간이 삶의 현장에서 경험하고 있는 대상들을 인식하는 것으로부터 형성되어진다. 인간이 경험하고 있는 대상들의 지식과 의미와 진리가 경험적인 삶의 세계에 근거하고 있기 때문에, 여기에서 인간의 의식은 먼저 지각(知覺)에 의한 상상과 언어와 같은 성찰적 행위를 통하여 현상계와 조우하게 된다. 경험하는 대상들의 지식과 진리는 일차적으로 알려진 객체들이나, 혹은 알고 있는 주체들에 의한 것이 아니라, 현상계와 인간 자신의 의식 사이의 관계성에서 발견된다.

따라서 인간의 의식은 항상 그것이 관계하는 있는 것의 의식이며, 의식의 관계는 그것이 존재의 현상과 관계할 때에 인간의 내적 구조에 따라 의미와 가치를 제시하게 된다. 인간의 의식은 단순하게 개인마다 대상을 지각하기를 원하는 것이나, 혹은 다른 사람들이 무엇을 지각하기를 원하고 있는 것보다, 실제로 의식 자체가 무엇을 지각하고 있는가, 혹은 그것을 어떻게 지각하는가를 스스로 관찰하게 된다. 따라서 인간의 의식은 외부의 아무런 영향을 받지 않고 작용하고 있으며, 아무런 전망이 없이 현상계와 조우할 때, 본질적이며 확실한 현상의 의미를 알 수 있게 된다.[24]

현대인은 본래적인 인간의 동기나 선량한 의도에 대해 매우 냉소적이기 때문에, 인간이 더 이상 향상될 수 있다는 사실에 대해 매우 회의적인 경향을 나타내고 있다. 그것은 지금까지 현대인이 인간의 최상의 가치와 속성을 이성(理性)으로 확신하면서, 곧 이성이 모든 세계를 지배하는 것으로 기대해 왔기 때문이다. 그러나 현대인은 이성에 의해 만들어 내는 제도와 기술과 상품이 참된 현실 세계를 구성한다고 주장하고 있지만, 다른 한편으로 실제적 삶의 경험에 의해 이성적 산물인 사회적 제도나 기계 기술의 체계를 허구에 불과하다는 회의(懷疑)를 가지게 되었다. 그들은 인간의 주체성을 비현실적인 것으로 간주하면서, 사회 제도와 규범에 의한 결정보다 개인의 감정을, 미래의 합리적 목표보다 목전의 현실을 더욱 신뢰하는 경향을 나타내게 되었다. 다시 말하면, 지금까지 개인의 선(善)을 중요시했던 태도에서 개인은 공공의 선을 위해서 희생해야 하며, 또한 사회적 관점에서, 개인의 성공의 저변에는 인간을 추락시키고 비인간화하는 함정이 도사리고 있다는 의식을 가지게 되었다.

---

24) Thomas H. Groome, *Sharing Faith: A Comprehensive Approach to Religious Education & Pastoral Ministry*(San Francisco: Harper & Row,1991), 74.

미국의 예일 대학교 교수였던 사회학자인 찰스 A. 라이흐(Charles A. Reich)는 그의 저서, *The Greening of America*에서 사회 경제적 발전에 근거하여 인간의 의식의 변화 과정을 체계적으로 연구하여 제시하고 있다. 그는 현대 사회에서 발생하고 있는 다양한 문제점과 그 부작용을 분석하면서 도래 할 미래 세대의 특징과 새로운 인간의 의식을 제시하고 있다. 실제로 21세기 후기 정보화 사회에서 현대인이 경험하고 있는 인간의 의식은 현대 기계 기술의 산물인 디지털 문화의 영향으로 탈전통적(beyond traditional), 혹은 탈인습적(beyond conventional) 의식 구조를 형성하고 있다. 예를 들면, 정보화 기술과 디지털 문화에 예민하게 반응을 보이며 그것을 무분별하게 답습하고 있는 대학생들의 의식의 형성과 그 체계는 그들의 현재 생활의 만족도와 미래 생활을 예측하는 정도를 나타내고 있다. 대학생들은 그들이 경험하는 삶의 현장에서 형성된 새로운 의식에 의하여 현재 생활에 적응해 갈 '인간적' 삶의 의미가 무엇인가를 부단하게 추구하고 있으며. 그와 같은 수없는 삶의 질문들을 통해 자신들의 의식 구조를 형성해 가고 있다.[25]

여기에서 후기 정보화 사회에 살고 있는 현대인의 의식 구조의 제일차적 특징은 해방이며, 그것은 개인이 전통적 산업화 사회가 강요하는 허위의식과 현재 소외되고 강요된 노동으로부터 해방을 의미한다.[26] 그것은 또한 고도의 산업화로 인한 인간 생활의 비합리성, 비인간화, 폭력과 전쟁들의 문제를 합리적으로 해결하기 위한 인간 이성의 해방을 지향하고 있다. 그것은 보다 고상한 인간다운 생활을 영위하기 위해 모든 사람

---

25) Charles A. Reich, *The Greening of America*(New York: A National General Company, 1970), 4.
26) Charles A. Reich는 현대인이 노동으로부터의 해방의 단계를, 첫째, 탈 제도화(de-institutionalization), 둘째, 탈소외화(de-alienation), 셋째, 탈 전문화(de-specialization)의 과정으로 제시하고 있다(Ibid., 401-406).

들이 기계의 속박으로부터 벗어나 기계가 인간에게 예속되는 시대의 창조를 기대하고 있다. 다시 말하여, '탈기계적 가치'가 형성된 사회에서 기계가 인간을 지배하고 통치하는 대신에, 기계 기술의 통제에서 인간의 해방을, '탈정치적 사회'에서 정치 제도와 관행의 개혁을, 그리고 '탈경제적 사회'에서 소유의 평등성과 생산의 공동 분배를 지향하고 있다.

따라서 후기 정보화 사회의 의식은 사회의 공공 이익과 제도를 기본적 현실로 받아들이는 산업 사회의 의식과는 대조적으로 자아를 유일한 참된 현실로 선언하고 있다. 자아로부터 출발한다는 것은 이기적인 개인주의를 의미할 수 도 있지만, 기본적인 인간 생활과 인간 밖의 자연 세계를 기반으로 하는 가치 체계를 의미한다. 그리고 그것은 모든 인간 존재의 절대적 가치를 중시하면서 산업 사회의 병폐인 생존권을 위한 경쟁을 강하게 비판하며 배격한다. 그러므로 새로운 의식의 본질은 인간의 자아의 회복을 중시하고 있기 때문에, 현대 사회의 대학생들은 그들이 성장해 왔던 부모와 가족의 세계로부터, 학교교육의 폐해와 속박으로부터, 그리고 역할, 직업, 징병의 무거운 요구들로부터 자아를 회복하려는 과정에서 씨름하고 있는 것이다.

2) 의식화 교육

인간의 의식을 변화하며 성장시켜 주는 일반적 힘은 인간이 태어나서 죽을 때까지 경험해야 할 교육에 있다는 사실을 간과할 수 없다. 교육은 실제적으로 모든 사람들이 새로운 의식을 정립하여 참된 생활을 영위하는 방법과 기술을 제공하는 안내자가 된다. 참된 생활의 기술이란 실제로 인간이 경험하고 있는 생활 환경의 변화에 적응하여 생동하는 잠재력의 계발과 다양한 활동을 표현하며 성취하는 예술이다. 물론 교육에 의해서만이 새로운 의식으로 변화되는 것은 아니지만, 현대 사회에서 교육은 새로운 정보와 가치를 접하게 하는 안내자가 되기 때문에, 실제로, 인간 의식의 변화에 지대한 영향을 주고 있는 것이 사실이다. 현대인이 수용하여 실천해야 교육은 새로운 의식의 변화를 위한 '의식화 교육'이어야 한다. 의식화 교육은 새로운 의식의 내용과 가치를 다시 인간의 정신 세계에 내면화하는 과정을 의미한다. 그것은 또한 인간의 내면적 능력의 계속적 확대를 표현하며 사람들과의 연대의식, 균형 잡힌 종교적, 도덕적, 심미적 가치와 질서를 내면화하여 내적 종교성과 외형적 도덕성과의 조화를 유지하게 하는 과정이다.

동시에, 의식화 교육은 신앙 공동체의 가치와 관행을 의식에 내면화하여 생활의 다양한 영역들을 섬세하게 전달하며 해석하는 공동체의 중요한 활동이다. 그리고 신앙 공동체 내에서 의식화 교육은 과거의 사건들을 공개하며, 그 사건들의 의미를 현재의 정황에서 구체화하여 미래의 행로에 관한 새로운 결단을 제시하는 역사적 활동이다.[27] 그러므로 의식화 교육은 보다 향상된 세계와 신앙 공동체의 건설을 약속하는 영속적이며 유토피아적 특성을 가지고 있다. 이러한 신앙 공동체의 의식화 교육은 대학생들에게 현대의 문화적 정황에서 새로운 의식을 정립하고, 그들의 생활 속에서 자아 정체성과 소속감을 회복할 새로운 이정표와 목적의식을 제시할 수 있는 것이다.

미국 콜롬비아 대학의 교수인 맥신 그린(Maxine Greene)에 의하면, 인간 의식의 변화를 위한 교육은 공동체적인 활동이 되어야 한다. 그녀는 교육이란 항상 공동체를 위하여 공동체 내에서 발생하며 공동체의 교육은 그 공동체의 특징적인 태도와 믿음과 기술과 가치들을 내면화시키는

---

27) Lewis J. Sherrill 은 신앙 공동체의 교육을 하나님을 믿는 신앙을 전달하는 사명이라고 언급하고 있다. "생명력이 있는 기독교 신앙과 분리된" 기독교 교육 "은 단지 가벼운 소리를 내는 금관악기에 불과하며 아무런 감동을 주지 않는 꽹과리에 지나지 않는다는 것이 일반화되었다"(Lewis J. Sherrill 15).

정도에 의존한다는 사실로 이해하였다. 예를 들면, 예수님의 교훈은 역사적 유대주의에 의해 형성되어 공동체의 유산에 깊이 뿌리 박혀 있기 때문에, 모든 사람의 미래에 특징적인 공헌을 할 수 있는 잠재력을 가진 태도와 믿음과 가치관을 전하려고 노력하였다. 결국 신앙 공동체의 교육은 항상 공동체 중심적인 약속과 가치에 대한 신실성에 의해 평가되고, 그것을 통하여 공동체의 정체성을 이해하며 구성원의 의식의 변화를 지향하는 중심적 과제가 된다.[28]

신앙 공동체에서 구성원의 의식 변화는 신앙 공동체의 특별한 정황에서 발생하며, 이러한 변화는 신앙 공동체 내에서 복음에 응답하여 예수 그리스도와 연합하는 사건에서 발생한다. 신앙 공동체의 구성원은 예수 그리스도의 복음에 응답함으로써 물질적인 것에서 정신적인 것으로, 세속적인 것에서 신령한 것으로, 인간적인 것에서 하나님의 것으로, 그리고 옛 것에서 새로운 것의 변화에 참여하게 된다. 실제로, 신앙 공동체는 구성원들이 경험하고 있는 사회 정황의 새로운 해석과 의미를 제공하며, 또한 그들의 개인적 영감과 하나님의 목적을 구체화하기를 추구하도록 초대한다. 따라서 신앙 공동체는 구성원들에게 하나님과 예수 그리스도의 궁극적 의미와 사상들을 전달하는 광범위하고 초월적인 공동체의 이야기와 비전(story/vision)을 제시하며, 반대로 신앙 공동체의 이야기와 비전은 구성원들의 개인적 이야기와 비전을 재해석하고 새로운 방향을 암시한다.[29]

현대 교육 사상가들은 신앙 공동체에서 구성원들의 의식 변화를 위한

---

28) Charles Foster. 142-144.

29) 공동체의 이야기와 비전(story/vision)과 개인의 이야기와 비전(story/vision)과의 구체적인 논의를 위해 Thomas H. Groome의 *Christian Religious Education: Sharing Our Story and Vision*(San Francisco: Harper & Row, Publishing, 1980),191-195와 *Sharing Faith: A Comprehensive Approach to Religious Education & Pastoral Ministry*(San Francisco :Harper, 1991),249-265를 참조하시오.

교육의 새로운 방법과 그 가치를 구체적으로 제시하고 있다. 그들은 현대인들이 참여하고 있는 신앙 공동체의 기초적 전망과 일치하는 의식의 변화를 위한 교육에 지대한 관심을 나타내고 있다. 따라서 의식의 변화는 그들에게 특별한 가치 체계를 제공하는 신앙 공동체와 조화를 이룰 때, 그리고 현대 사회에서 그들의 존재 가치와 실존적 문제의 이해를 수용할 때 발생한다. 다시 말하면, 현대 사회에 살고 있는 모든 사람들로 하여금 그 자체의 구속 이야기와 역사와 전통에 과감하게 대면하게 할 때, 신앙 공동체는 그들에게 새로운 가치관과 세계관의 형성을 위한 의식 변화를 경험하도록 지도할 수 있는 것이다.

브라질의 교육 철학자인 파울로 프레이어(Paulo Freire)[30]는 개인의 의식 변화는 교육을 통한 의식화에 의하여 가능하다는 사실을 강조하고 있다. 의식화란 인간으로 하여금 책임적인 주체로서 역사적 과정에 참여하도록 촉진하는 과정이자 실재를 향한 인간의 비판적 행위로서 여기에서 이루어지는 영속적인 변화의 과정을 의미한다. 다시 말하면, 의식화는 인간이 당면하고 있는 사회 환경의 문제를 변혁하려는 의도성으로서 그 것은 곧 비판적 의도성을 형성하는 교육에 의하여 수행된다.

미국의 교육 신학자인 토마스 H. 그룸(Thomas H. Groome)은 의식화를 촉진하는 유일한 방법으로 '사회화의 과정'을 제시하고 있다. 사회화의 과정은 한 세대가 생에 대한 이해와 생활 양식을 유지하고 전달하여 특수

---

30) 파울로 프레어는 1920년에 브라질 리치페(Ricife)에서 태어났으며, 1947년에 브라질 동북 지역에서 성인 문맹들을 위한 교육에 착수하여 의식화(意識化) 교육 방법을 발전시켰다. 1964년 그는 리치페 대학교에서 교육사와 교육 철학 교수로 봉직하다가 군사 혁명으로 투옥하였다. 1969-1970년 사이에 미국 하버드 대학교 교환 교수로 연구하였으며, 1970년 이후 제네바에 있는 세계교회협의회(WCC)의 교육부 특별 자문으로 활동하고 있다. 그는 다양한 저서를 저술하였으며, 그 중 대표적인 것으로 *Cultural Action for Freedom* (Massachusetts: Harvard University Press, 1970), *Pedagogy of the Oppressed* (New York: Herder and Herder, 1971) *Education for Critical Consciousness* (New York: A Continuum Book, Seabury Press, 1973) 등이다.

한 가치들과 책임 있는 신앙 공동체의 역할을 구성원들에게 주입하는 단계에서 출발한다. 그 후에 그들은 자신의 독특한 사고와 감정과 행동 양식을 가지고 신앙 공동체의 생활에 참여하여 형식적인, 혹은 비형식적인 방법으로 '자아 정체성' 을 형성하도록 돕는다.[31] 자아 정체성은 신앙 공동체의 구성원들이 소유하고 있는 자아상, 세계관, 가치 체계에 대한 연속적이며 안정된 의식을 의미한다. 그리고 자아 정체성은 안정된 대중 집단의 전체적 정신을 의미하는 사회 문화 환경에서 생성되며, 따라서 사회화란 그러한 정신 속으로 유입(流入)되어지는 과정인 것이다.[32] 프랑스의 종교 사회학자인 에밀 뒤르껭(Emil Durkheim)도 '사회화' 란 사회적 가치, 사회적 동질성, 사회적 존속을 수용하는 개인과 사회와의 통합 과정으로 이해하고, 이것을 곧 의식화 교육의 중요한 기능으로 간주하고 있다. 왜냐하면, 사회란 개인의 객관화된 실재이며 사회의 집단 의식이 개인 의식의 형성에 영향을 주는 변증적 관계가 되기 때문이다.[33]

한편, 존 웨스터호프 3세(John Westerhoff III)는 인간의 의식화를 위한 신앙 교육의 구조와 형식을 '종교적 사회화', 혹은 '신앙의 문화화' 로 제시하고 있다. 현대 사회의 그리스도인들은 신앙 공동체의 다양한 그룹 활동을 통하여 생각-느낌, 공동적 자아가 신앙에로 양육되는 경험을 하

---

31) 신앙 공동체의 의식화 교육을 정립한 Thomas H. Groome은 John WesterhoffIII)가 사용한 '자아' (self)와 ' 정체성 '(identity)의 두 단어를 '사회화' (socialization)를 정의하는 중요한 용어로 사용하고 있다. '자아' 란 한 개인과 관계있는 세 가지 특색인 자아상(self image) 세계관(world view), 가치 체계(value system)를 포함하며,' 정체성 '(identity)은 개인이 스스로 소유하고 있는 연속성 (continuity)과 동일성(sameness)의 경험이다 (Thomas H. Groome의 *Christian Religious Education: Sharing Our Story and Vision*(San Francisco: Harper & Row, Publishing,1980), 115.

32) Ibid., 109, 110.

33) Emil Durkheim, *Education and Sociology*(Glencoe III: Free Press, 1956). 한편 Harvard 대학의 교육사회학자인 Talcott Parsons도 Durkheim과 의견을 같이하고 있다(Talcott Parsons, "The School as a Social System: Some of its Function in American Society," *Harvard Educational Review* 29, 1957), 299.

게 되며, 동시에, 하나님에 대한 신앙 공동체의 증언을 위한 준비를 하게
된다. 예를 들면, 신앙의 문화화의 장인 신앙 공동체 내에서 다양한 소그
룹을 통하여 발생하는 신앙의 성장과 경험이 실제적 삶의 현장인 사회,
가정, 학교, 직장에까지 전이되어 확대될 수 있고, 그 자리에서도 또 다른
신앙의 문화화의 영향을 줄 수 있는 것이다.

여기에서 존 웨스터호프 3세가 제시하고 있는 '종교적 사회화', 혹은
'신앙의 문화화'의 구조를 기독교 대학의 의식화를 위한 교육의 모형으
로 적용할 수 있을 것이다. 현대 사회의 기독교 대학에서 미래의 꿈과 비
전을 키워가고 있는 대학생들의 생활의 장이자 신앙 공동체인 가정과 교
회, 그리고 대학과의 상호 관계성에서 그들의 의식의 구조와 가치 체계
를 변화시킬 수 있다. 왜냐하면, 가정과 교회, 그리고 기독교 대학은 상호
긴밀한 관계성을 통하여 한 개인의 의식을 변화시킬 수 있는 매개자로서
부단히 개인의 생의 여정을 함께 하는 지속적인 관심과 책임성을 공유하
고 있기 때문이다. 실제로, 신앙 공동체인 가정과 교회는 각 개인에게 성
숙한 신앙으로 성장할 때 까지 '신앙의 의식화'를 위한 신앙 교육의 모체
가 되어 왔다. 뿐만 아니라 기독교 대학도 대학생들의 신앙의 자각과 수
용을 위한 교육 환경과 신앙 교육을 통하여 가정과 교회에서 신앙의 기본
적 원형으로 제시되어 온 하나님, 예수 그리스도, 성령의 속성과 역사(役
事)를 체계적으로 의식화할 수 있는 기회를 제공할 수 있을 것이다.

3) 새로운 인간 의식

신앙 공동체는 그 발생과 함께 신앙 교육을 통하여 구성원들에게 기독
교 신앙을 전수하며 배양하는 일차적 사명을 수행하고 있다. 신앙 공동
체는 동시에 각 구성원에게 기독교 신앙을 중심으로 새로운 의식을 형성
하는 신앙의 의식화를 강조하고 있다. 기독교의 신앙 교육으로 형성되는

새로운 의식은 전적으로 물질적이며 감각적인 것에서, 비물질적이며 이성적이며 영적인 속성을 포함하는 의식 구조를 의미한다. 새로운 의식은 현대의 기계 기술과 물질 문화에서 박탈당한 현대인의 영성의 사명, 감정의 상실, 모든 정신적 경험을 회복하는 지고한 정신 문화를 추구하는 의식이다. 새로운 의식은 또한 현대 사회에서 과학 기술의 산물인 디지털 문화와 사이버 세계를 초월하여 그것을 인간 생존의 결정적인 요소로서가 아니라, 오히려 인간의 생존을 위한 필수적 도구로 환원하는 것을 기대한다. 물론 새로운 의식은 기계 기술의 거부와 파괴를 원하는 반기술적 의식이라기보다, 오히려 현대인이 그 자신의 본성과 그 자체의 일부가 되는 자연의 질서를 이해하고 존중하며 살아가는 새로운 생활 패턴을 형성해가는 기초가 되는 것이다.

찰스 A. 라이흐은 '새로운 의식'을 현대 사회의 구조를 혁신하며 동시에 인간성을 개조히는 보다 고싱하고 초월적인 이성(reason)의 형태로 정의하고 있다.[34] 그의 견해와 마찬가지로, 신앙 공동체에서 생성되는 새로운 의식도 인간의 자기이해와 타자의 존중, 그리고 자연과 하나님과의 관계성을 위한 도덕적, 종교적, 예술적 가치들의 혁신적 기반으로 제공되어야 한다. 여기에서 제기되는 중요한 문제는 신앙 공동체에 의해 형성되는 새로운 의식은 현대 사회에서 인간성의 회복을 위한 사회적 합의(合意)로 수용되어야 한다는 사실이다. 사회적 합의에 의해 수용되어야 할 새로운 의식은, 그것이 비록 신앙 공동체라는 특정한 집단에서 생성된 것이지만, 실제로 현대 대학 교육의 부정적 병리 형상인 과다한 경쟁 의식과 분열, 양극화된 집단 의식, 극도의 자기중심적인 사고 방식, 사회 조직의 관료화와 획일성, 그리고 기계 기술에 의한 퇴폐적인 감각적 문화를 극복할 수 있는 개혁적 동력으로 제시되어야 할 가치가 있는 것이다.

---

34) Charles Reich, 18.

첫째, 새로운 의식은 새로운 도덕성을 포함하여야 한다. 인간의 도덕성은 한 개인이 태어나서 생의 전 과정을 통하여 경험하고 있는 의식화 교육에 있다는 사실을 간과할 수 없다. 물론 교육에 의해서만이 새로운 도덕성의 변화에 도달하는 것은 아니지만, 교육은 새로운 정보와 가치를 접하게 하는 수단이 되기 때문에, 인간 의식과 도덕성의 변화에 지대한 영향을 줄 수 있다. 현대 사회의 대학생들이 수용하여 실천해야 새로운 도덕성의 핵심은 종교와 종교적 영성을 그들의 정신 세계에 내면화하여 다른 사람들과의 연대 의식, 균형 잡힌 도덕적 심미적 가치와 질서의 조화를 유지하는 것이다. 새로운 도덕성은 전적으로 물질적 목표로부터 비물질적인 것을 포함하는 인간의 영적 기능의 실현을 의미한다. 그것은 현대인, 특히 젊은 대학생들이 박탈당한 영성의 사명, 감정의 상실, 모든 새로운 경험이 배제된 생활을 영위하는 물질적 노예 상태로부터 해방을 촉구하는 내면 세계의 각성을 의미한다.

둘째, 새로운 의식은 현대인의 굴절된 개인 의식으로부터 초월하는 가치 체계가 되어야 한다. 그것은 현대의 정보화 사회에 의해 고착된 제한성, 다시 말하면, 지식과 정보에 의해서만이 형성된 타의적 의식으로부터 보다 선하고 고귀한 가치를 추구하는 개인의 '의식 혁명'(revolution of consciousness)을 의미한다. 의식 혁명은 의식 변화와 새로운 머리와 새로운 생활 방법, 그리고 새로운 인간과 동일한 의미를 가지고 있다. 따라서 의식 혁명은 후기 정보화 사회에서 이미 태동하고 있는 과학 및 정보화 기술의 혁신과 함께 인간성의 개조와 일치를 나타낸다. 다시 말하면, 새로운 의식에 의한 의식 혁명은 인간의 내면 세계에서 신령한 속성을 개방하여 물질 세계로부터 자기 극복과, 나아가서 인간 자신이 내재하고 있는 신령한 원리와 영적인 속성을 자유롭게 표현하는 새로운 인간화를 추구한다.[35] 따라서 의식 혁명에 의해서 서서히 태동하기 시작하는 새로운 의식은 보다 높고 초월적인 이성의 형태를 표현하고 있으며, 이러한 초월적 이성이 현재 점점 광범위하게 신세대 대학생들에게 확산되어야 할 것이다.

인간 의식의 변화를 위한 새로운 교육의 과제는 현재 학교 교육이 지향하고 있는 기계 기술자와 같은 기능인을 양성하는 훈련이라는 좁은 의미에 국한되지 않고, 인간성을 계발하고, 새로운 가치를 형성시켜주는 가장 보편적이며 가장 인본주의적인 의미를 포함하는 교육일 것이다.[36] 여기에서 현대 사회가 관심을 집중해야 할 중요한 과제는 '새로운 인간 의식' 의 변화를 지향하는 교육이어야 할 것이다. 실제로 인간이 사회 공동체의 핵심적 주체가 되어 사회의 진보와 발전에 공헌하는 길은 필요한 기계의 조작 능력이나 기술적 숙련만이 아니라, 무엇보다, 인간의 자기 자신의 이해와 다른 사람들의 이해, 그리고 자연과의 관계성의 이해를 위한 도덕적, 종교적, 예술적 가치들이 신앙 공동체의 혁신적 기반이 되게 하는 것이다.

셋째, 새로운 의식은 현대인의 개인적 의식 혁명과 함께 공동체의 해방을 지향하는 현대 사회의 '공동체 의식' 으로 제시되어야 한다. 실제로, 현대 사회는 다양한 이익 집단과 이와 관련된 다원 문화가 혼재하고 있으며, 각 집단은 그 자체의 문화적 독립성과 주체성을 표방하는 지역성과 경제적 차별성, 직업의 전문화, 업적 제일주의, 성별 및 계층중심주의에 의하여 집단 문화적 이익을 추구하고 있다. 이 결과 집단과 집단, 문화와 문화 사이에서 지나친 경쟁과 심각한 갈등과 충돌을 초래하고 있으며, 결과적으로, 사회적 정체성의 상실로 무질서와 혼란의 악순환 속에서 사회의 존재 의미를 상실해 가고 있다. 그러나 공동체 의식은 각 사회 집단의 문화적 특수성의 보존과 함께 공유하여 집단 이익을 극복하는 공동성

---

35) Ibid., 3.
36) Ibid., pp. 390, 391.

의 가치를 중시하는 '몫을 함께 나누는' 사회적 포용성과 관용, 그리고
도덕적 융합을 의미한다. 공동체 의식은 인간의 본래적 속성에서 발현하
는 심미적 예술성과 종교적 영성의 표현으로서 사회 공동체를 연결하고
통합하는 유기적 연대 의식의 기초가 된다. 또한 공동체 의식은 독일의
사회학자인 페르디난트 튀니스(Ferdinand Tönnies)가 강조하고 있는 혈연
공동체적 특징[37] 을 내포하고 있을 뿐만 아니라, 광의적인 의미로, 사회
공동체와 구성원들의 생존을 위한 필연적인 질서와 창조성을 강화하고,
나아가서 자연 세계와 하나님의 영적 세계와의 긴밀한 관계성으로 확대
되어간다.

---

37) Ferdinand Tönnies, 26, 49.

제13장 복지 공동체

현대 사회는 인간의 이성에 의하여 괄목할만한 진보를 이룩한 '문명의 시대', '과학의 시대', '문화의 시대'이기도 하지만, 한편으로 '야만의 시대', '차별의 시대'로 규정할 수 있다. 인류가 최상의 과학 문명의 혜택을 누리고 있는 현대 사회는 양극단의 세기로 창조와 파괴, 진화와 퇴행, 진보와 보수, 부와 가난이 혼재하고 있는 복합적 다원 사회이다. 최첨단의 과학 기계 기술과 디지털 문화를 향유하고 있는 현대 사회가 인간을 그처럼 야만성으로 인도하고 있는 이유는 무엇일까? 그 해답은 현대인의 이성적 산물인 기술 중심의 기술 메시야의 등장으로 인간의 정신적·영적인 생명의 존중보다 물질 중심의 가치관을 주도해 왔기 때문이다. 또한 지금까지 사회적 전통과 문화적 인습으로 계승되어 온 인간 사회의 구조와 관행으로 더 이상 현대인의 인간적 삶의 가치와 의미의 중요성을 발견할 수 없는 미증유의 혼돈과 혼란에 빠져있기 때문이다. 이와 같이 인간의 본래적 삶의 터전과 생활의 패턴이 지난 세기 동안 사회적 진보와 기계 기술의 향상을 위해 노력해 온 만큼 보상받지 못하고 있는 현실에서, 오히려 또 다른 미래에 불안과 긴장으로 도전받고 있는 현대인이 대면하고 있는 삶의 문제를 어디에서, 그리고 어떻게 해결해야 할 것을 성찰해야 할 것이다.

그렇다면 미증유의 야만성으로 채색되어 있는 현대 사회를 인간이 인간답게 살 수 있는 삶의 자리로 갱생하며 회복할 수 있는 길은 없을까? 이와 같은 질문과 문제 의식에서 기독교 대학의 미래의 교육적 과제가 무엇이어야 하는가를 분명히 발견할 수 있다. 기독교 대학은 기독교의 범위와 경계에 국한되어 기독교 복음과 진리를 전수하는 전통적인 교육적 과제뿐만 아니라, 그것을 능가하여 현대 사회와 세계를 넘나들며 '생명을 살리는' 공동체를 위한 교육에 선도적 역할을 감당해야 할 것을 자각할 수 있다. 기독교 대학이 공동체를 지향하는 교육은, 무엇보다, 기독교 내에서, 그것이 가정이든, 교회이든, 혹은 기독교 대학 자체에 국한되어 있는 신앙 공동체의 실현뿐만 아니라, 사회와 세계 가운데 침투하여 생명을 살리는 '복지 공동체'(welfare community)의 실현을 추구하는 교육이 되어야 할 것이다.

1. 복지 공동체의 이해

현대인은 현실과 같은 실존적 상황에서 지난 세기를 성찰하면서 새로운 삶의 공간의 회복과 모든 사람의 복지를 추구해야 할 합리적 대안으로 새로운 공동체의 형성과 도래를 염원하고 있다. 실제로, 인류 역사와 문화의 형성 과정에서 많은 사람들은 각 시대마다 보다 향상된 생활을 영위하기 위하여 복지 공동체 운동을 수없이 전개해 왔으며, 그들이 대망해왔던 복지 공동체의 실현을 위해 정신적 물질적인 모든 자원들과 에너지를 응집하는 역동적 노력을 부단하게 기울어 왔다. 물론 각 시대마다 인간 생활의 변화와 정신적 진화에 지대한 영향을 주면서 그 시대에 상응하는 복지 공동체 운동이 성공해 왔던 사례들도 다소 발견할 수 있으나, 대부분의 경우에 그 연속성의 부재와 단절을 목격할 수 있었다.

1) 복지 공동체의 기원

　인간이 형성해 왔던 공동체의 유형은 그 근간을 형성하고 있는 공동체성에 의하여 구별할 수 있으며 그 중요한 기능을 이해할 수 있다. 같은 맥락에서, 복지 공동체도 그 공동체를 형성하고 있는 공동체성과 그 본질에 의해 고유한 특성과 기능을 나타내고 있다. 여기에서 복지 공동체와 그 구성 요소인 공동체성을 이해하기 위하여 성서 신학적 관점과, 그리고 사회학적 관점에서 그 유래와 발생 과정을 고찰할 수 있다.

(1) 성서 신학적 이해

　성서 신학적으로 공동체의 형성과정과 그 특징을 살펴본다면, 구약 성경의 여러 곳에서 그 전형과 필연성을 발견할 수 있다. 성경에서 공동체를 구성하고 있는 모든 사람은 '하나님의 백성'(the people of God)의 신분과 권리가 부여되었다. 하나님의 백성은 하나님과의 사이에 '바른 인격적 관계'를 유지하면서 더불어 다른 사람들과 공생하는 공동체성을 공유하고 있었다. 특히 성경이 제시하고 있는 하나님의 백성의 구체적 패러다임은 하나님의 부르심을 받은 사람들과, 그들이 돌보며 함께 살아가야 할 과부와 고아들, 약한 사람과 가난한 사람들, 그리고 나아가서 이방인들까지 포함하는 생명을 가진 모든 인류를 포함하고 있다.

　공동체를 구성하고 있는 하나님 백성과 그들이 관계성을 맺고 함께 살아가는 삶의 형태를 성경에 등장하고 있는 다양한 사람들을 통하여 이해할 수 있다. 성경에 등장하는 사람들의 주위에는 항상 다른 사람들과 이웃이 함께 하는 아름다운 이야기들이 주요한 내용으로 구성되어 있다. 함께 하는 사람들의 삶의 형태는 단순히 상호 동반하고 있는 관계가 아니라, 자연 발생적으로 서로가 서로를 깊은 관심을 가지고 돌보며, 심지어 생명을 보살피는 친밀한 관계를 형성하고 있는 공동체성을 발견할 수 있다. 예를 들면, 창세기 4장에 가인(Cain)이 그의 동생 아벨(Abel)을 살인한 최초의 살인 사건에서도 인간의 본래적 공동체성에 대한 문제가 제시되어 있다. 가인이 그의 동생 아벨을 죽었을 때, 동생에 관한 하나님의 물음에 그는 "내가 내 아우를 지키는 자입니까?"[1]라는 방어적 질문을 제기하고 있다. 가인은 '그가 자신뿐만 아니라, 다른 사람까지 돌보아야 하여야 하는가?' 라는 그의 물음에서 최초로 인간의 관계성에 대한 궁극적 문제와, 그리고 사람들이 함께 더불어 살아가야 할 공동체성을 추론할 수 있다.[2] 이러한 실례들과 함께 성경에 나타난 공동체성의 몇 가지 유형을 발견할 수 있다.

첫째, 구약 성경이 제시하고 있는 공동체성은 세상에서 가장 위협을 당하고 있는 '가난한 사람들' 에 대한 특별한 관심과 사랑의 실천에 두고 있다.[3] 구약 성경은 가난의 결정적 원인을 경제적 불평등과 착취 및 억압으로 해석하고 있으며, 나아가서 경제적 불이익뿐만 아니라, 전쟁과 침략적 행위로 증가하고 있었던 과부와 고아, 이방인에 대한 호의와 돌봄을 반복하여 언급하고 있다.[4] 그리고 성 차별과 인종 차별, 사회적 차별과 인위적 불평등으로 고통당하며 소외된 사람들까지 하나님의 사랑의 대상으로 포함하고 있다. 뿐만 아니라, 구약 성경은 하나님께서 가난한 사람들과 억압받고 있는 사람들의 외침을 들으시고, 그들을 구제하며 도와줄 수 있는 공동체성의 본질로 '샬롬' (shalom)의 실천을 강조하고 있다. 여기에서 샬롬은 사람들이 함께 평화를 누리며 실천하는 그 이상의 의미로서, 자연을 포함한 다른 피조물들을 돌보며 다른 사람들과 이웃과

---

1) 창세기 4장 9절.
2) Thomas H. Groome/김도일 옮김, *Educating for Life* 『생명을 위한 교육』(한국장로교출판사, 2001), 229.
3) 시편 140편 13절.
4) 예레미야 7장 6절.

의 바른 관계성의 근원이 되는 사랑과 정의의 법칙이며, 곧 피조물의 조화, 모든 사람을 위한 온전함과 안녕의 질서를 포괄하고 있다. 또한 샬롬은 하나님과 인간, 인간과 다른 사람들, 그리고 인간과 자연 세계와의 조화를 형성해 가는 하나님의 통치인 영적 가치와 사회적 가치를 함께 상징하는 전체성(wholeness)을 나타내고 있다.[5]

둘째, 신약 성경에서 복지 공동체와 공동체성의 전형을 예수 그리스도의 생애와 인간 생명을 위한 그의 선교 활동에서 찾을 수 있다. 예수님의 선교와 목회는 그 당시 사회적 불평등으로 야기된 사회적 차별성과 양극화, 그리고 경제적 사회적 현상으로 나타난 다양한 형태의 억압에 대한 치유와 개혁을 위한 것이었다. 예수님의 일차적 선교의 관심은 '가난한 자에게 복음을 전하고, 포로 된 자에게 자유를, 눈먼 자에게 보게 함을, 그리고 눌린 자에게 자유를 선포하는 '희년의 약속'을 실천하는 일이었다.[6] 뿐만 아니라, 예수님은 그와 함께 선교와 목회의 사명을 수행할 사람들을 선택하여 제자로 삼고, 그들을 공동체에 귀속시켜 모든 사역을 공동체 생활에서 시작하도록 가르쳤다. 그는 나아가서 제자들을 포함한 모든 사람들을 하나의 공동체로 연합하여 동일한 합의와 결속을 이루게 하도록 가르쳤던 증거들을 찾아 볼 수 있다. 또한 예수 그리스도가 제자들로 하여금 공동체 생활을 시작하게 한 것은 개별적으로 그들의 생명을 살리고 구원을 얻게 하려는 것보다, 공동체가 함께 살고 구원을 얻을 수 있는 근거를 제시하려고 하였다. 그의 공동체의 생명과 구원은 앞으로 세상과 사회에서 하나님의 백성으로 살아가며 헌신하는 모든 사람들의 구원에 목적을 두고 있었기 때문이다. 인류를 위한 그의 묵시적이며 암묵적인 공동체성의 실현은 개인 구원이라는 기정 사실에 만족하기보다는 하

---

5) Thomas H. Groome(2001), 495, 239.
6) 이사야서 61장 1절-2절. 누가복음 4장 19절-20절.

나의 공동체를 이루고 일상생활을 통한 구원에 도전하기 위해서였다.[7]

셋째, 공동체와 공동체성은 사도 바울이 언급한 몸과 지체와의 관계성[8]에서 이해할 수 있다. 몸을 구성하고 있는 각 지체는 몸의 유기체적 활동을 위해 서로가 분쟁이 있을 수 없으며 여러 지체가 연합하여 서로 돌보도록 구성되어 있기 때문에, 만약 한 지체가 고통을 받으면 모든 지체가 함께 아픔을 함께 나누게 되며, 한 지체가 영광을 얻으면 다른 모든 지체도 함께 즐거움을 얻게 되는 것이다. 이와 같이 인간의 몸을 구성하고 있는 각 지체마다 독특한 가치가 부여되어, 각기 필요한 존재로서 다른 어떤 것도 그것을 대신할 수 없는 고유한 기능을 가지게 된다. 같은 이치로, 한 공동체를 구성하고 있는 각 개인은 독특한 가치가 부여되어 있어서 서로를 돌보며 존중되어야 하며, 소속한 동일한 공동체를 위하여 고유한 사명과 기능을 가지게 된다. 따라서 공동체는 구성하고 있는 각 개인을 위해서 뿐만 아니라, 각 개인은 소속한 공동체를 위하여 존재할 수 있기 때문에, 개인과 공동체는 공동의 선(common good)을 위한 유기적 관계성을 맺고 있는 것이다.

성경에 제시된 공동체의 근원과 본질을 이해하면서 그 공동체성을 실제로 실천했던 중세기 수도원을 전형적인 복지 공동체의 전형으로 제시할 수 있다. 그 당시 수도원은 예수님의 교훈과 복음의 실천을 위한 사회봉사의 근거지로서 병든 사람들에게 병원을 제공하였으며, 고아와 과부들에게 안식처를 제공하였고, 죄수들과 억울한 사람들을 치유하기 위한 목회를 실천하였다. 그 당시 수도원은 구체적으로 일곱 가지 육신적 자비 행위와 영적 자비 행위를 실천하였다. 육신적 자비 행위로는 배고픈 사람들을 먹이는 일, 목마른 사람들에게 마실 것을 주는 일, 헐벗은 사람

---

7) Thomas H. Groome(2001), 235.
8) 고린도전서 12장 12절 이하.

들을 입히는 일, 집 없는 사람들에게 안식처를 제공하는 일, 병든 사람들을 위문하는 일, 죄수들을 위한 목회 활동, 그리고 죽은 사람들을 장사(葬事)지내는 일들을 실천하였다. 또한 영적 자비 행위로는 죄인을 회심시키는 일, 무식한 사람들을 가르치는 일, 의심 많은 사람들을 상담하는 일, 슬픈 사람들을 위로하는 일, 죄악을 견디어 내는 일, 무례를 용서하는 일, 그리고 산 사람들과 죽은 사람들을 위해 기도하는 일들이다.[9] 이와 같은 중세기 수도원의 육신적 영적인 자비 행위는 현대적 맥락에서 복지 공동체의 구체적 사명이자 역할로 재해석할 수 있을 것이다.

성서 신학적으로 인간은 본래적으로 존재하고 있는 다른 피조물들과 함께 더불어 생존할 수 있다는 내재적인 공동체성으로 공동체를 이루어 살 수밖에 없다는 사실을 이해할 수 있다. 인간이 함께 더불어 살아가야 할 공동체의 근원이 하나님께서 창조하신 세상과 그리고 세상에 존재하는 모든 피조물이라고 할 때, 그것은 본래적으로 악하기보다 선한 것으로 창조되었으며, 따라서 공동체는 인간의 복지와 안녕을 위한 하나님의 사랑을 매개하는 삶의 자리가 되는 것이다. 이러한 이해를 통하여, 인간이 만들어가는 복지 공동체는 가장 인간적으로 함께 살아갈 수 있다는 확신을 반영하고 있다. 공동체를 통하여 함께 살아가는 인간의 모습과 삶을 통하여 모든 인류는 서로 다른 사람을 위해 창조되었다는 확신으로 자신을 지키며, 나아가서 서로가 서로를 지켜야 할 영적이며 현세적인 공동의 선을 위해 서로 결속되어 있는 것이다.[10]

(2) 사회학적 이해

복지 공동체의 사회학적 의미는 '인간이 어떻게 함께 살아가야 하는

---

9) Thomas H. Groome(2001), 487-8.
10) Ibid., 231.

가' 에 대한 근본적인 질문을 기초로 인간 자신이 공동체 생활을 영위할 수밖에 없는 본유적 속성과 그것을 통하여 다른 사람들과의 관계성을 유지하며 살아야 할 필연성을 근거로 논의되어야 한다. 독일의 사회학자 페르디난트 튀니스(Ferdinand Tönnies)는 공동체의 발달 과정과 그 특징을 체계적으로 분석하였다. 그는 사회의 발달 과정과 이에 따른 이데올로기의 변화를 구체적으로 제시하면서 사회 구성원들의 '정신력과 행위' 의 패러다임에 의하여 인간의 집단을 '공동체' 와 '이익 사회' 의 두 가지 유형의 사회 조직으로 구분하고 있다. 그에 의하면, 공동체와 이익 사회의 개념은 인간의 의지(意志)에 의하여 결정되며, 그것은 인간의 모든 활동을 표현할 수 있는 자원이 된다. 인간의 의지는 두 가지 형태로 구별할 수 있는데, 첫째, 하나의 현실성, 또는 자연적 통일성으로서 '본질 의지' 혹은 '자연적 의지' 와, 둘째, 하나의 관념적, 또는 조작적인 통일성으로서 '선택 의지', 혹은 '이성적 의지' 로 구분하고 있다.[11] 튀니스는 이와 같은 인간의 의지에 대한 분석을 근거로 인간이 형성하고 있는 사회 집단을 자연적 의지에 기반을 두고 있는 '공동체' (community)와 이성적 의지에 의한 '이익 사회' (society)로 구분하였다.

인간의 자연적 의지의 구성체로 표현되는 공동체는 인간집단의 원초적이며 자연적 조건들로 형성되어 있다. 인간 집단의 본래적 상태인 공동체는 인간에게 필연적으로 나타나는 다양한 관계의 특성에 따라 혈연, 이웃, 우정과 같은 자연 발생적인 인간 관계의 결합으로 등장한다. 이러한 관계성이 직접적인 긍정의 형태로 나타난 것이 '가정' 으로서 공동체

---

11) Ferdinand Tönnies에 의하면 인간의 의지는 두 가지 기능과 의미를 가지고 있다. 인간의 모든 정신적인 활동은 사고력과 관계가 있기 때문에, 사고력을 포함하고 있는 의지와 의지를 내포하고 있는 사고력으로 구분된다. 前者를 자연적 의지(wessenwille), 後者를 이성적 의지(furwille)라 한다 (Ferdinand Tönnies, *Gemeinschaft und Gesellschaft* (Routledge & Kegan Paul LTD, 1887) trans. by Charles P. Loomies, *Community and Association* (New York: Harper Torch Books,1963). 119.

의 가장 원초적 전형이 된다. 그리고 가정 공동체를 중심으로 여러 가정이 함께 모여 상호 관계를 맺고 보편적인 유기적 군집 형태로 존속되는 '이웃'과 '마을'과 '지역 공동체'로 형성된다. 지역 공동체는 공동의 방향과 목적, 그리고 공동의 감정을 공유하며 영위되는 이상적 형태의 공동체로 발전하게 된다. 공동체는 또한 공공의 관계와 공동의 참여로 유지되는데, 이러한 공동체의 유지와 존속의 관계성은 토지와 기업과 같은 물리적인 사물들을 다루는 육체적인 일과 노동에 의하여, 그리고 구성원들이 신성시하는 신앙의 대상을 공유하는 정신적·영적 활동에 의해서 형성된다.

공동체는 그 구성의 특성과 분류에 따라서 몇 가지 고유한 특징을 가지고 있으며, 그 중 가장 중요한 공동체의 본질은 예술과 종교로서 양자는 가족 생활에서 그 기원을 발견할 수 있다. 예를 들면, 조상을 섬기는 모든 제사의 원천은 가족 공동체에서 출발하였으며, 가족 제사는 가장 본래적인 종교의 형태를 가지게 되었고, 제사 그 자체가 하나의 예술로 발달되어 왔다. 여기에서 공동체를 유지할 수 있는 예술의 순수성과 종교적 이념이 체계화되어 계승되어 왔다. 또한 공동체는 그 생활의 규범과 정신적 구조를 형성하는 도덕적 가치를 매우 중요시하고 있으며, 그 도덕적 가치는 개인의 종교적 경험과 신앙, 가정 환경과 풍습에 의해 생성되어진 것이다.

한편 19세기 프랑스의 종교 사회학자인 에밀 뒤르껨(Emil Durkhiem)은 개인의 심리적 관점에서 공동체를 구성하는 근본적 요소들을 연구하였다. 그는 공동체의 구성 요소로서 구성원들의 "정신적, 도덕적, 영적 혹은 이상적 실재"[12]를 제시하고 있다. 그에 의하면, 공동체는 인간의 마음

---

12) Robert N. Bellah, ed., *Emil Durkheim on Morality and Society*(Chicago and London: The University of Chicago Press, 1973)Introduction, xx.

과 의식과 양심에 근거한 유기적 연대감[13]으로 형성되며 유기적 연대감의 본질은 튀니스를 비롯하여 존 로크(John Locke)와 장 자크 루소(Jean-Jacques Rousseau)[14]가 이익 사회의 기초로 언급하고 있는 계약(contract) 관계와 구분하고 있다. 그것은 비계약적 요소로서 이익 사회의 계약의 기반이 되는 도덕성으로 간주하고 있다. 공동체의 유기적 연대감의 안정적 형태는 선한 신앙을 강화하는 구조적 체계와, 그리고 폭력과 기만 대신에 정의로 제시하고 있다. 또한 현대 사회에서 공동체의 참된 도덕적 기반으로서 진정한 개인주의 형태인 인간의 종교와 개인의 존엄성의 존중을 들고 있으며, 여기에서 개인만을 위해 정의를 거부하는 행위는 공동체를 약화시키는 파괴적인 힘에 불과한 것[15]으로 간주하였다.

따라서 뒤르껭은, 튀니스와 마찬가지로, 종교를 기반으로 하고 있는 공동체의 내면화된 규범의 구성 요소로서 특별히 도덕적 존경의 태도를 강조하고 있다.[16] 공동체에서 인간의 도덕적 존경은 종교 생활의 기본적 형태 중 하나로서 신령한 것과 세속적인 것을 구별하는 가장 중요한 인간의 기본적 태도를 의미한다. 물론 신령한 것과 세속적인 것을 구별하는 것은 도덕적 책무와 공리성, 혹은 편의성 사이를 구별하는 것과 동일한 것이지만, 신성성(神聖性)은 신령한 대상의 본질적 속성으로 제시되는 것

---

13) 에밀 뒤르껭은 사회공동체를 구성하는 사회적 연대감을 유기적 연대감(organic solidarity)와 기계적 연대감(mechanical solidarity)로 구분하고 있다(Robert N. Bellah, ed., *Emil Durkheim on Morality and Society* (Chicago and London: The University of Chicago Press, 1973)Introduction, xx.

14) 사회 계약의 이해를 위해 John Locke의 *Two Treatise of Government*(1690)과 Jean-Jacques Rousseau의 *Social Contract*(1762)을 참조하시오.

15) 에밀 뒤르껭은 정의(justice)를 유기적 연대감의 최상의 도덕성으로, 그리고 개인주의(individualism를 현대 사회의 기계적 연대감의 유일한 생존 형태로 지적하면서 양자의 관계를 모색하려고 하였다(ibid., xl)

16) Emil Durkheim, *Sociology and Philosophy*, trans., by D. F. Pocok (New York: The Free Press, 1974).

이 아니라, 그 속성상 상징으로 나타나는 것이다. 여기에서 뒤르껭은 인간의 신념과 감성으로 표현되는 종교적 상징과 사회 구조 자체인 도덕적 존경과의 긴밀한 통전성을 공동체를 구성하는 중요한 문화적 요소로 강조하고 있다

위에서 살펴보았듯이, 인간이 인류역사에 등장하여 자연 발생적으로 형성된 종교적 신앙 공동체를 포함한 모든 공동체는, 무엇보다. 그 자체의 고유한 의지로서 합의를 매우 중요시하고 있으며, 그것은 특수한 사회적 힘과 공감에 의하여 구성원들을 전체로 통합하는 잠재적 힘과 에너지가 된다.[17] 공동체 구성원들에 의해 정해진 합의를 이행할 수 있는 공동체의 정신과 본질은 예술과 종교에 그 기반을 두고 있다. 예술과 종교는 공동체를 유지할 수 있는 중요한 이념으로서, 전자는 공동체 생활을 새로운 문화적 차원으로 승화할 수 있는 심미적 환경과 조건을, 그리고 후자는 공동체 생활의 규범과 정신적 구조를 형성하는 도덕적 가치를 제시해 주고 있다. 특히 공동체의 가장 핵심적 가치가 되는 종교는 구성원의 정신적·영적 생활의 구심점이 될 뿐만 아니라, 전통과 시대가 요구하는 도덕성의 근간이 된다. 따라서 공동체의 종교적 신앙과 정신은 구성원의 소속감과 유기적 연대감과 자율성을 일깨워 주고 있으며, 이와 같은 자율성과 유기적 관계를 기반으로 하고 있는 공동체는 '함께함'을 궁극적 목직으로 심고 존속하게 된다.[18]

실제적으로, 공동체의 가장 중요한 가치는 함께 더불어 살아가는 모든 사람의 복지를 지향하기 위해 존재하는 것에 두고 있다. 전통적으로 공동체가 지향해 왔던 궁극적인 목표는 공동의 선을 성취하는 일이었다. 공동체가 공동의 선을 위해 존재해야 한다는 것은 아리스토텔레스를 비

---

17) Robert N. Bellah, 53-55.
18) Charles Reich, *The Greening of America*(New York: A National General Company, 1970), 421

롯한 고대 철학자들의 확신이었다. 그 이후 중세의 토마스 아퀴나스 (Thomas Aquinas)도 공동체의 목적을 공동의 선으로 제시하면서 그것은 정의(正義)의 궁극적 잣대로 간주하였다. 그의 공동의 선에 대한 개념은 개인적인 동시에 공동체적이다. 공동의 선은 개별적 시민의 복지와 안녕을 돌보는 것과 사회적 실체로서 공동체의 복지에 봉사하는 공동체성을 세우는 것이었다. 전통적으로 공동의 선을 실현하기 위한 세 가지 중요한 요소들은 다음과 같다: 첫째는 인간의 기본적이고 본질적인 권리를 존중하는 것으로 인간에 대한 존중이다. 둘째 요소는 사회적 안녕과 그 집단 자체의 발전이며, 셋째는 평화, 즉 정의로운 질서의 안정과 안전을 요구 한다.[19] 이와 같이, 공동의 선은 인간 개인의 복지와 공동체의 복지의 이중성을 강조하고 있다. 따라서 공동체는 개인의 복지와 공동체의 복지 사이에서 갈등하거나 우선 순위를 요구하는 것이 아니라, 양자의 복지를 함께 긍정하여야 하며 양자에 대한 책임을 함께 가져야 한다. 공동의 선은 개인에 대한 존중과 공동체의 안녕과 배려가 결합한 것으로서 개인의 선과 공동의 선은, 이러한 의미로, 경쟁의 관계가 아니라, 동반자이며 서로를 지원하며 보호해야 하는 상호 관계를 이루고 있다.[20]

2) 복지 공동체의 특징

복지 공동체의 형태와 모형을 어떻게 설명할 것인가에 대한 질문을 제기한다면, 위에서 논의한 공동체의 성서 신학적 개념과 사회학적 관점에서 이해할 수 있지만, 명확하고 합리적인 대답을 제시한다는 것은 그렇게 용이한 일이 아닐 것이다. 왜냐하면, 현대인이 공감하여 함께 참여할

---

19) Thomas H. Groome(2001), 241
20) Ibid., 500.

수 있는 복지 공동체의 의미와 그 기능에 대한 구체적 논의와 그 실천적 실례들을 거의 찾을 수 없기 때문이다. 여기에서 저자는, 일차적으로, 현대인의 실존적 삶의 문제를 포괄하며, 동시에 다양한 사회적 복지 문제들을 함께 공유할 복지 공동체의 이해와 특징을 제6장에서 논의한 예수 그리스도의 구체적 삶과 실천적 활동에 근거하여 제시하려고 한다.

첫째, 하나님 나라의 사상이 복지 공동체의 전형이 되어야 한다. 하나님 나라는 예수 그리스도의 교육과 설교의 중심 내용이 되고 있다. 복지 공동체의 전형으로서 하나님 나라는 현대 사회에 하나님의 통치와 주권을 세우려는 하나님의 구체적 활동으로 제시되어야 한다. 하나님 나라는 하나님께서 인간의 역사에 직접 개입하여 사회의 평화와 정의, 그리고 인간의 평등과 자주성의 실현에서 성취된다. 하나님 나라의 또 다른 특징은 예수님 자신이 그의 교훈과 실제적 생활에서 하나님 나라의 최고의 가치로 제시하며 실천하였던 '사랑의 계명'으로 나타난다. 즉, '하나님을 사랑하고 이웃을 사랑하라'는 이중적 계명에 대한 예수님의 강조는 그 계명을 하나님 나라의 핵심으로서 이해하여 왔다.[21] '하나님 사랑'과 '이웃 사랑'을 강조한 최고의 계명은 예수님의 윤리적 근본 원리로서 그가 선포한 수많은 계명들과 그의 실천적 생활을 함께 포괄하고 있다. 예수님께서 선언한 하나님 나라의 제일의 계명이 '하나님 사랑'과 '이웃 사랑'이라고 할 때, 하나님 사랑이 수식이라면, 이웃 사랑이 수병이 되어서 양자는 십자가에서 합류하게 된 것이다. 따라서 복지 공동체의 최고의 가치는 하나님 나라의 강령인 사랑의 실천에 그 목적을 두어야 할 것이다.

둘째, 예수님께서 선포한 복음의 내용이 복지 공동체의 이상과 목적이 된다. 예수님의 복음 선포는 인간의 개인 구원과 의식의 개조 및 변화를

---

21) Ibid., 76.

위한 것뿐만 아니라, 사회적 관점에서 사회 환경과 구조의 개혁에 초점을 두고 있었다. 그의 복음은 개인의 정신적인 위로나 영적인 신비 체험의 현상에만 국한되었던 것이 아니라, 전반적인 사회 구조의 변화와 개혁에 깊이 침투하는 공동체적 특징을 나타내고 있었다. 따라서 인간의 구원과 사회 개혁을 위한 그의 실천적 생활과 복음 선포는 오늘날에 와서 새로운 복지 공동체의 실현을 위한 구체적 메시지로 해석할 수 있다.[22] 예수님의 실천적 생활과 그의 복음이 사회 구조의 변형과 회복을 향한 메시지였다면, 그것은 복지 공동체의 실현을 위한 예언적 사회 개혁 운동으로 이해할 수 있다. 실제로, 예수님의 복음이 선포되어 전해지는 곳마다 거기에는 항상 동일한 변화와 개혁을 일으켰던 사회적 현상으로 나타났다.[23] 즉 그 교훈에는 특정한 사회 구성과 구조 개혁에 관한 근본적인 사상이 내포되어 있었으며, 그것은 인간의 개인적 문제 이상으로 미래의 복지 공동체가 지향하는 우주적 목적과 이상으로 분명하게 예시되어 있었다.[24]

예수님의 복음은 단순히 그의 교훈과 가르침으로 끝난 것이 아니라, 자신의 실천적 생활과 희생을 통하여 구체화되었다. 그의 삶 자체가 그의 가르침이었으며, 그의 가르침이 곧 그의 삶 자체였다. 예수님에게는 교훈과 삶이 분리될 수 없었으며, 그의 가르침 속에서는 항상 구체적 실천이 함께 수반되어 있었다. 예수님의 하나님 나라의 복음은 그의 십자가의 고난과 죽으심과 부활을 통하여 가장 극명하게 나타났다.[25] 예수님의 하나님 나라는 그의 십자가의 형상이 되며, 동시에 예수님 자신이 그

---

22) 정희수, "신약성서의 사회복지상", 한국사회복지연구소 편, 『기독교와 사회복지』(홍익재, 2001), 49-50.

23) 金德俊 편저, 『基督教社會福祉』(韓國基督教社會福祉學會, 1985), 48.

24) 마가복음 13장 10절, 14장 9절, 마태복음 28장 19절, 누가복음 24장 47절.

25) 연세대학교 종교교재편찬위원회 편, 『성서와 기독교』(연세대학교 출판부, 1994), 501.

십자가 위에서 하나님 나라의 구체적 패러다임을 제시하신 것이었다.

셋째, 복지 공동체는 병든 자들과 가난한 자들의 치유와 소외된 사람들의 돌봄을 실천하는 생명 존중의 공동체이다. 예수님은 그 당시 사회에서 버림받고 소외되었던 많은 병자들을 치유하며 가난한 자들을 돌보는 일을 몸소 실천하였다. 그는 그들을 치유하며 새로운 삶의 길을 제시하기 위하여 그 당시 정언 명령으로 여겨왔던 율법에 근거하여 해석하는 것보다, 생명 존중과 인간 사랑의 차원에서 실천하였다. 가난하고 병든 사람들의 돌봄과 치유를 몸소 실천했던 예수님은 이와 같은 인간 생명의 존중과 함께 자연 생명의 중요성과 가치를 함께 강조하였다. 그가 강조했던 자연 생명의 존중과 가치는 하나님께서 창조하신 인간 생명을 그 무엇보다도 더 중요하다는 것을 비교유추하기 위해서였다. 복지 공동체는 이와 같이 병든 사람들과 가난한 자들, 억압받고 소외된 자들의 생명의 존중과 함께 다른 생명체들에 대한 예수님의 절대적 관심과 돌봄의 구체적 활동에서 발전되어 왔다

넷째, 복지 공동체는 사회적 신분과 계층을 불문하고 모든 사람들을 보살피는 평등성과 공동 소유의 공동체이다. 이미 언급한 바와 같이, 예수님은 사회에서 소외되었던 죄인들, 세리들, 창녀들, 문둥병자들을 구별하지 않고 직접 방문하여 식사를 나누었다. 또한 예수님은 자신의 십자가의 죽음을 앞두고 열두 제자들과 그의 살과 피를 나누는 최후의 만찬과 공동 식사를 함께 나누었다. 예수님께서 그의 살과 피를 나눈 성만찬은 세상의 모든 인종을 포함하여 영적 친교를 함께 나누어야 할 하나님의 구원의 약속의 예시이며, 예수님께서 그의 제자들과 함께 나누었던 공동 식사는 육신의 양식을 공유하는 개방된 식탁을 의미한다. 따라서 복지 공동체는 현대인의 육신적 생활의 안식과 영적 구원을 동시에 성취해야 할 이중적 과제를 포함하고 있다

위에서 살펴본 복지 공동체의 특징은 예수님의 실천적 삶과 그의 복음

선포로 요약할 수 있다. 예수님의 실천적 삶은 그 당시 사회적 환경과 율법에서 복지의 혜택을 받지 못했던 계층들을 위한 삶이었으며, 그의 복음은 그들의 모든 삶의 정황을 돌보는 생명의 메시지였다. 예수님은 인간으로서 대접받지 못했던 많은 사람들에게 사회적 지위와 인간적 삶의 권리를 회복하도록 하기 위해 정치적 통치와 사회·문화적 이념이었던 히브리 전통과 율법을 과감하게 재해석하였다. 그는 사회의 기득권자들과 지도층의 왜곡된 통치 질서와 사회 구조의 불균형과 모순, 또한 당시의 비도덕적인 가치와 편견을 고발하고 비판함으로써 인간성의 회복과 사회 구조의 개혁을 시도하였다. 이와 같이 복지 공동체는 디아코니아(Diakonia), 즉 봉사를 통한 다른 사람들과 피조물을 섬기는 공동체를 의미한다. 특히 가난한 사람들과 불이익을 받는 사람들 편에 서서 개인적이고 사회적인 인간 실존의 모든 단계에서 정의와 평화의 하나님의 통치를 이루기 위해 영적, 정신적, 그리고 신체적인 인간의 욕구를 돌보는 공동체이다. 그리고 복지 공동체는 개인적인 선과 공동의 선에 함께 기여하며 모든 사람들의 재능을 환영하며 그 언어 세계에서 생명을 주는 말씀과 이야기 전달(story telling)을 매개로 그 정체성을 확인하며 각 사람과 모든 사람을 위해 노력하며 인간 생명을 존중하는 가치를 실천하는 공동체이다.[26]

2. 복지 공동체를 위한 교육

현대의 다원화 혹은 세계화 사회에서 기독교 대학의 주요한 교육적 과제는 복지 공동체의 실현과 그 운동을 위한 체계적인 교육과 훈련 프로그

---

26) Thomas H. Groome(2001), 254.

램을 대학의 주요한 커리큘럼으로 개편하여 실천하는 일이다. 그 이유는 지금까지 기독교 대학이 보다 구체적인 사회 복음화와 기독교 문화의 확산을 지향해야 할 복지 공동체에 대한 무관심과 비능률적인 기독교 교육에서 새로운 전환점을 모색해야 하기 때문이다. 실제로, 현재의 기독교 대학은 급격하게 변화하고 있는 다원화된 사회에서 교회 중심의 신앙 공동체의 실현을 강조해 왔던 기독교 교육 자체의 한계점을 실감하게 되었다. 이제부터라도 기독교 대학은 신앙 공동체라는 교회의 제한성과 울타리에서 과감하게 탈피하여 신앙 공동체의 새로운 번안인 복지 공동체를 위한 교육을 체계적으로 실천해야 할 것이다. 다시 말하면, 기독교 대학이 대 사회를 향한 본래적인 교육적 사명을 감당하기 위해서는 교회 중심의 신앙 공동체를 위한 교육에서 현대 사회와 문화의 중심에 '복지 공동체'의 실현을 위한 실천적 교육으로 전환해야 할 것이다. 그것은 교회 내에서 신앙 공동체가 교회 밖에서는 복지 공동체로 대 사회를 향한 복지 선교를 실천하는 급진적 전환이 요구되고 있기 때문에, 신앙 공동체가 복지 공동체로 과감하게 세속화되어 현대 사회의 각 분야의 관행과 제도가 '신앙을 기반으로 하는 복지 사회'(faith based welfare society)로 전환되어야 한다.

1) 교육의 과제

교육이란 공동체에 참여하면서 공동체와 자신을 동일시하는 사람들을 통하여 수행되고 있다. 교육은 공동체의 정체성에 대한 예민한 의식을 가지고, 미래에 대한 공동 생활의 가치를 이해하며 그것을 전달하는 일에 헌신하고 있는 사람들에 의해 진지하게 계승할 수 있다. 그들은 현재 경험하고 있는 삶의 의미나 가치, 그리고 공동체에 헌신하고 있는 확신과 공동체성이 점점 단편화되어 가는 현대 사회에서 다음 세대에로 그대로 전승될 것이라고 가정하지 않는다. 그러나 그들은 공동체의 근원적인 사건들이 아직도 미래를 형성할 힘을 가지고 있다고 믿기 때문에, 교육에 대한 낙관적인 태도와 긍정을 통하여 영원한 현재의 덫에 걸려들지 않도록 현재와 미래를 연결하는 교육적 과제에 전념하고 있는 것이다.[27] 따라서 기독교 대학은 교육이란 역사 속에서 과거의 문화적 유산인 지식을 현재에, 그리고 과거의 지식에 의한 현재의 새로운 경험을 미래에 전달하는 기능으로 수행하여야 한다. 교육에 의한 지식의 전달은 인간의 개인적 삶을 갱생하고 공동체 생활을 역동적으로 향상시키는 문화의 계승과 활동이기 때문이다. 개인과 사회는 생물학적 생명체와 같이 전달의 과정에 의하여 존재하기 때문에, 교육을 통한 전달의 활동이 없이는 개인과 공동체는 연속성을 상실한 채 단절하게 된다.

기독교 대학은 지금까지 주요한 학문적 위상을 확보해 왔던 기독교 교육을 통하여 현대인을 위한 가장 바람직한 삶을 영위할 생의 자리와 공간으로 신앙 공동체의 실현을 추구해 왔다. 기독교 교육은 1950년대 이후로 현재에 이르기까지 신앙 공동체의 실현을 가장 중요한 학문적 이슈와 과제로 제기되어 활발하게 논의되어 왔다. 그러나 신앙 공동체의 실현을 그 학문적 중심 주제로 추구해 온 기독교 교육은 실제로 신앙 공동체의 범위와 구성원을 기독교 교회와 그리스도인이라는 제한성을 극복하지 못하였다. 다만 기독교 교육은 교회 중심적 교육과, 그리고 교회에서 교육받은 그리스도인들의 대 사회적 사명과 역할만을 강조해 왔을 뿐, 교회 밖에 있는 현대인의 생명을 살리고 그들의 삶을 지원할 교육 프로그램을 과감하게 제시하지 못해온 것이 사실이다.

더욱이, 21세기에 접어들면서 극도로 발전된 인터넷의 유비쿼터스

---

27) Charles R. Foster/고용수 · 문진섭 역, 『신앙공동체를 위한 교육』 *Teaching in the Community of Faith* (한국장로교출판사, 1993), 191-192.

(ubiquitous) 문화의 확대로 세계 사회는 그 시공을 초월하는 다양한 지식 정보와 다원 문화의 물결을 헤쳐가야 할 도전을 받고 있다. 여기에서 제기되는 문제는 기독교 대학이 지금까지 수행해 왔던 기독교 교육의 그 제한적 범위와 그리스도인 중심의 신앙 공동체를 위한 교육만으로 대 사회적 관계성을 포괄할 수 없는 한계에 직면하게 되었다. 이러한 종말론적 문제를 극복하기 위해 기독교 대학은 교회 중심적 신앙 교육의 목적과 특징을 포괄하되, 보다 그 지평을 확대하여 사회 속으로 과감하게 침투해 가야 할 시점에 이르게 되었다.

따라서, 기독교 대학은 복지 공동체의 토대가 되는 공통된 목적, 공통된 감정, 공통된 가치의 전달을 가능하게 하는 교육의 새로운 패러다임에 집중해야 한다. 복지 공동체의 실현을 위한 교육은 현대인의 삶의 전 영역인 육체적, 정신적, 영적인 다양한 문제들을 해결하는 구체적인 방법으로 제시되어야 한다. 복지 공동체를 위한 교육의 중요한 패러다임은 예수님의 실천적 삶과 교훈에서 제시되었던 복지 공동체의 전형을 현대 사회에 실현하는 창조적인 방안이 되어야 한다. 그리고 복지 공동체를 위한 교육은 현대인의 삶의 현장에서 복지 공동체의 속성과 특징을 구체적으로 구현할 경험과 현장 중심의 교육이 되어야 한다. 왜냐하면, 복지 공동체의 특징으로 제시된 예수님의 삶과 복음을 현대인의 삶속에 성육화하기 위해서는 지금까지 이론으로 정형화된 이론 중심적 교육으로는 한계가 있을 뿐만 아니라, 거의 불가능하기 때문이다.

2) 교육의 내용

기독교 대학은 대학생들에게 단순히 사회로부터 혜택을 받기보다 사회를 위해 기여하고 봉사하도록 교육하며, 최소한의 법적 의무만을 수행하기보다 복지 공동체의 구성원으로서 그들의 책임과 의무를 성실하게 수행하도록 교육해야 한다. 기독교 대학은 그들로 하여금 복지 공동체를 형성하고 있는 가장 기본적 가치인 정직과 성실성을 겸비하게 하며, 나아가서 정의를 추구하고 평화를 창조하는 민주주의적인 가치인 법적 통치와 국가와 정부에 대한 존중과 신뢰, 세계 인류에 대한 기회 균등과 정당한 절차 등의 가치를 행사하도록 교육해야 한다. 그리고 기독교 대학은 대학생들에게 비판적 사고와 사회 의식을 배양하여 현대 사회의 다양한 변화와 상황에 대해 비판적 능력과 사고, 나아가서 정치 경제적 부정과 부패, 사회적 차별과 억압과 같은 사회 악에 기민하게 대처하는 사회적 의식화에 관심을 가져야 한다. 무엇보다, 복지 공동체를 위한 기독교 대학은 다음과 같은 교육 내용과 방법에 깊은 관심을 가지고 있어야 한다.

첫째, 대학생들에게 복지 공동체의 공동의 선을 추구하도록 교육해야 한다. 공동의 선의 추구와 실현은 복지 공동체에 대한 책임 의식과 소속감을 자각하는 정체성으로부터 출발한다. 복지 공동체의 공동의 선을 위해 기독교 대학은 학생들에게 그들의 재능과 가능성과 미래의 비전과 꿈을 가시화하여 복지 공동체에 공헌하며 적극적이며 헌신적인 공동체의 일원이 되도록 권장하고 준비하게 한다. 기독교 대학은 학생들에게 복지 공동체에 헌신하는 구성원으로서 복지적 정체성을 가진 사람으로서, 나아가서 공동의 선을 주도하는 보편적 시민을 양육하는 교육 공동체가 되어야 한다. 교육 공동체로서 기독교 대학은 반드시 사랑과 자유와 복지 정신에 의해 역동적인 환경과 분위기를 만들어가는 복지 공동체의 정체성을 길러주어야 한다. 기독교 대학은 학생들에게 인류를 위한 복지 공동체의 강점과 공헌을 인정하게 하는 한편, 그 결함과 비능률성을 비판하게 하면서 공동체 자체의 생명에 관한 공동체 의식을 배양해야 한다. 다시 말하면, 그들로 하여금 공동체를 형성하며 융성하게 하는 동반자 관계성 속에서 함께 배우며 '생명을 살리는' 교육을 강조해야 하는 것이다.

　둘째, 기독교 대학은 복지 공동체를 형성하기 위한 가장 중요한 매개가 되는 언어 교육에 지대한 관심을 가지고 있어야 한다. 기독교 대학은 학생들에게 자신을 표현하고 자아를 형성해 주는 언어 능력에 대한 예민한 자각과 의식을 일깨워 주어야 한다. 언어는 복지 공동체를 위한 사회화의 일차적 수단이 되기 때문이다. 독일의 철학자 하이데거(Martin Heidegger)의 언급대로, "언어는 존재의 집이 되기"[28] 때문에, 인간이 살고 있는 언어의 세계가 인간의 인격과 삶의 방식을 결정할 수 있다. 특히 대학생들을 교육하는 교육자들은 그들의 교육 내용의 전달의 도구가 언어이기 때문에, 그들이 사용하는 언어 유형과 그 전달 방식이 그들의 공동체성의 형성에 직접적인 영향을 준다는 것을 간과하지 말아야 한다. 따라서 교육자들은 최소한 인간의 존엄과 평등, 가치를 긍정하는 언어를 사용하는 대신에, 가치와 품위를 떨어뜨리거나 수치심과 모멸감을 주는 억압적이며 배타적인 언어 유형, 그리고 기계적, 통제적, 조작적 언어 유형은 배제되어야 한다. 언어는 학생들의 복지 공동체 의식을 형성하는 능력을 배양하는 수단이 되기 때문에, 그들에게 생명의 화법, 혹은 수사력(修辭力)을 활용할 수 있도록 교육해야 한다.

　셋째, 기독교 대학은 학생들에게 복지 공동체를 지향하는 정직과 진실, 공손과 존경, 그리고 정의와 긍휼과 같은 개인적이며 사회적인 원대한 가치들을 실천하는 인성 교육을 강조해야 한다. 토마스 리코나(Thomas Lickona)에 의하면, "학교가 인격을 개발하고자 한다면, 무엇보다 선한 가치를 강조하고 모든 사람의 의식의 선두에 그 가치를 두는 윤리적 환경을 반드시 제공해야 한다."[29] 같은 이치로, 기독교 대학이 창조

---

28) Martin Heidegger, *Basic Writings*. Translated by John Macquarrie and Edward Robinson(New York: Harper & Row, 1962), 213. in Thomas H. Groome, 263.

해 가는 윤리적 환경은 신앙 공동체를 위한 신앙 교육에 못지않게 복지 공동체를 위한 기반이자 모형으로 발전할 수 있다. 기독교 대학의 윤리적 환경은 학문과 연구의 장이 되는 강의실과 클래스의 윤리적 환경을 기초로 형성되는 것이다. 기독교 대학의 강의실과 클래스에서 형성되는 윤리적 환경은 다음과 같은 사회화, 혹은 문화화 현상이 발생할 수 있다: "첫째, 학생들이 서로에 대해 알고 있다. 둘째, 서로를 존중하고 긍정하며 보살핀다. 셋째, 그 그룹의 소속감을 느끼며 책임감을 가지게 된다."[30]

넷째, 기독교 대학은 대학생들에게 복지 공동체를 위한 새로운 도덕성의 정립을 강조해야 한다. 인성 교육의 근간을 이루고 있는 새로운 도덕성은 복지 공동체의 형성과 발전을 위한 생명력을 제공한다. 대학생들의 도덕성의 변화를 위한 교육은 현재 대학 교육이 단편적으로 지향하고 있는 기계 기술자와 같은 기능인을 양성하는 좁은 의미에 국한하는 것이 아니라, 참 인간성을 계발하고 새로운 가치를 형성시켜 주는 가장 보편적이며 인본주의적 의미를 포함하는 교육일 것이다.[31] 실제로, 그들이 복지 공동체의 핵심적 주체가 되어 공동체의 진보와 발전에 공헌하는 길은 자기 자신의 이해와 다른 사람들의 이해, 자연과의 관계성의 이해를 위한 종교적, 도덕적, 그리고 예술적 가치들의 실천에 있는 것이다.

동시에, 복지 공동체의 발전과 진보를 위해 다양한 현실적 문제들을 이해하고 판단하는 도덕적 의사 결정과 실천적 행위가 요구되는 것이다. 미국의 윤리학자인 제임스 레스트(James Rest)는 도덕적 의사 결정과 행위에 대한 절차를 네 단계로 제시하고 있다. 첫째, 도덕적 자각(moral awareness): 도덕적 문제에 대해 기민하고 윤리적 질문에 민감해 지며,

---

29) Thomas Lickona, *Educating for Character: How Our Schools Can Teach Respect and Responsibility*(New York: Bantam, 1991), 24. in Thomas H. Groome, 276.
30) Ibid., 91.
31) Ibid., 390, 391.

삶의 상황이나 경험을 도덕적 틀에 맞추어 보려는 의식을 고양한다. 둘째, 도덕적 숙고(moral reflection): 학생들이 어떠한 상황이나 문제의 도덕성에 대해 생각하도록 권유한다. 즉 도덕적 관점에서 그 상황이나 문제의 세부 사항을 분석하고 관련된 도덕적 문제를 인식하며 가능한 선택을 하도록 유도한다. 셋째, 도덕적 헌신(moral commitment): 학생들이 그들의 삶의 문제에 도덕적 원리를 선택 적용하고 모든 이의 생명을 위하는 기준에 따라 충분히 고려된 도덕적 결정을 하도록 촉구한다. 넷째, 도덕적 행동(moral action): 도덕적 행동에 대한 방해물을 극복하고 또한 그에 대한 지원을 요구하면서 도덕적 결정을 실천하도록 권유한다.[32]

다섯째, 복지 공동체를 위한 기독교 대학은 대학생들에게 예배 의식과 종교적 상징을 통한 신앙적 경건 교육에 관심을 두어야 한다. 학생들에게 예배와 종교 의식에 참여할 기회와 기도와 묵상을 위한 경건 활동과 신앙적 정체성을 길러 주는 종교적 상징들을 제공하는 경건한 환경과 분위기를 제공해야 한다. 기독교 대학에서 예배 의식의 기회를 제공하는 것은 학생들로 하여금 신앙과 영성을 함양하기 위한 것이며, 종교적 상징을 제공하는 것은 공동체의 상징성과 신비를 체험할 수 있는 기회를 제공할 수 있다. 기독교 대학의 예배 의식과 종교적 상징은 기독교적 비전과 기풍을 담고 있기 때문에, 대학생들의 비전과 기풍을 형성하기 위해 구체적이며 체계적인 종교적 프로그램이 제공되어야 한다. 예를 들면, 대학의 다양한 행사와 공동체 의식(儀式)에서는 예배를 최우선의 프로그램으로 제공되어야 하며, 캠퍼스의 중요한 장소와 건물의 복도에 상징물의 제시와, 그리고 정해진 시간에 따라 교내 방송을 통한 복음의 메시지와 성가(聖歌)를 전달하는 환경을 만들어 가야 한다. 기독교 대학의 이러

---

32) James Rest, *Moral Development: Advances in Research and Theory*(New York: Praeger, 1986), in Thomas H. Groome, 424.

한 예배 의식과 종교적 상징을 통하여 기독교 신앙을 가진 학생들에게 한정하여 신앙을 배양한다는 일반적 사고에서 벗어나, 모든 학생들에게 기독교적 환경과 분위기에서 복지 공동체를 지향할 수 있는 가치관과 실천적 의식을 형성할 수 있어야 한다.

여섯째, 복지 공동체를 위한 교육은 복지의 대상들에 대한 구체적인 이해와 실태를 체계적으로 조사하며 파악하도록 가르쳐야 한다. 예수님께서 그의 사역을 시작하였을 때, 그의 주위에 모여 들었던 많은 사람들의 삶의 처지와 욕구를 파악한 후, 그들에게 필요한 복음의 말씀을 선포하며 병을 고쳐 주고, 먹을 것과 입을 것을 함께 나누며, 소외된 자들과 눌린 자들을 치유하며 돕는 방법을 가르쳐 주었다. 기독교 대학도 대학생들로 하여금 그들의 주위에 함께 살고 있는 다양한 복지 대상들의 실태를 파악하여 구체적으로 도움을 주는 교육 프로그램을 활용하여야 한다. 현대 사회에서 소외당하고 있는 정신 및 지체장애자, 다양한 질병 환자-폐결핵, 간질병, 각종 암환자, 백치, 알코올 중독자-소년소녀가장, 노숙자 및 실직자, 이혼자, 고아 및 과부, 고령자 및 독거인, 외국인 노동자 및 불법 체류자, 청소년 범죄자에 대한 실태를 과학적으로 조사하여 통계를 만들고, 그러한 자료에 근거하여 그들의 욕구를 충족할 수 있는 적합한 지원 방법을 찾도록 해야 한다.

기독교 대학은 현대인-그리스도인이든, 혹은 비 그리스도인이든-의 다양한 삶의 문제와 경험을 함께 공유할 복지 공동체의 실현을 그 교육적 과제와 내용으로 제시하여 실천하여야 한다. 복지 공동체를 위한 교육에 최우선의 관심을 가져야 할 기독교 대학은 개인의 변화와 사회 개혁을 위한 단순한 복음의 전달뿐만 아니라, 현대인의 삶의 전 영역과 그 문제를 해결하기 위한 체계적인 교육 방안과 실천에 이르기까지 그 지평을 넓혀가야 한다. 기독교 대학이 지향해야 할 복지 공동체를 위한 교육의 중요한 패러다임은 예수 그리스도의 복음과 사회 복지와의 창조적인 결합으로 인간 생명의 구원과 동시에, 복지 공동체의 실현을 새로운 비전으로 제시되어야 하는 것이다. 여기에서 예수 그리스도의 복음은 세상을 향해 하나님의 생명을 선포하는 사건이며, 그리고 복지 공동체는 세상을 구속하시는 '하나님의 선교'에 참여하는 것을 의미한다. 그리고 복지 공동체가 예수 그리스도의 복음과 사회 봉사에 의한 '생명 운동'이라고 할 때, 복음은 뿌리이며, 사회 복음과 사회 봉사는 모두 그 열매[33]가 되기 때문에 양자는 분리될 수 없는 것으로 이해할 수 있다.

3) 교육의 목적

기독교 대학의 복지 공동체를 위한 교육은 인간 생명과 자연 생명과의 상생의 관계를 정립하는 일에 지대한 목적을 두어야 한다. 인간 생명은 복지 공동체의 구성원들이 상호 관계를 맺고 살아가야 힐 이웃들, 즉, 가난하고 소외된 사람들, 병들고 장애를 가진 자들, 독거 노인과 실직자들, 소년 소녀 가장들과 가출 청소년들의 삶을 사랑하며 돌보는 것을 포함하고 있다. 그리고 자연 생명은 인간 생명의 삶의 자리가 되는 하나님의 피조물인 자연의 모든 생명체를 포함하고 있다. 따라서 복지 공동체를 위한 교육은 대학생들에게 이웃과 자연의 다양한 생명체와의 조화를 이루며 상생하는 지혜와 능력을 배양하게 하고, 나아가서 인간과 자연이 공존하는 '생명의 시간'을 만들어 가는 공생과 돌봄을 주요한 내용과 방법으로 선택하도록 지도해야 한다.

더욱이, 복지 공동체의 교육은 현대 사회에서 전 인류와 공생할 수 있

---

33) 1982년 6월 Grand Rapids에서 로잔위원회와 세계복음주의 협의회가 후원하여 개최된 복음전도와 사회적 책임관계협의회(The Consultation on the Relationship between Evangelism and Social Responsibility)의 보고서를 참조(朴英鎬, 『기독교 사회 복지』, 기독교문서선교회, 2001, 401).

는 자연 생태계와 모든 생명체를 포괄하는 인류 생명 공동체의 실현을 강조해야한다. 그 이유는 자연 생명체의 아픔과 죽음이 곧 전 인류의 고통과 죽음과 직결되어 있기 때문이다. 현대 사회에서 극명하게 표출된 인간의 야만성은 결과적으로 자연 생태계의 위기와 파괴를 가져왔으며, 자연 환경의 파괴는 어느 한 지역, 한 나라, 혹은 한 대륙의 문제가 아니라, 전 우주의 생태계의 위기로 인류의 생존을 위협하기에 이르게 되었다. 따라서 기독교 대학이 예언자적 안목을 가지고 대학생들에게 자연과 다른 생명체들과의 관계를 분명하게 제시하지 않는다면, 그들은 자연 세계로부터 일탈과 격리된 생존 조건의 붕괴를 모면할 수 없을 것이다.

첫째, 복지 공동체를 위한 교육은 종말론적 활동이 되어야 한다.[34] 인간이 존재하고 있는 시간과 활동의 영역은 유일회적이다. 한 번 지나간 시간과 경험된 역사적 상황은 반복될 수 없기 때문에, 적합한 시간과 적절한 환경에 따라서 개인과 공동체를 위하여 교육 활동이 전개되어야 한다. 또한 교육은 개인과 공동체가 당면하고 있는 현실적 문제들을 극복하고 새로운 미래의 삶을 전망하고 구체적으로 실현할 수 있는 모든 자원들을 제공하여야 한다. 실제로, 현대 사회에서 사회 복지의 혜택을 원하는 수많은 사람들이 그들의 욕구와 필요성을 긴급하게 요청하고 있는 현실을 지체할 수 없다. 그들이 필요로 하는 물질적 정신적 문화적 가치와 유산을 적절한 시간과 환경에 따라 알맞게 제공하지 못한다면, 그들은 미래를 지향하여 진보하지 못할 뿐만 아니라, 반복되는 현재의 개인적 악순환과 공동체의 모순에서 해방되지 못하게 될 것이다.

둘째, 복지 공동체를 위한 교육은 공동체의 의도적 활동이 되어야 한다.[35] 복지 공동체의 활동으로서 교육은 공동체의 문화와 전통과 관습들을 그 구성원들에게 의식화시키며, 가장 가치 있는 공동체의 삶의 부분

---

34) Charles R. Foster, 141.

을 전달하고 해석하려는 의도성을 나타낸다. 교육은 공동체가 지향하고 있는 지식, 태도들, 가치들, 기술들, 또는 감수성을 전달하며 불러일으키고, 습득하기 위한 의도적이고 조직적이며 지속적인 노력과, 그 노력으로 이루어진 모든 결과를 위한 것이다.[36] 또한 복지 공동체에서 발생하고 있는 교육은 구성원들로 하여금 공동체의 존속과 발전을 위한 책임 의식을 가지고 헌신적으로 참여하도록 유도해야 한다. 따라서, 복지 공동체의 교육은 인간의 다양한 삶의 영역인 사회적, 경제적, 문화적, 육체적, 심리적, 윤리적, 영적인 욕구와 그리고 사회적 환경과 자연 환경에 의해 상처를 받고 있는 모든 사람들을 치유하며 고통을 함께 나눌 수 있는 기회를 포괄해야 한다. 현대 사회에서 사회 복지의 혜택을 요구하는 공동체 구성원들의 실제적 욕구가 무엇인가를 이해하고 그 욕구와 문제들을 충분히 연구 조사하여 그것들을 충족시킬 수 있는 프로그램을 개발해야 한다.

셋째, 복지 공동체의 교육은 인간의 해방과 초월성에 목적을 두어야 한다.[37] 오늘날 교육은 현대 사회의 굴절된 의식으로부터 인간의 해방을 위하여 초월적이어야 한다.[38] 기독교 대학이 강조하여야 할 교육의 근본적 목적은 초월성, 혹은 인간의 해방이다. 그것은 개인과 사회 양자의 해방이며, 보다 선하고 고귀한 것을 추구하기 위하여 사회에 의해 고착된 세한성으로부터의 도피이다. 교육이 주구하여야 할 인간 해방은 인간 개

---

35) Ibid., 114.

36) Lawrence Cremin, *Traditions of American Education*(New York: Basic Books, 1977),134. Thomas H Groome, 28에서 재인용.

37) 이숙종, 『현대 사회와 기독교 교육』(대한기독교서회, 2001), 237.

38) 교육이 초월적이어야 한다는 것은 현대 사회에서 생존과 시민 생활의 자질을 위한 책임성뿐만 아니라, 인간의 정(souls)을 돌보는 책임성의 중요한 몫을 담당하는 것을 의미한다(Alfred North Whitehead, *The Aim of Education* New York: A mentor Book, 1949, 22-23).

조(reform of man)와 의식 혁명[39]의 실현이다. 인간 개조는 개인의 영성과
그 가치를 개발하여 개인을 보다 훌륭하고 바람직한 인격으로 만드는 것
을 의미하며, 의식 혁명은 이미 태동하고 있는 기술과 과학의 혁명과 함
께 인간 존중을 각성하는 공동체 생활의 혁명과 일치하려는 운동이다.
이와 같이 교육에 의하여 인간의 신령한 본질이 개방되고 양육되어 인간
자신이 그의 내면에 살아 있는 신령한 원리와 그의 생활 속에서 이 원리
를 자유롭게 표현하는 일에 의식적으로 순종하도록 하여야 한다. 이러한
의식 개조와 초월성이 곧 복지 공동체의 형성과 발전적 계승을 위한 가장
중요한 자원이 될 수 있다.

넷째, 복지 공동체를 위한 교육은 문화 의식의 배양에 목적을 두어야
한다. 더불어 사는 복지 공동체의 이념은 그 구성원들이 하나가 되는 것
을 추구하기 때문에, 교육에 참여하는 모든 사람들이 갈등과 대립 없이
하나가 되는 법을 배우고 지식과 정보를 얻는 것을 배워야 한다. 그러나
중요한 것은 복잡한 현대 사회에서 그들에게 무엇인가를 믿고 살아 갈 수
있는 것과, 또한 그들 자신이 공동체의 가치 있는 일원이자 한 부분이 된
다는 사실을 직감하고, 나아가서 그들이 존재하고 있는 세상과 우주가
밀접한 관계성을 유지하고 있다는 충만한 영적 의식을 배양하여야 하는
일이다.[40] 따라서 복지 공동체를 위한 교육은 구성원들에게 공동체의 가
치와 관행을 의식화하여 생활의 다양한 영역들을 섬세하게 전달하며 해
석하는 공동체의 활동이 되어야 한다. 그들은 복지 공동체가 제공하는
다양한 물질적 문화적 혜택을 재 생산하여 다시 공동체에 환원하는 문화
의식과 수준에 도달하도록 의식화 교육을 받아야 한다. 지금까지 많은
사람들은 공동체가 제공하는 다양한 돌봄과 혜택을 받는 것으로만 길들

---

39) Charles A. Reich, op. cit., 3.
40) 이숙종(2001), 238.

여겨 왔다면, 복지 공동체를 위한 교육을 통하여 받은 혜택과 돌봄을 구성원들과 함께 공유할뿐만 아니라, 그 지평을 일반 사회에까지 확대하는 문화의 창조에 기여해야 한다.

다섯째, 복지 공동체를 위한 교육은 복지 사업과 사회 봉사에 자원할 수 있는 전문 지도자들을 양성해야 한다. 기독교 대학은 학생들에게 복지 공동체의 활동 범위와 영역을 분명하게 제시하여 그 공동체에 적극적으로 참여하여 주도해 갈 수 있는 지도자들이 되도록 훈련시켜야 한다. 여기에서 언급하고 있는 전문 지도자는 첫째, 복지 공동체가 지향하고 있는 교육의 목적과 특징을 가르쳐 전수하는 일에 종사할 교육 전문가와, 둘째, 복지 공동체의 직접적인 다양한 문제들을 다루며 해결할 복지 전문가(의료 복지, 법률 복지, 복지 상담, 복지 선교, 노인 복지, 청소년 복지, 노동 복지 등)를 의미한다. 그들은 교회를 포함한 지역 사회의 복지 기관과 국가 공공 기관과 긴밀한 협조로 복지 제도와 그 경영의 문제점을 파악하고 개선하는 일에 적극적으로 참여해야 한다. 무엇보다, 지역 사회의 복지 기관들과 긴밀한 관계를 유지하면서 다양한 영역의 복지 대상자들을 개인적으로, 혹은 집단으로 보호하는 과제들을 연구 조사하여 그 해결 방안을 위해 국가 공공 기관과 복지 단체들과 중요한 복지정책을 함께 자문하고 토론하여 새로운 결정과 대안의 제시를 위해 적극적으로 참여할 수 있어야 한다.

여섯째, 복지 공동체를 위한 교육은 공동체의 과제를 지속적으로 추진하기 위해 복지 대상자들의 문화 수준의 향상을 위한 프로그램을 개발해야 한다. 복지 공동체가 지향하는 복지 수준의 향상은 복지 지원자(social worker)와 대상자(client) 쌍방 간의 문화 의식에 그 성패가 달려 있다. 다시 말하면, 복지 지원자는 대상자의 일방적인 필요성과 욕구를 충족시키기 위해 복지 자원을 제공하는 것만이 아니라, 그 자원을 활용하여 장기적인 재활(rehabilitation)을 할 수 있도록 체계적인 관리와 현실적 상황을 충분히 이해하도록 교육해야 한다. 반면에, 복지 대상자는 자신의 필요성에 의해 제공받은 복지 혜택을 다시 사회에 환원할 수 있는 방안과 다른 수혜자들에게 또 다른 차원의 혜택을 공급할 수 있는 의식의 변화와 전환이 선행되어야 할 것이다. 이러한 쌍방 간의 문화 수준의 향상을 위해 복지 공동체는 지역 사회의 전통과 문화적 특수성을 주의 깊게 관찰하고 연구하여 그것에 상응하는 추진 계획을 합리적으로 수립해야 할 것이다. 또한 복지 대상자들을 위해 평생 교육 차원에서 집중적이며 체계적인 교육은 물론 그들의 실질적인 당면 문제를 위해 사회 보장과 연금 혜택, 각종 보험에 의한 경제적 보호를 충분히 받을 수 있는 협조 망(cooperative network)을 구축해야 할 것이다.

위에서 논의한 바와 같이, 기독교 대학의 복지 공동체를 위한 교육은 일차적으로 미래의 공동체 구성원이 될 대학생들의 인간성의 회복과 전인적 인격의 계발을 위하여 부단히 노력해야 한다. 현대 사회에서 복지 공동체를 실현하기 위하여 대학생들에게 조화 있게 연합하여 복지 공동체를 영위할 모든 자원들과 에너지를 응집할 수 있는 기회를 제공해야 한다. 기독교 대학은 현재와 미래의 삶을 복지 수준으로 향상시키기를 위해 소망하고 있는 복지 공동체를 위한 바르고 참된 교육적 과제와 목적을 정립하여 현대 사회가 해결하지 못하고 있는 다양한 현실적 문제들에 대해 새로운 대안을 제시할 수 있어야 한다.

기독교 대학은 복지 공동체를 위한 교육적 과제와 목적을 달성하기 위하여 기독교 신앙 교육과 밀접한 관계를 맺고 다른 학문 분야의 정보 및 커리큘럼의 개발에 적극적으로 참여해야 할 것이다. 기독교 대학은 복지 공동체를 위한 교육을 위하여 지금까지 개별 영역으로 분리하여 연구하며 가르쳐 왔던 기독교 교육과 사회 복지 및 사회 사업, 그리고 다른 학문과의 교류(interdisciplinary relationship)를 적극적이며 구체적으로 모색하여야 한다. 왜냐하면, 복지 공동체를 위한 교육은 기계적이며 실천적 문제만을 다루는 것이 아니라, 인간의 본질적 삶의 문제를 강조해야 하기 때문이다. 인간의 삶의 본질은 전 유기체적 삶과 사회 공동체와의 역동적 관계를 모색하는 정신적 · 영적 속성을 포괄하는 통전성을 의미하기 때문에, 복지 공동체의 교육도 인간의 정신적 · 영적 문제를 신앙의 이해를 근거로 다루는 것이 바람직 할 것이다. 따라서, 복지 공동체의 교육은 복지 공동체의 본질인 영속을 위한 공동의 기억(common memory)과, 미래를 지향하는 공동의 비전(common vision)과, 정체성을 확인하는 공동의 권위(common authority)와, 그리고 공동체의 상징적 행위와 의례의 존속을 위한 공동의 의식(common ceremony)을 강조해야 한다.[41]

---

41) John Westerhoff Ⅲ/정웅섭 역 『교회의 신앙 교육』(대한기독교교육협회, 1989), 102-110

참고 문헌

1. 국내저서

김균진, 『생태계의 위기와 신학』(대한기독교서회, 1999)

김덕준 편저, 『基督敎 社會 福祉』(韓國基督敎社會福祉學會, 1985)

김용복, "한국 문화와 기독교"『韓國 기독교 文化와 土着化』(江南大學, 韓國基督
    敎文化硏究所, 1989)

김현진, 『공동체 신학』(예영케뮤니케이션, 1999)

류기종, 『기독교 영성』 (도서출판: 열림, 1994)

박영호, 『기독교 사회 복지』(기독교문서선교회, 2001)

손원영, 『기독교 교육과 프락시스』(한국장로교 출판사, 2001)

손인수, 『韓國 敎育 思想史』(서울: 載東文化社, 1964)

연세대학교 종교교재편찬위원회 편,『성서와 기독교』(연세대학교 출판부, 1994)

오천석, 『韓國 新交育史(上)』(서울: 光明出版社, 1975)

유기종, 『기독교 영성』, (도서출판: 열림, 1994)

유동식, 『풍류도와 종교 사상』(연세대학교출판부, 1997)

유동식, 『풍류도와 한국 신학』(서울: 전망사, 1992)

은준관. 『敎育 神學』(大韓基督敎出版社, 1987)

은준관, 『基督敎 敎育 現場論』(대한기독교서회)

이숙종, 『코메니우스의 敎育 思想』(敎育科學社,1996)

이숙종, 『현대 사회와 기독교 교육: 새 공동체를 지향하여』(대한기독교서회,
    2001)

이어령, 『디지로그: Digilog 선언』(생각의 나무, 2006)

2. 국외저서

Adamson, J. W., *Pioneers of Modern Education*(Cambridge: at the University
    Press, 1921)

Bellah, Robert N.ed., *Emil Durkheim on Morality and Society*(Chicago and London: The University of Chicago Press, 1973)

Browning, Robert L. ed., *The Pastor as Religious Educator*(Alabama: Religious Education Press, 1989)

Brubacher, John S., *A History of the Problems of Education*(New York: McGrow-Hill Book Co., 1966)

Brubacher, John S., *Higher Education in Transition*(New York: Harper & Brothers, 1958)

Busek, Vratislav, *Comenius*(Czechoslovak society of Arts and Sciences in America, 1972)

Bushnell, Horace., *Christian Nurture*(New Haven: Yale University Press, 1888.)

Butler, Nicholas Murry, *The Place of Comenius*(New York: Syracuse, C. W. Bardeen Publisher, 1892)

Coe, George Albert., *What is Christian Education*(New York: Charles Scriber' s Sons, 1929.)

Coe, George Albert., *Social Theory of Religious Education*(New York: Charles Scriber' s Sons, 1919.)

Coe, George Albert, *Education in Religion and Morals*(Chicago: F. H. Revell Company,1904.)

Comenius, John. Amos *The Angel of Peace*, ed., by Milins Safranek(New York: Pantheon Book, 1944)

Comenius, John Amos, *Labyrinth of the World and the Paradise of the Heart.* ed., by The Count Lutzow(London: Oxford University Press, 1968)

Comenius, John Amos, *Orbis Pictus.* Intro. by John E. Sadler(London: Oxford University Press, 1968)

Comenius, John Amos, *The Analytical Didactic of John Amos Comenius*, by Vladimir Jelinek(Chicago: The University of Chicago Press, 1953)

Comenius, John Amos, *The Great Didactic* trans, M. W. Keatinge (New York: Russell & Russell, 1910)

Comenius, John Amos, *The Way of Light*, trans., by E. T. Compagnac (Liverpool: The University Press, 1938)

Comenius, John Amos, *Panorthosia in J. A. Comenius, 1592-1670, Selections.* ed., by J. Piaget(Paris: UNESCO, 1957)

Compayre, Gabrial, *The History of Pedagogy*(Boston: D. C. Heath & Company, 1899)

Cremin, Lawrence, *Traditions of American Education*(New York: Basic Books, 1977)

Crosby, Donald A., ed. *Religious Experience and Ecological Responsibility,*

(New York: Peter Lang, 1996)

Crosby, Michael H., *Spirituality of the Beatitude: Matthew's Challenge for First World Christians*, (New York: Orbis Books, 1981)

Dawson, Christopher, *Religion and the Rise of Western Culture*(New York: Sheed & Ward, 1950)

Dewey, John, *Democracy and Education. An Introduction to the Philosophy of Education*(New York: Macmillan, 1916)

Dewey, John, *Democracy and Education*(New York: The Press, 1968)

Dewey, John, *Psychology* (New York: Harper & Brothers, 1887)

Dewey, John, *Outline of a Critical Theory of Ethics in The Early Works of John Dewey, 1882-1898* (Carbondale, Illinois: Southern Illinois University Press)

Dewey, John, *Leibniz's New Essays Concerning the Human Understanding in The Early Works of John Dewey, 1882-1898* (Carbondale, Illinois: Southern Illinois University Press. 1969)

Dewey, John, *The Ethics of Democracy in The Early Works of John Dewey, 1882-1898* (Carbondale, Illinois: Southern Illinois University Press, 1969)

Dewey, John, *The Public and Its Problem in the Later Works of John Dewey, 1925-1953* (Carbondale, Illinois: Southern Illinois University Press)

Dobinson, C. H., ed., *Comenius and Contemporary Education*(Hamburg: UNESCO Institute for Education, 1970)

Durkheim, Emil, *Moral Education* (New York: Free Press, 1961)

Durkheim, Emil, *Sociology and Philosophy* trans. by D. f. Pocock(New York: The Free Press, 1974)

Faricy, Robert L. S. J., *Theihard de Chardin's Theology of the Christian in the World* (New York: Sheed and Ward, 1966)

Feilding, Charles R., *Theological Education* Vol. III No. 1 (Ohio: Education for Ministry, 1966)

Fisher, James E., *Democracy and Education in Korea*(연세대학교 출판부, 1970)

Frankforter, A. Daniel. *A History of the Christian Movement: The Development of Christian Institutions* (Chicago : Nelson-Hall, 1978)

Freire, Paulo. *Cultural Action for Freedom* (Massachusetts: Harvard University Press.1970)

Freire, Paulo, *Pedagogy of the Oppressed* (New York: Herder and Herder.1971)

Freire, Paulo., *Education for Critical Consciousness* (New York: A Continuum Book, Seabury Press.1973)

Fröebel, Friedrich, *The Education of Man*, (New York: D. Appleton, 1900)

Gilmore, G. W., *Korea From its Capital* (Philadelphia: The Presbyterian Board of Publication, 1892)

Goodall, Norman ed., *Missions under the Cross*(London, 1953)

Grenz, Stanley J., *The Theology for the Community of God*(Vancouver, William B. Eerdmans Publishing Co., 1994)

Groome, Thomas H., *Christian Religious Education: Sharing Our Story and Vision* (San Francisco: Harper & Row Publishing, 1980)

Hall, George S., *Life and Confessions of a Psychologist* (New York: D. Appleton, 1923)

Hawler, Amos H., *Human Ecology: A Theology of Community Structure* (New York: Ronald Press, 1950)

Heidegger, Martin, *Basic Writings*. Translated by John Macquarrie and Edward Robinson(New York: Harper & Row, 1962),

Hill, Christopher, *The Century of Revolution*(Edinburgh: Thomas Nelson and Sons Ltd., 1961)

Holmes, Urban T., *Spirituality for Ministry* (San Francisco: Harper and Row, 1982)

Illich, Ivan, *Deschooling Society*(New York: Harper & Row, 1970)

Jakubec, Jan, *Johannes Amos Comenius* (New York: Arno Press & The New York Times, 1971)

James, William, *The Varieties of Religious Experience* (New York: New American Library, 1958)

Jelinek, Vladimir, trans, *The Analytical Didactic of Comenius*(Chicago: The University of Chicago Press, 1963)

Kerr, Clark, *The Uses of the University*(Cambridge: Harvard University Press, 1963)

Kneller, George F., *Introduction to the philosophy of Education*(John Wiley & Sons, Inc,. 1971)

Kulick, Bruce, *Churchmen and Philosophers: From Jonathan Edwards to John Dewey*. (New Haven: Yale University, 1985)

Laurie, S. S., *John Amos Comenius Bishop of the Moravians: His Life and Educational Work*(Cambridge: The University Press, 1892)

Lehmann, Paul L., *Ethics in a Christian Context*(New York: Harper & Row, 1963)

Lickona, Thomas, *Educating for Character: How Our Schools Can Teach Respect and Responsibility* (New York: Bantam, 1991),

Lindsay, T. M., *The Church and the Ministry in the Early Centuries*(New York:

George H. Doran Co.,1902)

Marsh, James, *The Remains of the Rev. James Marsh, D.D., Late President and Professor of Moral and Intellectual Philosophy in the University of Vermont; with A Memoir of His Life*, (Burlinton, Vt.: Chauncy Goodrich, 1845)

Marsden, George M.,*The Soul of The American University*(Oxford: Oxford University Press, 1994)

Maritain, Martin, *The Person and the Common Good* (New York: Scriber, 1947)

McCoy, Charles S., *The Responsible Campus*(Tenn. Nashville: The United Methodist Church, 1972)

Moe, Olaf., *The Apostle Paul: His Message and Doctrine*. trans. by L. A Vigness (Minneapolis: Augsburg Publishing House, 1954)

Moore, Thomas, *Care of the Soul: A Guide for Cultivating Depth and Sacredness in Everyday Life*(New York: Harper Collins, 1992)

Morris, George Sylvester, *Philosophy and Christianity* (New York: Robert Carter, 1883)

Morris, George S., ed., *Leibniz's New Essays Concerning The Human Understanding*. vol 7. (S.C. Griggs and Company, 1888) in *the Early Works of John Dewey* (Illinois: Southern Illinois University Press, 1969)

Murphy, Daniel, *Comenius: A Critical Reassessment of His Life and Work* (Irish Academic Press, 1995)

Needham, Joseph ed., *The Teacher of Nations*(Cambridge: At the University Press, 1942)

Newbigin, Lesslie Honest, *Religion for Secular Man* (Philadelphia: The Westminster Press, 1966)

Newman, John Henry, *The Idea of A University* (Indiana: University of Notre Dame Press, 1960)

Niebuhr, H. Richard, *Christ and Culture*(New York: Harper & Brothers, 1951)

Nouwen, Henri, *Creative Ministry*(New York: Doubleday and Co., Inc., Garden City, 1978)

Paik, George L., *The History of Protestant Mission in Korea 1882-1910*(Pyongyang: Union Christian College Press, 1929)

Panek, Jaroslav, *Joan Amos Comenius: 1592-1670*, Prague: Kosjce, Orbis, 1991

Peters, R. S., *Ethics & Education*. (London: George Allen & Unwin, 1966)

Pelikan,Jaroslav, *The Idea of the University: A Reexamination*(Yale University Press, 1992)

Peskova, Jaroslava, ed., *Homage to J. A. Comenius* (Turnovske tistarny, s. p.

Turnov, 1991)

Piaget, Jean, *Comenius on Education* (Columbia University, Teacher' s College. 1972)

Power, Edward J., *Main Currents in the History of Education* (New York: MaGrow-Hill Book Co, 1962)

Quick, R. Hebert, *Essay of Educational Reformers* (New York: D. Appleton and Company, 1917)

Reich, Charles A., *The Greening of America.* (New York: Random House, 1971)

Rest,. James, *Moral development: Advances in Research and Theory*(New York: Praeger, 1986),

Rippa, S. Alexander, *Education in A Free Society*(New York: Longman, 1967)

Robert, L. Faricy S. J., *Theihard de Chardin' s Theology of the Christian in the World.* (New York: Sheed and Ward, 1966)

Rockefeller, Steven C., *John Dewey: Religious Faith and Democratic Humanism* (New York: Columbia University Press, 1991)

Rood, W., *Comenius and Low Countries* (Amsterdam: Van Gendt Co., 1970)

Ross, Dorothy G. Stanley Hall, *The Psychologist as Prophet* Chicago: University of Chicago, 1972)

Rothweiler, L. C., "What Shall We Each in Our Girls?" The Korean Repository(march 1892)

Rudolph, Frederick, *The American College and University. A History* (New York: Vintage Books, 1962)

Sadler, J. E., *Comenius* (London: The MacMillan Company 1969)

Sadler, J. E., *J. A. Comenius and the Concept of Universal Education* (New York: Barns & Noble, Inc., 1966)

Schachner, Nathan, *The Medieval Universities* (Philadelphia: J. b. Lippincott Co.,)

Sherrill, Lewis J., *The Rise of Christian Education* (New York: The Macmillan Co., 1944)

Smart, James D., *The Teaching Ministry of The Church* (Philadelphia: The Westminster Press, 1954)

Smith, Harry E., *Secularization and University* (Richmond, John Konx Press, 1968)

Spinka, Matthew, *John Amos Comenius that Incomparable Moravians* (Chicago: The University of Chicago Press, 1943)

Stacey, W. David, *The Pauline View of Man,* (London : Macmillan & Co. LTA, 1956)

Tönnies, Perdinand, *Gemeinscharft und Geselscarft* (Routledge & KEgan Paul

LTD, 1887) trans. by Charles P. Loomies, *Community and Association*(New York: Harper Torch Books, 1963)

Trueblood, Elton, *The Idea of a College*(New York: Harper & Brotherss Pub., 1959)

Ulich, Robert, *A History of Religious Education*(New York: New York University Press.1968)

Underwood, Horton H., *Modern Education in Korea*(New York: International Press, 1926)

Westerhoff III, John and Neville, *Generation*(Philadelphia: United Church Press, 1970)

Whitehead, Alfred North, *The Aim of Education* (New York: A mentor Book, 1949)

Whitehead, Alfred North, *Process and Reality: An Essay in Cosmology*, ed.,by David R. Griffin and Donald W. Sherburne(New York: Free Press, 1978)

Willey, Basil, *The Seventeenth Century Background*(New York: Columbia Press, 1952)

3. 번역서

Bronowski, Jacob./ 임경순 역,『과학과 인간의 미래』(평단문화사, 1984)

Charles R. Foster./고용수, 문진섭 역,『신앙 공동체를 위한 교육』(서울: 한국장로교출판사 1993).

Comenius, John Amos/ 정확실 역,『大敎授學』(敎育科學社, 1987)

Comenius, John Amos/ 이숙종 역『빛의 길』(서울: 여수룬, 1998)

Comenius, John Amos / 李淑鍾 역,『分析敎授學』,敎育科學社, 1995

Comenius, John Amos / 정일웅 역,『범교육학』,여수룬, 1996

Doohan, Leonard/ 심광섭 역,『평신도 중심의 교회』(평신도신학연구소, 1994)

Duderstadt, James Johnson/ 이철우, 이규태 역,『대학 혁명』, *A University for the 21st Century*(성균관대학교 출판부, 2004)

Foster, Charles R./ 고용수, 문전섭,『신앙 공동체를 위한 교육』(한국장로교출판사, 193)

Funk, Robert W./ 김준우 옮김,『예수에게 솔직히』(한국기독교연구소, 1999)

Groome, Thomas H./ 이기문 역,『기독교적 종교 교육』(대한기독교서회, 1987)

Groome, Thomas, H. /김도일 옮김, *Education for Life*,『생명을 위한 교육』,한국장로교출판사, 2001

Holt, Bradley P./ 임성옥 역.『기독교 영성사』(출판사: 은성, 1994)

Homles III, Urban T./ 김외식 역,『목회와 영성』, (서울: 대한기독교서회,1988)
Kennedy, Paul /변도은 이일수 공역. *Preparing for the Twenty-First Century*,
　　　『21세계 준비』(한국경제신문사, 1993)
Kempis, Thomas A./ 김정준 역,『그리스도를 본받아』(대한기독교서회, 1989)
McGrath, Alister/ 박규태,『기독교의 미래』(좋은 씨앗, 2005)
Moore, Mary E. M./ 장대현 옮김,『심장으로 하는 신학과 교육』(한국신학연구
　　　소, 1998)
Moultmann, Jurgen/ 김균진 역,『생명의 영』,서울: 대한기독교서회, 1998)
Nelson, C. Elis / 박원호,『신앙 교육의 터전』(한국장로교출판사, 1998)
Oden, Thomas C./ 이기춘 역,『목회 신학』(한국신학연구소, 1989)
Sherrill, Lewis J./ 이숙종 역,『기독교 교육의 발생』(대한기독교서회, 1994)
Westerhoff III, John/ 정웅섭 역,『교회의 신앙 교육』(대한기독교교육협회, 1989)

4. 국내논문

강근환, "한국의 신학 교육의 어제와 오늘"(제29차 전국신학대학협의회,
　　　KAATS 제29차 정기총회 연구협의회에서 발표된 미간행 논문, 1994, 2.
　　　16)
권진관, "신학 교육에 있어서 신앙적 실천에 관한 연구" 전국신학대학협의회 엮
　　　음,『한국신학과 신학교육』(대한기독교서회, 1994)
김경재, "한민족의 영성과 기독교", 강남대학교 신학대학 편,『종교와 영성』(한
　　　들 출판사, 1998)
김양선, "韓國 敎會와 現代 敎育"『神學論壇』제 7집(연세대학교 신과대학,
　　　1962)
김원쟁, "목회 상담의 과제로서 종교 경험과 성숙",『현대와 신학』(연세대학교
　　　연합신학대학원,1993)
김정준, "神學 敎育의 理想的 考察"『현대와 신학』제2집(연세대학교 연합신학
　　　대학원, 1966)
김형태, "韓國의 現代 基督敎 敎育",『現代와 神學』제 4집(연세대학교 연합신학
　　　대학원, 1967)
문상희, "韓國 敎會 百年의 回顧"『神學論壇』제 17집(연세대학교 신과대학,
　　　1989)
은준관, "基督敎 大學의 正體 危機와 未來"『現代와 神學』제 10집(연세대학교
　　　연합신학대학원, 1985)
은준관, "神學 敎育과 牧會 現場의 相關 關係에 대한 小考"『神學論壇』제 17집
　　　(연세대학교 신과대학,1987)
유동식, "韓國 敎會의 土着化 類型과 神學"『神學論壇』제 14집 (연세대학교 신

과대학, 1980)

윤응진, "정의. 평화, 창조 질서의 보전과 신학 교육" 전국신학대학협의회 엮음,
『한국신학과 신학교육』(대한기독교서회, 1994)

이숙종, "기독교 교육의 철학적 기초" 한국기독교교육학회 편,『기독교교육』(대
한기독교교육협회, 1992)

이숙종, "존 듀이의 신앙관이 그의 사상 형성에 미친 영향",『인문과학논문집』
Vol. 3.(강남대학교 인문과학연구소, 1997)

이숙종, "초기 한국 교회의 토착화 과정과 기독교 교육의 발생" 한국기독교학회
편『복음과 문화: 信仰과 神學』제 8집(대한기독교서회, 1991)

이장식 , 韓國神學敎育의 過去와 現在 "『현대와 신학』제 2집(연세대학교 연합신
학대학원, 1966)

정희수, "신약 성서의 사회 복지상", 한국사회복지연구소 편,『기독교와 사회복
지』(홍익재, 2001)

홍현설, "韓國 神學 敎育의 새 방향"『현대와 신학』제 2집(연세대학교 연합신학
대학원, 1966)

5. 국외논문

Bernal, J. D., "The Social Relations of Science in the Seventeenth and
Twentieth Centuries," in Daniel Murphy

Buckham, "Address to the Graduating Class, 1879," in *Orations and Addresses*.
Steven C. Rockefeller Christianity Today, June 2005

Capkova, Dagma, "The Importance of Slovakia for the Preservation of the
Comenian Tradition and for the Knowledge in his Work in the Czech
National Renaissance" in *Homage to J. A. Comenius*

Chapman, J. Harley. "The Practice of Natural Piety as a Spiritual Discipline" in
Donald A. Crosby, ed. *Religious Experience and Ecological
Responsibility*, (New York: Peter Lang, 1996.

Conn, Joann Wolski. "Toward Spiritual Maturity: Spirituality" in *Freeing
Theology: The Essentials of Theology in Feminist Perspective*, ed., by
Catherine M. LaCugna. (San Francisco: Harper, 1993)

Dewey, John, "Christianity and Democracy," in *the Early Works of John
Dewey* (Illinois: Southern Illinois University Press, 1969)

Dewey, John, "From Absolutism to Experimentalism," *The Later Works of
John Dewey, 1925-1953* (Carbondale, Illinois: Southern Illinois
University Press)

Dewey, John, "James Marsh and American Philosophy" in *The Late Works of*

John Dewey. vol. 5(Illinois: Southern Illinois University, 1925-1953)

Dewey, John, Leibniz's New Essays Concerning the Human Understanding in
The Early Works of John Dewey, 1882-1898 (Carbondale, Illinois:
Southern Illinois University Press. 1969)

Dewey, John, "Outline of a Critical Theory of Ethics" in The Early Works of
John Dewey, 1882-1898 (Carbondale, Illinois: Southern Illinois
University Press)

Dewey, John, "Psychology as Philosophic Method." *in the Early Works of John
Dewey*(Illinois: Southern Illinois University Press, 1969)

Dewey, John, "Reconstruction" in *The Early Works of John Dewey,1882-
1898*(Carbondale, Illinois: Southern Illinois University Press)

Dewey, John, "Religious Education as Conditioned by Modern Psychology and
Pedagogy" in *The Middle Works of John Dewey, 1899-
1924*(Carbondale, Illinois: Southern Illinois University Press) Vol. 3

Dewey, John, "The Ethics of Democracy" in *The Early Works of John Dewey,
1882-1898* (Carbondale, Illinois: Southern Illinois University Press,
1969)

Dewey, John, "The New Psychology" in *The Early Works of John Dewey*
vol.1(Illinois: Southern Illinois University Press, 1969)

Dewey, John, "The Place of Religious Emotion," *The Early Works of John
Dewey, 1882-1898* (Carbondale, Illinois: Southern Illinois University
Press)

Dewey, John, "The Public and Its Problem" in the *Later Works of John Dewey,
1925-1953* (Carbondale, Illinois: Southern Illinois University Press)

Dewey, John, "The Relation of Philosophy to Theology," *in the Early Works of
John Dewey* (Illinois: Southern Illinois University Press, 1969)

Dewey, John, "The Value of Historical Christianity," The *Monthly Bulletin*
(November 1889)

Dewey, John, "What is the Demonstration of Man's Spiritual Nature?" in *The
University* (January 4, 1886)

Druker, Peter F., "The Rise of the Knowledge Society." *Dialogue*. February
1994.

Elias, John L., "The Return of Spirituality: Contrasting Interpretations,"
Religious Education Vol. 186, 3(1991)

Foster, Charles R., "The Pastor: Agent of Vision in the Education of A
Community of Faith." in Browning, Robert L. ed., *The Pastor as
Religious Educator*(Alabama: Religious Education Press, 1989)

Hall, George S., "The New Psychology," *Andover Review* (March 1885)

Jekins John I. & Thomas Burish, "Reason and Faith at Harvard" *The Korea Herald* (25th December, 2006)

Krempl, Rudolph K., "The Trinity System in Words of Comenius," in Vratislav Busek, *Comenius*(Czechoslovak society of Arts and Sciences in America, 1972)

Lee, Sook Jong, "George Albert Coe's Academic Contributions and Scientific Inquiry in Religious Education."『현대와 신학』제 29집, 연세대학교 연합신학대학원, 1995.

Lindsay, Julian Ira, "Coleridge and the University of Vermont," *Vermont Alumni Weekly* (January-February 1936)

Niebuhr H. Reinhold, "The Main Issues in Theological Education" *Theology Today*

Niebuhr H. Reinhold, "The Two Sources of Western Culture," *The Christian Idea of Education*, ed., Edmund Fuller(Yale University Press, New Haven, 1957)

Rogers, Frank, Jr., "Dancing with Grace: Toward a Spirit-Centered Education," *Religious Education* 89, Vol 3. (1994)

Schneiders, Sandra M. "Spirituality in the Academy." *Theological Studies* 50, Vol 4. 1989.

Suchocloski, Bogdon, "Comenius and Teaching methods: in C. H. Dobinson, ed., *Comenius and Contemporary Education*(Hamburg: UNESCO Institute for Education, 1970)

Voigt, Uwe, "Comenius and the Experiences of the 20th Century," in Werner Korthaase, Sigurd Hauff. ed., by *Comenius und der Weltfriede* (Berlin 2001 DCG-MS Drucke)

5. 언론 및 기타

『국민일보』, 2004년 3월 8일

『동아일보』, 1997년 10월 21일

『조선일보』, 1997년 4월 29일

『중앙일보』, 2006년 1월 1일, 2006년 8월 10일, 2006년 8월 31일

Christianity Today, June 2005

The Directory of the First Church, January 1889

The Korea Herald, 25th December, 2006

용어 색인

가난의 미덕 173, 181
가난한 사람들 330
가상 공간(virtual reality) 98
가상 세계 88
가장 위대한 하나님의 책(the greatest
        book of God) 219
가족 공동체 335
가치관 313
가치론 146
가치 세계 84
가치 체계 90, 317, 321, 322
감각 기관 153
감각적 경험 153
감각적 기능 205
감각적 문화 323
감각적 지각력 152
감시자 113
개인의 복지 338
개인의 선 342
개인의 양심 102
개인적 자율성 206
개인적 행위 174
개인주의 문화 95
개혁과 변화 56

견신례 246
경건과 지성 136
경건 교육 194
경건의 지식 194
경영 방향 53
경제 대공황 241
경제적 문제 72
경천애인 107
경험적 지식 125
계약(covenant) 309
고대 사회 124
고전 학문 116
공공의 선 315
공기 오염 143
공동 51
공동 대화 133
공동 묵저 252
공동 믿음 207
공동 분배 317
공동 생활 246
공동 식사 341
공동 식탁 175, 182, 305, 307
『공동 신앙』 275, 282
공동 양심 207
공동의 권위(common authority) 357
공동의 기억(common memory) 310,
        357

인물 색인